Estratégia de Inovação: Oportunidades e Competências

Sérgio Takahashi e Vania Passarini Takahashi (orgs.)

Doutores em Engenharia de Produção pela EESC-USP e docentes da USP, campus de Ribeirão Preto

Manole

Este livro contempla as regras do Acordo Ortográfico da Língua Portuguesa de 1990, que entrou em vigor no Brasil.

Projeto gráfico e diagramação: JLG Editoração Gráfica S/C Ltda.
Capa: Rubens Lima
Imagem da capa: Montagem com fotos de ©iStockphoto.com/vicnt e ©BigStockPhoto/tatniz

Dados Internacionais de Catalogação na Publicação (CIP)
(Câmara Brasileira do Livro, SP, Brasil)

Estratégia de inovação: oportunidades e competências/
Sérgio Takahashi e Vania Passarini Takahashi (orgs.)
Barueri, SP: Manole, 2011.

Vários autores.
Bibliografia
ISBN: 978-85-204-3025-5.

1. Administração de empresas. 2. Competitividade. 3. Gestão de inovação.
4. Inovações tecnológicas. 5. Negócios. 6. Planejamento estratégico.
I. Takahashi, Sérgio. II. Takahashi, Vania Passarini.

11-01633 CDD-658.4063

Índices para catálogo sistemático:
1. Gestão estratégica da inovação : Empresas : Administração 658.4063
2. Inovação e gestão estratégica : Empresas : Administração 658.4063

1ª edição – 2011

Editora Manole Ltda.
Av. Ceci, 672 – Tamboré
06460-120 – Barueri – SP – Brasil
Fone: (11) 4196-6000 – Fax: (11) 4196-6021
www.manole.com.br
info@manole.com.br

Impresso no Brasil
Printed in Brazil

Estratégia de Inovação: Oportunidades e Competências

Para Gigi,

Amiga linda e companheira,

eterna fonte de inovação!

Agradecimentos

Nosso agradecimento muito sincero a todos os que direta ou indiretamente contribuíram para que este nosso esforço se realizasse. Em especial, não podemos deixar de agradecer:

Aos grandes autores Darci Prado, Fernando Ladeira Fernandes, Wagner José Quirici e Lucimara Toso Bertolini.

A Amarylis Manole, pela oportunidade proporcionada, e a toda sua equipe.

Aos integrantes do grupo Gestão Estratégica de Conhecimento e Inovação (Gecin), da USP, que proporcionam compartilhamento de conhecimentos enriquecedores e realização de grandes trabalhos, destacando Ivete Delai.

A Roberto Debon e Robert Wooley, da Cristalia, Andre Bernardinelli Nijenhuis, da Volkswagen do Brasil, Juliano P. Stefanovitz, da Whirlpool e Omar Sacilloto, da Smar.

Aos integrantes do programa Technology and Innovation Management (TIM) da Volkswagen do Brasil e Alemanha, que proporcionaram compartilhamento de experiências altamente diferenciadas e o desenvolvimento de trabalhos inovadores no setor automobilístico.

Ao então diretor da Cory Alimentos, Francisco de Assis Santos, e a Nelson do Nascimento pela oportunidade de implementação de inovação em uma PME nacional.

A toda a equipe Fundace, liderada por Jorge Caldeira, Ellen Fiod, Amanda Santos, Ricardo Lindau, André Nascimento e Emiliana Oliveira.

Aos professores e participantes do curso de pós-graduação *lato sensu* MBA Gestão de Projetos Inovadores pela Oportunidade.

Aos alunos do curso Administração da Inovação de Produtos e Processos na pós-graduação *stricto sensu* e das disciplinas de Política de Negócios I e II da graduação do curso de Administração, ambos da FEA-RP/USP.

Aos alunos de iniciação científica e de pós-graduação, em particular Laura Maria Rodrigues Goulart, Naira Taína Rodrigues Silva e Thais Kodaira, pelo auxílio de pesquisa.

À Fapesp e ao CNPq pelo apoio concedido aos nossos projetos.

À nossa filha, Giovanna, pelo amor e inspiração.

Aos nossos pais, Leonor e Ary (*in memoriam*), e Sussumo e Mickiko.

E a Liliam Carla Baldini Nogueira pelo excelente trabalho de revisão.

Sumário

Parte III: Análise competitiva e formulação da estratégia de inovação

Parte IV: Alinhamento e implementação da estratégia

Parte V: Estudos de caso

Prefácio

Ideias podem se tornar produtos que podem ser lançados no mercado, mas somente com planejamento estratégico de seus processos internos e P&D consolidados é que uma empresa pode ter um diferencial competitivo, e isto é o que chamamos de inovação. Atualmente, as empresas não sobrevivem sem estratégias bem definidas e a busca por mercados inovadores é o tema apresentado pelos professores Sérgio Takahashi e Vania Passarini Takahashi, e pelos colaboradores deste livro.

A proposta dos organizadores é mostrar ao leitor a importância do planejamento da gestão da inovação, como ter uma visão holística de concorrência e aplicá-la de forma diferenciada, aliada à estratégia da empresa.

O livro inicia de forma didática na Parte I, com a apresentação dos conceitos de inovação e gestão estratégica da inovação, direcionando o leitor a compreender o processo de desenvolvimento, ao longo dos séculos, de estratégias de inovação, alinhamento e implementação.

A segunda parte do livro é direcionada à elaboração da estratégia competitiva de inovação, apresentando os passos para a formulação de estratégias utilizando ferramentas como inovação aberta e transferências externas de conhecimento.

Sérgio e Vania ainda surpreendem na quarta parte, apresentando o processo de implementação e aprendizado contínuo na gestão de inovação com a observação do mercado, tema sempre negligenciado por outros autores da área. E, finalmente, porém não menos importante, a quinta parte do livro sedimenta os ensinamentos com a apresentação de estudos de casos de forma comentada e diferenciada.

Este livro supera sua proposta inicial ao apresentar casos nacionais de sucesso. Dessa forma, aponta como as empresas nacionais podem aumentar sua competitividade no mercado mundial.

Roberto Debom
Diretor do Centro de Pesquisa, Desenvolvimento e Inovação Cristália
Robert Woolley
Pesquisador sênior do Centro de Pesquisa, Desenvolvimento e Inovação Cristália

Apresentação

Definitivamente a inovação entrou na agenda do país, a qual despertou de anos de atraso em relação aos países desenvolvidos e alguns emergentes.

Em 2007, o governo lançou o Programa de Aceleração do Crescimento (PAC) da inovação, com investimentos de cerca de R$ 52 bilhões até 2010.

Entretanto, é preciso não ficar só no "discurso" e proporcionar às empresas abordagens, modelos, técnicas e soluções que possam ser implementados com relação à inovação. Esta não significa somente tecnologia, portanto, não se pode esquecer toda uma base de fundamentos para que as empresas possam realmente trabalhar com a inovação como uma forma de competir.

Esta obra aborda os resultados obtidos, com base em vinte anos de experiência acadêmica, em consultorias e pesquisas do grupo Gestão Estratégica de Conhecimento e Inovação (Gecin), da Faculdade de Economia, Administração e Contabilidade de Ribeirão Preto (FEA-RP) e da Faculdade de Ciências Farmacêuticas de Ribeirão Preto (FCR-RP), ambas da Universidade de São Paulo (USP), e é complementada por especialistas convidados.

Assim, o objetivo deste livro é proporcionar ao leitor um ferramental de modelos e soluções para que as empresas, de maneira efetiva, possam formular suas estratégias com base na inovação, alinhá-las por meio do portfólio de projetos e implementar a estratégia por meio dos seus desenvolvimentos inovadores.

Essa ligação entre estratégia e desenvolvimento é essencial para que a inovação não fique somente na intenção. Trata-se de uma ligação bidirecional. O início da inovação tanto pode ser uma visão de futuro, em que hipóteses evoluem para objetivos e metas, alinhados com um conjunto de desenvolvimentos, que são implementados e, finalmente, transformados em produtos/soluções; como um problema identificado por um cliente, que aciona o processo de desenvolvimento. Logo, posto que não há somente um caminho para a inovação, mas vários, a intenção deste livro é proporcionar estrutura, conceitos, abordagens e métodos para trilhar tais caminhos.

Existem três eixos a serem desenvolvidos neste livro:

- Eixo das oportunidades;
- Eixo das competências;
- Eixo da estratégia e gestão.

A princípio, tem-se a identificação de oportunidades; entretanto, para viabilizar a sua realização, são necessárias as competências. Essa combinação sinérgica é que proporcionará uma bem-sucedida implementação. A sinergia é o objetivo da estratégia e da gestão, com o entendimento do ambiente interno e externo, o estabelecimento de objetivos, o alinhamento, a facilitação, a boa alocação e a utilização de recursos e, como consequência, a maximização dos resultados.

O livro foi dividido em cinco partes ("Conceitos", "Visão de futuro", "Análise competitiva e formulação da estratégia de inovação", "Alinhamento e implementação da estratégia" e "Estudos de caso"), cujos capítulos são resumidos a seguir.

No Capítulo 1 são apresentados os conceitos de inovação e sua gestão, tipos de inovação, a realidade nacional e os seus desafios com base nos relatórios do Instituto Brasileiro de Geografia e Estatística (IBGE) e do Instituto de Pesquisa Econômica Aplicada (Ipea). Na segunda parte, são apresentados os conceitos, as escolas de gestão estratégica e uma estrutura sistêmica da Gecin (Figura A.1), que é a base para o detalhamento dos capítulos.

O Capítulo 2 trata da criação da visão de futuro. A princípio, é apresentada uma abordagem determinística com base nos ciclos de inovação

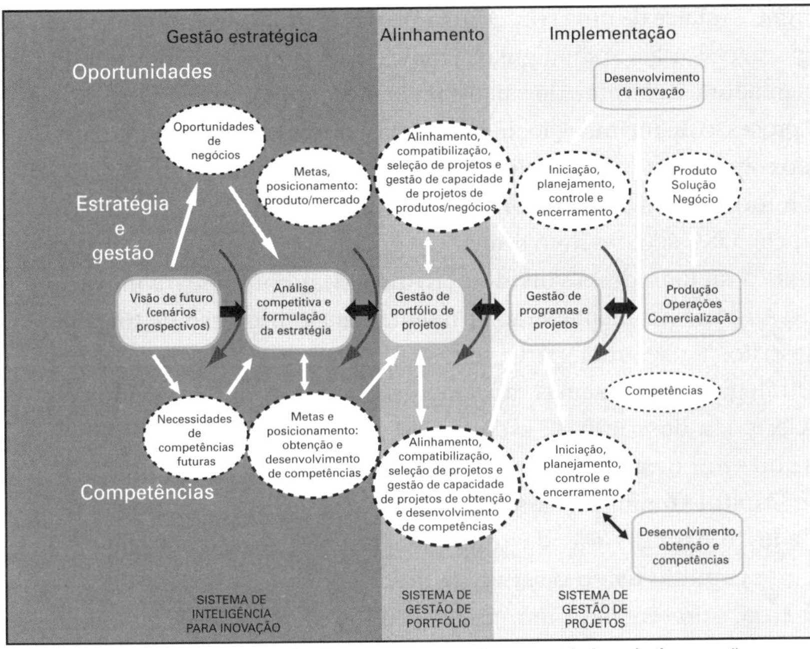

FIGURA A.1 Estrutura sistêmica para a gestão estratégica da inovação

e, em seguida, uma abordagem sistêmica com base no planejamento de cenários prospectivos é descrita com seus elementos, métodos e técnicas.

No Capítulo 3, de autoria de Wagner José Quirici, um ferramental estratégico essencial – a inteligência competitiva para a inovação – é descrito, destacando-se o seu papel na identificação das forças que regem os negócios e são essenciais para a inovação e o estabelecimento de sua estratégia. Assim, descreve-se a sua função na sistematização, na coleta, na estruturação, na análise, na disseminação e na proteção de informações e de conhecimentos relevantes no processo de inovação. Apresentam-se as ferramentas e sistemas disponibilizados pela tecnologia da informação para suportar a inteligência competitiva e os resultados alcançados com sua aplicação no processo de inovação de um caso específico.

No Capítulo 4, o objetivo é proporcionar a aprendizagem de conteúdo em estratégia de inovação com base nos trabalhos de Christensen e de Kim e

Mauborgne. Trata-se de uma reinterpretação das abordagens tradicionais de estratégia, necessária no paradigma da inovação. Assim, conceitos de inovação sustentadora, disrupção de baixo e novo mercado são apresentados.

O processo de formulação de estratégia e modelos de negócios para a inovação é apresentado no Capítulo 5, o qual foi dividido em duas partes: análise e formulação de posicionamento externo e análise e formulação de competências, seu desenvolvimento e obtenção. A primeira parte tem como base o método desenvolvido por Kim e Mauborgne para inovação de valor. Assim, ferramentais são apresentados e o processo de formulação é descrito. Na segunda parte, tem-se um modelo de análise e formulação estratégica com base nas capacidades dinâmicas desenvolvido pelo grupo Gecin e a descrição de exemplo de aplicação do modelo em uma empresa do setor de tecnologia de informação.

No Capítulo 6, um processo estratégico essencial do paradigma das capacidades dinâmicas é o da transferência externa de conhecimento. Assim, esse capítulo tem o objetivo de descrever conceitos e métodos de transferência, apresentando um modelo de transferência externa desenvolvido pelo Gecin. Na parte final, há um estudo com empresas farmacêuticas, elucidando a parte prática de aplicação do modelo.

Como mecanismo de alinhamento estratégico, apresenta-se, no Capítulo 7, a gestão de portfólio para inovação, contribuição valiosa dos renomados professores Darci Prado e Fernando Ladeira. Esse capítulo trata de portfólios e programas e é dividido em três partes: em princípio, serão explorados aspectos práticos da gestão de portfólio de projetos e tendências na área. Em seguida, serão abordados conceitos e práticas relativas a programas e ao seu gerenciamento como subunidades dos portfólios. Por fim, abordaremos questões específicas relativas à gestão de portfólios de inovação e desenvolvimento de novos produtos.

No Capítulo 8, descreve-se um modelo de desenvolvimento da inovação. São apresentadas, inicialmente, as tipologias de desenvolvimento e, em seguida, a competência de desenvolvimento de inovação, dividida em duas partes: o *front end* (geração de ideias, identificação e avaliação de oportunidades, desenvolvimento de conceitos) e as atividades de desenvolvimento de projetos. A ênfase no capítulo será dada ao *front end* e aos mecanismos de aprendizagem de mercado como fonte de inovação.

Na sequência, uma série de casos e aplicações práticas é apresentada.

O Capítulo 9 apresenta uma solução prática de aprendizagem do futuro como base para o estabelecimento da estratégia de inovação, proporcionando o desenvolvimento de cenários futuros para a identificação de oportunidades de produtos e negócios no setor de fármacos/cosméticos e as competências necessárias. Trata-se de um laboratório de inovação em estratégia. Os elementos e mecanismos dessa aplicação são apresentados nesse capítulo. Trata-se de um projeto do grupo Gecin, o CRIAFarma: Laboratório de Criação do Futuro no setor de fármacos/cosméticos.

O Capítulo 10 descreve um caso inédito sobre o desenvolvimento de inovação de um produto disruptivo da empresa Ouro Fino, o Colosso®. A Ouro Fino foi agraciada com o primeiro lugar no prêmio Financiadora de Estudos e Projetos (Finep) em Inovação Tecnológica no ano de 2005. Esse capítulo foi escrito em conjunto com a Sra. Lucimara Toso, gerente de P&D da Ouro Fino Agronegócios.

Exemplos de empresas nacionais auxiliam na ilustração de conceitos. O Caso Helleva, medicamento criado pelo laboratório Cristália, é apresentado no Capítulo 11, elucidando o desenvolvimento de uma inovação disruptiva de baixo mercado.

Para ilustrar um exemplo prático, o Capítulo 12 apresenta o caso de desenvolvimento da empresa Honda.

Dessa forma, apresentando o embasamento teórico e, em seguida, exemplos práticos do cenário brasileiro, este livro é indicado a estudantes, professores, pesquisadores e profissionais da área de inovação.

Além da versão impressa, a obra conta com site com conteúdo complementar, permitindo uma comunicação continuada: universidademanole.com.br/estrategiadeinovacao.

Boa leitura!

Os autores

Parte I

Conceitos

Capítulo 1

Inovação e Gestão Estratégica: Conceitos e Estrutura Sistêmica

Sérgio Takahashi

1.1 Inovação: Conceitos

Inovação diz respeito a mudanças e novidades. As mudanças podem ser relativas ao produto, ao processo e, também, à forma organizacional e de trabalho, tecnologia, mercado e negócios.

Já as novidades podem ter vários níveis de magnitude: incrementais, radicais, plataformas, disruptivas e com base em novos valores.

A relatividade é um importante fator para este raciocínio, pois um processo pode ser novidade em um setor específico, bem como ser usual há anos em outro setor; ou então, um produto pode ser novidade em uma determinada região, enquanto em outras já ter sido lançado há algum tempo.

Com relação aos tipos de inovações, são apresentados na Figura 1.1 seus conceitos em ciência, tecnologia e produto/processo.

A inovação em ciência é desenvolvida pela "pesquisa básica", cujo objetivo é promover o novo conhecimento e o entendimento de algum fenômeno. Em geral, é desenvolvida nas universidades e centros de pesquisa. Entretanto, algumas empresas buscam inovar nesse sentido, como a empresa Millenium. Como exemplo, pode-se supor a descoberta de uma nova cadeia carbono-hidrogênio.

Já a inovação tecnológica é desenvolvida pela pesquisa aplicada, cujo objetivo é promover o conhecimento aplicável às necessidades comerciais para o futuro desenvolvimento de novos produtos e processos. A agregação de valor em relação à ciência está no grau de aplicabilidade e pode ser desenvolvida nas universidades, centros de pesquisa e empresas. Um exemplo, seguindo o anterior, é supor que a cadeia carbono-hidrogênio foi sintetizada e um novo material, produzido.

Já a inovação de produto e processo é resultado da aplicação e ou de combinação da(s) tecnologia(s). Esse processo é o responsável por esta agregação de valor. O contexto de aplicação é empresarial, pois o produto é desenvolvido visando a um determinado mercado, cujo objetivo é comercializá-lo. Assim, questões relacionadas à produção, logística interna e externa e comercialização são planejadas e implementadas. As universidades e centros de pesquisa podem participar do processo, mas o objetivo é comercial. Dessa forma, o desenvolvimento é centrado nas empresas.

É importante salientar as características inerentes entre tecnologia e produto. Tecnologia é um recurso que, quando aplicado em conjunto com outras tecnologias, pode produzir algo inédito e com apelo de mercado, ou seja, um produto. Assim, uma empresa que obtém ou desenvolve uma tecnologia pode não conseguir aplicá-la ou desenvolver o produto. São competências diferentes que veremos neste capítulo e no 8. Sem conseguir aplicá-la, não haverá geração de receita. Ou seja, não basta ter tecnologia,

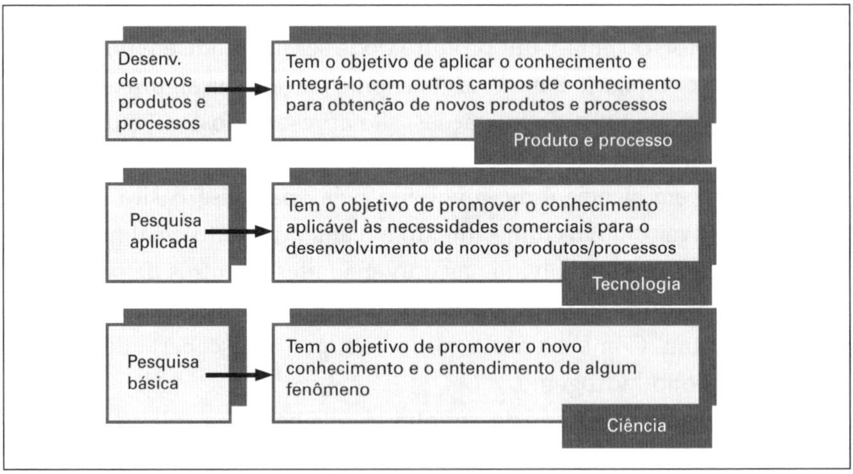

FIGURA 1.1 Inovações científicas, tecnológicas e de produto/processo.

caso contrário as universidades e todas as empresas de uma incubadora tecnológica teriam sucesso empresarial, mas isso não ocorre dessa maneira.

A distinção entre esses dois conceitos explica um pouco do atraso do país em termos de inovação. Até o final dos anos de 1990, as políticas de fomento e incentivo tinham como prioridade as universidades que tiveram recursos para desenvolverem suas pesquisas e, assim, as publicações científicas cresceram. Entretanto, o número de patentes ficou estagnado e, pior, as empresas não usufruíram dessas tecnologias, deixando de desenvolver produtos e agregar valor à sociedade. Poucos programas tinham como foco a empresa. A Fundação de Amparo à Pesquisa do Estado de São Paulo (Fapesp) era uma das poucas instituições que já fomentavam recursos para as empresas nos seus programas Pesquisa Inovativa em Pequenas Empresas (Pipe) e Programa de Apoio à Pesquisa em Parceria para Inovação Tecnológica (Pite), assim como a Finaciadora de Estudos e Projetos (Finep), empresa pública vinculada ao Ministério de Ciência e Tecnologia. Nos últimos governos federais (de Fernando Henrique Cardoso e Luiz Inácio Lula da Silva), a mudança ocorreu e os investimentos estão, hoje, direcionados prioritariamente para as empresas.

A relatividade na definição de tecnologia e produto também é um ponto a destacar-se. Por exemplo: uma empresa desenvolve, produz e comercializa um novo material, assim, para ela, o novo material é um produto. Entretanto, para uma empresa cliente, esse novo material é uma tecnologia a ser aplicada em seus produtos.

É também importante destacar a não linearidade na sequência dos processos de inovação científica, tecnológica e de produto/processo. Às vezes, podem ocorrer de uma forma simultânea – *overllaping* , complementando os conceitos com relação à interligação entre as inovações.

Uma inovação de produtos/processo possui uma relação intrínseca com uma inovação/mudança organizacional, ou seja, as formas de organização devem aprimorar-se perante os novos desafios e ambições impostos pelos novos desenvolvimentos de inovações. Assim, equipes multidisciplinares são implementadas, os processos de desenvolvimento são aprimorados etc. Uma inovação de produto/processo também pode proporcionar uma inovação de negócios, ou seja, uma nova forma de fazer negócios, um novo modelo de negócios (ver Capítulo 4). Entretanto, uma intenção de inovação de negócios também pode acionar as inovações de produto, tecnologia e ciência (Figura 1.2).

Atualmente, estamos na era da inovação, mas isso foi resultado de uma evolução junto a uma crescente complexidade do ambiente dos negócios ao longo de décadas. Na próxima seção, será apresentado um modelo de evolução dos padrões de gestão e competitividade até os dias de hoje. Este modelo também visa auxiliar a compreensão da evolução das competências inerentes para as empresas que buscam inovar e da sua localização em termos do seu estágio atual ou nível de maturidade, e os próximos passos.

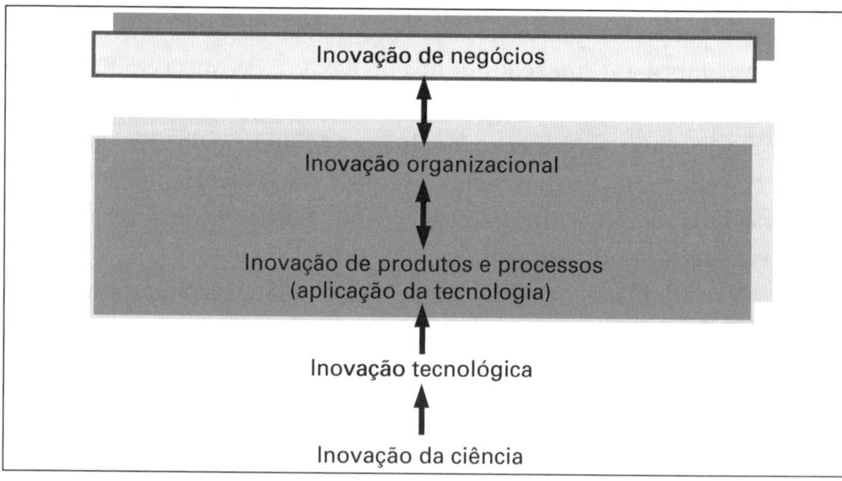

FIGURA 1.2 Os tipos de inovação.

1.2 Os Paradigmas de Gestão: de Taylor à Inovação

Apresenta-se aqui uma breve evolução dos modelos de padrões de gestão e competitividade. Antes, é importante esclarecer que cada paradigma de gestão possui intrinsecamente seus próprios desafios a serem superados, os quais podem ser representados pelos *trade-offs* de objetivos/desempenhos. Entretanto, muitos desses objetivos são antagônicos entre si, não possibilitando a existência da maximização de um objetivo ou um conjunto de objetivos, mas um equilíbrio que irá levar a um melhor desempenho global nos negócios. Assim, as competências possibilitarão a superação dos *trade-offs*, levando esse conjunto de objetivos a um patamar superior de desempenho e também à implementação de um conjunto de objetivos antagônicos de forma equilibrada.

A cada evolução de paradigma ocorre um aumento de complexidade, portanto, existe a necessidade da evolução no conjunto de competências e a adoção de abordagens mais integradoras e holísticas.

Nesse sentido, pode-se caracterizar os cinco paradigmas de gestão e competitividade, com base no trabalho de Takahashi e Takahashi (2007), ou seja, os modelos padrões de gestão empresarial praticados, a saber: produtividade, qualidade, flexibilidade/rapidez, inovação e sustentabilidade (Figura 1.3).

O primeiro paradigma, a produtividade, teve o seu auge na década de 1960. O objetivo era produzir um elevado volume de produto, pois a demanda era maior que a oferta nessa época. Não existia a necessidade de diversificação de produtos, pois tudo que era produzido era vendido, inclusive, no auge desse paradigma, alguns produtos ficavam indisponíveis no mercado. O grande desafio das empresas estava concentrado nas atividades de produção. Nesse primeiro paradigma, não existiam grandes *trade-offs*. As competências envolvidas seguiam os princípios da administração científica que proporcionava o suporte para o início da Engenharia de Produção com o estudo de tempos, métodos e técnicas de otimização para o aumento da produtividade. A qualidade era vista como uma atividade de controle de conformidade na atividade de produção e, assim, apenas eram verificados os erros quando o componente já estava fabricado, restando, portanto, poucas alternativas de modificações. O desenvolvimento do produto era uma atividade típica de engenheiros e a frequência de desenvolvimento e introdução de novos produtos no mercado era pequena e com pouca diversificação. Não existia a atividade de marketing, apenas de vendas (Takahashi e Takahashi, 2007).

No segundo paradigma, o da qualidade, as empresas começaram a preocupar-se com as necessidades dos clientes e, como consequência, iniciaram-se estruturações nas organizações segundo uma visão de processos. Os desafios passaram a concentrar-se em desenvolver e elaborar produtos com qualidade, não esquecendo dos custos, formando, assim, o

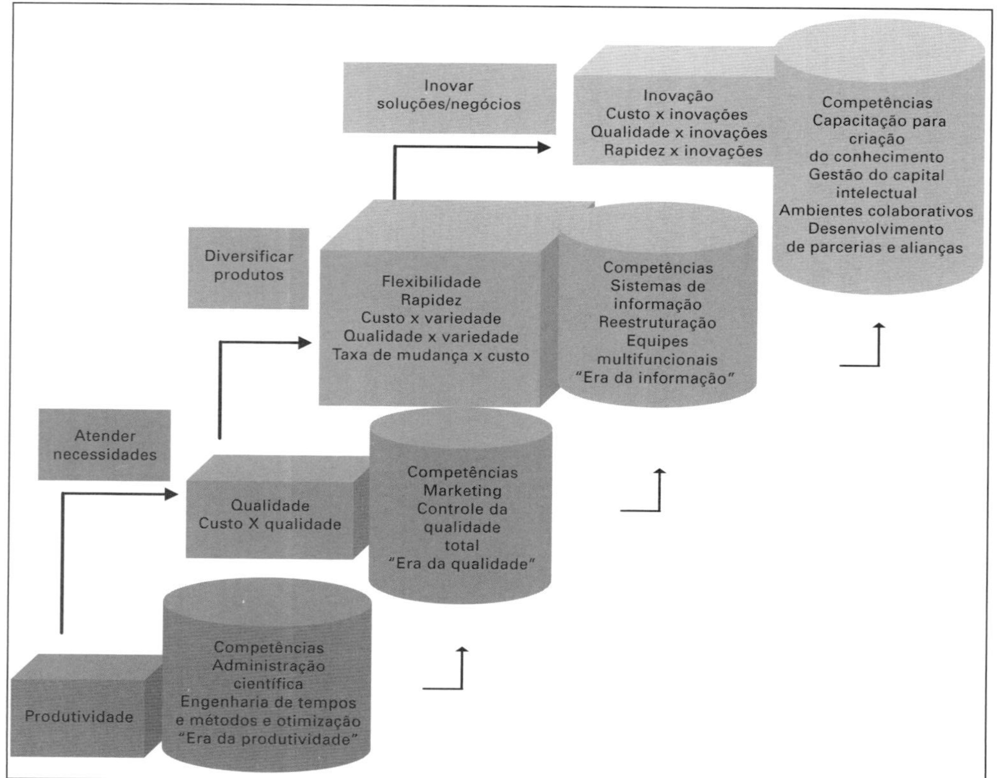

FIGURA 1.3 Paradigmas de gestão e competitividade.
Fonte: Takahashi e Takahashi (2007).

principal *trade-off* do paradigma. As competências para superar este *trade-off* eram o marketing e o controle da qualidade total. No início, não se trabalhava com essas competências de forma integrada e, somente com o passar dos anos as empresas foram verificando a compatibilidade entre as duas competências. Desse modo, a identificação das necessidades dos clientes começava pela atividade de marketing e eram implementadas na empresa por meio do controle de qualidade total e de suas técnicas com base nos processos. Como consequência, o desenvolvimento de produtos tornou-se uma atividade com visão de mercado, com o envolvimento de várias funções da empresa, desde a identificação das necessidades do cliente até a produção e entrega. É importante desmistificar a qualidade, ou seja, pode-se entendê-la como as várias dimensões de desempenho, tais como: desempenho, características, estética, assistência técnica, conformidade, confiabilidade, durabilidade e qualidade percebida (Takahashi e Takahashi, 2007).

Quanto aos objetivos do terceiro paradigma, flexibilidade/rapidez, a diversificação dos produtos tornou-se parte da competição no ambiente das empresas. Além da qualidade do produto, as empresas tiveram a necessidade de introduzir novos produtos com mais frequência e rapidez no mercado, pois os concorrentes podiam lançá-los antecipadamente. Assim, o gerenciamento de *trade-offs*, como flexibilidade/rapidez, flexibilidade/custo, flexibilidade/qualidade, rapidez/qualidade, rapidez/custo, somados ao de qualidade e custo passou a ser o grande desafio. Internamente às empresas, a complexidade da gestão aumentou drasticamente. O fluxo e diversidade de informações intensificaram-se até atingir um nível jamais visto anteriormente. Dessa forma, as competências necessárias passaram a buscar uma melhor integração. Iniciaram-se as reduções em níveis hierárquicos, a descentralização, o desenvolvimento de equipes multifuncionais, o advento da empresa enxuta e, principalmente, a adoção das tecnologias de informação. Com tudo isso, promoveu-se um processamento de trabalho mais flexível e rápido, inclusive entre os níveis hierárquicos. Uma importante competência desenvolvida nessa era foi a modulação dos produtos, a qual possibilitou a introdução frequente de inovações incrementais, com o reaproveitamento de subsistemas e componentes em novos projetos (Takahashi e Takahashi, 2007).

Já a inovação, o quarto paradigma, está em pleno desenvolvimento. Nesse sentido, o objetivo amplia-se para a inovação de soluções e negócios. No paradigma da flexibilidade/rapidez, o foco é no produto físico, ao passo que, no paradigma da "inovação", é a solução, ampliando-se para além da inovação do produto. Assim, pode-se ter inovações nos processos, na organização, na comercialização, no fornecimento, na agregação de valor e na experiência proporcionada. As inovações em modelos de negócio também surgem. Os *trade-offs* ampliam-se e o seu conjunto é composto por uma complexidade sem precedentes no mundo dos negócios, impondo um grandioso desafio para a administração. No paradigma da flexibilidade/rapidez, a informação e o seu eficiente processamento são recursos e processos essenciais. No paradigma da inovação, o conhecimento tácito e a criação do conhecimento passam a ser protagonistas para o sucesso da empresa. Assim, as competências necessárias passam a ser a de criação de conhecimento, a aprendizagem e gestão de conhecimento, a gestão dos ativos intangíveis e o desenvolvimento de ambientes colaborativos para aumentar o compartilhamento do conhecimento tácito. Os relacionamentos interempresas intensificam-se. Clientes, fornecedores e parceiros participam com mais ênfase do desenvolvimento de inovações da empresa, caracterizando, assim, a empresa ampliada (Takahashi e Takahashi, 2007).

O envolvimento do usuário representando um codesenvolvimento e o advento dos usuários líderes no desenvolvimento de inovações de ruptura também são novidades desse paradigma.

Uma variação do paradigma da inovação é o da sustentabilidade, o quinto paradigma. Este paradigma está também em pleno desenvolvimento e é o maior desafio imposto ao meio empresarial.

Todos os paradigmas anteriores tinham como contexto empresas com objetivos relacionados à maximização de seus desempenhos financeiros e a perpetuação da vida da empresa. No paradigma da sustentabilidade, os objetivos são ampliados e passam a ter três dimensões: o econômico-financeiro, o ambiental e o social. Nele, as empresas têm o desafio de produzir e criar mais valor com menores impactos sociais e ambientais. Nesse contexto, a busca passa a ser pela ecoeficiência: redução do consumo de recursos e do impacto sobre a natureza, e o aumento do valor dos produtos e serviços com a ampliação de sua funcionalidade e flexibilidade, além da prestação de novos serviços.

Outro objetivo é o fornecimento de mais informações e opções aos consumidores. Nesse sentido, contempla-se o desenvolvimento de produtos acessíveis às camadas menos privilegiadas, fazendo com que, no seu conjunto global, os mercados passem a funcionar para todos.

A sustentabilidade também tem como função proporcionar maior importância ao valor do planeta com os seus ativos ambientais, auxiliando a manutenção da diversidade de espécies, os ecossistemas, os recursos naturais e a prevenção das substâncias tóxicas no ambiente. Logo, neste paradigma, a responsabilidade social é mais um elemento que passa a fazer parte dos objetivos.

No modelo apresentado, fica claro que as competências se desenvolvem ao longo do tempo e de uma forma transversal aos paradigmas. A competência de organização e trabalho em equipes multidisciplinares, por exemplo, é elemento importantíssimo no paradigma da flexibilidade e as empresas competitivas dessa era devem possuir um nível alto de maturidade nesse requisito. Entretanto, o desenvolvimento dessa competência começou no paradigma da qualidade, com o início dos grupos de melhorias da qualidade, assim, uma cultura de equipe começou a ser desenvolvida. O desenvolvimento de uma competência pode levar muitos anos, o que a faz ser tratada de forma estratégica. Esse ponto será visto nos paradigmas da gestão estratégica, mais adiante neste capítulo.

1.3 Avaliação de Investimentos e Desempenho da Inovação

Com relação à inovação, apresentam-se dados de dispêndio nacionais em inovação e desempenhos globais de inovação, de produtos e processos.

1.3.1 Dispêndios em Pesquisa e Desenvolvimento (P&D) por Países

O Ministério da Ciência e Tecnologia do Brasil apresenta indicadores de ciência e tecnologia referentes a 2008 (MCT, 2010). A Tabela 1.1 apresenta dispêndios nacionais em P&D de países selecionados, em relação ao produto interno bruto (PIB), per capita e por pesquisador, em anos mais recentes.

A Eurostat (2010) publicou em seu relatório de 2010 índices de vários países, complementando os dados anteriores na Tabela 1.2, apresentam-se

Tabela 1.1 Dispêndios nacionais em P&D de países selecionados, em relação ao PIB, *per capita* e por pesquisador, em anos recentes.

País	Ano	Dispêndio em P&D (US$ milhões correntes de PCC)	Dispêndio P&D/PIB (%)	Dispêndio P&D *per capita* (US$ correntes de PPC por habitante)	Dispêndio em P&D por pesquisador (US$ correntes de PPC por pesquisador)
Alemanha	2007	23.962,1	2,53	872,7	246.822,35
Argentina	2007	2.656,2	0,51	67,3	68.669,63
Austrália	2006	15.279	2,06	733,8	175.339,11
Brasil	2008	23.019,3	1,09	121,4	172.732,25
Canadá	2008	71.789	1,84	718,3	170.726,78
China	2007	102.331,2	1,44	77	71.893,05
Cingapura	2007	5.814,4	2,52	1.296,4	212.971,5
Coreia	2007	41.741,6	3,21	861,4	188.086,03
Espanha	2008	19.547,4	1,35	428,7	149.232,1
Estados Unidos	2008	398.086	2,77	1.307,2	243.900,28
França	2008	42.757,1	2,02	666,8	198.174,11
Itália	2008	21.859,2	1,18	365	226.983,3
Japão	2007	147.800,8	3,44	1.156,8	208.177,82
México	2007	5.567,5	0,37	52,7	146.783,02
Portugal	2008	3.719	1,51	350,1	91.685,21
Reino Unido	2008	41.447,6	1,88	675,6	158.556,54
Rússia	2008	23.408,1	1,03	164,9	51.878,18

Fonte: MCT (2010).

os índices de dispêndio em P&D em relação ao PIB referentes a publicação do último ano possível.

1.3.2 Percentual de Investimentos do Governo e Empresas

A Tabela 1.3 apresenta o percentual de investimentos do governo e empresas em inovação.

Nos países desenvolvidos, a predominância é de investimentos por parte das empresas. Entretanto, vários países em desenvolvimento (China, Coreia, Cingapura, Portugal) também possuem investimentos maiores por parte das empresas do que o Brasil.

No Brasil, a predominância é de investimentos do governo.

1.3.3 Desempenho em Inovação

Inovação é definida como um novo ou significante melhoramento de um produto (bens ou serviços) introduzido no mercado, ou a introdução de um processo novo ou com melhoramento significativo na empresa (Eurostat, 2010). Assim, empresa inovadora é aquela que realiza alguma inovação no período.

A Tabela 1.4 apresenta dados da Eurostat 2010 sobre a proporção de empresas inovadoras em 2006.

Entretanto, o índice anterior contempla aquilo que é novo para a empresa e para o mercado nacional. Potanto, é necessário apresentar outro índice que representa a inovação de produtos introduzida no mercado nacional (Tabela 1.5).

1.3.4 Desempenho Nacional em Inovação

O panorama da inovação no Brasil é desenvolvido pelo Instituto Brasileiro de Geografia e Estatística (IBGE) por meio do Pesquisa Industrial de Inovação Tecnológica (Pintec).

Com relação aos resultados globais da inovação por setores, a taxa é calculada pelo número relativo de empresas que inovaram no período. Por inovação, o IBGE considerou todas e quaisquer mudanças que ocorrem em

TABELA 1.2 Dispêndios em P&D em relação ao PIB (complemento)

País	Ano	Dispêndio em P&D/PIB (%)
Suécia	2007	3,6
Finlândia	2008	3,46
Islândia	2008	2,9
Áustria	2008	2,66
Dinamarca	2007	2,55
União Europeia	2007	1,87

Fonte: Eurostat (2010).

TABELA 1.3 Distribuição percentual dos dispêndios nacionais em P&D de países selecionados, por setor de financiamento, em anos mais recentes

País	Ano	Governo	Empresas (%)
Alemanha	2007	27,7	67,9
Argentina	2007	67,5	29,3
Austrália	2006	37,3	58,3
Brasil	2008	54	43,9
Canadá	2008	33	47,6
China	2007	24,6	70,4
Cingapura	2007	34,9	59,8
Coreia	2007	24,8	73,7
Espanha	2007	43,7	45,5
Estado Unidos	2008	27	67,3
França	2008	39,4	50,5
Itália	2007	44,3	42
Japão	2007	15,6	77,7
México	2007	50,2	45,1
Portugal	2007	44,6	47
Reino Unido	2008	29,5	47,2
Rússia	2008	64,7	28,7

Fonte: MCT (2010).

Tabela 1.4 Proporção de empresas inovadoras em 2006 (% de todas as empresas por país)

País	Índice	País	Índice
União Europeia	38,9	Eslovênia	35,1
Alemanha	62,6	República Checa	35
Bélgica	52,2	Itália	34,6
Finlândia	51,4	Espanha	33,6
Áustria	50,6	Malta	28
Luxemburgo	48,5	Eslováquia	24,9
Estônia	48,2	Polônia	23
Irlanda	47,2	Lituânia	22,3
Dinamarca	46,9	Romênia	20,7
Suécia	44,6	Bulgária	20,2
Portugal	41,3	Hungria	20,1
Grécia	40,9	Letônia	16,2
Chipre	39,5	Noruega	35,5
Reino Unido	38,1	Turquia	31,4
Holanda	35,5	Croácia	30,6

Fonte: Eurostat (2010).

uma empresa: todos os tipos de aquisições (P&D, conhecimentos, máquinas e equipamentos), introdução de inovações no mercado, treinamento:

Taxa de inovações globais para o setor industrial:
2001-2003: 33,3%
2003-2005: 33,4%
2006-2008: 38,6%

Taxa de inovações globais para os setores de telecomunicações, informática e P&D no período de 2003-2005:
Telecomunicações: 45,9%
Informática: 57,6%
P&D: 97,6%

Tabela 1.5 Índices de inovação de produtos introduzidos no mercado (%) em 2006

País	Índice	País	Índice
União Europeia	10	Irlanda	9,6
Malta	33,4	Eslovênia	8,9
Grécia	22,8	Áustria	8,3
Bulgária	17	Polônia	7,6
República Checa	16	Chipre	7,5
Eslováquia	13,5	Luxemburgo	7,4
Finlândia	13,3	Dinamarca	7,4
Hungria	12,5	Itália	7,3
Portugal	11,1	Bélgica	6,7
Reino Unido	10,6	Estônia	6,3
Espanha	10,5	Letônia	5
Alemanha	10,2	Croácia	8,8
Romênia	10,1	Turquia	7
Holanda	10	Noruega	3,8
Lituânia	10		

Fonte: Eurostat (2010).

Taxa de inovações globais para os setores de telecomunicações, informática e P&D no período de 2006-2008:

Serviços selecionados: 46,2%

P&D: 97,5%

Em termos globais, os índices são aparentemente expressivos no setor industrial, 33,4% e 38,6%, respectivamente, nos biênios 2003-2005 e 2006-2008. Comparando-se com resultados de países desenvolvidos, os resultados brasileiros estão no nível do Reino Unido, Holanda, Itália, Espanha, entretanto, vale lembrar que os dados do Pintec são calculados no biênio e os da Eurostat são anuais.

Porém, quando o foco se concentra nas taxas de inovações de produto para o setor industrial, os números caem abruptamente. Como inovação de produto, o IBGE conceitua como qualquer novo lançamento (incremental ou radical) no mercado nacional. E com relação às inovações de processo os índices são menores, 1,7%:

Taxa de inovações de produto para mercado nacional:
2001 - 2003: 2,7%
2003 - 2005: 3,2%
2006-2008: 4,1%

Abaixo, apresenta-se a taxa de inovação no setor de telecomunicações, informática e P&D:

Taxa de inovações de produto para o mercado nacional (2003-2005):
Telecomunicações: 6,4%
Informática: 9,8%
P&D: 78,6%

Taxa de inovações de produto para o mercado nacional (2006-2008):
Serviços selecionados: 9,1%
P&D: 72,5%

Com relação à inovação de processos, o seguinte quadro de desempenho se apresenta:

Taxa de inovações de processo do setor no Brasil:
Setor industrial:
2001 - 2003: 1,2%
2003 - 2005: 1,7%
2006 - 2008: 2,3%

Taxa de inovações de processos novos do setor no Brasil (2003-2005):
Telecomunicações: 5,4%
Informática: 4,7%
P&D: 69,0%

Taxa de inovações de processo novo do setor no Brasil (2006-2008):
Serviços selecionados: 2,8%
P&D: 60%

Comparando-se com resultados de países desenvolvidos para inovação de produtos, segundo Eurostat (2010) para dados publicados em inovações em 2006 temos uma diferença acentuada de desempenhos, ficando muito abaixo dos países da União Europeia. Parte substancial das inovações dos países desenvolvidos concentra-se nas inovações de produto e, no Brasil, nas aquisições de máquinas e equipamentos.

1.3.5 Análise de Competitividade e Inovação

Um importante estudo realizado pelo Ipea (De Negri e Salerno, 2005) apresentou alguns resultados com relação à competitividade e à inovação. Assim, as empresas que inovam possuem 16% a mais de chances de exportar, portanto, há forte relação entre competitividade e inovação; essas empresas também pagam maiores salários (23% a mais).

Pesquisas anteriores já demonstravam que a inovação de produtos determina: cerca de 70% a 90% do custo final dos produtos; desempenhos diferenciadores em qualidade, diversificação e taxa de mudanças.

A importância da inovação de produtos é clara e inegável, entretanto: apenas 3,2% das empresas industriais nacionais inovam e diferenciam produtos; apenas 6,4% das empresas de telecomunicações inovam e diferenciam produtos; apenas 9,8% das empresas de informática inovam ou diferenciam produtos.

Concluindo, o Ipea apresentou dados do setor industrial: as inovadoras de produto (apenas 3,2% das empresas industriais) são responsáveis por 25,9% do faturamento industrial e por 13,2% dos empregos gerados (Ipea).

Os dados dessa seção mostram que inovação traz maior competitividade às empresas. Entretanto, em virtude do baixo nível em desempenho em inovação, a competitividade global é baixa. Também pode-se declarar que a inovação mostra ser um bom negócio e um negócio bom. Entretanto, existe um longo e desafiante caminho para as empresas nacionais percorrerem.

1.4 Gestão Estratégica de Inovação: Conceitos e Abordagens

A prática da estratégia e sua literatura têm origem milenar nas organizações militares, como demonstra a obra *A Arte da Guerra*, de Sun Tzu, datada de IV a.C.

Por volta do ano de 1645, Myamoto Musashi, lendário samurai japonês, escreveu *A Book of Five Rings*, como um guia para guerreiros samurais, que tinha como base uma palavra, *heiho*, ou estratégia em japonês – *hei* significa soldado, e *ho*, método (Akao, 1997).

Os princípios e práticas da administração japonesa sofreram muita influência da obra de Musashi (1998) e da arte do guerreiro samurai. A base primária de um guerreiro não consiste somente da habilidade na ação da luta em si, mas também da formulação da estratégia para vencer o combate (Quadro 1.1).

Alguns séculos depois, os conhecimentos e aplicações em estratégia evoluíram com a administração e o aumento da complexidade do ambiente e negócios. Hoje, é possível conceituar estratégia, no mínimo, de cinco formas (Mintzberg, 2000), caracterizando os cinco P´s da estratégia. Assim, estratégia pode ser um(a):

Plano: uma direção, um guia ou curso de ação. Algo pretendido, determinado pela empresa, visando ao futuro (estratégia pretendida).
Padrão: consistência de comportamento ao longo do tempo, portanto com base no passado (estratégia realizada).
Posição: trata de seu posicionamento competitivo no ambiente.
Perspectiva: maneira de ver e realizar as coisas.
Conceito: abstrações existentes apenas na mente de partes interessadas (mente coletiva).

Segundo Mintzberg (2000), pode-se também caracterizar, no mínimo, dez escolas em estratégia. Não existe uma abordagem sobre o tema que seja única e completa e que as empresas possam adotar, todas possuem suas limitações.

O Quadro 1.2 apresenta um resumo das escolas de estratégia segundo Mintzberg, com suas características, contribuições e limitações.

Quadro 1.1 O caminho da estratégia – Musashi

Algumas frases de Musashi para elucidar a importância da estratégia: "Na China e no Japão, os praticantes do Caminho são conhecidos como 'Mestres da Estratégia'. Os guerreiros têm de aprender este caminho.
Recentemente, algumas pessoas vêm se passando por estrategistas para o mundo quando, na maioria dos casos, não passam de lutadores de espada. Os visitantes dos santuários de Kashima Kantori, na província de Hitachi, receberam instruções dos deuses e criaram escolas baseadas nesses ensinamentos[...]".
"No passado, a estratégia era considerada as Dez Habilidades e Sete Artes e, portanto, vista como uma prática benéfica. Não há dúvida quanto à estratégia ser arte, mas como prática benéfica, não se limita à esgrima. *O verdadeiro valor da esgrima não pode ser encontrado dentro do âmbito da técnica da esgrima*".
Musashi cita os princípios da arte guerreira dos samurais:

- Não pense com desonestidade;
- O caminho está no treinamento;
- Trave contato com todas as artes;
- Conheça o caminho de todas as profissões;
- Aprenda a distinguir ganho de perda nos assuntos materiais;
- Desenvolva julgamento intuitivo e a compreensão de tudo;
- Perceba as coisas que não podem ser vistas;
- Preste atenção até ao que não tem importância;
- Não faça nada que para nada sirva.

Alguns métodos práticos descritos por Musashi utilizados nas artes marciais, inclusive nos dias de hoje:
"O primeiro método de surpresa é o ataque, chamado *Ken no sem* (acuar).
Quando você se decidir pelo ataque, mantenha a calma e golpeie com rapidez, surpreendendo o inimigo. Ou então, avance com aparente violência mas com espírito reservado, surpreendendo-o com a reserva.
Uma alternativa seria avançar com espírito mais forte possível e, quando chegar ao inimigo, movimentar os pés um pouco mais depressa que o normal, desequilibrando-o e golpeando-o profundamente.
Ou, com o espírito calmo, atacar como se esmagasse lentamente o inimigo. O espírito é vencer até as entranhas do inimigo."
"O segundo método é o da interceptação do ataque do inimigo, chamado *Tai Non Sem* (Aguardar para tomar a iniciativa).
Quando o inimigo atacar, permaneça imperturbável, mas finja fraqueza. Assim que ele chegar suficientemente perto, faça um movimento súbito de fuga, indicando que pretende recuar para um dos lados, e depois desfeche um ataque fulminante assim que perceber o inimigo relaxar.

(continua)

Quadro 1.1 O caminho da estratégia – Musashi *(cont.)*

Ou, quando o inimigo atacar, ataque com mais força ainda, aproveitando-se da má sincronia que ele demonstra na vontade de vencer."
"O terceiro se usa quando você e o seu adversário atacam juntos. Ele tem o nome de *Tai Tai No Sem* (Acompanhar o inimigo e antecipar-se a ele).
Quando o inimigo fizer um ataque rápido, você terá de atacar com força e com calma, visando ao ponto fraco que surgir quando ele se aproximar e, assim, derrotá-lo inapelavelmente.
Ou, se o inimigo atacar com calma, observe seus movimentos e, com o corpo solto, flutuante, entre no mesmo ritmo à medida que ele se aproximar. Aja com rapidez e golpeie com força."
Musashi complementa:
"Tudo isso não pode ser explicado em palavras. Você terá de estudar na prática o que está escrito aqui. Você tem de avaliar a situação. Nem sempre vale ser o primeiro a atacar; mas, se o inimigo atacar primeiro, você pode inverter a situação. *Na estratégia, ganha quem surpreende o inimigo*, portanto, você precisa praticar muito bem *tudo isso."*

Ao longo do capítulo, serão relacionadas as escolas com as fases da estrutura sistêmica de gestão estratégica. Antes, pode-se caracterizar que as escolas do design, planejamento e de posicionamento são prescritivas, já as outras, descritivas.

Em uma forma mais agregada, Teece et al. (1997) caracterizam quatro paradigmas de gestão estratégica como mostra o Quadro 1.3.

QUADRO 1.2 Escolas de gestão estratégica

	Design	**Planejamento**	**Posicionamento**	**Empreendedora**	**Cognitiva**
Dimensões-chave					
Disciplina base	Nenhuma (arquitetura como metáfora)	Algumas ligações com engenharia, planejamento urbano, teoria dos sistemas, cibernética	Organização industrial, história militar	Nenhuma (embora escritos iniciais sejam de economistas)	Psicologia cognitiva
Defensores	Professores de estudo de casos (Harvard), estudiosos de liderança	Executivos, MBA, consultores, assessores	Consultores e assessores	Imprensa de negócios, pequenos empresários, "individualistas românticos"	"Apóstolos de sistema de informações", puristas filosóficos, pessoas com inclinação psicológica
Mensagem pretendida	Adequar	Formalizar	Analisar	Pressentir	Enquadrar
Mensagem recebida	Pensar	Programar	Calcular	Centralizar	Preocupar-se ou imaginar
Homilia	"Olhe antes de saltar"	"Um ponto em tempo poupa nove"	"Nada além dos fatos"	"Leve-nos ao seu líder"	"Verei quando acreditar"
Palavras-chave	Congruência, competência distintiva, *Swot*, formulação/implementação	Programação, orçamentação, cenários	Estratégia genérica, grupo estratégico, análise competitiva, portfólio, curva de experiência	Golpe ousado, visão, critério	Mapa, quadro, conceito, esquema, percepção, interpretação, racionalidade, estilo

(continua)

Quadro 1.2 Escolas de gestão estratégica *(cont.)*

	Design	**Planejamento**	**Posicionamento**	**Empreendedora**	**Cognitiva**
Dimensões de conteúdo e processo					
Estratégia	Perspectiva planejada, única	Planos decompostos em subestratégias e programas	Posições genéricas, planejadas (econômicas e competitivas) e também manobras	Perspectiva (visão) pessoal e única como nicho	Perspectiva mental (conceito individual)
Processo básico	Cerebral, simples, informal, arbitrário, deliberado (prescritivo)	Formal, decomposto, deliberativo (prescritivo)	Analítico, sistemático, deliberado (prescritivo)	Visionário, intuitivo, em grande parte deliberado (emergente) (descritivo)	Mental, emergente (dominante ou forçado), descritivo
Mudança	Ocasional, quântica	Periódica, incremental	Aos poucos, frequente	Ocasional, oportunista, revolucionária	Infrequente
Agente central	Executivo principal (arquiteto)	Planejadores	Analistas	Líder	Mente
Organização	Ordenada, complacente (para implementação), fonte de forças e fraquezas	Estruturada, decomposta, complacente (para programação)	Fonte de vantagens competitivas, caso contrário incidental	Maleável, simples	Incidental
Liderança	Dominante, arbitrária	Sensível a procedimentos	Sensível à análise	Dominante, intuitiva	Fonte de cognição, passiva ou criativa
Ambiente	Expediente (fonte de ameaças e oportunidades)	Complacente (lista de fatores a serem previstos ou controlados)	Competitividade exigente, mas economicamente analisável, complacente quando compreendido	Manobrável, cheio de nichos	Esmagador ou construído

(continua)

Quadro 1.2 Escolas de gestão estratégica *(cont.)*

	Design	**Planejamento**	**Posicionamento**	**Empreendedora**	**Cognitiva**
Dimensões contextuais					
Situação (adequação ambiental)	Delineável (em economia, técnica social) e estável	Algumas ligações com engenharia, planejamento urbano, teoria dos sistemas, cibernética	Organização industrial, história militar	Nenhuma (embora escritos iniciais sejam de economistas)	Psicologia cognitiva
Forma de organização	Máquina (centralizada, algo formalizada)	Executivos, MBA, consultores, assessores	Consultores e assessores	Imprensa de negócios, pequenos empresários, "individualistas românticos"	"Apóstolos de sistema de informações", puristas filosóficos, pessoas com inclinação psicológica
Estágio (mais provável)	Reconcepção	Formalizar	Analisar	Pressentir	Enquadrar
	Aprendizado	**Poder**	**Cultura**	**Ambiental**	**Configuração**
Dimensões-chave					
Disciplina base	Nenhuma mais enfática	Ciência política	Antropologia	Biologia, Sociologia, Política	História
Defensores	Inclinadas à experimentação, ambiguidade, adaptabilidade	Gosto pelo poder, política e conspiração	Inclinações para o social, o espiritual, o coletivo	Ecologistas populacionais, alguns teóricos de organização, separadores positivistas	Agregadores e integradores em geral, agentes de mudança

(continua)

Quadro 1.2 Escolas de gestão estratégica *(cont.)*

	Aprendizado	Poder	Cultura	Ambiental	Configuração
Mensagem pretendida	Aprender	Agarrar	Aglutinar	Lutar	Integrar, transformar
Mensagem recebida	Jogar	Ocultar	Perpetuar	Capitular	Agregar, revolucionar
Homilia	"Se na primeira vez não conseguir, tente de novo"	"Procure o número um"	"Uma maçã nunca cai longe da árvore"	"Tudo depende"	"Para tudo há uma ocasião"
Palavras-chave	Incrementalismo, estratégia, fazer sentido, espírito empreendedor, aventura, defensor, competência essencial	Barganha, conflito, coalizão, interessados, jogo político, estratégia política, rede, aliança	Valores, crenças, mitos, cultura, ideologia, simbolismo	Adaptação, evolução, contingência, seleção, complexidade, nicho	Configuração, arquétipo, período, estágio, ciclo de vida, transformação, revolução, reformulação, revitalização
Dimensões de conteúdo e processo					
Estratégia	Padrões, única	Padrões e posições políticos e cooperativos, assim como maquinações abertas e ocultas	Perspectiva coletiva	Posições científicas	Qualquer um à esquerda
Processo básico	Emergente, informal, confuso (descritivo)	Conflitivo, agressivo, confuso, emergente, deliberado (descritivo)	Ideológico, forçado, coletivo, deliberado (descritivo)	Passivo, imposto, emergente (descritivo)	Interativo, episódico, sequenciado
Mudança	Contínua, incremental, com critérios quânticos ocasionais	Frequente	Infrequente	Rara e quântica, e aos poucos	Ocasional e revolucionária

(continua)

Quadro 1.2 Escolas de gestão estratégica *(cont.)*

	Aprendizado	Poder	Cultura	Ambiental	Configuração
Agente central	Aprendizes	Qualquer um com poder, organização inteira	Coletividade	Ambiental	Qualquer um à esquerda em contexto
Organização	Ordenada, complacente	Estruturada, decomposta, complacente	Fonte de vantagens competitivas, caso contrário incidental	Maleável, simples	Incidental
Liderança	Dominante, arbitrária	Sensível a procedimentos	Sensível à análise	Dominante, intuitiva	Fonte de cognição, passiva ou criativa
Ambiente	Expediente	Complacente	Competitividade exigente, mas economicamente analisável, complacente quando compreendido	Manobrável, cheio de nichos	Esmagador ou construído
Dimensões contextuais					
Situação	Complexa, dinâmica, nova	Divisiva, malevolente	Idealmente passiva, pode tornar-se exigente	Conveniente, competitiva, delineada	Qualquer um à esquerda, desde que categórica
Forma de organização	Adhocracia, também profissional	Qualquer uma	Missionária, também máquina estagnada	Máquina	Qualquer um à esquerda, desde que categórica, de preferência adhocrática e missionária para transformação
Estágio (mais provável)	Evolução, em especial mudança sem precedente	Desafio político, obstrução, cooperação	Reforço, inércia	Maturidade, morte	Foco especial em transformação

Fonte: Mintzberg et al. (2000).

Quadro 1.3 Paradigmas da gestão estratégica

Paradigma	Unidade de análise fundamental	Capacidade de reorientação a curto prazo	Função na estrutura industrial	Foco
1. Forças competitivas	Indústria, empresa, produtos	Alta	Exógena	Condições estruturais e posicionamento do competidor
2. Conflito estratégico	Empresa, produtos	Frequentemente infinita	Endógena	Interações estratégicas
3. Perspectiva baseada em recursos	Recursos	Baixa	Exógena	Ativos
4. Perspectiva baseada em capacidades dinâmicas	Processos, posições, caminhos	Baixa	Exógena	Acumulação de ativos, replicabilidade e imitabilidade

Fonte: Baseado em Teece et al. (1997).

O paradigma da flexibilidade de gestão e competitividade (Figura 1.3, p.8) é fundamentado no paradigma de estratégia estrutura-condução-desempenho de Porter (1985, 2005), o qual tem como objetivo o posicionamento da empresa no seu setor com base no conjunto de desempenhos proporcionados ao mercado. Entretanto, ao longo dos anos, alguns pesquisadores observaram que não necessariamente somente esse posicionamento seja útil para caracterizar a estratégia de uma empresa, mas é preciso considerar também um conjunto de fatores internos que determinam o seu desempenho; os recursos e competências. Competência essencial pode ser entendida como o aprendizado coletivo na organização, especialmente como coordenar as diversas habilidades de produção e integrar as múltiplas correntes de tecnologia para gerir, alinhar e implementar a inovação como essência do negócio da empresa (Prahalad e Hamel, 1990). No entanto, o desenvolvimento e a implementação de recursos e competências demandam anos e, muitas vezes, até décadas. Assim, apenas sua determinação de recursos e competências não parece ser suficiente para caracterizar a completa estratégia de uma empresa, pois pode parecer pouco palpável; é necessário saber como desenvolver e/ou adquirir os recursos e competências necessários para produzir o desempenho desejado (Teece et al., 1997). Assim, surge o paradigma da "administração estratégica baseada nas capacidades dinâmicas" (Takahashi e Takahashi, 2007, p.116).

A abordagem das capacidades dinâmicas surge na busca pelas dimensões das competências específicas da empresa, que podem ser fontes de vantagens e servem também para explicar como as combinações de competências e recursos podem ser desenvolvidas, desdobradas e protegidas, enfatizando-se a utilização de competências internas e externas existentes na empresa para dirigir mudanças ambientais (Takahashi e Takahashi, 2007).

Segundo Teece et al. (1997), o termo capacidade enfatiza a função-chave da administração estratégica na adaptação, integração e reconfiguração interna e externa das habilidades, recursos e competências funcionais para captar as necessidades do ambiente em mudança. Já o termo dinâmica refere-se à capacidade de renovar competências para obter congruência com as mudanças do ambiente de negócios (Teece et al., 1997).

Nesse sentido, pode-se sintetizar os paradigmas de gestão e competitividade com os paradigmas de gestão estratégica:

- No paradigma da produtividade: a estratégia era única, produzir alto volume com altíssima eficiência. Não eram necessárias abordagens mais sofisticadas, pois as mudanças não ocorriam com frequência.
- No paradigma da qualidade: o modelo de Porter pode ser utilizado no posicionamento da empresa, já que por qualidade pode-se ter 14 dimensões de diferenciações.
- No paradigma da flexibilidade: o modelo de Porter tem o seu potencial maior de adoção.
- No paradigma da inovação: como o conhecimento torna-se o recurso essencial, bem como obtê-lo e desenvolvê-lo passa a ser indispensável, surge o modelo de competências e capacidades dinâmicas, somadas às novas abordagens que reinterpretam o modelo de Porter no contexto da inovação e que usam da dialética para conseguir o equacionamento necessário perante a complexidade inerente ao paradigma.

Na presente obra, a ênfase será dada às abordagens estratégicas no paradigma da inovação. Seguindo, na próxima seção, veremos uma estrutura para a gestão estratégica da inovação, descrevendo as competências necessárias para a gestão, desenvolvimento e implementação da inovação.

1.5 Estrutura para Gestão Estratégica da Inovação

Uma estrutura lógica sistêmica desenvolvida pelo Gecin apresenta as competências para gestão e alinhamento e implementação da inovação.

Assim, nesta estrutura, podemos caracterizar três grandes blocos: criação da visão de futuro, análise e formulação da estratégia e alinhamento estratégico dos projetos.

1.5.1 Gestão Estratégica

É o ponto central do livro. A competência de gestão estratégica para inovação proporciona uma ampla visão de futuro em termos de oportunidades de negócios/soluções/produtos e as competências futuras necessárias, o posicionamento estratégico em termos de negócio e competências e mecanismos de desenvolvimento e obtenção, o alinhamento com os projetos e o gerenciamento agregado de todo o portfólio de projetos de novos produtos/negócios e de obtenção/desenvolvimento de competências ao longo do tempo. Nos Capítulos 3 a 7 é apresentado o detalhamento desse tópico.

Essa competência suporta uma base de decisões *top down* para inovação, entretanto deve suportar as iniciativas de inovação provenientes de outras partes da empresa e fora dela, ou mesmo uma nova ideia gerada pode reposicionar a estratégia de uma empresa, assim como uma nova tecnologia desenvolvida, ou um problema/necessidade identificado no mercado. Dessa forma, existem vários caminhos para o desenvolvimento de uma inovação, mas, por todos os caminhos, a competência de gestão estratégica deve suportá-la, direcionando-a, analisando-a e filtrando-a ou, ainda, propor modificações. Assim, as relações entre a competência de gestão estratégica e as competências de desenvolvimento (implementação), tecnologia e mercado são bidirecionais. A competência de gestão estratégica é dividida em três ciclos.

1.5.1.1 Criação da visão de futuro

Tem como objetivo identificar oportunidades de negócios e produtos e as necessidades de competências para esse futuro prospectado. Possui forte característica de um processo de aprendizagem com o futuro.

Busca-se:

- Entender o presente e o passado;
- Elaborar e descrever a variedade de futuros possíveis;
- Analisar e monitorar os desdobramentos;
- Desenvolver a ligação com decisões específicas;
- Desenvolver a ligação com o processo de análise estratégica.

Tem como base as seguintes escolas estratégicas: aprendizado, design, cognitiva e empreendedora (Mintzberg et. al, 2000).

1.5.1.2 Análise e formulação da estratégia

Visam ao estabelecimento de objetivos e metas em termos de posicionamento produto/mercado e as competências relacionadas, assim como a obtenção e desenvolvimento dessas competências.

As escolas de estratégia que a suportam são: configuração, design, planejamento, posicionamento e aprendizado (Mintzberg et. al, 2000).

O conteúdo das decisões estratégicas pode variar para cada empresa. Para a Embraer, a decisão é desenvolver um novo avião, para a Natura é uma nova linha conceitual, e para a indústria automobilística pode ser uma nova plataforma de automóvel.

1.5.1.3 Alinhamento estratégico dos projetos: gestão de portfólio de projetos

Consiste na tradução da estratégia estabelecida em um conjunto de projetos, o portfólio, passando por um processo de seleção. A gestão de capacidade para implementação dos projetos também é de responsabilidade da gestão de portfólio.

Isso deve ocorrer tanto para projetos de obtenção e desenvolvimento de competências como para projetos de produtos/negócios/soluções, devendo haver um planejamento em função da dependência e sincronismo entre competências, e o desenvolvimento de produtos/soluções/negócios, em que serão aplicadas as competências.

1.5.2 Implementação

É a execução da estratégia propriamente dita.

1.5.2.1 Desenvolvimento e obtenção de competências

É a ação que irá proporcionar as competências necessárias para o desenvolvimento da inovação, preenchendo a lacuna de competências entre o futuro desejado e a situação atual. Assim, são desenvolvidas as competências tecnológicas e as de mercado.:

Competências tecnológicas

De acordo com Taggart (1993), "tecnologia é o conhecimento sistemático de técnica, significando a interação de pessoa, ferramenta e máquina que define um ´modo de fazer', uma tarefa particular".

Assim, competência tecnológica é o "conhecimento acumulado e a habilidade de fazer compreender, utilizar e desenvolver esses conhecimentos para produzir novas tecnologias" (Takahashi, 2002b).

Na execução da competência de desenvolvimento da inovação, ou seja, na execução do próprio processo de desenvolvimento da inovação, ocorre uma aplicação integrada das competências tecnológicas e de mercado/negócios. Esta sinergia que a competência de desenvolvimento proporciona é que produz o resultado final ou o produto/solução.

As competências tecnológicas necessárias ao desenvolvimento de produtos são as seguintes: de produto, de manufatura, de auxílio ao desenvolvimento e ambiental.

- **Competências tecnológicas de produto:** estão relacionadas ao domínio das tecnologias intrínsecas ao produto, sendo o responsável fundamental pelo desempenho técnico deste. Como exemplos de áreas básicas de tecnologias de produto existentes pode-se citar: mecânica, eletrônica, *software*, *hardware*, biotecnologia, termodinâmica, materiais, telecomunicações, ergonomia, design, aerodinâmica, embalagem etc.

- **Competências tecnológicas de auxílio ao desenvolvimento da inovação:** estão relacionadas ao domínio de técnicas que auxiliam o desenvolvimento de produto. Exemplos: desdobramento da função qualidade (QFD), projeto voltado para montagem (DFA), projeto voltado para manufatura (DFM), os sistemas informatizados como projeto auxiliado por computador (CAD), manufatura auxiliada por computador (CAM), planejamento de processo auxiliado por computador (CAPP).
- **Competências tecnológicas de manufatura:** relacionadas ao domínio das tecnologias responsáveis pelos processos de fabricação do produto. São compostas por máquinas, equipamentos e dispositivos que ajudam a manufatura a transformar a matéria-prima de forma a agregar valor, resultando em um produto final. Alguns exemplos de tecnologias relacionadas: máquinas CNC, robô industrial, veículos autoguiados (AGVs), sistemas flexíveis de manufatura (FMS), e a manufatura integrada por computador (CIM). Fazem parte também tecnologias de qualidade relacionadas à prática do "controle de qualidade total" e suas sete ferramentas da qualidade.
- **Competências tecnológicas ambientais:** relacionadas ao domínio das tecnologias que diminuem o impacto ambiental do produto. Exemplos de tecnologias relacionadas: de minimização dos recursos, de materiais de baixo impacto ambiental, de otimização da vida útil do produto, de extensão da vida dos materiais e de facilidade de desmontagem.

Competências de mercado

As competências de mercado são compostas basicamente por: competências de produto, competência para o estabelecimento da estratégia de marketing, competência para análise comercial e competência para comercialização.

- **Competências de produto**

  Determinam as necessidades dos clientes, quais produtos serão oferecidos, quem serão os consumidores-alvo, como os produtos alcançarão esses consumidores, caracterização dos elementos diferenciais que agregarão valor aos produtos.

- **Competência para desenvolver a estratégia de marketing**

  Trata-se da competência para desenvolver a estratégia preliminar de marketing para a introdução do produto no mercado. A estratégia de marketing constitui-se de três partes, a saber:

  - Tamanho, estrutura e comportamento do mercado-alvo, posicionamento planejado do produto e metas de vendas, bem como participação de mercado e objetivos de lucro nos primeiros anos.
  - Delineamento do preço previsto para o produto, estratégia de distribuição e orçamento de marketing para o primeiro ano.
  - Descrição de metas de vendas e objetivos de lucro a longo prazo.

- **Competência para análise comercial**

  Trata-se da competência para avaliar a atratividade comercial do produto. É composto pela estimativa de vendas e de custos e lucros.

- **Competência para comercialização**

  Trata-se da competência para decidir:

  - Quando o produto dever entrar no mercado;
  - Onde o produto será lançado (estratégia geográfica);
  - Para quem vender (mercado-alvo);
  - Como.

  Trata-se de desenvolver um plano de ação para o lançamento do novo produto.

1.5.2.2 Desenvolvimento da inovação e de projetos

É a competência central da implementação, na qual ocorre a aplicação de todas as outras competências. Trata-se da competência específica para o desenvolvimento e implementação de produtos/soluções propriamente ditos (isso será descrito no Capítulo 8). É composta pela seguintes competências:

- **Competência de desenvolvimento (execução)**

Trata da execução, inovação propriamente dita, em que serão aplicadas as competências tecnológicas e de mercado.

É dividida nas seguintes partes:

- **Competências de desenvolvimento da inovação**

Corresponde ao desenvolvimento e avaliação do conceito de um produto/solução/negócio. Trata da definição e explicitação da inovação.

- **Competência de desenvolvimento de projetos**

Após a definição do conceito, os projetos são executados e implementados na organização.

- **Competências "facilitadoras"**

São processos organizacionais que afetam, de maneira positiva, a criação de conhecimento, promovendo-a e estimulando-a. Serão descritas no Capítulo 10.

- **Competência de desenvolvimento interempresas**

Existem desenvolvimentos que são realizados conjuntamente por mais de uma empresa. Isto ocorre em função da necessidade de complementaridade de competências para o desenvolvimento de uma solução/produto/negócios. Entretanto, em função de haver competências diversas, cada empresa também apresenta distinções na sua forma de trabalho, valores e sistemas técnicos. Assim, o desenvolvimento interempresas é algo realmente desafiante que implica competências específicas para esse desenvolvimento.

1.5.2.3 Gestão de programas e projetos

Trata da competência de gestão de projetos com suas dimensões técnicas, comportamentais e contextuais (IPMA Competence Baseline v3). A gestão de projetos no paradigma da inovação não pode ser tratada como uma caixa de ferramentas e métodos de característica técnica. Em projetos de alta complexidade, que caracterizam o paradigma da inovação, existe a necessidade de se desenvolver as competências de gestão de projetos com elementos comportamentais e contextuais (negócios e organização) (Figura 1.4).

Competências técnicas

- Sucesso
- Partes interessadas
- Objetivos e necessidades
- Riscos e oportunidades
- Qualidade
- Organização de projetos
- Equipes de trabalho
- Resolução de problemas
- Estruturas de projetos
- Escopo
- Fases e tempos
- Recursos
- Custos e finanças
- Aquisições e contratos
- Mudanças
- Controles e relatórios
- Informação e documentação
- Comunicação
- Iniciação
- Encerramento

Competências comportamentais

- Liderança
- Motivação
- Autocontrole
- Assertividade
- Capacidade de relaxamento
- Capacidade de abertura
- Criatividade
- Orientação para resultados
- Eficiência
- Prestar consulta
- Negociação
- Solução de conflitos
- Confiança
- Apreciação de valores
- Ética

Competências contextuais

- Orientação para projetos
- Orientação para programas
- Orientação para portfólio
- Implementação de projetos, programas e portfólio
- Organização permanente
- Negócios
- Sistemas, produtos e tecnologia
- Gestão de pessoas
- Saúde, segurança e ambiente
- Finanças
- Aspectos legais

FIGURA 1.4 Competências de gestão de projetos.
Fonte: Caupin et al. (2006).

1.5.3 Os Caminhos da Inovação

São vários os caminhos para a inovação efetivar-se na prática (Figura 1.5). Serão descritos alguns a seguir.

1.5.3.1 Caminho dirigido pelo negócio

Inicia-se por uma oportunidade identificada pela visão de futuro que também identifica novas competências futuras necessárias para viabilizar as oportunidades de negócio/solução/produto.

O posicionamento da oportunidade é analisado e decidido, assim como a estratégia para desenvolver as competências necessárias: transferir externamente ou desenvolver internamente.

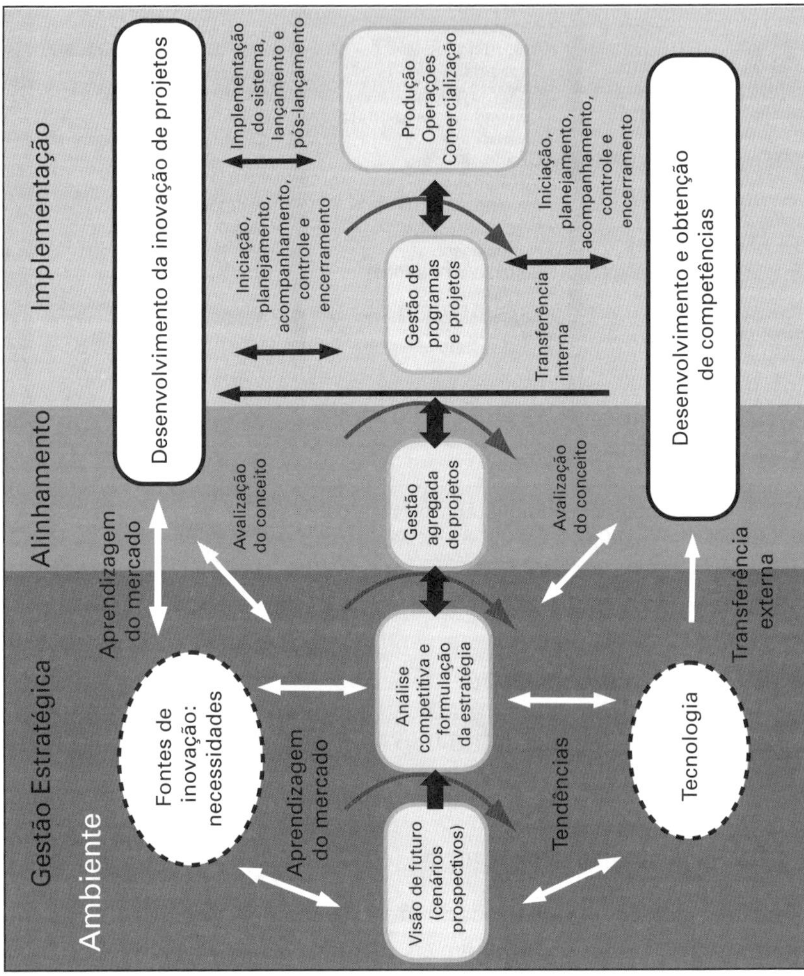

FIGURA 1.5 Caminhos da inovação.

As decisões estratégicas são traduzidas em desenvolvimentos selecionados tanto de inovações como de competências, assim como os recursos e competências para o desenvolvimento dos dois tipos. A função responsável é a gestão agregada (portfólio) de projetos que também gere a capacidade de recursos para a execução de projetos.

Após, dá-se início aos desenvolvimentos, buscando sincronizá-los, pois existe uma dependência entre eles. O desenvolvimento de inovação necessita das competências desenvolvidas para a efetivação do projeto. A gestão de programas e projetos têm a responsabilidade, nessa fase, de gerir a implementação da inovação.

No desenvolvimento da inovação, em sua fase inicial, é preciso analisar e identificar as necessidades do mercado com mais clareza e precisão. Assim, devem ser acionados os mecanismos de aprendizagem do mercado. Enquanto isso, no desenvolvimento de competências, a equipe responsável pode estar negociando o contrato para a transferência de uma tecnologia da universidade ou de outra empresa.

No desenvolvimento da inovação, o novo conceito deve passar pela aprovação de um comitê de análise estratégica, que, na prática, toma a forma de um comitê de inovação ou de projetos, o qual aprovará ou não a continuidade do desenvolvimento.

A tecnologia transferida externamente da universidade/empresa será aplicada no desenvolvimento do projeto. Assim, o desenvolvimento do projeto segue seu ciclo de desenvolvimento sempre gerido pela gestão de projetos. No lançamento, as operações da empresa entram em ação, mas o time de projeto permanece acompanhando, monitorando, realizando as modificações necessárias até o pós-lançamento. Depois disso, a responsabilidade passa a ser das áreas operacionais da empresa.

1.5.3.2 Caminho dirigido pelo mercado

Tem início após surgir algum problema ou necessidade identificada pelo marketing ou pela área de desenvolvimento, relacionado aos clientes.

Busca-se aprender com mais profundidade o problema, por meio de métodos de aprendizagem de mercado. Um conceito é desenvolvido e submetido a uma análise estratégica que, na prática, toma a forma de um comitê de inovação ou de projetos, que aprovará ou não o seguimento do desenvolvimento.

Assim que o conceito é selecionado, talvez haja a necessidade do desenvolvimento de uma nova tecnologia ou adaptação de alguma já existente. Dessa forma, o desenvolvimento de competências também é acionado. Ambos passam a ser geridos, existindo uma dependência entre eles. Dá-se início aos desenvolvimentos de forma sincronizada.

A gestão de programas e projetos tem a responsabilidade nessa fase de implementação da inovação.

1.5.3.3 Caminho dirigido pela tecnologia

Ocorre quando uma nova tecnologia impulsiona a inovação na empresa. Tem início quando a área de desenvolvimento de competências tecnológicas cria uma nova solução com grande potencial de uso pela empresa. Tal iniciativa é avaliada por um comitê estratégico da empresa, podendo ser aprovado, reprovado ou encaminhado a uma revisão. Após a aprovação, segue um caminho semelhante ao dirigido pelo mercado.

Resumo

A inovação trata de mudanças e novidades. O que é novo é relativo, por isso a inovação sempre deve ser analisada comparativamente em relação a sua própria empresa e/ou com o mercado/mundo.

O conceito é amplo, não se restringindo somente à tecnologia, mas às inovações em produtos, processos, forma organizacional, trabalho, mercado e negócios, e valor. O interessante é que se pode ter inovações em produto com tecnologias já existentes com um valor inédito proporcionado aos clientes.

Os paradigmas de gestão elucidam a evolução e o aumento de complexidade ocorrida durante os anos, assim, podemos caracterizar produtividade, qualidade, flexibilidade/rapidez e inovação. É importante ressaltar a diferença entre os dois últimos paradigmas, pois caracterizam ênfases em inovações incrementais e inovações radicais, respectivamente.

O Brasil possui baixo nível de competitividade internacional e em desempenho em inovação, e esses dois resultados estão fortemente relacionados, ou seja, a inovação impulsiona a competitividade de um país.

O conceito de estratégia é milenar, e ocorreu uma grande evolução ao longo do tempo, e hoje pode-se caracterizar dez escolas de estratégia.

Na estrutura para gestão estratégica da inovação apresentada, estão inseridas várias das escolas existentes, e podemos caracterizá-la em duas partes: a gestão estratégica, com a criação da visão de futuro, análise e formulação da estratégia, e o alinhamento estratégico (gestão de portfólio de projetos); e a implementação com o desenvolvimento e obtenção de competências, e o desenvolvimento de inovação e de projetos.

Questões para Discussão

1. É possível uma empresa no paradigma da qualidade saltar para o paradigma da inovação?
2. Inovação significa necessariamente o uso de tecnologia de ponta? Explique.
3. A inovação é privilégio de grandes empresas? Explique.
4. O processo de inovação tem como base a criatividade? Explique.
5. A incerteza impede a inovação no Brasil? Explique.
6. A inovação estimula ambientes hipercompetitivos interna e externamente? Explique.
7. Inovação conduz ao consumismo? Explique.

Referências

AKAO, Y. *Desdobramento das diretrizes para o sucesso do TQM*. Porto Alegre: Book man, 1997.

BADEN-FULLER, A.; VOLBERDA, H.W. Strategic renewal in large complex organizations: a competence-based view. In: HEENE, A.; SANCHEZ, R. *Competence based strategic management*. John Wiley & Sons, Inglaterra, 1997, p.89-110.

CAUPIN, G.; KNOEPFEL, H.; KOCH, G.; PANNENBÄCKER, K.; PÉREZ-POLO, F.; SEABURY, C. (Eds.). *ICB – IPMA Competence Baseline*. Nijkerk International Project Management Association, Netherlands, v.3, jun. 2006.

CGEE; ANPEI. Os novos instrumentos de apoio a inovação: uma avaliação inicial. 2009. Disponível em: http://www.cgee.org.br/publicacoes/nov_instr_inov.php.

CLARK, K.B.; WHEELWRIGHT, S.C. *Managing new product and process development:* text and cases. Nova York: The Free Press, 1993.

DE NEGRI, J.A.; SALERNO, M.S. (Orgs.). *Inovações, padrões tecnológicos e desempenhos das firmas industriais brasileiras*. Brasília: Ipea, 2005.

EUROSTAT. *2010 Year book*. European comission. 2010.

HOLLIDAY, C.; SCHMIDHEINY, S., WATTS, P. *Cumprindo o prometido: casos de sucesso de desenvolvimento sustentável*. Rio de Janeiro: Campus, 2002.

[IBGE] INSTITUTO BRASILEIRO DE GEOGRAFIA E ESTATÍSTICA. *Pesquisa de inovação tecnológica. 2005*. Rio de Janeiro: Pintec, 2007.

______. *Pesquisa de inovação tecnológica. 2008*. Rio de Janeiro: Pintec, 2010.

KOTLER, P.; KELLER, K.L. *Administração de marketing*. 12.ed. São Paulo: Prentice Hall, 2006.

MANZINI, E.; VEZZOLI, C. *O desenvolvimento de produtos sustentáveis*. Trad. Astrid de Carvalho. São Paulo: Edusp, 2002.

[MCT] MINISTÉRIO DA CIÊNCIA E TECNOLOGIA. *Indicadores de Ciência e Tecnologia – 2008*. Brasília: MCT, 2010.

METCALFE, S.; DE LISO, N. Innovation, capabilities and knowledge: the epistemic connection. In: COOMBS, R. et al. (Eds.). *Technological change and organization*. Reino Unido: Edward Elgar/Cheltenham, 1998, p. 8-27.

MINTZBERG, H.; AHLSTRAND, B.; LAMPEL, J. *Safári de estratégia*. Porto Alegre: Bookman, 2000.

MUSASHI, M. *O livro de cinco anéis*. Brasileira/Ediouro, 1998.

NONAKA, I.; TAKEUCHI, H. *The knowledge-creating company*: how Japanese companies create the dynamics of innovation. Nova York: Oxford University Press, 1995.

PORTER, M.E. *Estratégia competitiva*: *técnicas para análise de indústrias e da concorrência*. Rio de Janeiro: Campus, 2005.

______. *Vantagem competitiva*: *criando e sustentando um desempenho superior*. Rio de Janeiro: Campus, 1985.

______. Competição on Competition:estratégias competitivas essenciais. Rio de Janeiro: Campus, 1999.

PRAHALAD, C.K.; HAMEL, G. The core competence of the corporation. *Harvard Business Review*, Boston, v. 90, n. 3, mai-jun. 1990, p.79-91.

RORIZ COELHO, J.R. *Índice FIESP de competitividades das nações e agenda de competitividade para o Brasil – IC Fiesp 2010*. São Paulo: Fiesp, 2010

TAGGART, J. *The world pharmaceutical industry*. Londres: Routledge, 1993.

TAKAHASHI, S. *Desenvolvimento de um sistema de gerenciamento para manufatura integrada por computador (CIM)*. 1991. 171f. Dissertação (Mestrado em Engenharia). Escola de Engenharia de São Carlos, Universidade de São Paulo, São Carlos, 2002a.

TAKAHASHI, V.P. *Capacidades tecnológicas e transferência de tecnologia: estudo de múltiplos casos na indústria farmacêutica no Brasil e no Canadá*. 2002b. Tese (Doutorado em Engenharia). Escola de Engenharia de São Carlos, Universidade de São Paulo. São Carlos, 2002.

TAKAHASHI, V.P. *Proposta de um modelo de auxílio à tomada de decisão na adoção de técnicas de engenharia simultânea*. 1996. 161 f. Dissertação (Mestrado em Engenharia). Escola de Engenharia de São Carlos, Universidade de São Paulo. São Paulo, 2002c.

TAKAHASHI, S.; TAKAHASHI, V.P. *Gestão de inovação de produtos*: estratégia, processo, organização e conhecimento. Rio de Janeiro: Campus/Elsevier, 2007.

TEECE, D.; PISANO, G.; SHUEN, A. Dynamic capabilities and strategic management. *Strategy Management Journal*, Chichester, v.18, n.7, jul. 1997, p.509-33.

TIDD, J.; BESSANT; PAVITT, K. *Managing innovation: integrating technological, market, and organizational change*. 2. ed. Nova York: John Wiley & Sons, 2001.

Parte II

Visão de futuro

Capítulo 2

Criação da Visão de Futuro

Vania Passarini Takahashi

2.1 Introdução

Em um ambiente turbulento, incerto e altamente competitivo, as inovações em produtos e processos e também em negócios tornam-se essenciais para a sobrevivência sustentada das empresas. É fato que a identificação de oportunidades, novos ciclos de inovações tecnológicas, estabelecimento de estratégias, planejamento de cenários e o ambiente para aprendizagem e criação do conhecimento são essenciais para a vantagem competitiva das empresas, independentemente do setor. Nesse sentido, as empresas devem criar a visão de futuro. Neste capítulo serão apresentadas a base conceitual e as principais abordagens de planejamento de cenários, ao passo que, no Capítulo 9, haverá uma complementação prática com um estudo no setor cosmético.

2.2 Oportunidades

A maioria das empresas se depara com ambientes externos turbulentos, complexos e globalizados – condições que aumentam a dificuldade da interpretação destes (Hitt et al., 2003).

Um importante objetivo do estudo do ambiente geral é a identificação das oportunidades. A oportunidade é representada por uma condição no ambiente geral que pode ajudar a empresa a alcançar a competitividade estratégica (Hitt et al., 2003). Segundo Drucker (1985), a oportunidade de negócios representa uma possibilidade concreta voltada à sua realização na prática. Corresponde a uma necessidade não satisfeita do mercado e agrega valor ao consumidor.

Drucker (1985) identifica sete fontes de oportunidades inovadoras que envolvem a mudança: o inesperado; a incongruência; a inovação baseada na necessidade de processo; mudanças na estrutura do setor ou do mercado; mudanças demográficas; mudanças de percepção; um novo conhecimento, científico ou não. As quatro primeiras fontes encontram-se dentro da instituição e as outras três ocorrem fora da empresa ou de seu setor.

As fontes de inovação apresentadas estão dispostas de forma decrescente no tocante à previsibilidade e à confiabilidade. Além dessas, o conceito de risco também pode ser incorporado, já que há mais riscos na implementação de algo totalmente novo que em mudanças rotineiras.

A evolução rumo à identificação e análise de oportunidades inovadoras remete a uma mudança de conceitos. No que tange ao marketing, procurar identificar as necessidades de consumidores não é mais suficiente. Uma oportunidade de mercado se refere à intersecção da capacidade da empresa e da necessidade do consumidor. As empresas consolidadas no mercado aplicam as inovações tecnológicas existentes e incrementais para ir de encontro às necessidades dos consumidores, mas quando se trata de uma inovação tecnológica radical ou pensada para surpreender os consumidores, ela pode criar novas oportunidades de mercado. Segundo Bond e Houston (2003), o desafio contínuo é identificar as oportunidades de mercado e o futuro potencial de fluxo de caixa que são criados pela nova ou embrionária tecnologia e verificar quais recursos devem ser alocados. Mudanças na tecnologia podem influenciar no ciclo de vida dos produtos, na definição dos segmentos de mercado, no campo competitivo e na busca global das corporações.

2.3 Ciclo da Inovação: Força Direcionadora para o Estabelecimento da Estratégia

James Utterback em sua obra *Mastering the Dynamics of Innovation* (edição brasileira, *Dominando a dinâmica da inovação*, 1996), proporciona uma base para o entendimento dos vários tipos de mudanças e transformações pelas quais as empresas devem passar rumo à sobrevivência.

Segundo Utterback (1996, p.107), "a maioria das inovações que são baseadas na tecnologia constitui, na verdade, parte de uma mudança contínua". Para o autor, quando uma nova tecnologia é aplicada em um produto, desenvolvendo uma inovação radical de produto, uma onda de inovação acontece e origina-se um período de descontinuidade, com mudanças no produto e no processo. Cada nova onda de inovação possibilita no início uma taxa de inovação de produto relativamente pequena e com o passar do tempo, conforme houver um melhor entendimento, domínio e controle dessa tecnologia, a taxa de desempenho do produto tende a crescer como ilustra a onda A na Figura 2.1. Quando surge uma nova onda tecnológica (onda B, Figura 2.1), novas oportunidades de negócio surgem e consequentemente novas empresas aparecem. Os novos entrantes que surgem de fora do setor de atuação do produto estabelecido são os responsáveis por essa nova onda, que tem origem por meio de uma tecnologia forasteira (Utterback, 1996). Já as empresas líderes do produto estabelecido

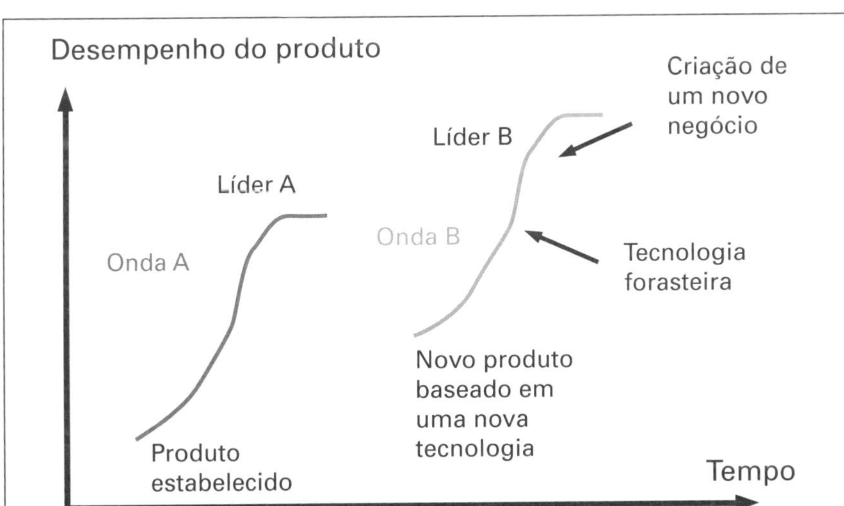

FIGURA 2.1 Ondas de inovação.
Fonte: Takahashi e Takahashi (2007).

continuam presas à tecnologia tradicional. Assim, com a descontinuidade ocorre uma mudança de liderança, como mostra a Figura 2.1.

Cada onda de inovação pode ser analisada segundo o ciclo de vida da inovação do produto e do processo. Neste ciclo de vida, pode-se explicar a interação extremamente complexa entre a mudança tecnológica, da organização e do mercado competitivo ao longo do tempo (Takahashi e Takahashi, 2007). Nesse contexto dinâmico, Utterback (1996) desenvolveu um modelo da inovação do produto e do processo, denominado dinâmica da inovação. Este modelo, ilustrado na Figura 2.2, mostra que as taxas de inovação de produto e de processo vão se alterando, assim como as características da organização e da gestão, em três fases ao longo do tempo: fluida, transitória e específica.

Esse modelo mostra que, nas fases iniciais de um ciclo de vida – quando os conceitos de um produto ainda estão sendo formados –, a taxa de inovação radical do produto excederá a taxa de inovação do processo (fase fluida). Assim, a variedade de produtos começa a dar lugar a projetos padronizados que provaram o seu valor de mercado como a melhor forma

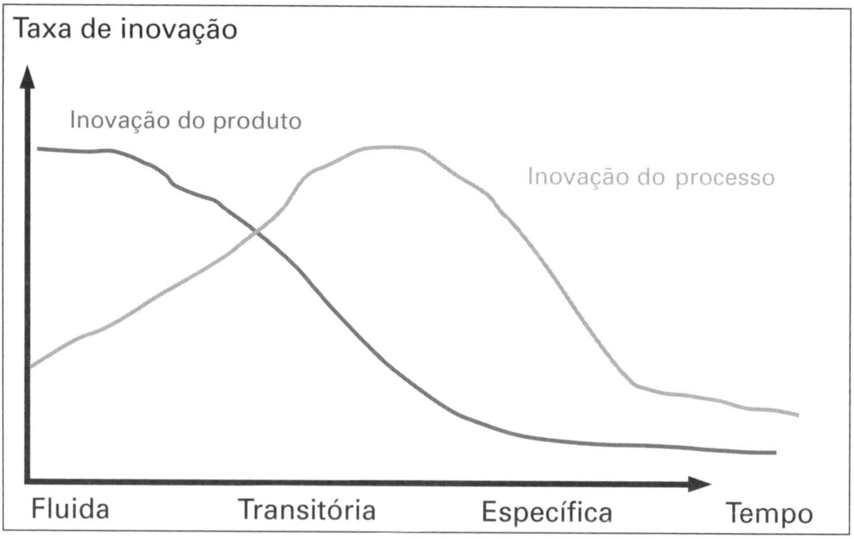

Figura 2.2 Dinâmica da inovação.

Fonte: Takahashi e Takahashi (2007) – baseada no modelo da dinâmica da inovação de Utterback.

de atender às necessidades dos usuários (ou projetos que foram ditados por padrões aceitos), a taxa de inovações radicais do produto diminui e a taxa de inovação radical do processo aumenta, emergindo uma tecnologia capacitadora (fase transitória). A partir desse ponto, a taxa de inovações vai sendo reduzida, tanto para o produto como para o processo (fase específica), ocorrendo mais inovações incrementais e as empresas se tornam concentradas no custo, no volume e na capacidade.

O modelo de Utterback (1996) proporciona a compreensão do surgimento dos produtos relacionados às respectivas tecnologias. Em diferentes setores industriais, vários ciclos tecnológicos surgiram e outros surgirão. Um dos grandes desafios é identificar oportunidades de produtos/negócios apoiadas em um novo ciclo de tecnologia e realizar o salto, ou seja, uma inovação radical com base na nova tecnologia. Como ressalta Takahashi e Takahashi (2007), com a identificação de uma nova oportunidade de produtos é possível determinar a que ciclo de tecnologia a oportunidade pertence e em que estágio se encontra. Assim, ela pode estar antes do surgimento de um projeto dominante, o que implica uma competição apoiada na inovação do produto com ênfase no radical, ou pode estar após o surgimento do projeto dominante, acarretando uma competição baseada na manufatura com inovações incrementais no produto.

De maneira geral no modelo de Utterback (1996), em uma mesma onda de inovação as empresas necessitam passar da fase fluida para a fase transitória e, finalmente, para a fase específica, com mudanças substanciais em suas estratégias, tipo de inovação, organização e competências. Em um contexto de inovação, com altos investimentos e riscos, se a empresa não realizar as mudanças necessárias, ela pode desaparecer, pois não conseguiu passar para a próxima onda.

Takahashi e Takahashi (2007) verificaram outras formas de inovação e mudanças de ciclo de tecnologia, como ilustra a Figura 2.3. Os autores identificaram que existem empresas que se caracterizam por se estabelecerem em uma fase da onda por razões estratégicas e de vocação segundo suas competências, como o caso das empresas Nike e Matsushita. Outras empresas são eminentemente inovadoras de produto e processo que prestam serviços de desenvolvimento de produtos para outras empresas, como as empresas especializadas em design.

De acordo com Takahashi e Takahashi (2007, p. 17),

> um segundo e mais radical processo ocorre na mudança de ondas de inovação, ou seja, quando uma empresa na fase específica, estabelecida e bem-sucedida, que cresceu com a onda de inovação correspondente, visualiza o fim dela e também o surgimento de uma nova. No entanto, o desfio maior é que, para esse 'salto' de ondas, a empresa, a priori, necessita transformar-se em uma empresa com características da fase fluida, isto é, informal, empreendedora e inovadora de produtos, portanto, totalmente antagônica a sua forma atual. Isso explica porque muitas empresas não sobrevivem, pois sucumbem com o fim da onda de inovação.

Para toda a mudança de fase é necessário que a empresa caracterize a sua estratégia de negócio. Ir de uma fase para outra já implica a empresa realizar um diagnóstico das capacidades existentes na fase atual e a compatibilidade das capacidades para a fase posterior (fluida – transitória – específica). No caso da empresa entre a fase específica e a fase fluida da nova onda é necessário além de identificar o grau de compatibilidade das capacidades caracterizar uma nova estratégia de negócio como, por exemplo, a formação de nova empresa ou estabelecer parcerias no contexto da inovação aberta.

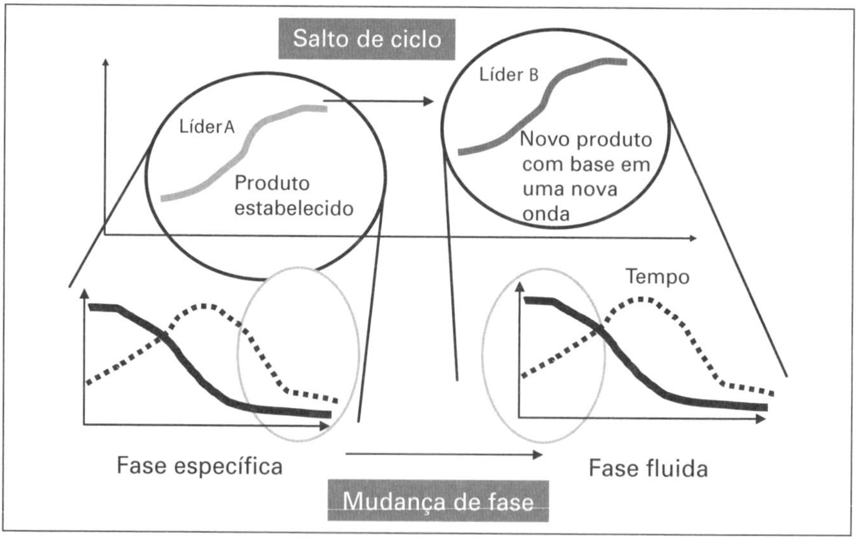

FIGURA 2.3 Inovação e mudança de ciclo de tecnologia.
Fonte: Takahashi e Takahashi (2007).

QUADRO 2.1 O microcomputador

Em 1714 já havia uma busca pela rapidez nas atividades de escritório. Algumas comparações mostravam possibilidades de inovações:

- na escrita manual, o recorde era de 30 ppm;
- nos telégrafos, o recorde era de 130 ppm.

Em 1853, foi lançada a primeira máquina de escrever, a Remington nº 1, que possuía velocidade de 57 palavras por minuto, só imprimia em letras maiúsculas e não tinha tabulação. As vendas foram sofríveis em razão do elevado custo e o baixo desempenho. Após melhorias no produto e no processo, as vendas alcançaram cerca de 4.000 unidades.

Em 1878, foi lançada a Remington nº 2, que possuía teclas de mudança de tipo duplo (teclas minúsculas) e desempenho superior à primeira. Assim, foram vendidas cerca de 100.000 unidades.

A análise de algumas características na inovação da máquina de escrever é interessante: na realidade, ela foi uma síntese de muitas tecnologias e elementos mecânicos já existentes na época, como o relógio, o telégrafo e a máquina de costura. Entretanto, um elemento foi crucial à grande novidade, o teclado padrão Qwerty, até hoje utilizado nos microcomputadores.

Por volta de 1885, surgiram novos concorrentes: Caligraph, Crandell, Hammond, Hall.

Com vários produtos no mercado, em 1888, realizou-se um desafio para determinar qual era a máquina mais rápida, do qual a Remington foi vencedora, disparada!

Nessa época, o número de empresas era de aproximadamente 20, empregavam cerca de 1.800 pessoas, no total, com faturamento em torno de US$ 3,6 milhões.

Um fato importante e determinante na evolução da máquina de escrever ocorreu em 1895, quando foi lançada a Underwood nº 1, que teve sucesso imediato, pois possuía os braços articulados, possibilitando ao operador visualizar os erros e corrigi-los.

Em 1889, foi lançado o modelo Underwood nº 5, que possuía a aparência e o toque suave da máquina de escrever manual moderna, e operação silenciosa.

Em 1900, cerca de 89 fabricantes tentaram a sorte no mercado americano, mas quase todos tinham participações marginais e, rapidamente, muitos desapareciam.

A Underwood passou à liderança de mercado e possuía um volume de vendas igual ao de todos os seus concorrentes juntos.

Na verdade, apenas quatro empresas acabaram por dominar o mercado americano. O produto já estava estabilizado (suas características), o ritmo de inovações havia caído de forma dramática e os grandes produtores se concentravam na manufatura e nos custos.

Em 1933, uma grande empresa que produzia máquinas para registros de dados e contabilidade comprou uma das concorrentes marginais do setor, a Eletrostatic Typewriters. Isso possibilitou uma combinação de tecnologias para o desenvolvimento de uma máquina de escrever. Esta empresa era a IBM.

(continua)

Quadro 2.1 O microcomputador *(cont.)*

Em 1967, a IBM detinha 60% do mercado de máquinas elétricas. A SCM, a Royal e a Olivetti-Underwood detinham, cada uma, 10% do mercado. A Remington havia simplesmente desaparecido. Entretanto, na década de 1960, a produtividade das atividades de escritório ainda era foco de discussão. Existiam cerca de 55 milhões de empregados de escritório (metade do pessoal empregado nos EUA). Cerca de 80% dos custos de escritório estavam sendo destinados à folha de pagamento.

Havia, ainda, uma corrida para o desenvolvimento dos processadores de texto vislumbrando o escritório do futuro, com máquinas de escrever inteligentes, monitor e softwares de processamento de texto. Era a busca pelas chamadas máquinas espertas.

Empresas como Wang, Xerox, Exxon, ITT, Olivetti, IBM, num total de 55, desenvolveram sistemas sofisticados e de custos elevados. Pretendiam fazer pelo processamento de texto o mesmo que Henry Ford fez pela produção. Por exemplo, a Exxon gastou cerca de US$ 2 bilhões em desenvolvimento de produtos para escritório, tais como processadores de texto e máquinas de fax.

Em 1975, aproximadamente 200 mil processadores de texto já haviam sido instalados e, em 1986, 4 milhões. Porém, os milhões de dólares investidos não conseguiam provar nenhuma melhoria de produtividade nos escritórios. E o reflexo foi que a Wang faliu, a Exxon voltou-se para os negócios petrolíferos, a ITT e a AT&T saíram do mercado.

Contudo, buscava-se ainda a terceira onda de inovação para o aumento de produtividade dos escritórios. O computador pessoal estava destinado a beneficiar-se de muitas tecnologias existentes na época. O resultado foi uma enorme gama de projetos, fornecidos por inúmeras empresas e, no final, cristalizou-se em torno de um conjunto de características e especificações de produto relativamente universais.

Foi uma inovação, assim como a máquina de escrever. Tratava-se de uma inovação destinada tanto a criar uma nova indústria como a afetar a maneira como as pessoas desempenhavam seu trabalho.

O computador pessoal varreu o mesmo mercado ocupado pela máquina de escrever e pelos processadores de texto.

Em agosto de 1981, foi lançado o IBM PC, o qual consistia de um monitor, um teclado Qwerty, um sistema operacional, uma unidade de processamentos e um acionador de disco.

Fonte: Baseado em Utterback (1996).

2.4 O Pensamento Estratégico

Para o desenvolvimento de um processo de identificação de oportunidades e para a elaboração de planejamento de cenários, é interessante analisar as escolas de pensamento estratégico. De acordo com o trabalho de Heijden (2004), três são as abordagens de pensamento estratégico: racional, evolucionária e processual.

A abordagem racional trabalha segundo a hipótese de que é possível "prever" o comportamento dos eventos no ambiente e na organização e de que existe uma solução "ótima" (a estratégia) a ser atingida. Portanto, a tarefa do estrategista consiste em obter a melhor solução possível ou, pelo menos, o mais próximo disso, dentro dos limitados recursos disponíveis. Esta forma de pensamento pressupõe que o passado pode estender-se para o futuro, e a estrutura de variáveis subjacentes, que rege o comportamento dos ambientes interno e externo da organização, permanece estável. Porter (1990) desenvolveu um modelo que caracteriza essa forma de pensamento, o modelo de concorrência das cinco forças competitivas: ameaça de novos entrantes, poder de negociação dos fornecedores, poder de negociação dos compradores, ameaça de produtos substitutos e rivalidades entre as empresas concorrentes.

Não há questionamento da missão básica da organização e os objetivos e metas operacionais são estabelecidos segundo uma sequência lógica e estruturada. Também não existem muitas dúvidas com relação ao que deve ser feito, pois as intenções são claras. Assim, a organização concentra-se em ser eficaz na implementação (Mintzberg et al., 2000; Heijden, 2004).

Nesse contexto, a incerteza pode ser calculada, com diferentes graus de risco entre as alternativas, segundo precedentes históricos suficientes que permitam estimar probabilidades.

Como se trata de uma abordagem estritamente racional e estruturada, a maioria dos fracassos de empresas que adotam essa forma de pensamento ocorre em razão da incapacidade de visualizar uma nova realidade emergente, por estar fechado dentro de opções estáveis, em um foco estreito, com a busca somente da melhor eficiência. Dessa forma, o pensamento racional de estratégia é adequado para períodos de "mudanças incrementais", situadas após o surgimento do projeto dominante em um ciclo de inovação (Mintzberg et al., 2000; Heijden, 2004).

Já a abordagem evolucionária de pensamento estratégico considera que as situações organizacionais são por demais complexas para que sejam analisadas racionalmente, em uma forma previsível e estruturada. Assim, o processo de tomada de decisão deve ser policêntrico e requerer ajustes mútuos e negociações entre os vários membros da organização em busca do consenso.

Nesse sentido, existe uma estratégia emergente que provém, geralmente, da gerência média da organização e dos profissionais da linha de frente, subsidiada pela interpretação e percepção das experiências práticas desses profissionais na execução das tarefas do dia a dia, e pelo estreito contato com clientes.

Logo, uma estratégia emergente é produto das reações dos gerentes diante de problemas e oportunidades imprevistos nas fases de análise e planejamento do processo de elaboração de estratégias racionais (Christensen e Raynor, 2003).

O processo de estratégia emergente deve prevalecer em circunstâncias nas quais é difícil prever o futuro e quando não se tem certeza sobre a estratégia correta (Christensen e Raynor, 2003).

A abordagem processual de estratégia também compactua com a hipótese da extrema complexidade das situações de negócio e, por isso, as situações devem ser analisadas interna e externamente. Essa abordagem considera a empresa como um organismo vivo, ou seja, um sistema adaptável e complexo, que remete a uma preocupação maior com o funcionamento do processo organizacional e contempla a ligação da ação, a percepção e o pensamento, proporcionando ciclos de aprendizado contínuos na organização (Heijden, 2004). Nesse processo de aprendizado, as ideias e invenções originais das pessoas envolvidas são ouvidas, abrindo-se espaço para a mobilização do poder cerebral das pessoas, as suas redes de relacionamento e aptidões de observação (De Masi, 2002).

2.5 Abordagens Estratégicas e Aprendizagem Organizacional

A razão para a existência das diferentes abordagens estratégicas é a incerteza na situação dos negócios, que existe não só no ambiente, mas também nas organizações.

De acordo com Heijden (2004), a perspectiva de aprendizagem organizacional fornece um ponto de vista que permite que as três abordagens (racional, evolucionária e processual) sejam incorporadas de forma holística.

O aprendizado não é uma atividade mental incidental, mas um processo contínuo que engloba obtenção e compartilhamento de experiência e reflexão conjunta, proporcionando a construção do modelo mental comum na organização e a criação de ação conjunta. A Figura 2.4 apresenta o ciclo de aprendizagem estratégico.

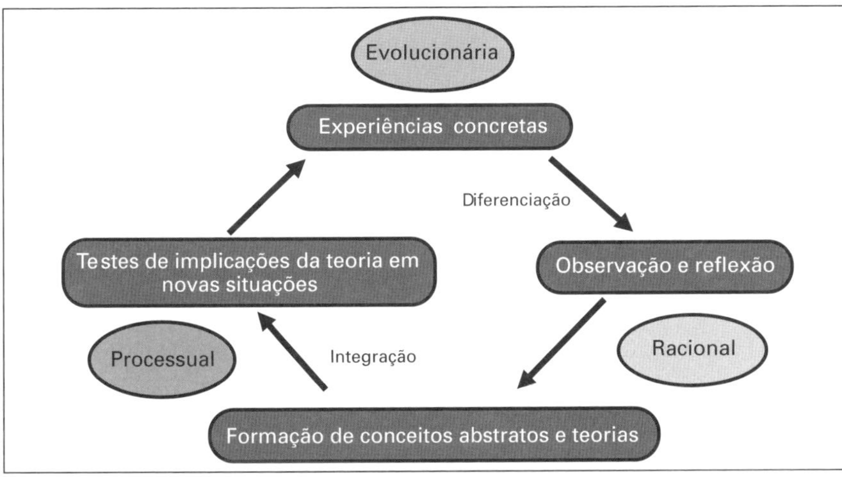

FIGURA 2.4 Ciclo de aprendizado.
Fonte: Heijden (2004).

As experiências resultantes de ações anteriores devem ser analisadas, refletidas, proporcionando uma capacidade de diferenciar o nosso modelo mental existente das novas percepções, ideias e interpretações na organização. Como consequência da atividade de reflexão, ocorre uma síntese entre o antigo modelo mental e a realidade atual, desencadeando, pois, o desenvolvimento de novos conceitos e teorias que interpretam a realidade de uma nova maneira. A seguir, este novo modelo é utilizado para planejar e é testado nas novas situações. Dessa maneira, o resultado dessa experiência aciona novamente o ciclo contínuo de aprendizagem, ocasionando a integração das formas de pensamento estratégico. A escola evolucionária potencializa a externalização das experiências advindas dos vários membros da organização. A forma racional proporciona a estruturação da lógica para a formação de conceitos; a forma processual integra e alinha os modelos na prática.

Nesse contexto, existem mecanismos de adaptação que intervêm entre as forças externas e o comportamento, proporcionando ajustes do comportamento do sistema às contingências externas, dirigindo o sistema a ambientes mais favoráveis para aumentar a chance de sobrevivência e reorganizando aspectos da estrutura do sistema para torná-lo mais eficaz nessas duas tarefas.

As três abordagens estratégicas têm seu papel no processo de aprendizagem organizacional. No entanto, esse processo acontecerá somente se as ações individuais tornarem-se ações conjuntas, com troca de ideias a respeito dos novos padrões resultantes de reflexões sobre experiências. Quando isso acontece, ocorre um nível crítico de alinhamento de modelos mentais dentro da organização, conduzindo à reflexão conjunta do grupo e ao reforço de um modelo mental comum, tornando ativo o ciclo de aprendizado. Porém, o ciclo de aprendizagem não será completo sem a evolução. Ele somente pode ocorrer se a experiência desviar-se do plano de maneira inesperada (Heijden, 2004). Nesse sentido, o planejamento de cenários exerce importante papel como mecanismo de aprendizagem organizacional.

2.6 Planejamento de Cenários Prospectivos

Cenários não dizem respeito a predizer o futuro, e sim, perceber futuros no presente (Schwartz, 2003). O nome deriva do termo teatral *cenário*, roteiro para uma peça de teatro ou filme. Para Schwartz (2003), eles parecem um conjunto de histórias escritas ou faladas. Histórias transmitem significado, ajudam a explicar por que as coisas podem acontecer de determinada maneira, permitem que as pessoas descrevam como os diferentes personagens enxergam os significados de cada evento, são uma forma antiga de organizar o conhecimento. Para o autor, os cenários são histórias que fornecem significado aos eventos, histórias essas capazes de ajudar a reconhecer as mudanças do ambiente e a adaptar-se a elas.

Logo, os cenários podem ser definidos, de acordo com Schwartz (2003, p.15), como uma ferramenta para ordenar as percepções de uma pessoa sobre ambientes futuros alternativos, nos quais as consequências de sua decisão vão acontecer. Nessa linha de raciocínio, para Heijden (2004), os cenários são concebidos por meio de um pensamento causal, não probabilístico, refletindo interpretações diferentes dos fenômenos que regem a estrutura subjacente do ambiente dos negócios. Ainda para o autor, os cenários são usados como meio para definir a estratégia em relação a uma série de modelos futuros do mundo, plausíveis, mas estruturalmente muito diferentes e que, uma vez decidido o conjunto de cenários, devem ser tratados como igualmente prováveis.

A técnica de planejamento de cenários é um mecanismo de adaptação que se concentra no desenvolvimento de processos que ampliam a capacidade da organização para mobilizar recursos no sentido de proporcionar maior inventividade e inovação.

Segundo Heijden (2004), o planejamento de cenários desenvolve novos conceitos e linguagens, com a identificação de incertezas irredutíveis, a criação de uma estrutura de eventos/padrões do ambiente e de um processo de conversação dialética, na qual diversas visões são confrontadas; aproveita os conhecimentos disponíveis das pessoas; traz perspectivas externas; e colocar tudo isso em uma forma adequada para considerações estratégicas corporativas.

Planejamento de cenários é um instrumento de pensamento para uso em uma conversão estratégica e aprendizagem do futuro com base preponderante em incertezas estruturais.

Cada cenário é uma interpretação do ambiente desenvolvido segundo composições de variáveis distintas e possui uma lógica própria sem

FIGURA 2.5 Estrutura de análise de cenários.
Fonte: Baseada em Heijden (2004).

ponderação quanto à probabilidade de ocorrência. A Figura 2.5 apresenta a estrutura para análise de cenários.

A parte essencial de cada cenário consiste na interpretação das variáveis com incerteza estrutural do ambiente, somada aos acontecimentos de entendimento previsíveis, como ilustra a Figura 2.6.

O planejamento de cenários possibilita o estabelecimento da visão de futuro, caracterizado pela capacidade de prever a evolução do contexto da empresa. Inclui a expressão pessoal, emocional, subjetiva e não racional da visão do futuro (Chiesa e Manzini, 1997), consistindo em um profundo entendimento das características atuais e das tendências evolucionárias do ambiente em termos do conhecimento científico e tecnológico, cultural, social, hábitos etc. Esse quadro auxilia na criação de uma estrutura para identificação das competências que serão críticas na sustentação da competição e suporte no desenvolvimento (Figura 2.7).

Faz-se necessária uma análise externa e interna da empresa. A análise externa deve reconhecer aspectos críticos na competição futura, os tipos de recursos e competências necessárias, bem como prover a empresa com informações de recursos que podem ser adquiridos em outras organizações. A análise interna deve acessar a lacuna existente entre o que a empresa já possui e o que deverá possuir no futuro. Desse modo, a análise externa complementa a interna como um sistema aberto (Sanchez e Heene, 1997), no qual o fluxo de estoques e o fluxo de ativos interagem dinamicamente e autoinfluenciam-se internamente entre diferentes unidades ou entre a empresa e o ambiente externo.

A visão do conhecimento também é contemplada pelos cenários (Takahashi e Takahashi, 2007). No contexto em que o conhecimento é fruto de uma construção social, em vez de uma representação concreta da realidade (Von Krogh et al., 2001), a visão do conhecimento proporciona aos estrategistas um "mapa mental" de três áreas correlatas: o mundo em que vivem, o mundo em que devem viver e o conhecimento que devem buscar e criar.

O processo de desenvolvimento de cenários possibilita: enriquecer o debate sobre questões críticas relacionadas ao futuro da organização, promovendo a reflexão estratégica coletiva; reduzir as incertezas inerentes ao negócio e ao sistema considerado; rever as opções e planos estratégicos

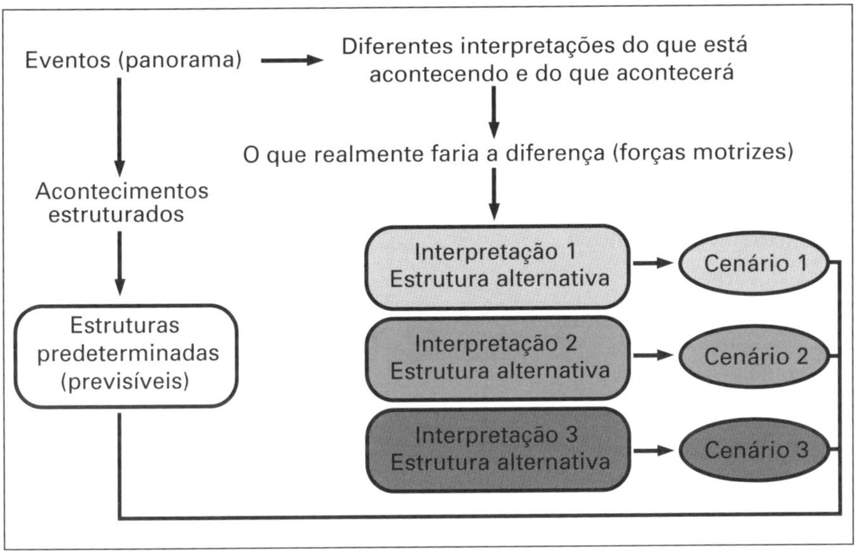

FIGURA 2.6 Estrutura de construção de cenários.

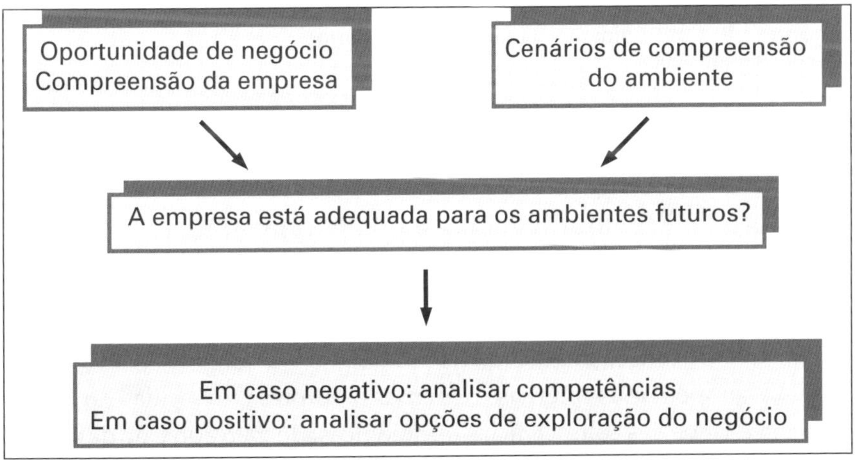

FIGURA 2.7 Oportunidades de negócios e competências.

existentes; e tomar as decisões de risco mais transparentes. Também possibilita o desenvolvimento de visões de futuro e de conhecimento com a identificação de oportunidades de negócios, assim como novas oportunidades geradas por meio de outras fontes, como mencionadas por Drucker (1985), que podem ser posteriormente confrontadas com os cenários desenvolvidos, possibilitando uma análise quanto à sua factibilidade e viabilidade (Figura 2.8).

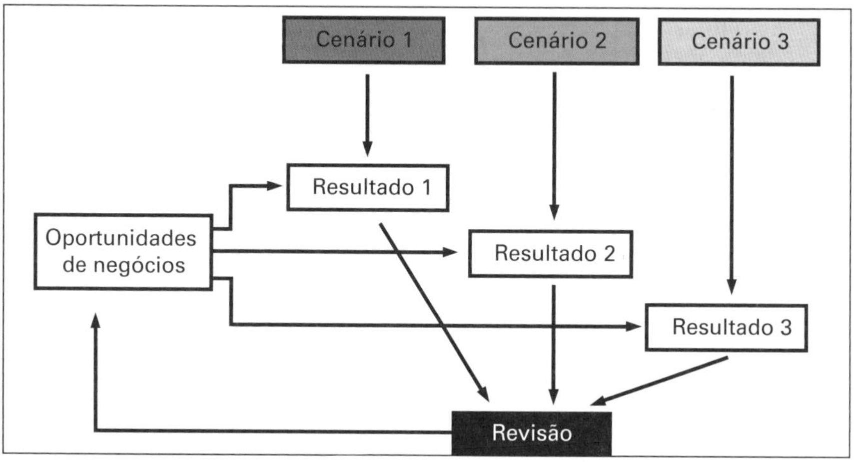

FIGURA 2.8 Oportunidades de negócios e cenários.
Fonte: Heijden (2004).

2.7 Planejamento de Cenários: Estabelecimento da Visão de Futuro de Produto/Negócios e Competências

Nesta fase serão identificadas as competências desejadas no futuro.

A competência "visão de competências, capacidades dinâmicas e produtos" tem o objetivo de estabelecer:

- As competências internas e externas à empresa, desejadas no futuro em termos das competências tecnológicas, de mercado e de desenvolvimento de produtos. As competências externas são as relacionadas aos concorrentes.
- As oportunidades de novos produtos/negócios.

Trata-se de uma competência que proporciona uma visão do futuro na perspectiva do conhecimento e de produtos. Ela cria um quadro que auxilia na criação de uma estrutura para identificar competências e capacidades que serão críticas na sustentação da competição e suporte no desenvolvimento futuro das oportunidades de novos produtos identificadas.

Engloba uma competência de entender profundamente as características atuais e tendências evolucionárias do ambiente, em termos do conhecimento científico e tecnológico (ciclos de inovações), cultural, social, político legal e global, bem como de hábitos, elementos econômicos, demográficos, e também da análise do setor específico.

A visão de competência deve fornecer um "mapa mental" do mundo atual e do futuro, e também especificar os conhecimentos que a organização deve buscar e criar.

Além de abranger o tipo e o conteúdo de conhecimento a ser desenvolvido na organização, proporcionando uma orientação nítida aos membros dos grupos de desenvolvimento de produto, a visão de competências também deve inspirar a empresa a buscar conhecimento em certas áreas e a construir estoques de conhecimento a serem utilizados para enfrentar futuros desafios.

Em termos práticos, a competência visão de competências, capacidades dinâmicas e produtos possibilita a criação de cenários futuros baseados em competências, capacidades dinâmicas e produtos. Possui como característica a aprendizagem conceitual com o ambiente e o futuro, em que o raciocínio sistêmico é de suma importância para a construção de modelos mentais compartilhados estrategicamente no presente e no futuro, criando um significado para o conhecimento. Inclui-se a expressão pessoal, emocional, subjetiva e irracional da visão do futuro, possuindo características de criação.

A visão de competências tem uma relação estreita com o estabelecimento da estratégia de negócios e da estratégia de desenvolvimento de produtos, ou seja, decisões relativas ao posicionamento produto/mercado (liderança em custo ou diferenciação) e tipos de projetos de desenvolvimento de produto.

Alguns critérios são importantes para o estabelecimento de uma visão de competência, capacidades dinâmicas e produtos com qualidade (Von Krogh et al., 2001):

- Comprometimento com uma trajetória, principalmente da alta administração.
- Fecundidade: deve instigar novos pensamentos, ideias, frases e iniciativas, bem como insuflar a imaginação organizacional (Von Krogh e Roos, 1997, apud Von Krogh et al., 2001). Deve capacitar os membros da organização a livrar-se de suas atuais percepções sobre a organização e permitir-lhes pensar com imaginação sobre o que a organização deve ser e em que deve transformar-se.
- Estilo específico: trata-se da forma como é declarada a visão. As declarações de visão devem estar sintonizadas com outras mensagens da organização, a fim de corresponder às expectativas de todas as partes envolvidas.
- Foco na reestruturação dos sistemas de conhecimentos vigentes e no sistema de tarefas vigentes.
- Deve-se comunicar a todos os *stakeholders* o tipo de conhecimento e os valores a serem buscados pela empresa.
- Comprometimento com o desenvolvimento da competitividade.

A capacidade de visão de competências e capacidades deve ser exercida como uma atividade que se estende por toda a empresa. Nesse sentido, Von Krogh et al. (2001) apresentam cinco ações gerenciais para auxiliar as empresas:

- Identificar, reunir os participantes e organizar o processo. Trata-se de selecionar representantes das várias áreas da organização, criando condições para que os grupos mantenham conversas estratégicas explorando temas com escopo e impacto ilimitado. As propostas podem ser analisadas por um "comitê da visão" composto por um grupo seleto de altos executivos e de outros representantes da empresa.
- Construir entre os participantes a compreensão comum do que seja a visão do conhecimento e dos seis critérios que a norteiam (descritos anteriormente). O ponto fundamental é criar um vocabulário comum e depois, um mapa da visão.
- Desenvolver os "mapas mentais do futuro", abrangendo vários fatores amplos como tecnologia, demografia, sistemas políticos, aspectos sociais e culturais, economia, meio ambiente etc.

- Prever bastante tempo para a instilação da visão: alocar tempo e recursos necessários para a promoção de debates abertos e de ampla participação ativa, não pressionar pelo encerramento do processo, permitindo que as conversas sobre o futuro se desenvolvam em vários níveis organizacionais ao longo do tempo.
- Encarar o desenvolvimento da visão como aprendizado.

2.8 Planejamento de Cenários Prospectivos e Aprendizagem Organizacional

A associação do aprendizado organizacional com o planejamento baseado em cenários surgiu com os estudos de De Geus a respeito da longevidade das empresas, desenvolvidos quando atuava na área de planejamento da Royal Dutch Shell (Marcial e Grumbach, 2006). Tais estudos mostraram que a maioria das empresas com grande longevidade antecipava a necessidade de mudar mais de uma vez durante a sua existência.

A mudança em uma organização ocorre quando a sobrevivência depende disso e a resistência só é superada em momentos de crise. Para evitar a crise, as pessoas, assim como a organização, devem identificar seus sinais antes que ela se instale. Porém, segundo a psicologia cognitiva e os estudos mentais de Senge (1990), as pessoas somente começam a enxergar o que já experimentaram, ou seja, aquilo que está registrado como evento anterior na mente. Esses registros formam os nossos modelos mentais.

De Geus (apud Marcial e Grumbach, 2006) comenta que não se consegue enxergar o que a mente não experimentou antes. Somente se consegue enxergar aquilo que é relevante para a visão do futuro, não aquilo que é emocionalmente difícil de se ver. E que, em todas as grandes empresas, pelo menos algumas pessoas antecipam as crises e emitem alertas prévios. No entanto, a maioria das empresas não programa as mudanças internas necessárias em tempo hábil. Isso acontece porque a empresa não dispõe de mecanismos que o cérebro humano possui, que é a memória do futuro (Marcial e Grumbach, 2006). A memória do futuro é um processo interno do cérebro relacionado à capacidade da linguagem e à percepção. Quanto mais memória do futuro se desenvolver, mais aberto e receptivo se estará aos sinais do mundo exterior. Assim, a empresa precisa criar mecanismos de "visita ao seu futuro", caso contrário as observações do ambiente não terão nenhum significado.

Segundo Heijden (2004), os cenários contribuem para o processo de aprendizado organizacional, em âmbito individual e grupal. No âmbito individual, os cenários relevantes contribuem como dispositivo cognitivo e de percepção e como instrumento de reflexão cognitiva. Ao contar histórias, cria-se um contexto mútuo a muitas informações, tornando, dessa forma, mais gerenciáveis os aspectos cognitivos de qualquer situação, criando memórias do futuro. Os cenários aumentam as percepções do presente dos indivíduos e amplia seus modelos mentais, além de auxiliá-los a definir com maior eficácia as ideias geradas nas conversas e discussões. Já no nível grupal, os cenários promovem uma forma organizada de discutir uma ampla gama de visões conflitantes sobre os aspectos relevantes dos negócios em um contexto organizacional, atuando como veículo para alinhamento do modelo mental que, por sua vez, permite uma ação estratégica coerente. Portanto, o planejamento de cenários deve ser visto como uma ferramenta para que a empresa aprenda a vislumbrar os futuros possíveis, a construir memórias deles e preparar-se para eles. A Royal Dutch Shell foi a primeira empresa no mundo a utilizar essa ferramenta com o propósito de gerar memórias do futuro.

Marcial e Grumbach (2006), analisando em detalhes os trabalhos de De Geus, verificaram que este autor identificou dois tipos de aprendizado: por assimilação e por acomodação. Os resultados mostraram que a empresa que aprende apenas por assimilação pode não sobreviver por muito tempo em um ambiente de constante mudança, pois precisaria passar por alguma crise para aprender ou repetir o que ela mesma já fez, ou outros já fizeram em distintos momentos, o que necessariamente não garante sucesso. Aprender por acomodação é considerado o melhor método de aprendizado. No entanto, para aprender por acomodação, a empresa precisaria experimentar a crise. De acordo com De Geus (apud Marcial e Grumbach, 2006), a empresa pode "brincar", isto é, experimentar algo que representa a realidade, fazer experiências sem temer as consequências e aprender por acomodação, ao testar as diversas possibilidades do mundo real. Esse "brincar" pode ser praticado pelas empresas empregando-se técnicas de jogos de empresa e de planejamento baseado em cenários. Ao simularem os cenários, profissionais da empresa experimentam (vivenciam) cada situação futura do ambiente e tomam decisões. Os exercícios de planejamento de cenários fazem com que os tomadores de decisão aprendam por acomodação e mostrem que brincar é o melhor método de aprendizado (Marcial e Grumbach, 2006).

Na visão de De Geus, uma organização pode desenvolver sua sensibilidade quanto às mudanças ambientais recorrendo ao planejamento por cenários como mecanismo capaz de fabricar memórias de futuro no âmbito organizacional. Para o autor, os cenários geram memórias coletivas de futuros possíveis, conduzem à construção participativa de futuros alternativos das organizações, além de permitirem o resgate da autoestima das equipes técnicas para reelaborarem suas perspectivas de futuro e criarem alternativas a situações indesejáveis. Cenários trazem para a mente das pessoas novas visões e ideias relativas à paisagem e ajudam-nas a reconhecer nelas aspectos novos e impensáveis, mesmo depois de finalizar o exercício de cenário (De Geus, 1998 apud Marcial e Grumbach, 2006).

O aprendizado organizacional promovido pela utilização do planejamento baseado em cenários prospectivos dá à organização condições de movimentar-se rapidamente diante de mudanças ambientais, garantindo sua sobrevivência por um período de tempo mais longo (Marcial e Grumbach, 2006).

2.9 Métodos e Técnicas de Planejamento de Cenários Prospectivos

Vários métodos para a construção de cenários prospectivos têm sido reputados na literatura. Huss e Honton (*apud* Aulicino, 2002) classificam os métodos em três categorias:

- Perspectiva lógica e intuitiva: método desenvolvido pela Global Business Network (GBN), de Peter Schwartz, em 1987, busca integrar os cenários ao planejamento estratégico e enfatiza a mentalidade do tomador de decisão (modelos mentais). Método *Future Mapping* fundamentado na ideia de que planejar é aprender a perceber o funcionamento do ambiente de negócios, consistindo na participação efetiva dos executivos da organização.

- Análise do impacto das tendências: método de mesmo nome praticado por *Future Group*. Baseia-se em técnicas de previsão clássica; projeção independe de variáveis-chave, que são depois ajustadas pelo impacto de ocorrência de certos eventos.
- Análise do impacto cruzado: método desenvolvido para suprir a deficiência de diversos métodos de previsão que não consideram as relações existentes entre as diversas variáveis em estudo, projetando-as de forma isolada. O *Método de Análise Prospectiva*, desenvolvido por Michel Godet, considera tanto o inter-relacionamento das variáveis-chave como opiniões expressas por especialistas.

Na prática, verifica-se que não há apenas um método de construção de cenário, mas vários deles (Aulicino, 2002). O termo *método de cenário* deve ser aplicado a uma abordagem que inclua alguns passos específicos, como análise de sistemas; retrospectiva; identificação das variáveis, seu comportamento e relações; estratégia dos atores e elaboração de cenários múltiplos (Marcial e Grumbach, 2006).

Um modelo não representa a realidade, é um meio de visualizá-la, pois os dados disponíveis são abundantes, mas incompletos (Marcial e Grumbach, 2006).

Existem vários métodos de elaboração de cenários múltiplos. Especificamente os métodos que abordam a construção de cenários prospectivos descritos por Michael Porter, Peter Schwartz ou Global Business Network (GBN), Michel Godet e Raul Grumbach, diferem somente quanto às etapas, não à filosofia, já que todos seguem os princípios descritos pela prospectiva (Marcial e Grumbach, 2006).

2.9.1 Método de Michael Porter

Este método tem como foco a indústria e como objetivo a elaboração de cenários industriais. O produto final serve de subsídio para a tomada de decisão na empresa quanto à definição de suas estratégias competitivas. O método compreende as seguintes fases (Marcial e Grumbach, 2006, p.86):

1. Propósitos do estudo;

2. Estudo histórico e da situação atual;
3. Identificação das incertezas críticas;
4. Comportamento futuro das variáveis;
5. Análise de cenários e consistência;
6. Concorrência;
7. Elaboração das histórias de cenários;
8. Elaboração das estratégias competitivas.

2.9.2 Método de Peter Schwartz ou Global Business Network (GBN)

Este método leva em consideração os modelos mentais dos membros do grupo responsável pela elaboração dos cenários – sua visão de mundo, suas preocupações e incertezas. Este método compreende, basicamente, oito etapas (Marcial e Grumbach, 2006, p.78):

1. Identificação da questão principal;
2. Identificação das principais forças do ambiente local (fatores-chave);
3. Identificação das forças motrizes (macroambiente);
4. Ranking (classificação) por importância e incerteza;
5. Seleção das lógicas dos cenários;
6. Descrição dos cenários;
7. Análise das implicações e opções;
8. Seleção dos principais indicadores e sinalizadores.

2.9.3 Método de Michel Godet

O método é composto basicamente por seis etapas (Marcial e Grumbach, 2006, p.70):

1. Delimitação do sistema e do ambiente;
2. Análise estrutural do sistema e do ambiente, retrospectiva e da situação atual;
3. Seleção dos condicionantes do futuro;
4. Geração de cenários alternativos;
5. Testes de consistência, ajuste e disseminação;

6. Opções estratégicas e planos de monitoramento estratégico.

2.9.4 Método de Raul Grumbach

O método compõem quatro fases (Marcial e Grumbach, 2006, p.106):

1. Definição do problema: propósito, amplitude, horizonte temporal;
2. Pesquisa ou diagnóstico estratégico: histórico e situação atual;
3. Processamento: fatos portadores de futuro, lista preliminar de eventos, geração de cenários e interpretação de cenários;
4. Sugestões.

Etapas básicas para a elaboração de cenários:

1. Identificar o fenômeno a ser estudado, delimitando-se o ambiente próximo à organização;
2. Identificar as variáveis do macroambiente (externas);
3. Identificar as variáveis internas e relacioná-las às externas, identificando as variáveis de impacto;
4. Análise retrospectiva, com a finalidade de analisar tendências passadas e verificar o dinamismo de mudanças do sistema. Identificar estratégias dos atores envolvidos e adotar hipóteses;
5. Análise de impacto cruzado que permite verificar a interdependência entre os eventos e proporciona mais coerência entre os acontecimentos (realizada com especialistas);
6. Construir cenários para cada hipótese e hierarquizar os cenários;
7. Realizar análise de sensibilidade;
8. Construir cenários detalhados por meio de narrativas;
9. Analisar as implicações dos cenários e as opções estratégias.

A escolha de um modelo depende da necessidade da organização (Aulicino, 2002).

Uma pesquisa realizada por Blois e Souza (2008) propõe uma forma de análise sistêmica do setor calçadista brasileiro integrando a abordagem de cenários prospectivos, por meio do método Grumbach, com a modelagem *hard* dinâmica de sistemas. Essa combinação possibilitou a geração e interpretação dos cenários, bem como a sua simulação no tempo. Como esclarecem os autores (p.44), "por se tratar de um modelo sistêmico, cabe destacar que o processo de diagnóstico e prognóstico pode, a qualquer momento, ser reiniciado, de modo que os peritos poderiam, a cada rodada, aprender sobre a experiência vivida com o modelo em questão".

Várias técnicas podem ser utilizadas para realçar o pensamento estratégico por meio da construção de uma visão de futuro.

Segundo Marcial e Grumbach (2006), as técnicas que auxiliam na construção de cenários prospectivos podem ser divididas em três grupos:

- Técnicas de ajuda à criatividade: desenvolvidas para auxiliar na descoberta do processo criativo humano, instrumento importantíssimo para auxiliar o homem no mundo atual das incertezas. Algumas delas são: *brainstorming*, sinéctica, análise morfológica, questionários e entrevistas, e resolução criativa de problemas.
- Técnicas de avaliação: visam estimar as variações de comportamento de determinados parâmetros e como essas variações repercutem num dado sistema. As principais são: método Delphi, método dos impactos cruzados e modelagem e simulação.
- Técnicas de análise multicritérios: objetivam facilitar as decisões referentes a um problema, quando se tem que levar em consideração diversos pontos de vista. Com sua utilização, prioriza-se ou reduz-se os diversos fatores que devem ser levados em consideração. As mais aplicadas são os métodos: dos Exámenes, Pattern, Electre, AHP e Macbeth.

Todas as técnicas apresentadas são apenas ferramentas não excludentes, que podem ser empregadas em conjunto ou em partes, na elaboração de um processo qualquer de construção de cenários (Marcial e Grumbach, 2006). Por exemplo, na elaboração de cenário no método de análise prospectiva, as técnicas mais utilizadas são: entrevistas, reuniões com especialistas, identificação das principais forças motrizes (macroambiente), *brainstorming*, matriz da análise estrutural, análise morfológica, testes de consistência, ajustes e disseminação, porém outras técnicas podem ser empregadas. Cada situação em que se utilizam cenários enseja uma nova oportunidade de enriquecimento do método com técnicas e procedimentos mais elaborados ou suplementa abordagens mais adequadas à situação em estudo.

2.10 Ambiente para Criatividade e Aprendizagem

Para a execução do processo de aprendizado do futuro, há a necessidade de se ter um ambiente apropriado (Takahashi e Takahashi, 2007).

Nesse sentido, Von Krogh et al. (2001) apresentam o contexto "capacitante" para a criação do conhecimento. Nesse contexto é que se promove o compartilhamento cooperativo, o compartilhamento do conhecimento tácito e a criação de um ambiente propício à criação do conhecimento.

Segundo esses autores, "Ba" é basicamente um espaço compartilhado que serve de fundamento para a criação do conhecimento, caracterizando-se, geralmente, por uma rede de interações.

Em um "Ba" contemplam-se os espaços físicos, virtuais e mentais na criação do conhecimento.

O conceito de contexto capacitante para Von Krogh et al. (2001) é mais amplo que a estrutura organizacional. Afinal, consiste na criação de condições para que as estruturas cresçam, transformem-se e evoluam. O contexto capacitante deve fornecer à organização a capacidade estratégica de adquirir, criar, explorar e acumular novos conhecimentos, de forma cíclica. Entretanto, uma estrutura pode fomentar ou inibir o desenvolvimento pleno de um contexto capacitante. Os vários objetivos de uma empresa podem determinar que ela tenha diversos contextos capacitantes. Assim, uma empresa pode ter diferentes estruturas para diferentes unidades, divisões ou negócios.

As interações de um contexto capacitante também podem ser caracterizadas como uma rede de inovação. Segundo Jonas e Sommerlatte (2001), a rede de inovação consiste em um sistema de comunicação informal, que envolve pessoas de diferentes níveis, em torno de um tema comum que, na realidade, mantém a rede. É a extensão organizacional de uma empresa ampliada. Esta, por sua vez, pode ser entendida pela caracterização dos espaços de inovação (Prahalad e Ramaswamy, 2003) e pelo modelo de *open innovation* (Chesbrough, 2003). No contexto da empresa ampliada, existem parcerias externas (Gerwin, 1998; Takahashi, 2002). Dessa forma, nas operações de alianças e cooperação, as empresas se juntam por causa de competências complementares que podem ser exploradas conjuntamente. Segundo Takahashi (2005), essa complementaridade de conhecimento e competências é efetivada pela transferência de conhecimento externo.

Um elemento fundamental para o desenvolvimento do contexto capacitante é a solicitude, que significa respeito às diferenças individuais nas observações e nos pontos de vista de cada um e a criação de condições para que as pessoas desenvolvam com espontaneidade suas características próprias em termos de habilidades e formas de operação (Von Krogh et al., 2001).

Os componentes essenciais ao desenvolvimento da solicitude são: confiança mútua, empatia ativa, acesso à ajuda, leniência no julgamento e coragem. Um alto nível de solicitude promoverá um ambiente de convivência propício para a promoção dos processos de transferência mútua de metáforas, analogias, emoções e ideias.

Leonard-Barton e Swap (1999) caracterizam a necessidade de se pensar nas variáveis físicas e psicológicas em um ambiente para o exercício da criação. Em termos de ambiente físico, as organizações necessitam de uma "ecologia criativa", um sistema interdependente, interativo, autoassistido e reforçado que incluem não somente pessoas e processos, mas também lugares ou ambiente. Nesse sentido, a arquitetura, o uso do espaço interno, a acústica e os móveis podem despertar ou inibir a criatividade. O processo de criação pode ser facilitado por meio de canais de comunicação abertos, espaços para incubação de ideias e reflexão, áreas flexíveis para reconfiguração de grupos e acesso à tecnologia de informação, com o intuito de ligar pessoas e ideias (De Masi, 2002; Kao, 1989; Leonard-Barton e Swap, 1999). O objetivo é estimular os sentidos humanos para a criatividade.

Já o ambiente psicológico caracteriza-se por suportar o risco e tolerar falhas. A comunicação aberta é essencial para a promoção da criação. Assim, tanto as boas como as más notícias devem ser absorvidas; deve-se examinar cuidadosamente o ambiente para ideias e desenvolver caminhos para a comunicação honesta.

Para Leonard-Barton e Swap (1999), talvez o modo mais crucial de proporcionar a criação em grupos seja a promoção da paixão entre os seus membros.

Leonard-Barton (1995) também discute limitações sobre o pensamento racional da estratégia em um horizonte de grandes incertezas. A pesquisadora coloca como solução a criação de uma gama maior de opções, uma lista de estratégias para futuros alternativos com base nas "iniciativas experimentais ou experimentações" de soluções inovadoras advindas de baixo para cima na organização, possibilitando a improvisação estratégica. As experimentações nas organizações são práticas importantes para se criar competências estratégicas, também sendo consideradas pela autora como um dos mecanismos geradores de competência.

O conhecimento advindo das experimentações pode resultar em uma visão prospectiva da alta gerência. Entretanto, as pessoas não necessariamente aprendem com as experiências. Assim, no ambiente de experimentações, devem estar contemplados mecanismos deliberados de aprendizagem com o objetivo de extrair da experiência desenvolvida o conhecimento originado das ações. Ou seja, o *feedback* da ação e do comportamento são instrumentos essenciais para a compreensão dos prováveis efeitos das ações sobre resultados (Argyris, 1978).

Segundo Kelly e Littman (2001), as empresas investem muito em estrutura, estratégia, sistema e pessoal e negligenciam os espaços. A criação de um espaço de trabalho adequado talvez seja uma das peças mais difíceis do quebra-cabeça da inovação.

Recentemente, alguns artigos analisaram especificamente a influência do local físico de trabalho em grupos de criatividade (Kristensen, 2004; Lewis e Moultrie, 2005; e Haner, 2005). Estes trabalhos tentam compreender o fenômeno desenvolvendo teorias e estruturas.

Lewis e Moultrie (2005) tentam entender a conexão entre o projeto de espaços de trabalho e criatividade na inovação, focando no conceito de laboratório de inovação. Os autores conceituam tais laboratórios como facilitadores para rápidas tomadas de decisões de negócios e de criação de soluções inovadoras. Consiste em uma estrutura e infraestrutura específicas. Com relação à estrutura, um laboratório consiste em espaço físico para pesquisa no qual experimentos específicos são realizados. Já um laboratório organizacional consiste em uma sala específica ou um conjunto de salas projetadas para uma reconfiguração espacial e observação participante. A infraestrutura de um laboratório organizacional consiste em artifícios e elementos para a execução das tarefas, tais como: lousas, materiais para escrita de desenvolvimento de esquemas e desenhos, e sofisticados sistemas para suporte de trabalho em grupo. Já Kristensen (2004) tenta entender a combinação do espaço físico criativo com os estágios do processo criativo. Para isso, o autor busca integrar o modelo Wallas (1926) das fases do processo criativo com as funções identificadas de um espaço criativo, que são: criação de valor, imaginação e materialização. Ele analisa sua teoria por meio de um estudo de caso do time de inovação de uma indústria farmacêutica que desenvolve um ambiente de trabalho que estimula a criatividade, usando ambientes fora do espaço físico da empresa, com o objetivo de estabelecer um novo conceito de dispositivo de liberação e embalagem. Haner (2005) distingue atividades convergentes e divergentes de resolução de problemas, considerando o lugar no ambiente de trabalho criativo e a orientação desses ambientes que deve estar voltada para o indivíduo e para grupos de trabalho. Ele analisa dois casos: o primeiro trata do conceito de inovação para o ambiente de trabalho de uma instituição de pesquisa; o segundo, apresenta uma instituição de pesquisa na qual é possível verificar um processo criativo de aprendizagem. Nesse caso, o grupo utiliza-se de espaços para realizar diferentes atividades. O ambiente em si compõe-se de cinco elementos espaciais diferentes: uma área de processo, um espaço de exploração, um jardim da criatividade, um tribunal de consenso e um estúdio de produção.

McCoy e Evans (2002 apud Van der Lugt et al., 2007) identificaram cinco características ambientais que influenciam na criatividade: complexidade de um detalhe visual, visão de um ambiente natural, uso de materiais naturais, uso de poucas cores frias e pouco uso de estruturas manufaturadas. Eles estudaram o desempenho criativo de participantes em locações com baixas e altas características ambientais. No ambiente com altas características ambientais, o desempenho da criatividade dos participantes foi significativamente alta.

Como analisaram Moultrie et al. (2007), existe um *gap* no entendimento de como o ambiente impacta o desempenho da inovação e como este desempenho combina com as intenções estratégicas da organização. Ainda segundo tais autores, há a necessidade de esclarecer as características/componentes de tais espaços e como suportam a inovação. Tentam responder a este *gap* elaborando uma estrutura teórica de espaços de inovação, considerando o desenvolvimento do ciclo de espaços de inovação e a intenção estratégica e, consequentemente, a intenção realizada. A estrutura analisa o modo como um desejo organizacional para o desenvolvimento de um espaço de inovação permite um processo no qual a intenção estratégica é concretizada pelo meio físico que interage novamente com a estratégia (Figura 2.9).

No trabalho de Van der Lugt et al. (2007), um *future center* é analisado considerando-se os elementos da estrutura de Moultrie et al. (2007). Um *future center* é definido como um *facility*, em que condições são criadas para suportar pessoas pensando/repensando, agindo, aprendendo e criando (Kune, 2002 apud Van der Lugt et al., 2007). Espaço é o aspecto central de um *future center*, agregando espaço físico, virtual e mental. Esse centro é destinado para as pessoas serem estimuladas a distender seus talentos, com exercícios de instilação cerebral baseados nos cinco sentidos do ser humano, auxiliando os participantes a internalizarem suas experiências. O *layout* é manipulável, assim como a tecnologia de informação. Este contexto capacitante tem o objetivo de liberar o conhecimento tácito dos indi-

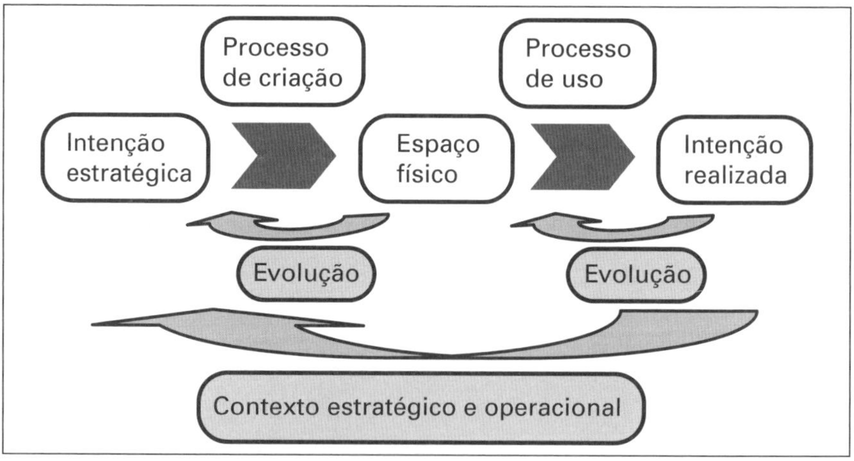

FIGURA 2.9 Estrutura de espaços de inovação.
Fonte: Moultrie et al. (2007).

víduos, proporcionado ideias, *insights* e interpretações diferenciadas (Von Krogh et al., 2001).

Os *future centers* não são ambientes futuristas, mas devem promover elementos que reflitam a visão de futuro. Fazem parte da categoria dos espaços de inovação, *facility* dentro das organizações que são dedicados a suportar a criatividade e inovação.

2.10.1 Laboratório de Criação: CRIAFarma Ambiente para Criatividade e Aprendizagem

O CRIAFarma é um laboratório de criação de negócios farmacêuticos e cosméticos, desenvolvido pelo Grupo Gecin da Faculdade de Economia e Administração de Ribeirão Preto e pela Faculdade de Ciências Farmacêuticas de Ribeirão Preto da Universidade de São Paulo (Fearp/USP e FCFRP/USP). Trata-se de um ambiente físico, mental e informacional criado para desenvolver competências e integrar os diversos conhecimentos dos profissionais da área científica da FCFRP/USP e de outras instituições, com os profissionais de marketing, economia e estratégia, bem como profissionais empresariais. Tem como base um processo de identificação de oportunidades de negócios farmacêutico e cosmético, por meio de suas variáveis componentes, como ilustra a Figura 2.10. Também para sua elaboração/construção foram utilizados elementos de intenção estratégica e espaço de criação de conhecimento, proporcionando o início da atividade empreendedora. A ideia é a criação de um lugar inspirador para trazer profissionais empresariais, pesquisadores e pós-graduandos para, juntos e ativamente, buscarem desenvolver novas ideias, usando métodos de solução de problemas criativos e planejamento de cenários. O CRIAFarma é um projeto financiado pela Fundação de Amparo à Pesquisa do Estado de São Paulo (Fapesp).

No âmbito dos trabalhos do Laboratório CRIAFarma, os principais resultados a serem destacados são a identificação de oportunidades de negócios para os setores farmacêutico veterinário, farmacêutico humano e cosmético, por meio da elaboração de exercícios de construção de cenários prospectivos. Para isso, foram identificados os elementos que influenciam a trajetória dos respectivos setores estudados, destacando-se o macroambiente (demográfico, econômico, sociocultural, global, tecnológico, político legal) e os ciclos de inovação de cada setor. As principais técnicas utilizadas foram: entrevistas, questionários, reuniões com especialistas, análise morfológica, *brainstorming*, método Delphi.

No Capítulo 9 será apresentado um estudo realizado pelo CRIAFarma analisando as oportunidades e competências para o setor cosmético.

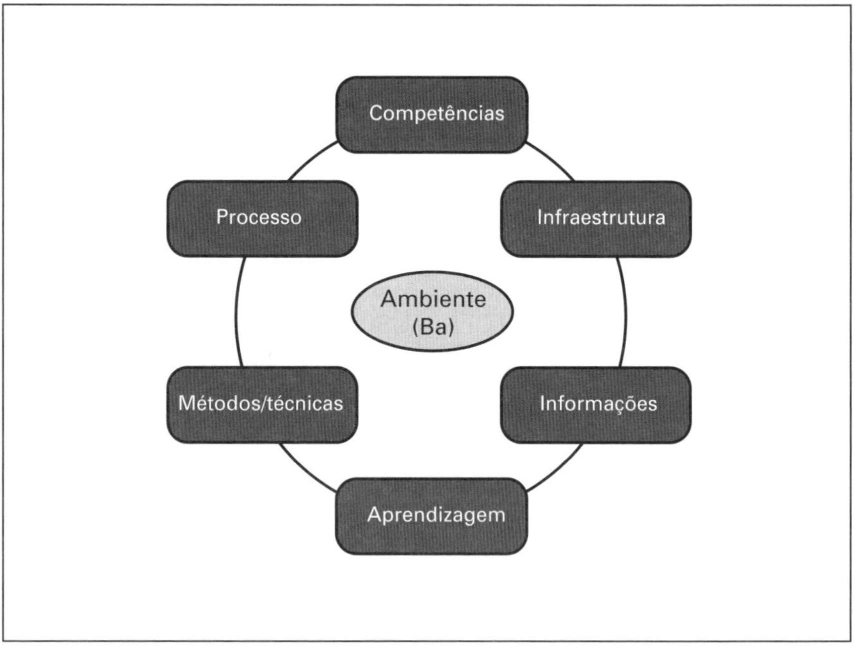

FIGURA 2.10 Laboratório CRIAFarma.

Resumo

Com consumidores mais exigentes e uma competição cada vez mais acirrada, as inovações em produtos e processos tornam-se essenciais para a sobrevivência das empresas. Nesse contexto, desperta-se um grande interesse na necessidade de ferramentas para a avaliação de possibilidades alternativas futuras. A busca por ferramentas que permitissem às organizações identificar oportunidades e novos ciclos de inovações tecnológicas e melhor orientação face à nova realidade fez surgir o estudo de planejamento de cenários. Os cenários auxiliam a empresa a focar as incertezas críticas; são histórias alternativas, factíveis e relevantes. O estudo de cenários prospectivos concebe um elenco de possibilidades e, desta forma, amplia a capacidade das organizações projetarem suas ações estratégicas, no sentido de implantar e preservar suas vantagens competitivas. Diversos são os métodos e as ferramentas para auxiliar na elaboração dos cenários. Com relação aos métodos analisados, a princípio não existe um método melhor para se construírem cenários, pois o objetivo principal dos autores é coincidente e as diferenças não comprometem sua essência.

Questões para Discussão

1. Considerando o exemplo do microcomputador, identifique quais as ondas de inovação e as respectivas empresas líderes?
2. Ainda considerando o exemplo do microcomputador, qual seria a próxima onda?
3. Como o estudo de planejamento de cenários contribui para o aprendizado organizacional?
4. Quais são as maiores dificuldades para a elaboração de cenários? E como elas podem ser minimizadas?

Referências

ARGYRIS, C. *Organization learning: a theory of action perspective*. Massachusetts: Addison-Wesley, 1978.

AULICINO, A.L. *Identificação de problemas potenciais na construção de cenários e na formulação de estratégias em uma organização: proposição de um método – estudo de caso*. São Paulo, 2002. Dissertação (Mestrado em Administração). Faculdade de Economia e Administração, Universidade de São Paulo.

BLOIS, H.D.; SOUZA, J.C. Cenários prospectivos e a dinâmica de sistemas: proposta de um modelo para o setor calçadista. *Revista de Administração de Empresas*, v.48, n.3, 2008, p.35-45.

BOND, E.U.; HOUSTON, M.B. Barries to matching new technologies and market opportunities in established firms. *The Journal of Product Innovation Management*, Nova Jersey, v.20, 2003, p.120-35.

CHESBROUGH, H.W. The era of open innovation. *MIT Sloan Management Review*, Cambridge, v. 44, n. 3, 2003, p.219-32.

CHIESA, V.; MANZINI, R. Competence levels within firms: a static and dynamic analysis. In: HEENE, A.; SANCHEZ, R. *Competence based strategic management*. Chichester: John Wiley e Sons, 1997, p.195-214.

CHRISTENSEN, C.M.; RAYNOR, M.E. *O crescimento pela inovação:* como crescer de forma sustentada e reinventar o sucesso. Rio de Janeiro: Elsevier, 2003.

DE MASI, D. *A criatividade e grupos criativos*. Rio de Janeiro: Sextante, 2002.

DRUCKER, P. F. *Inovação e espírito empreendedor*. São Paulo: Pioneira Thomson, 1985.

GERWIN, D. *Coordinating new product development in an international joint venture*. Canadá: Working Paper/ Carleton University/ School of Business, 1998.

HANER, U. Spaces for creativity and innovation in two established organizations. *Creativity and Innovation Management*, v.14, n.3, 2005, p.289-98.

HEIJDEN, K.V. *Planejamento de cenários: a arte da conversação estratégica*. Porto Alegre: Bookman, 2004.

HITT, M.A.; IRELAND, R.D.; HOSKISSON, R.E. *Administração estratégica*. São Paulo: Pioneira Thomson, 2003.

JONAS, R.S.; SOMMERLATTE, T. O *valor da inovação*. Rio de Janeiro: Campus, 2001.

KAO, J.J. *Entrepreneurship, creativity e organization – text, cases and reading*. Nova York: Prentice Hall, 1989.

KELLY, T.; LITTMAN, J. *A arte da inovação*. São Paulo: Futura, 2001.

KRISTENSEN, T. The physical context of creativity. *Creativity and Innovation Management*, v.13, n.2, 2004, p.89-93.

LEONARD-BARTON, D. *Wellsprings of knowledge: building and sustaining the sources of innovation*. Boston: Harvard Business School Press, 1995.

LEONARD-BARTON, D.; SWAP, W.C. *When sparks fly: igniting creativity in groups*. Boston: Harvard Business School Press, 1999.

LEWIS, M.; MOULTRIE, J. The organizational innovation laboratory. *Creativity and Innovation Management*, v.14, n.1, 2005, p.73-83.

MARCIAL, E.C.; GRUMBACH, R.J.S. *Cenários prospectivos: como construir um futuro melhor*. Rio de Janeiro: FGV, 2006.

MINTZBERG, H.; AHLSTRAND, B.; LAMPEL, J. *Safári de estratégia: um roteiro pela selva do planejamento estratégico*. Porto Alegre: Bookman, 2000.

MOULTRIE, J. et al. Innovation spaces: towards a framework for understanding the role of the physical environment in innovation. *Creativity and Innovation Management*, v.16, n.1, 2007, p.53-65.

PORTER, M.E. *Vantagem competitiva: criando e sustentando um desempenho superior*. Rio de Janeiro: Campus, 1989.

PRAHALAD, C.K.; RAMASWAMY, V. The new frontier of experience innovation. *MIT Sloan Management Review*, Cambridge, v.44, n.4, 2003.

ROUSELL, P. et al. *Third general R&D*. Boston: Harvard Business School Press, 1991.

SANCHEZ, R.; HEENE, A. Competence based strategic management: concepts and issues for theory, research and practice. In: HEENE, A.; SANCHEZ, R. *Competence based strategic management*. Boston: John Wiley & Sons, 1997, p.3-42.

SCHWARTZ, P. *A arte da visão de longo prazo: planejando o futuro em um mundo de incertezas*. São Paulo: Best Seller, 2003.

SENGE, P. *A quinta disciplina*. Rio de Janeiro: Best Seller, 1990.

TAKAHASHI, S.; TAKAHASHI, V.P. *Gestão de inovação de produtos: estratégica, processo, organização e conhecimento*. Rio de Janeiro: Elsevier, 2007.

TAKAHASHI, V.P. *Capacidades tecnológicas e tranferência de tecnologia: estudo de múltiplos casos na indústria farmacêutica no Brasil e no Canadá*. 2002. Tese (Doutorado em Engenharia). Escola de Engenharia de São Carlos, Universidade de São Paulo. São Carlos, 2002.

______. Transferência de conhecimento tecnológico: estudos de múltiplos casos na indústria farmacêutica. *Revista Gestão & Produção*, v.12, n.22, 2005, p.255-69.

UTTERBACK, J.M. *Dominando a dinâmica da inovação*. Rio de Janeiro: Qualitymark, 1996.

VAN DER LUGT, R. et al. Future Center "The Shipyard": learning form planning developing, using and refining a creative facility. *Creativity and Innovation Management*, v.16, n.1, 2007, p.66-79.

VON KROGH, G.; ICHIJO, K.; NONAKA, I. *Facilitando a criação de conhecimento: reinventando a empresa com o poder da inovação contínua*. Rio de Janeiro: Campus, 2001.

Capítulo 3

Inteligência Competitiva para Inovação

Wagner José Quirici

3.1 Introdução

A percepção quanto à importância do papel da inovação para assegurar a competitividade tem levado as empresas a buscarem instrumentos que contribuam para o aperfeiçoamento da tomada de decisões relativas às estratégias de inovação. Instrumentos que sejam mais adequados para lidar com os desafios intrínsecos ao processo de inovação, tais como: identificar as oportunidades e ameaças dos concorrentes, dos novos entrantes e dos produtos substitutos ou ainda mensurar as forças e fraquezas dos fornecedores, dos clientes e da própria indústria. Neste capítulo, busca-se destacar o papel estratégico da inteligência competitiva na identificação das forças que regem os negócios e que são essenciais para a inovação; descrever a sua função na sistematização, na coleta, na estruturação, na análise, na disseminação e na proteção de informações e de conhecimentos relevantes no processo de inovação; e apresentar ferramentas e sistemas disponibilizados pela tecnologia da informação para suportar a inteligência competitiva e os resultados alcançados com sua aplicação no processo de inovação de alguma(s) indústria(s).

3.2 O Papel da Inteligência Competitiva no Processo de Inovação

Apesar das diferentes definições e abordagens encontradas na literatura sobre o processo de inovação, todos os autores concordam que esse processo envolve incertezas, desafios e riscos e todos destacam a importância da informação e do conhecimento como fonte de inovação. Quanto maior o aproveitamento das informações e quanto mais sistematizada sua busca e disseminação na organização, maior a probabilidade de aproveitamento das oportunidades de inovação e menores os riscos de insucesso.

Dessa forma, uma das inúmeras formas de caracterizar a inovação de produtos é a que a define como um processo por meio do qual a organização transforma informações de mercado e possibilidades técnicas em bens e informações para a fabricação de um produto comercial. Nesse sentido, o processo de inovação pode ser visto como a passagem do abstrato, do intangível – que contempla as ideias ainda subjetivas e não muito claras – para o concreto, o tangível, o resultado: produto físico. Um modelo bastante adequado para representar o processo de inovação é o funil de inovação, uma sequência de filtros de decisão que buscam reduzir a incerteza e os riscos intrínsecos do processo (Figura 3.1). Tais filtros separam as diferentes fases do processo: a captura das informações sobre oportunidades e ameaças identificadas no ambiente externo, a geração de ideias e conceitos, a avaliação das alternativas, a seleção, revisão e convergência do conteúdo do projeto em desenvolvimento e, finalmente, a produção do projeto. É im-

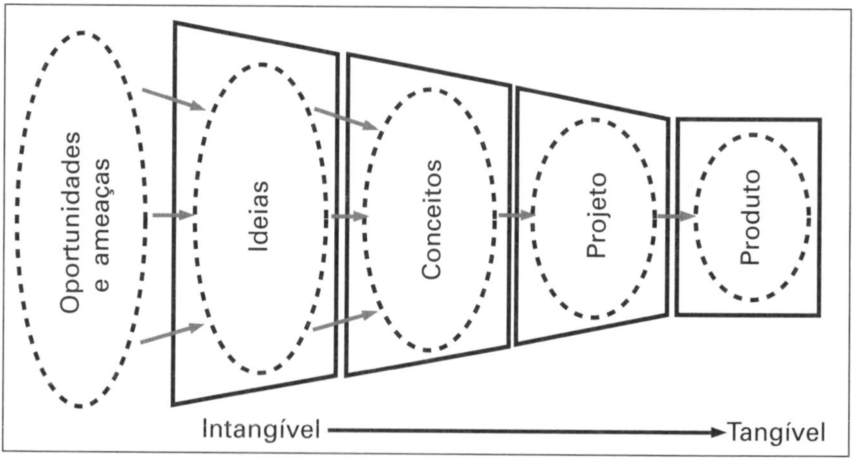

Figura 3.1 Funil da inovação.

portante enfatizar que cada uma das fases necessita de uma boa dose de informações e que a qualidade das decisões de cada filtro entre fases depende da disponibilidade, totalidade e conformidade dessas informações.

Importante também notar que, a partir da definição de inovação como o desenvolvimento e a produção de novos produtos e serviços capazes de obter sucesso comercial, o termo envolve duas dimensões fundamentais: a da criação e a da viabilidade. Gerir inovações, portanto, deve ser uma atividade fortemente direcionada por esses dois eixos conceituais, o da criação de novas alternativas possíveis e o da convergência em direção a uma solução viável. A segunda dimensão – a da viabilidade – está ligada à viabilidade técnica e comercial do projeto, e sustenta-se no processo responsável por transformar ideias e conceitos em protótipos – por meio de engenharia e projeto da arquitetura do produto – e estes em produtos finais para fabricação e comercialização – por meio de testes e contínuos aperfeiçoamentos. De materialização das inovações e tecnologias em produtos demandados pelo mercado. Esse processo de conversão de ideias e conceitos em novos produtos e serviços é bastante explorado por pesquisas ligadas ao processo de desenvolvimento de produto (PDP). A primeira dimensão – a da criação – está ligada à geração de novas ideias e conceitos. A base de sustentação desta dimensão reside no processo de criação de novos conhecimentos que tragam novas maneiras de enxergar a realidade e resolver problemas. Os conceitos por ela envolvidos vão de encontro a abordagens que procuram entender os processos organizacionais sob a ótica do recurso conhecimento (Nonaka e Takeuchi, 1997).

A capacidade de uma organização de inovar está diretamente associada à sua capacidade de incorporar conhecimentos aos seus processos, produtos e serviços. Esse é exatamente o papel da inteligência competitiva: observar o mercado, analisar as estratégias dos competidores e suas repercussões, o comportamento e as tendências dos consumidores, seus valores, expectativas e necessidades.

O termo *inteligência* remete imediatamente à capacidade das organizações em monitorar informações ambientais para responder de modo satisfatório aos desafios e oportunidades que se apresentam continuamente. Pode-se dizer que a inteligência visa, sobretudo, imprimir um comportamento adaptativo à organização, permitindo que estas mudem e adaptem os seus objetivos, produtos e serviços, em resposta a novas demandas do mercado e às mudanças no ambiente.

Para os órgãos militares e de segurança, inteligência é definida como uma capacidade de obter e analisar informações, de forma a facilitar a tomada de decisões.

A inteligência pode ser vista, então, como um processo que tem como produto a criação de informação para tomada de decisão – ou, ainda, como uma função organizacional que mobiliza pessoas voltadas especificamente para esse processo. O "produto" resultado do processo "inteligência" pode ser assim subdividido:

- Inteligência estratégica: dar apoio às decisões estratégicas, às definições de alianças (parcerias, *joint-ventures*), às aquisições e/ou fusões.
- Inteligência tática: dar apoio no dia a dia da empresa na busca de vantagens de mercado, de novos contratos, novos fornecedores, entre outros.
- Contrainteligência (ou inteligência defensiva): defender os bens de conhecimento da organização, evitando obtedores de inteligência hostis.

Aplicando o conceito à inteligência competitiva, conclui-se que esta trata da análise das informações sobre o mercado e a concorrência e da geração de recomendações para os tomadores de decisão das empresas (Figura 3.2). Essa definição coloca a inteligência competitiva em um nível maior que o produto ou a função: o nível estratégico, passando a fazer parte do pensamento estratégico da organização. Essa visão leva a concluir que não se concebe uma inteligência que não seja estratégica e, portanto, competitiva. Essa estratégia, por sua vez, tem que obedecer a rígidos padrões de ética e de legalidade, não podendo ser confundida com espionagem comercial ou industrial.

Numa definição ampla, inteligência competitiva consiste na ação de coletar, analisar e distribuir informações relevantes para o processo de decisão da inovação que resultem em vantagens competitivas para a organização. Nesse sentido, identifica a inteligência competitiva como um processo estratégico, com o entendimento adotado em administração para processo, ou seja, a sincronia entre insumos, atividades, infraestrutura e referências necessárias

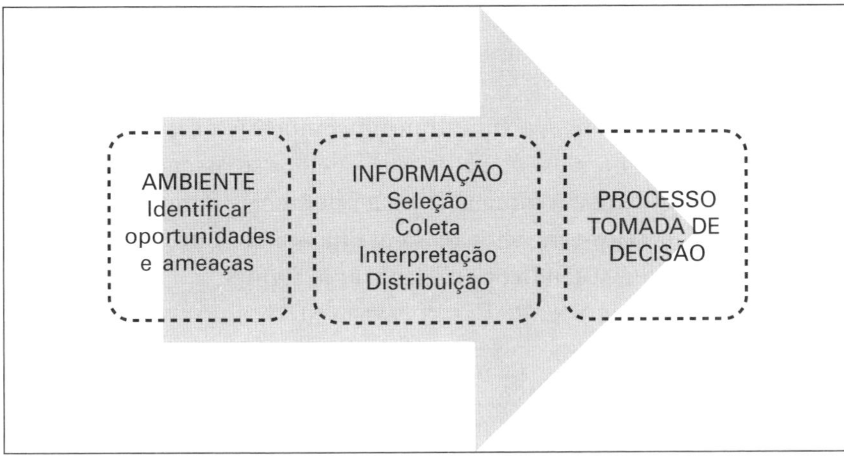

FIGURA 3.2 Papel da inteligência competitiva.

para adicionar valores e gerar resultados para a organização. O processo de inteligência competitiva exerce, então, o importante papel de buscar alinhar o processo de inovação à estratégia competitiva da organização.

Para compreender a importância do alinhamento entre o processo de inovação e a estratégia competitiva da organização, reporta-se às contribuições ao tema desenvolvidas por Michael Porter. Este autor desenvolveu um modelo em que há a associação da estratégia competitiva com cinco forças que direcionam a competição na indústria, assim como um número de "estratégias genéricas" que devem ser feitas pelas empresas. Sua abordagem situa as atividades da empresa em um contexto maior de competição na indústria e desenvolve uma análise sistemática, baseada em forças competitivas e nas escolhas internas da empresa.

Em linhas gerais, as já amplamente conhecidas cinco forças de Porter que definem a competição na indústria, gerando oportunidades e ameaças para as empresas, são as seguintes:

1. Relações com fornecedores;
2. Relações com compradores;
3. Novos entrantes;

4. Produtos substitutos;
5. Rivalidade entre as firmas estabelecidas.

Para Porter, "o objetivo da estratégia competitiva é encontrar uma posição na indústria onde a empresa pode melhor se defender contra essas forças competitivas ou influenciá-las a seu favor" (Porter, 1991, p.23). As estratégias genéricas, mencionadas em linhas anteriores, referem-se às escolhas das empresas, sendo basicamente as seguintes:

1. Liderança em custos;
2. Diferenciação de produto;
3. Foco em custos;
4. Foco em diferenciação.

Para Porter, as empresas devem definir claramente seu foco, o qual pode orientá-las quanto a inovações relacionadas a produtos ou processos e que resultem em vantagens competitivas frente aos concorrentes (Figura 3.3).

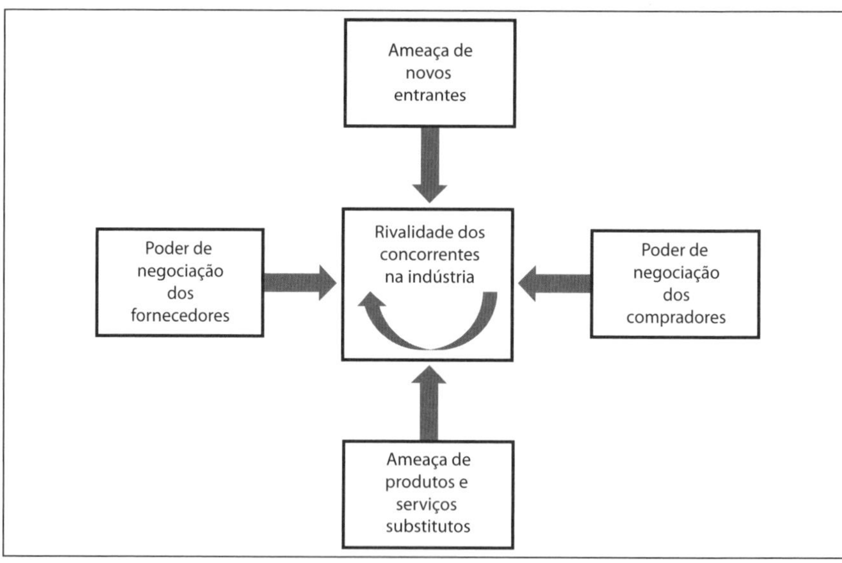

FIGURA 3.3 As forças competitivas como foco da inteligência competitiva. Fonte: Porter (1991).

A competição entre as empresas fornece um incentivo essencial para a inovação. Se a tecnologia pode ajudar uma empresa a atingir vantagem competitiva, auxiliando-a a fornecer ao mercado bens ou serviços melhores que os dos seus concorrentes, ela não pode ser, de maneira nenhuma, monopolizada. Michael Porter demonstrou que o conhecimento pode sempre migrar da empresa para o mercado concorrente ou mesmo ser usado na geração de novas empresas entrantes ou de produtos substitutos. As competências das empresas podem ser desenvolvidas por outras, a menos que sejam continuamente renovadas. E o que deve ser buscado no longo prazo é uma competência distintiva, que realmente faça a diferença em relação aos concorrentes. O modelo de Porter revela um entendimento do ambiente competitivo em que as empresas atuam e no qual devem conscientemente tentar se posicionar em sua estratégia tecnológica, assim como em outras dimensões da política corporativa. E isso somente pode ser decidido pela empresa após uma análise cuidadosa do ambiente competitivo, dos concorrentes e das condições do mercado em que atua, e é exatamente esse o papel da inteligência competitiva.

3.3 Inteligência Competitiva e Gestão do Conhecimento

Um importante ponto a ser delimitado no processo da inovação são os papéis desempenhados pela inteligência competitiva e pela gestão do conhecimento. A princípio, ambas têm como objetivo proporcionar conhecimento e informação para as pessoas certas no momento certo. Em muitos casos, a diferença pode ser pouco mais que de perspectiva; é uma questão de como satisfazer da melhor maneira um objetivo ou necessidade imediatos da empresa.

A missão dos profissionais da inteligência competitiva em uma organização inclui a aquisição, análise, interpretação e encaminhamento de informações aos executivos. Já a missão dos profissionais da gestão do conhecimento concentra-se em identificar, classificar, organizar e encaminhar conhecimentos úteis às áreas da organização responsáveis pela tomada de decisões, análise das necessidades do setor e solução dos problemas.

Ainda que faltem estudos mais sistemáticos que considerem as possíveis convergências e sinergias entre esses campos, em geral abordados e desenvolvidos com ênfases distintas, é possível perceber características comuns no que se refere a agregar valor à informação, estimular o aprendizado contínuo e a participação, fortalecer os processos de interação entre pessoas e organizações, e o de promover um ambiente de estímulo à inovação.

A gestão do conhecimento é um processo articulado e intencional, destinado a sustentar ou promover o desempenho global da organização, e que, tendo como base o conhecimento, busca gerenciar o conhecimento acumulado de indivíduos a fim de transformá-los em capital intelectual da empresa. O processo de criação de conhecimentos possui dinâmica própria composta por ritmos de busca e de seleção, fases de exploração e de síntese, ciclos de pensamentos divergentes seguidos por etapas de convergência. Ele cria condições para que o conhecimento seja criado, socializado, externalizado dentro da empresa, transformando-o de tácito em explícito. A gestão do conhecimento tem como foco tornar os recursos de conhecimento existentes no âmbito de uma organização acionáveis, estando muitos deles armazenados em formatos digitais.

A inteligência competitiva é o processo contínuo de monitoramento e análise estratégica dos cenários e conjunturas mercadológicas em que determinada empresa está inserida. Busca identificar tendências do mercado, desenvolver análises estratégicas, descobrir oportunidades e mapear riscos por meio de metodologias científicas. Está voltada para o conhecimento externo ao ambiente da organização. Nesse sentido, a inteligência competitiva pode ser entendida como o conjunto de ações sistematizadas de busca que visa descobrir as forças que regem os negócios, de análise e de disseminação das informações úteis aos tomadores de decisão das organizações e de proteção ao conhecimento gerado. O objetivo maior da inteligência competitiva é agregar valor à informação, buscando o crescimento organizacional.

Nas organizações que trabalham com essas duas metodologias, porém, a distinção entre ambas é muitas vezes obscura. O Quadro 3.1 procura traçar um paralelo entre os objetivos, foco, resultados e importância no processo de inovação de cada uma das duas abordagens.

QUADRO 3.1 Paralelo entre inteligência competitiva e gestão do conhecimento

Abordagem	Inteligência competitiva	Gestão do conhecimento
Objetivos	Manter ou criar vantagens competitivas a partir da obtenção e uso de informações estratégicas	Promover inovação a partir do estímulo ao potencial presente na organização e da circulação do conhecimento
Foco	Identificar ameaças e oportunidades no ambiente externo (estratégias competitivas da organização)	Identificar forças e fraquezas no ambiente interno (capital intelectual da organização)
Principais resultados	Vantagens competitivas	Desenvolvimento da capacidade de inovar da organização
Importância na gestão da inovação	Ações em rede voltadas para a identificação das competências externas e para mudanças no ambiente de atuação da empresa	Ações em rede voltadas para a melhoria do potencial interno de produção e modificação de conhecimento da empresa

3.3.1 A Complementaridade entre Inteligência Competitiva e Gestão do Conhecimento

No processo de inteligência competitiva, a informação externa é sintetizada e interpretada por analistas e especialistas internos da empresa antes de ser distribuída para os gestores, ou seja, a inteligência competitiva busca entender os desafios competitivos, na maioria das vezes, olhando o mundo do lado de fora da empresa. No processo de gestão do conhecimento, por outro lado, a preocupação principal está em preservar e desenvolver os conhecimentos de dentro da própria empresa. É lógico que um processo tem impacto sobre o outro, geralmente, positivo, mas não significa que um circunscreva o outro. Os dois processos funcionam como geradores e compartilhadores de informação, conhecimento e inteligência. O primeiro fortemente voltado a alimentar de informações a tomada de decisão e o segundo, a gerenciar, processar e gerar conhecimento interno para a organização. Assim, os dois processos são rigorosamente complementares e sinérgicos.

Talvez uma das maiores razões que compelem a usar a gestão do conhecimento é aquela da inteligência competitiva, uma vez que a primeira é utilizada como estrutura ideal para a segunda. Tanto uma como a outra estão preocupadas em entregar um produto que sirva, ao final, de apoio à tomada de decisões e aumento da competitividade da organização. A existência de um processo de gestão do conhecimento facilita o fluxo e a criação de conhecimento, permitindo, portanto, que a inteligência também consiga ser gerada mais facilmente. Um processo de inteligência competitiva, por sua vez, é facilitado pela existência de um processo de gestão do conhecimento.

A inteligência competitiva é, em muitos casos, entendida como sendo a própria gestão do conhecimento das organizações, na medida em que seria mais efetiva e teria mais condições de filtrar, sintetizar e adicionar contexto à informação do meio externo, qualificando-a, portanto, na categoria do conhecimento. Outras abordagens, ao contrário, consideram a inteligência competitiva como parte integrante da gestão do conhecimento.

A abordagem, porém, que considera a coexistência dos dois processos tem a vantagem de preservar e ampliar a compreensão da complementaridade e da diferenciação de papéis, de foco e de objetivos de cada um deles. Dois processos que se complementam e que potencializam a utilização de dados, informações, conhecimento e inteligência. A existência da gestão do conhecimento facilita o funcionamento da inteligência competitiva na medida em que facilita o armazenamento, a recuperação e a disseminação interna por meio das redes. Como consequência, pode ocorrer uma melhor exploração dos resultados da inteligência competitiva pelo ambiente interno. A existência da inteligência competitiva facilita o funcionamento da gestão do conhecimento, pois organiza e seleciona as informações e/ou dados oriundos do ambiente externo. A Figura 3.4 ilustra a forma como os dois processos atuam de forma cooperada e complementar, com o objetivo comum de alimentar com informações e conhecimentos os processos decisórios da organização.

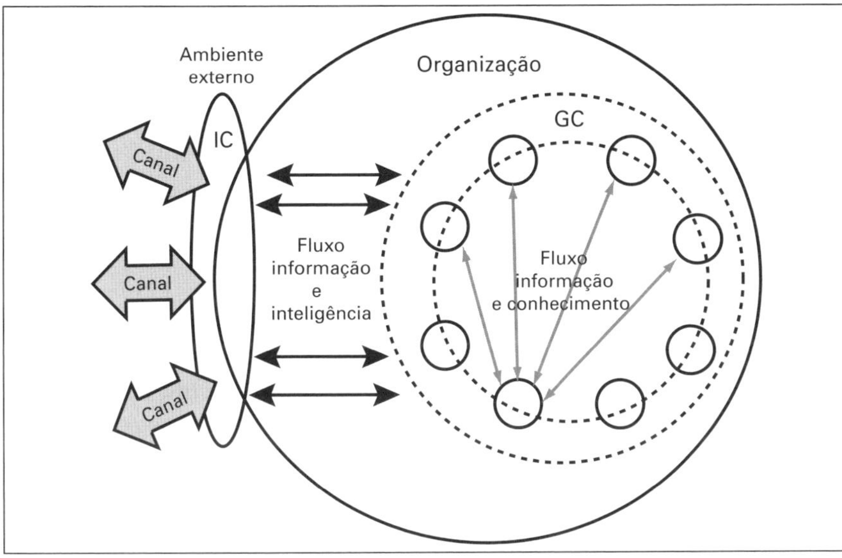

FIGURA 3.4 Relação entre gestão do conhecimento (GC) e inteligência competitiva (IC).
Fonte: Gomes de Carvalho (2000).

3.3.2 O Processo de Inteligência Competitiva

A Associação Brasileira dos Profissionais de Inteligência Competitiva (Abraic – http://www.abraic.org.br) define inteligência competitiva como um processo informacional proativo que conduz à melhor tomada de decisão – seja ela estratégica, seja operacional. É um processo sistemático que visa descobrir as forças que regem os negócios, reduzir o risco e conduzir o tomador de decisão a agir antecipadamente, bem como proteger o conhecimento gerado. Esse processo informacional é composto pelas etapas de coleta e busca ética de dados, informes e informações formais e informais (tanto do macroambiente quanto do ambiente competitivo e interno da empresa), análise de forma filtrada e integrada e respectiva disseminação.

O processo de inteligência competitiva tem sua origem nos métodos usados por órgãos de inteligência governamental. Essas ferramentas foram adaptadas à realidade empresarial e à nova ordem mundial, sendo incorporadas a esse processo as técnicas utilizadas pela:

- Ciência da informação: principalmente no que diz respeito ao gerenciamento de informações formais.
- Tecnologia da informação: dando ênfase às suas ferramentas de gerenciamento de redes e informações, e às ferramentas de mineração de dados.
- Administração: representada por suas áreas de estratégia, marketing e gestão.

O processo de inteligência competitiva é constituído de mecanismos de coleta e análise sistemática da informação que permitem o monitoramento em tempo real das mudanças no ambiente externo e a identificação e antecipação das ameaças e oportunidades. Os dados coletados são organizados e transformados em informação, que, depois de analisada e contextualizada, transforma-se em inteligência. Esta, por sua vez, aplicada aos processos decisórios, gera vantagem competitiva para a organização. Trata-se, portanto, de um processo contínuo, no qual a informação é transformada em conhecimento no processo decisório da empresa. São processos particulares de cada empresa, pois seus projetos baseiam-se fundamentalmente nas necessidades de informação estratégica específicas de cada organização.

Para as empresas de um modo geral, as vantagens e necessidades nesse processo são cíclicas, à medida que uma nova necessidade gera uma vantagem que trará nova necessidade, e assim por diante. Uma vantagem competitiva não é, jamais, uma aquisição estática, um bem permanente. Ela é um bem perecível, sujeito a mudanças e tende a se reduzir com o tempo, enquanto novas necessidades vão sendo sinalizadas pelo mercado. Portanto, as principais funções da inteligência competitiva são justamente a identificação das oportunidades ainda emergentes que geram necessidades, bem como a capacitação da empresa no sentido de obter novas vantagens competitivas para atender às necessidades advindas das novas oportunidades.

O sistema de inteligência competitiva possibilita monitorar tanto o ambiente externo quanto o interno. Ao monitorar o ambiente externo no que diz respeito à concorrência, analisa-se o poder de barganha dos concorrentes e fornecedores, o poder de negociação dos clientes, as ameaças de novos entrantes e de novos produtos e serviços substitutos. Reconhece também fatores macroambientais, tais como políticos, econômicos e sociais que influenciam diretamente a atuação da empresa e todo segmento industrial e de serviços.

Quanto ao ambiente interno, acompanha o desenvolvimento das competências essenciais, disponibilização de capital financeiro e intelectual e as necessidades de ajustes de suas estratégias diante das exigências do ambiente externo.

A utilização de tais sistemas permite acompanhar, de forma contínua, os processos de revisão das estratégias de negócio, de inovação tecnológica e oferece suporte à tomada de decisão em nível estratégico, tático e operacional. Um dos fatores de sucesso de um sistema de inteligência na organização é sua total integração com o processo de planejamento estratégico.

O sistema de inteligência competitiva, para cumprimento de suas funções, precisa ter uma abordagem estruturada e estratégica, compreendendo as seguintes etapas representadas pela Figura 3.5:

- Planejamento e coordenação;
- Coleta, processamento e armazenamento da informação;
- Análise e validação da informação;
- Disseminação e utilização da informação estratégica;
- Avaliação do processo.

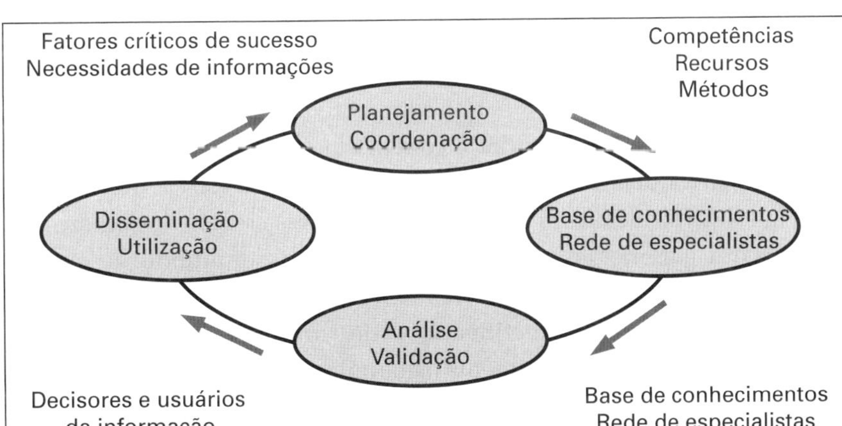

FIGURA 3.5 As etapas do processo de inteligência competitiva.
Fonte: Adaptada de Stollenwerk (1997).

3.2.1 Etapa de planejamento e coordenação

É a etapa mais importante do processo de inteligência competitiva, porque é nela que as necessidades estratégicas de informação são levantadas para estruturar o próprio processo de inteligência competitiva e, sobretudo, identificar quem vai utilizá-la, quais os usuários/clientes. Nessa fase, são identificadas as necessidades de informação para suportar o processo decisório direcionadas para os negócios da empresa. É a etapa na qual são definidas as bases para o processo. Numa primeira fase, define-se que uso terá o processo, quais necessidades da empresa esse sistema irá atender, quais os clientes, pessoas ou setores serão envolvidos e com que finalidade os produtos da inteligência serão utilizados. As principais metodologias para a definição das necessidades de informações da alta gerência e da empresa como um todo está descrita a seguir:

- Entrevistas ou pesquisas com a alta gerência;
- Fatores críticos de sucesso (FCS): trata-se de um método importante para a definição das necessidades dos gerentes e especialistas, pois permite a focalização nas questões estratégicas da empresa.

Fatores críticos de sucesso são definidos como "elementos de postura estratégica essenciais para assegurar ou melhorar a posição competitiva da empresa frente à concorrência" (Rockart, 1979). São, para qualquer empresa, o número limitado de áreas nas quais os resultados, se forem satisfatórios, irão assegurar um desempenho competitivo de sucesso para a organização. Não devem ser confundidos com os objetivos ou com as estratégias da empresa. Os objetivos definem o que a empresa deseja alcançar; as estratégias, como alcançar os objetivos. Os fatores críticos de sucesso são os meios que garantem a realização dos objetivos, permitindo, ao mesmo tempo, uma posição mais objetiva referente à estratégia de implantação do sistema de inteligência competitiva. Constitui, portanto, importante ferramenta de análise, sendo geralmente elaborada por grupos de especialistas das áreas envolvidas. Nessa etapa, com base nos FCS, são estabelecidas as metas estratégicas do processo de inteligência competitiva e identificados os objetos a serem monitorados. Ao mapear as necessidades de informação estratégica por FCS, torna-se possível definir os objetivos e metas, as redes de inteligência e as fontes de informação. A Figura 3.6 apresenta um sistema de inteligência concebido a partir dos FCS.

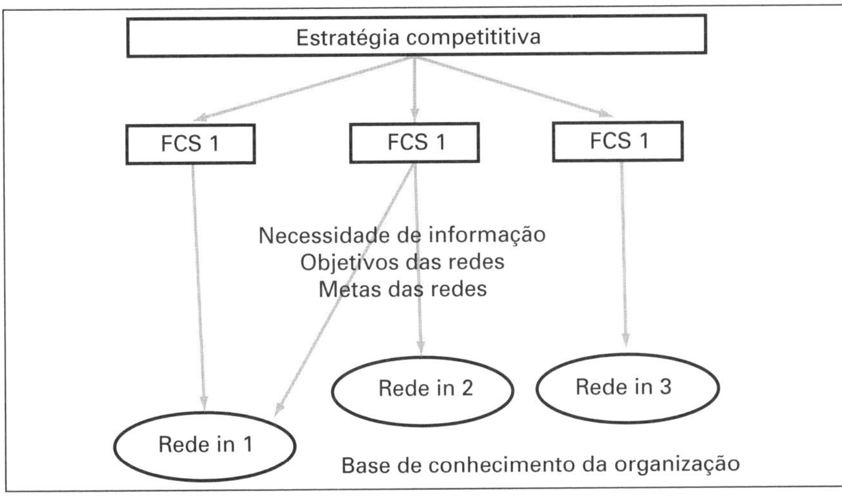

FIGURA 3.6 Redes de inteligência.
Fonte: Adaptada de Rockart (1979).

O papel das redes no processo de inteligência competitiva

Na concepção de um processo de inteligência competitiva, cabe destacar a importância da formação das redes de inteligência IN. O conceito de rede vem causando uma grande mudança nas formas de trabalho em equipe. Quando se fala em redes, é frequente vir à mente a ideia de sistemas informatizados, computadores etc. Entretanto, é a dinâmica das pessoas que forma as redes e gera decisões. As redes são um processo de participação permanente na discussão sobre os rumos da organização, portanto, um processo que estimula o aprendizado coletivo. As pessoas opinam e têm o retorno da importância da sua informação na definição das estratégias da empresa.

O compartilhamento e a otimização de recursos entre os usuários de computadores fez surgir o conceito de rede. As mudanças nas condições econômicas, sociais e políticas, a aceleração nas mudanças científicas e tecnológicas, a necessidade de reduzir o ciclo pesquisa-desenvolvimento-produto-mercado, a necessidade de interdisciplinaridade, o esgotamento da capacidade de resposta de instituições isoladas, a necessidade de estruturas leves e ágeis levaram instituições, empresas e entidades governamentais a se organizarem em redes cooperativas de pesquisa no mundo inteiro. Uma rede pode ser definida como uma organização de coesão tênue de diferentes grupos ligados entre si por vínculos de natureza diversa. Redes são centros não físicos, que dispõem de meios de comunicação avançados a fim de promover a interação e a colaboração de participantes com qualificações complementares.

O objetivo maior para a organização das redes é reunir especialistas diversos colaborando em torno de um objetivo comum. As principais motivações para a formação de redes incluem objetivos estratégicos, preocupações com incertezas, redução do ciclo de desenvolvimento do mercado, monitoramento de oportunidades, mudanças nas tecnologias e no ambiente, compartilhamento das competências, acesso ao mercado, posicionamento no mercado. Tais questões devem ser acompanhadas pelas empresas para que se mantenham competitivas, e este monitoramento é feito sem dúvidas, mediante análise de informações estratégicas para a tomada de decisão, cujas coletas são feitas neste âmbito e as informações analisadas pelos especialistas, hoje na sua maioria organizados em redes. Portanto, a formação de redes é de fundamental importância para a inteligência competitiva, porque permite a obtenção de respostas rápidas do ambiente interno de uma organização, mas, sobretudo, também do ambiente externo, cujo monitoramento para as empresas é indispensável para o posicionamento de mercado e vantagem competitiva. É possível identificar três grandes conjuntos de redes (Figura 3.7):

- Rede de colaboradores externos: formada por consultores, parceiros, fornecedores e pelos próprios clientes. Em geral, esses consultores encontram-se nos centros de excelência, nas universidades e institutos de pesquisas e empresas de consultoria.
- Redes de especialistas internos: formada por técnicos, analistas e coletores de informação de diversas especialidades, competências e experiências e de diferentes áreas da empresa.
- Rede de decisores: formada pelos gestores da organização.

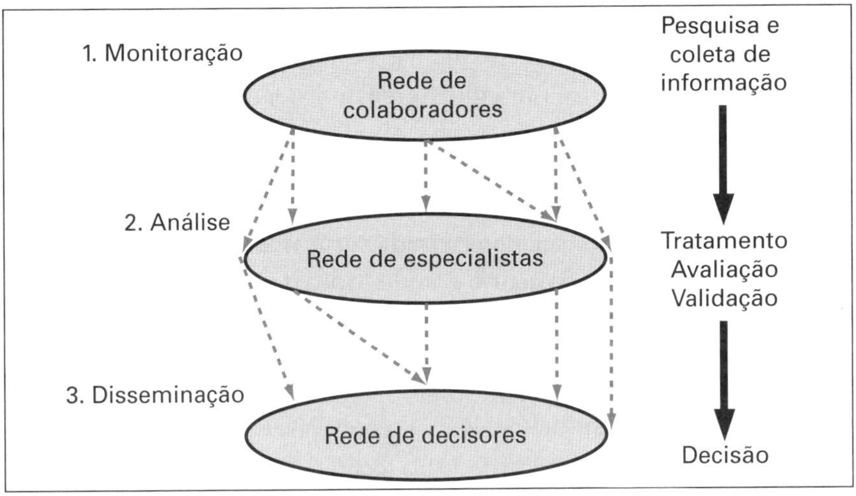

FIGURA 3.7 Redes que compõem o processo de inteligência competitiva.
Fonte: Adaptada de Jakobiak (1995).

3.3.2.2 Etapa de coleta, processamento e armazenamento da informação

A coleta, o processamento e o armazenamento da informação, dentro da estrutura de um processo de inteligência competitiva, precisam ser consolidados e aperfeiçoados de forma sistemática, acompanhando as metas estratégicas e cada mudança de foco estratégico. Essa etapa envolve a busca de fontes de informações para o atendimento às necessidades levantadas na etapa anterior, bem como de ferramentas para o tratamento e armazenamento dessas informações.

Na fase de coleta, estrutura-se a informação que será analisada para produzir inteligência. São encontradas nas informações publicadas ou não e estão disponíveis nas fontes internas e externas. É importante lembrar que toda informação que trate do setor/segmento industrial e de tecnologias associadas/correlacionadas às atividades de uma empresa devem ser coletadas, tratadas e analisadas sistematicamente, ou seja, aquela informação que esteja relacionada com os FCS da empresa, pode ser coletada em fontes formais ligadas ao passado recente, pois são informações geralmente publicadas e de domínio público, facilmente encontradas nas bases de dados, revistas especializadas, teses e patentes. As fontes informais de informação, geralmente informações não publicadas, são externas e envolvem o futuro próximo e o presente. Agregam valor à inteligência e podem ser obtidas por meio de contatos pessoais ou telefônicos com clientes, fornecedores, concorrentes e consultores em congressos, exposições, reuniões, jantares, entrevistas, levantamentos em listas telefônicas, folders etc.

O monitoramento tecnológico pode ser realizado com ampla abrangência, graças à análise de quatro grandes tipos de informação que devem ser levados em conta neste processo. Trata-se da informação científica, técnica, tecnológica e técnico-econômica. Os dois primeiros tipos são bem cobertos por bases de dados (teses, artigos de periódicos, apresentações em congressos e patentes), porém os dois últimos tipos ainda não contam com uma estrutura de base de dados: a tecnológica refere-se à informação industrial, e a técnico-econômica refere-se à informação mercadológica (clientes, fornecedores, concorrentes, comércio etc.). De acordo com sua fonte, podemos classificar as informações em dois tipos:

Fontes primárias: são as informações provenientes diretamente da fonte, sem alterações. Normalmente são informações precisas, pois não passaram por filtros ou análises prévias. São exemplos dessas fontes:

- Entrevistas com clientes, fornecedores e concorrentes;
- Relatórios anuais de empresas;
- Palestras;
- Programas ao vivo de rádio e televisão;
- Documentos que emanam do governo;
- Observações pessoais.

Fontes secundárias: fontes que registram ou interpretam a informação primária normalmente oferecem informações alteradas. É mais facilmente encontrada e, algumas vezes, é o único tipo de informação disponível a respeito de um determinado assunto. As fontes mais usuais são:

- Periódicos;
- Livros;

- Programas editados de rádio e televisão;
- Relatórios de análise;
- Bases de dados.

Embora a informação primária seja a mais difícil de ser obtida, é a que tem maior validade e qualidade. Jakobiak (1995) escreve que, para uma melhor compreensão, é necessário classificar a informação em diferentes tipos, formas, classes e suportes, e apresenta a seguinte tipologia de informação, representada pela Figura 3.8, na qual expressa, de forma resumida, as diferenças não só nos tipos de informação, como também nos meios pelos quais é divulgada e disseminada.

CLASSES	• Bruta • Primárias (texto completo) • Secundária (texto condensado) • Tratada
FORMAS	• Alfabética • Numérica • Gráfica • Sonora • Audiovisual
TIPOS	• Científica • Técnica • Tecnológica • Regulamentar • Normativa • Jurídica
SUPORTES	• Papel • Magnética • Óptica

Figura 3.8 Tipologia de informação.
Fonte: Jakobiak (1995).

O mesmo autor define, ainda, cada tipo de informação e onde pode ser usada. A informação científica circula principalmente no meio acadêmico e é necessária à fase de laboratório da pesquisa básica, aplicada ou do desenvolvimento experimental. Ela corresponde à informação formal e está contida em revistas científicas, teses, relatórios internos, anais de congressos, e geralmente está disponível nas bases de dados. A informação técnica é necessária na fase que antecede a concretização de decisões. Trata-se do estado da arte e caracteriza-se, sobretudo, pelas informações contidas nas patentes. A informação tecnológica é a informação que retrata a realização prática do desenvolvimento, o que significa colocar em operação as unidades industriais, mediante construção de protótipos de unidades piloto. Complementa as informações contidas nas patentes, caracterizando o saber fazer, o *know-how*. A informação técnico-econômica está situada na fronteira entre os dois tipos: tecnológica e econômica. Refere-se aos dados macroeconômicos apontados pelos países em forma de resultados, estratégias, cooperação, parcerias, produtos, unidades de produção e os mercados. Estes dois últimos tipos de informação são cobertos precariamente pelas bases de dados, entretanto existem alguns poucos no mercado. É necessário também considerar as informações do tipo complementar que dizem respeito aos aspectos regulamentares e normativos, jurídicos, de segurança e meio ambiente, os quais devem ser considerados na fase de concepção do projeto de pesquisa. Stollenwerk (1997) apresenta, no Quadro 3.2, uma tipologia de informação que resume o explicitado anteriormente e, ao mesmo tempo, mostra a complexidade de cruzamento exigido pelo sistema de inteligência competitivo.

Dentro desse contexto, é oportuno ressaltar que a seleção das fontes de informação na montagem de um sistema de inteligência competitiva torna-se fundamental para sua eficiência e eficácia.

3.3.2.3 Etapa de análise e validação da informação

A informação coletada, processada e armazenada na etapa anterior, muitas delas sem uma aparente conexão entre si, necessita ser analisada e validada pela rede de especialistas da área com o objetivo de verificar a consistência das informações, estabelecer relações e avaliar o impacto

Quadro 3.2 Tipologia e complexidade da informação.

TIPOLOGIA DA INFORMAÇÃO	CONTEXTO	FONTES	MEIOS DE SUPORTE
Texto (40%)	Científico Tecnológico Técnico-econômico Econômico Mercadológico Meio ambiente Segurança Jurídico Regulatório	• Publicações científicas • Seminários • Patentes • Literatura técnica • Relatórios anuais • Publicações da empresa	• Papel • Base de dados • CD-ROM • Pen drive • Internet
Especialistas (10%)		Memória técnica da empresa e informação interna	Base de dados, intranet, papel
Informal (40%)		Rede de pessoas de diferentes áreas	Oral, internet
Feiras e congressos (10%)		Prospectos, publicidade, contatos informais	Texto, oral, internet

Fonte: Stollenwerk (1997).

dessas para a organização. É recomendável que a validação seja feita por meio do consenso. Essa atividade pode ser realizada por redes de especialistas, de forma interativa e em reunião específica para cumprimento desse tipo de tarefa. A análise e a validação da informação é o sustentáculo de um processo de inteligência competitiva; é preciso que ocorra em velocidade, urgência e prioridade necessárias para a tomada de decisão, e, sobretudo, deve ser oportuna.

Dada a grande variedade de técnicas de análise disponíveis, a escolha da mais apropriada para o objetivo desejado não é trivial. Para a escolha da técnica apropriada a uma situação, três questões básicas emergem:

- Quais são as técnicas disponíveis e como elas se relacionam entre si?
- Qual é o foco e escopo da arena competitiva em questão?
- Que restrições de tempo e outros recursos limitam a extensão da análise pretendida?

Algumas técnicas e ferramentas de análise confrontam a base de informações monitoradas pela inteligência competitiva no ambiente externo com a base de conhecimento do ambiente interno para a estruturação do processo de tomada de decisão e de inovação da organização.

Uma dessas técnicas consiste na utilização do modelo das cinco forças de Porter (descrito na p. 86 deste capítulo), o qual permite a percepção de fatores essenciais para a definição do planejamento estratégico das empresas, tais como o seu contexto de atuação, o processo de competição, o posicionamento de concorrentes, as estratégias setoriais e a movimentação de mercado.

Uma importante técnica de análise e que também leva em consideração tanto seu ambiente externo como o interno é a análise Swot, técnica comumente empregada em processos de planejamento estratégico, para avaliação do posicionamento da organização e de sua capacidade de competição. Tem como resultado a identificação de pontos fortes (*strengths*) e pontos fracos (*weakness*) – como fatores internos e de oportunidades (*opportunities*) e ameaças (*threats*) –, fatores externos. Contribui para a formação da estratégia competitiva da organização. Como resultado da análise Swot busca-se identificar os FCS ou competências essenciais, ou seja, aqueles conhecimentos, características, condições ou variáveis que, quando devidamente gerenciados, podem ter um impacto significativo sobre o sucesso de uma empresa, considerando seu ambiente de competição. Podem ser entendidos como "chaves" para o sucesso, pois, se a empresa os identifica e consegue incorporá-los em seu planejamento estratégico, poderá obter vantagem competitiva a partir daí.

Outra técnica de análise, o benchmarking, compara continuamente os resultados da empresa, com os líderes do seu negócio, por meio de indicadores estabelecidos, objetivando obter informações que irão ajudar a empresa a implementar ações que melhorem suas performances.

O principal objetivo de um processo de benchmarking é que a empresa, após a sua implantação, seja capaz de:

- Descobrir como está o seu desempenho com relação à concorrência;
- Identificar formas de melhorar áreas específicas;
- Tornar claras as melhores práticas empregadas e reforçar o uso dessas práticas;

- Entender qual a sua posição com relação a outras indústrias, com o objetivo de estabelecer um referencial a partir do qual serão realizadas todas as mudanças na empresa.

A ideia do benchmarking não é simplesmente comparar a empresa com as melhores do mundo. Uma empresa inicia um processo de benchmarking visando à melhoria do seu desempenho e por este motivo necessita de um processo contínuo. As práticas e metodologias da inteligência de negócios permitem identificar os processos que necessitam de melhorias, monitorar dados das empresas com as quais se deseja comparar, dados do negócio para a identificação das melhores práticas do mundo e a utilização das redes existentes para a difusão dessas práticas. O processo de inteligência de negócios pode obter essas informações dentro das próprias redes existentes, ou criando novas redes dirigidas às necessidades do benchmarking (Kahaner, 1996).

Finalmente, há o balanced scorecard (BSC), uma técnica de gerenciamento estratégico complementar ao controle financeiro tradicional, que monitora as estratégias da organização de longo prazo por meio de mecanismos de mensuração, transformando a visão e a estratégia em um conjunto de objetivos, agregados em diferentes perspectivas. O BSC tem como objetivo visualizar passo a passo o impacto das decisões estratégicas nos níveis táticos e operacionais, ou seja, assegurar o alinhamento estratégico de toda a organização.

A utilização conjunta dessas técnicas permite a confrontação e a convergência das informações oriundas de diferentes fontes, do ambiente externo e interno, produzindo os conhecimentos e a inteligência necessários para os processos de tomada de decisão da organização. Notadamente para os processos de decisão associados à gestão e à estratégia de inovação. A Figura 3.10 apresenta a aplicação da técnica Swot para disponibilizar inteligência para o processo de inovação a partir de informações produzidas pela inteligência competitiva (IC) e pela gestão do conhecimento (GC).

3.3.2.4 Etapa de disseminação e utilização da informação estratégica

O ciclo do processo da inteligência competitiva encerra-se com a disseminação e a utilização da informação estratégica para a tomada de

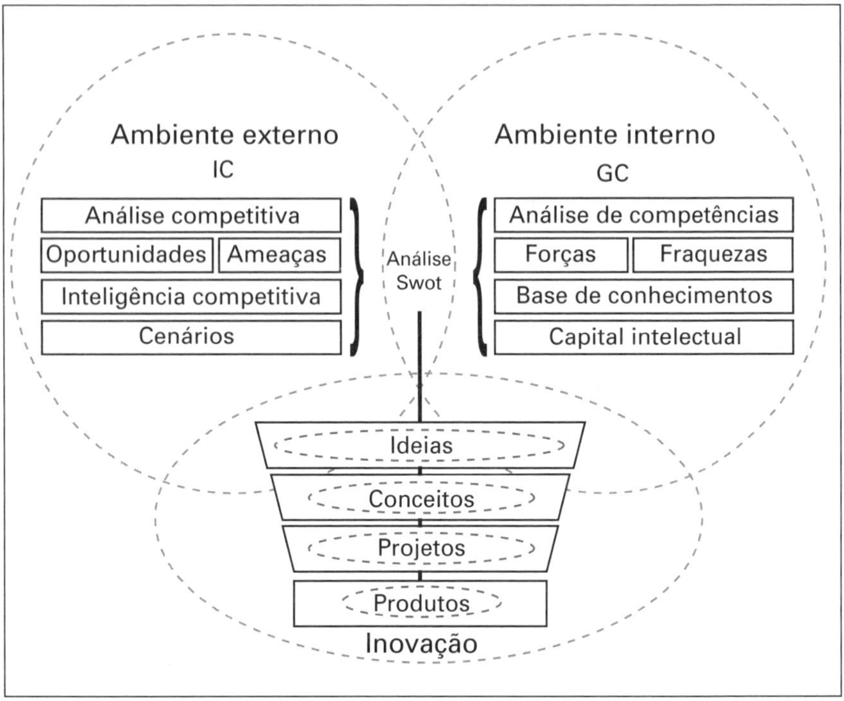

Figura 3.9 Inteligência competitiva e gestão do conhecimento e a estratégia de inovação.

decisão. Tal informação passou pelas etapas de coleta, processamento, armazenamento, análise, validação e representa uma síntese dessas etapas. O seu uso pelos tomadores de decisão é de extrema importância, porque só assim é possível avaliar o seu real valor, especialmente porque esse valor representa um conhecimento que, por sua vez, ao ser usado de forma correta, vai gerar sucesso e com certeza acrescentará vantagem competitiva e posicionamento de mercado não só em termos de expansão, como, principalmente, na penetração em novos nichos.

O objetivo maior da inteligência competitiva é fazer chegar a informação analisada, validada e de alto custo à pessoa certa, em tempo hábil e no formato adequado para a tomada de decisão. A apresentação da informação exige cuidados. Para a alta administração, o tipo de relatório deve ser o mais resumido possível, mostrando os prováveis impactos na avaliação do posicionamento da empresa com foco em suas estratégias competitivas. Em nível gerencial, a análise é mais minuciosa, porque é necessário maior detalhamento técnico e informações sobre os concorrentes.

A Figura 3.10 ilustra as etapas do ciclo que compõem o processo de inteligência competitiva, destacando o papel exercido pelas redes de colaboradores e especialistas em cada uma dessas fases.

3.3.3 As Ferramentas de Inteligência Competitiva

A diversidade de fontes de informação associada ao seu grande volume e variedade de formatos exige que o processo de inteligência competitiva seja suportado por um conjunto de ferramentas da área da tecnologia da informação (TI). Uma das mais importantes, denominada *business intelligence* (BI), que pode ser traduzida como inteligência de negócios, permi-

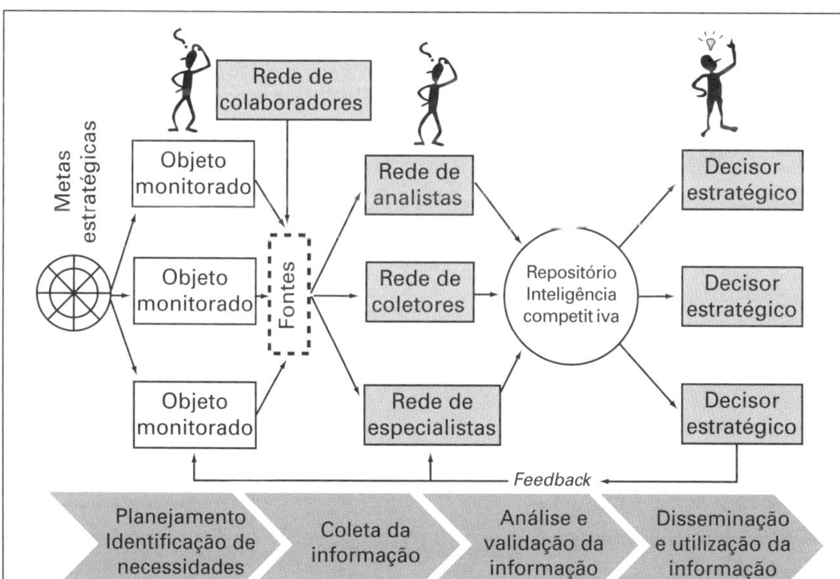

FIGURA 3.10 O processo da inteligência competitiva.

te o processamento da coleta, a organização, a análise, o compartilhamento e o monitoramento das informações da inteligência competitiva.

A inteligência de negócios é um conceito que surgiu na década de 1980 e descreve as habilidades das corporações para acessar dados e explorar as informações, analisando-as e desenvolvendo percepções e entendimentos a seu respeito, o que as permite incrementar e tornar mais rica em informações a tomada de decisão.

Softwares de inteligência de negócios (ou BI) são utilizados para coletar, armazenar, analisar e disseminar as informações. Os sistemas de BI estruturam as informações e os conhecimentos em formatos e conteúdos adequados ao processo de tomada de decisão. Sistemas especialistas que utilizam recursos de inteligência artificial e de redes neurais agregam capacidade de aprendizado e de geração cumulativa de novos conhecimentos ao processo de decisão. Com isso, ocorre uma melhora progressiva na qualidade e na performance do processo de tomada de decisão com redução gradativa dos riscos de erros por falta de informação.

Os especialistas que trabalham com o BI têm que utilizar, em cada caso, ferramentas específicas, uma vez que os sistemas de inteligência envolvem coleta e análise de largas quantidades de dados desestruturados. Existem inúmeros *softwares* para gerenciamentos dessas informações, em diversas categorias. Uma pesquisa nas ferramentas de busca da internet pode trazer diversas informações sobre cada um desses programas. Quando é implementado um programa de BI, deve-se responder a inumeras questões, tais como:

- Questões de alinhamento de metas: é o primeiro passo para determinar propostas de curto e médio prazos do programa.
- Questões de base: coleta de informações de competência atual e suas necessidades.
- Custos e riscos: as consequências financeiras da nova iniciativa de BI devem ser estimadas.
- Cliente e *stakeholders*: determinam quem serão os beneficiados da iniciativa e quem pagará por ela.
- Métricas relacionadas: requerimentos de informações que devem ser operacionalizados com clareza e definidos por parâmetros métricos.

- Mensuração metodológica: deve ser estabelecido um método ou procedimento para determinar a melhor ou a mais aceitável maneira de medir os requerimentos métricos.
- Resultados relacionados: alguém deve ser o monitor do programa de BI para assegurar que os objetivos estão ocorrendo. Ajustes no programa podem ser necessários. O programa deve ser testado pela eficácia, rentabilidade e validade.

Dentre as ferramentas de TI associadas aos sistemas de BI destacam-se as da mineração e armazenagem de dados – em inglês, *data mining* e *data warehouse* –, um conjunto de técnicas que envolve métodos matemáticos, algoritmos e heurística para descobrir padrões e regularidades em grandes grupos de dados. Essas ferramentas disponibilizam informações de apoio a decisões da empresa organizadas em um banco de dados especializado que integra e gerencia o fluxo de informações a partir dos dados corporativos e fontes de dados externos à empresa. Ressalta-se que não existe nenhum modelo pronto a ser utilizado, pois requer um levantamento das necessidades da empresa e das pessoas que nela atuam, para a definição e construção da base de dados corporativa.

Essas técnicas permitem explorar grandes quantidades de dados à procura de padrões consistentes, como regras de associação ou sequências temporais, para detectar relacionamentos sistemáticos entre variáveis, localizando, assim, novos subconjuntos de dados. A mineração de dados é formada por um conjunto de ferramentas que, por meio do uso de algoritmos de aprendizagem ou classificação baseados em redes neurais e estatística, são capazes de explorar um enorme grupo de dados, extraindo ou ajudando a evidenciar padrões e auxiliando na descoberta de conhecimento. Este, por sua vez, pode ser apresentado pelas ferramentas de diversas formas: agrupamentos, hipóteses, regras, árvores de decisão, gráficos ou diagramas.

O ser humano sempre aprendeu observando padrões, formulando hipóteses e testando-as para descobrir regras. A novidade da era do computador é o enorme volume de dados que não pode mais ser examinado manualmente à procura de padrões em um prazo de tempo razoável. A solução é instrumentalizar o próprio computador para detectar relações que sejam novas e úteis. A mineração de dados surge para essa finalidade e pode ser aplicada tanto para a pesquisa científica como para impulsionar a competitividade da empresa inovadora. Diariamente, as organizações acumulam grande volume de dados em seus aplicativos operacionais. São dados brutos que dizem quem comprou o que, onde, quando e em que quantidade. É a informação vital para o dia a dia da empresa. Estatísticas feitas ao final do dia para repor estoques e detectar tendências de compra são práticas de BI. A análise dos dados como estatística de modo mais refinado, à procura de padrões de vinculações entre as variáveis registradas, são práticas de mineração de dados. A mineração de dados permite conhecer melhor os clientes, seus padrões de consumo e motivações em organizações com grandes volumes de transações. Por meio dessa prática, esses dados agora podem agregar valor às decisões da empresa, sugerir tendências, desvendar particularidades dela e de seu meio ambiente e permitir ações suportadas por informações consistentes aos seus gestores.

Pode-se, então, diferenciar o BI da mineração de dados como dois níveis distintos e complementares de atuação. O primeiro visa obter, a partir dos dados operativos brutos, informação útil para subsidiar a tomada de decisão nos escalões médios e altos da empresa. O segundo busca subsidiar a empresa com conhecimento novo e útil acerca do seu meio ambiente. O primeiro funciona no plano tático; o segundo, no estratégico. Ambos são certamente instrumentos valiosos do processo de inteligência competitiva.

3.4 Os resultados esperados do processo de inteligência competitiva

A implementação do processo de inteligência competitiva nas empresas favorece a obtenção de informações do ambiente competitivo. Com o monitoramento da concorrência, por exemplo, é possível antecipar alguns movimentos e estabelecer medidas preventivas que minimizem ou eliminem os impactos decorrentes. Outra grande razão para se implantar um processo de inteligência competitiva é a sua contribuição para a tomada de decisão. Com a inteligência competitiva fornecendo informações relevantes sobre os concorrentes, no momento certo e na forma adequada, os executivos se sentem mais seguros na hora de tomar uma decisão importante. Os resultados do processo da inteligência competitiva podem ser visualizados no Quadro 3.3.

QUADRO 3.3 Resultados do processo da inteligência competitiva

MONITORAMENTO	TOMADA DE DECISÃO	PLANEJAMENTO
• Acompanhar e antecipar os movimentos de mercado e dos concorrentes • Propiciar *benchmark* com os concorrentes • Acompanhar os diferentes macroambientes que impactam a organização • Organizar a busca, coleta, análise e disseminação de informações	• Oferecer *outputs* assertivos • Balizar a tomada de decisão • Prover informações privilegiadas aos tomadores de decisão de forma tempestiva • Democratizar as informações • Alinhar o processo de inovação à estratégia de negócio • Oferecer suporte às áreas de negócio	• Conhecer as tendências do mercado • Prover informações para o planejamento estratégico da empresa • Confrontar o planejado com a realidade do mercado • Contribuir para a construção de cenários

Fonte: Ramos e Moreti (2008).

Estando a inteligência competitiva implementada na empresa, é possível coletar e reter informações que contribuam tanto para a elaboração do planejamento estratégico da empresa quanto para o seu acompanhamento. Como exemplo, a inteligência competitiva fornece os insumos necessários e relevantes para a construção de cenários, que é uma das ferramentas que auxiliam na formulação das estratégias empresariais.

Uma pesquisa realizada por Bernard Jaworski e Liang Chee Wee, patrocinada pela Society of Competitive Intelligence Professionals (SCIP – http://www.scip.org), revelou que as empresas que utilizam IC têm, em comparação com aquelas que não fazem uso, uma qualidade de produto superior, um conhecimento melhor de mercado e um planejamento estratégico com maior índice de confiança. De acordo com a pesquisa, constatatou-se que as empresa que se utilizam da IC em níveis elevados demonstram, em comparação às empresas que fazem pouco uso da IC:

- 37% de níveis mais elevados de qualidade de produto.
- 36% de níveis mais elevados de qualidade em planejamento estratégico.

- 50% de níveis mais elevados de conhecimento de mercado.

A necessidade de atuar com conhecimentos antecipados e proteger a própria informação no mercado competitivo tem levado várias empresas de primeira linha a implementar em suas organizações a função de especialista em inteligência competitiva. Tal foi o caso da Microsoft, British Royal Mail, IBM, Umisys, 3M, British Telecom, Saudi International Bank, entre outras. Além disso, foi constatado que dentre as 500 empresas listadas na *Forbes*, 55% tinham criado o setor de inteligência competitiva e utilizavam-no na formulação de suas estratégias comerciais, sendo que cada empresa era líder no seu setor.

3.5 Estudo de Caso: Retrato do Panorama da Inteligência Competitiva no Brasil

Munhoz (2008), por meio de um estudo de caso com múltiplas unidades de análise, procurou identificar quais os principais resultados vislumbrados para a utilização da IC, assim como o tipo de inserção desta atividade junto a algumas das maiores empresas brasileiras. O objetivo do trabalho foi ajudar a mensurar e compreender o panorama brasileiro no que se refere ao uso da IC, partindo-se da premissa de que esta ferramenta ainda não está plenamente difundida nas operações e na formulação de estratégias empresariais no Brasil. Foram pesquisadas quinze das maiores empresas brasileiras listadas pela publicação Exame (2005), em diversos setores de atividade (indústria, telecomunicações, comércio etc.), por meio de questionários fechados e padronizados (Quadro 3.4 e Figura 3.11). Uma das empresas pesquisadas solicitou sigilo da sua identidade. A seguir, são reproduzidos os principais resultados da pesquisa.

A principal motivação para se criar uma área de inteligência competitiva são os concorrentes (42,86%), seguido pelos objetivos estratégicos da empresa (33,33%) e pela necessidade de inovação tecnológica (9,52%) (Figura 3.12).

A pesquisa investigou os principais objetivos almejados com a IC. Destacaram-se os objetivos de formulação de estratégias competitivas, de

QUADRO 3.4 Empresas pesquisadas

EMPRESA	CONTROLE ACIONÁRIO	VENDAS (2004, em US$ milhões)
Shell Brasil Ltda.	Anglo-holandês	5.118,30
Nestlé Brasil Ltda.	Suíço	3.277,60
HP – Hewlet-Packard Brasil Ltda.	Norte-americano	1.092,50
Suzano Bahia Sul Papel e Celulose S/A	Brasileiro	839,00
A. Angeloni & Cia Ltda. – Comércio Varejista	Brasileiro	396,60
Northern Networks Telecomunicações do Brasil Ind. e Com. Ltda.	Canadense	339,10
Intel Semicondutores do Brasil Ltda.	Norte-americano	275,00
Medial Saúde S/A	Brasileiro	265,10
FG – Ferramentas Gerais Comércio e Importação S/A	Brasileiro	252,60
GlaxoSmithKline Brasil Ltda.	Inglês	233,60
Ipiranga Comercial Química S/A	Brasileiro	230,40
Eurofarma Laboratórios Ltda.	Brasileiro	223,50
Batávia S/A Indústria de Alimentos	Brasileiro	222,50
NEC do Brasil S/A	Japonês	128,50
TOTAL		**12.894,30**

Fonte: Exame (2005).

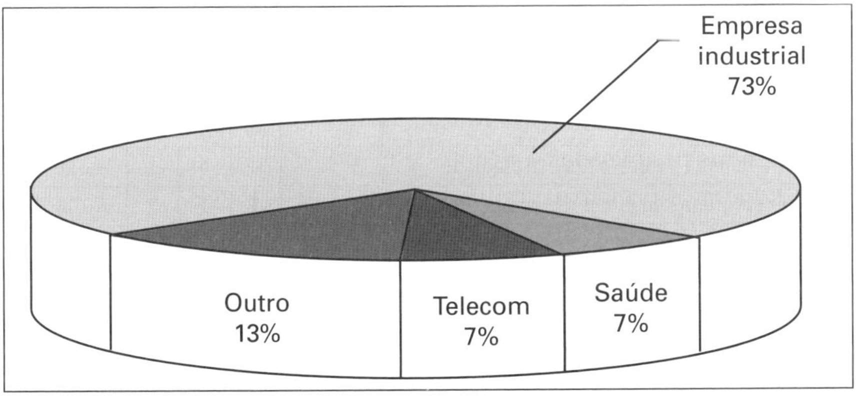

FIGURA 3.11 Setores de atuação das empresas pesquisadas.
Fonte: Munhoz (2008).

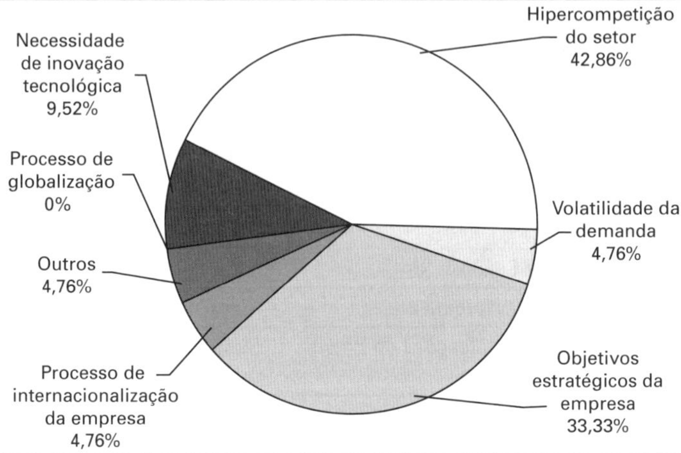

Figura 3.12 Razões para criar uma área de IC.
Fonte: Munhoz (2008).

Quadro 3.5 Objetivos com a IC

OBJETIVOS	**Índice de Importância** *1 = pouco importante* *5 = muito importante*					**Pontuação geral**
	1	**2**	**3**	**4**	**5**	
Ajudar na formulação de estratégias competitivas da organização	1	5	2	1	2	33
Auxiliar a tomada de decisões táticas	1	–	3	2	3	33
Analisar as informações do ambiente competitivo	3	1	3	4	–	30
Auxiliar a tomada de decisões estratégicas	5	1	–	4	1	28
Prevenir surpresas do ambiente competitivo	1	–	1	1	2	18
Analisar as informações dos cenários político, econômico, tecnológico, social	–	3	2	–	1	17
Corrigir situações de perda de competitividade	–	1	1	–	2	15
Fazer vigilância tecnológica	1	–	–	–	1	6

Fonte: Munhoz (2008).

auxílio na tomada de decisões táticas, análise das informações do ambiente competitivo e na tomada de decisões estratégicas (Quadro 3.5)

Quanto às fontes de coleta de dados, destacaram-se a internet, os jornais e as revistas, a área de vendas e os clientes da empresa (Figura 3.14).

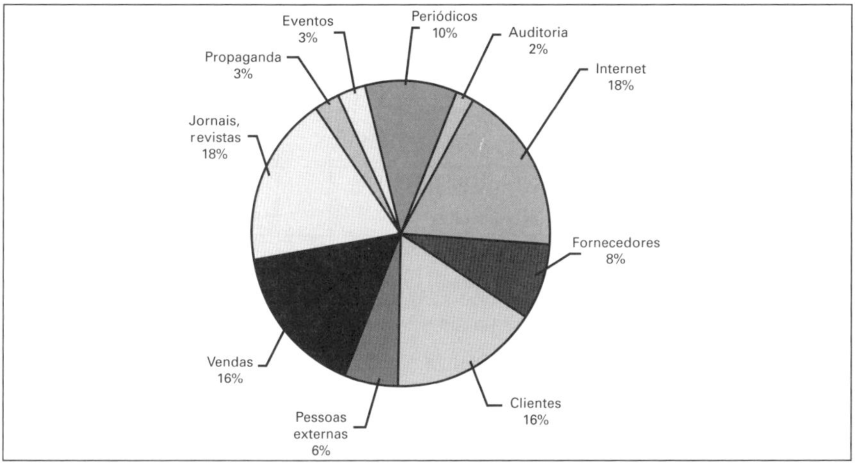

Figura 3.13 Fontes de coleta de dados.
Fonte: Munhoz (2008).

Foi pesquisada a periodicidade da coleta de dados e informações pela área de IC, e identificou-se que 50% das empresas realizam de uma a duas vezes por semana, enquanto 29% coletam dados de uma a duas vezes por dia. Sete por cento não responderam, 7% responderam coletar os dados ocasionalmente (uma a duas vezes por mês), mesmo percentual que respondeu esporadicamente (uma a duas vezes por ano). Quanto às atividades realizadas pela área de IC, elas se distribuem entre a pesquisa e distribuição de informação (19%) (Quadro 3.6).

Outro aspecto do levantamento empírico foi identificar os tipos de informações mais utilizados pela IC, e sua frequência. Destacam-se as informações setoriais de mercado (Quadro 3.7).

Identificou-se que os principais clientes internos em termos de frequência de distribuição das informações, ou seja, para quem o trabalho de

Quadro 3.6 Atividades realizadas pela área de IC

ATIVIDADES	Índice de Importância *1 = pouco importante* *5 = muito importante*					Pontuação geral
	1	2	3	4	5	
Distribuição da informação	–	1	1	1	2	19
Pesquisa de informações	1	1	1	2	1	19
Análise da informação	1	2	3	–	–	14
Definição de necessidades e planejamento de projetos	1	1	–	1	1	12
Execução de processo sistemático de vigilância do entorno, competidores, mercado, setor	3	–	–	2	–	11
Estudo e melhora dos serviços (funções dos departamentos da organização)	–	–	1	–	1	8
Classificação e catalogação da informação	1	1	1	–	–	6
Proteção da informação e contrainteligência	–	1	–	–	–	2

Fonte: Baseado em Munhoz (2008).

Quadro 3.7 Tipos de informações mais utilizados e frequência

TIPOS DE INFORMAÇÃO	FREQUÊNCIA				
	1	2	3	4	5
Estatísticas	7%	29%	14%	14%	36%
Situação do entorno	0%	17%	42%	25%	17%
Informações legais	15%	31%	31%	8%	15%
Informações setoriais de mercado	0%	0%	21%	7%	71%
Informações de competidores	0%	0%	14%	29%	57%
Benchmarking	0%	8%	54%	23%	15%
Informações financeiras	0%	31%	46%	15%	8%
Informações sobre produtos	0%	8%	31%	38%	23%
Informações científicas	17%	50%	17%	8%	8%
Informações sobre consumidores ou clientes	0%	23%	38%	15%	23%
Informações tecnológicas	0%	25%	25%	33%	17%
Economia do país	0%	31%	38%	15%	15%
Informações sobre importação e exportação	15%	46%	23%	0%	15%

1 = muito raramente; 2 = raramente; 3 = com frequência; 4 = bastante; 5 = muito frequentemente.

Fonte: Baseado em Munhoz (2008).

inteligência competitiva é voltado, são da área de planejamento estratégico (64%), seguido pelos profissionais de marketing (50%), de desenvolvimento de produtos (38%) e gerência de produtos (38%). Quanto às formas de distribuição das informações, 50% recorrem ao correio eletrônico, 38% utilizam a intranet e apenas 6%, ou seja, uma única empresa, faz uso de um aplicativo específico de IC (Quadro 3.8).

Quadro 3.8 Frequência de distribuição das informações entre as áreas organizacionais

ÁREAS FUNCIONAIS	FREQUÊNCIA				
	1	2	3	4	5
Conselho de administração	0%	31%	23%	15%	31%
Planejamento estratégico	0%	0%	14%	21%	64%
Diretor financeiro	8%	31%	23%	31%	8%
Diretor de marketing	0%	0%	29%	21%	50%
Gerência de produto	0%	0%	23%	38%	38%
Gerência de vendas	0%	7%	14%	43%	36%
Gerência de produção	25%	17%	42%	0%	17%
Pesquisa e desenvolvimento	10%	10%	50%	0%	30%
Desenvolvimento de produto	0%	0%	38%	23%	38%

1 = muito raramente; 2 = raramente; 3 = com frequência; 4 = bastante; 5 = muito frequentemente.

Fonte: Baseado em Munhoz (2008).

Quanto ao tipo de análise mais comumente utilizado nas áreas de IC, constatou-se que utilizam estudo de cenários e previsões (24%), estudo do entorno competitivo (24%), estudo das capacidades e dos recursos (24%) e análise *SWOT* (20%). Finalmente, constatou-se que quase metade das empresas pesquisadas nunca faz avaliação (40%) nem auditoria (47%) dos resultados das atividades de IC (Quadro 3.9).

Quadro 3.9 Avaliação e auditoria dos resultados de IC

	Nunca	Raramente	Com frequência	Bastante	Muito
Os resultados da IC são avaliados	40%	7%	13%	27%	13%
Faz-se auditoria nas atividades de IC	47%	20%	27%	7%	0%

Fonte: Baseado em Munhoz (2008).

Os resultados da pesquisa apontam que, a despeito da alegada hipercompetição nos diversos setores, as empresas brasileiras ainda estão num estágio inicial da utilização de IC, e que ainda têm um longo caminho a percorrer para se beneficiarem plenamente das vantagens oferecidas por ela.

Resumo

O processo de inteligência competitiva é um poderoso instrumento de monitoração contínua das mudanças e tendências do ambiente externo que permite às organizações agregar informação, conhecimento e inteligência ao processo de inovação e, com isso, conquistar e sustentar vantagens competitivas.

Também produz informações do ambiente externo que alimentam as bases de conhecimentos e de inteligência da organização. Dessa forma, é complementar e sinérgico com o processo de gestão do conhecimento da organização.

Além de pressupor a existência de um ambiente colaborativo e de compartilhamento de informações formado por redes de colaboradores, de analistas e de especialistas que atualizem continuamente a sua base de informação e conhecimento.

Existem ferramentas especializadas da área da TI, como as de *business intelligence*, *data warehouse* e *data mining*, que permitem tratar, armazenar e disseminar as informações produzidas pelo processo de IC. Essas ferramentas agregam ao processo recursos tecnológicos das áreas da inteligência artificial e das redes neurais.

Resumindo, podemos elencar os seguintes benefícios propiciados pela IC:

- Antecipação das mudanças do mercado;
- Antecipação das ações da concorrência;
- Identificação de novos e potenciais concorrentes e substitutos;
- Aprendizado com base na experiência e nos erros de outras empresas;
- Identificação de inovações tecnológicas de produto e de processo que impactam os negócios;
- Identificação de oportunidades de desenvolvimento de novos negócios;

- Visão crítica sobre as práticas de negócio da própria organização.

Questões para Discussão

1. Existe clareza sobre o conceito e a importância da inteligência competitiva?
2. Existe nível de maturidade para implantação da inteligência competitiva?
3. Quais seriam os objetivos organizacionais com a inteligência competitiva?

Referências

EXAME. *Maiores e Melhores*. São Paulo: abril, jun. 2005.

GOMES DE CARVALHO, H. *Gestão do conhecimento e inteligência competitiva: sistemas complementares*. Disponível em: http://www.abraic.org.br. Acesso em: 31/10/2000.

JAKOBIAK, F. *Que sais-je? Information scientifique et technique*. Paris: Presses Universitaire de France, 1995.

_______. *L'intelligence économique en pratique*. Paris: Édition d'Organisation, 1998.

JAWORSKI, B.; LIANG, C.W. *Competitive intelligence: creating value for the organization – final report on SCIP sponsored research*. Viena: Society of Competitive Intelligence Professionals, 1993.

KAHANER, L. *Competitive intelligence*. Nova York: Simon & Schuster, 1996.

MUNHOZ, C.E. Inteligência competitiva: estudo de casos múltiplos retratando o panorama brasileiro. *REGE. Revista de Gestão USP*, São Paulo, v.15, p.37, 2008.

NONAKA, I.; TAKEUCHI, H. *Criação do conhecimento na empresa. Como as empresas japonesas geram a dinâmica da inovação*. Rio de Janeiro: Campus, 1997.

PORTER, M.E. *Estratégia competitiva: técnicas para análise de indústrias e da concorrência*. Trad. Elizabeth Maria de Pinto Braga. 7.ed. Rio de Janeiro: Campus, 1991.

RAMOS, D.; MORETI C. E. Inteligência competitiva: aspectos críticos na empresa brasileira. *Revista Integração*, São Paulo, v.1, 2008.

ROCKART, J.F.C. Chiefs executives define their own data needs. *Harvard Business Review*, Boston, mar-apr. 1979.

STOLLENWERK, M.F.L. *Gestão estratégica e inteligência tecnológica: concepção e desenvolvimento de um sistema de inteligência tecnológica em uma empresa de petróleo*. Rio de Janeiro/Marseille: CRRM/Petrobrás, 1997.

Parte III

Análise competitiva e formulação da estratégia de inovação

Capítulo 4

Estratégias e Modelos de Negócio de Inovação: Conteúdo

Sérgio Takahashi

4.1 Introdução

Este capítulo consiste na apresentação de conteúdos e tipologias de estratégia para formulação de posicionamento e de competências e capacidades dinâmicas.

Abordagens de modelos de negócio voltados para inovação também são discutidos.

4.2 Oportunidades/Posicionamento: Estratégias Sustentadoras e Disruptivas

Quais são as diferenças de posicionamento estratégico no setor de chocolates entre a empresa Kopenhagen e a Cacau Show? E no setor aeronáutico, entre a Boeing e a Embraer? E no setor automobilístico, entre a Chrysler e a Hyundai? No setor da chamada linha branca, entre a Whirlpool e a Samsung? E no setor de serviços de transporte aéreo, entre a TAM e a Gol?

Talvez a resposta imediata venha por meio da consagrada abordagem de Michael Porter, ou seja, da análise setorial e do posicionamento por custo ou diferenciação.

Entretanto, neste capítulo, apresentaremos abordagens estratégicas voltadas à inovação. Primeiro, a teoria da disrupção, a qual trata de uma reinterpretação e complementação à abordagem de Porter, de certa forma atualizando-a no paradigma da inovação. Já a abordagem da inovação de valor trata, essencialmente, de uma evolução no pensamento estratégico, buscando-se a síntese e a complementaridade entre os desempenhos.

No paradigma da inovação, o número de variáveis de desempenho envolvidas é muito maior, o antagonismo entre elas também, caracterizando um quadro de altíssima complexidade, como foi visto no capítulo 1: custo/qualidade, qualidade/variedade, rapidez/qualidade, custo/variedade etc. Nesse contexto, é importante buscar abordagens que propiciem sinergia, como Collins e Porras (1995) conceituaram: a necessidade da busca da síntese e complementaridade do "e" ao invés da tirania do "ou". Assim, por exemplo, custo e diferenciação não são necessariamente excludentes, mas podem ser complementares.

A própria estratégia deve ser uma inovação, ou seja, deve buscar-se a criação com base na complementaridade, equacionando elementos antagônicos em um equilíbrio que possibilite maximizar uma diferenciação.

Outra justificativa para se discutir abordagens pós-Porter é que o trabalho de Porter, como a maioria das abordagens advindas da organização industrial, subestima o poder da mudança tecnológica de transformar estruturas industriais, ou seja, subestima a importância das trajetórias tecnológicas e das competências tecnológicas e organizacionais específicas das empresas (Tidd et al., 2001). A seguir, serão apresentadas as abordagens de Christensen (1997) com base nas estratégias sustentadoras e disruptivas e a abordagem de Kim e Mauborgne (2005) sobre inovação estratégica com base no valor.

4.2.1 Abordagem da Disrupção

É possível reinterpretar as tipologias de estratégia em duas categorias:

Estratégias sustentadoras: têm como foco os clientes sofisticados e exigentes, por meio de um desempenho superior ao até então disponível. Possuem como base a excelência tecnológica, entretanto, algumas inovações sustentadoras são as melhorias incrementais anuais que todas as boas empresas introduzem em seus produtos e outras são avanços desbravadores com base em inovações radicais, destinados a ultrapassar os produtos da concorrência.

Estratégias disruptivas: as estratégias de inovações disruptivas são alternativas em inovação, nas quais se desenvolvem soluções mais simples, convenientes e econômicas, porém revolucionárias. Com isso, busca-se atrair, sobretudo, os clientes novos ou os menos exigentes. O objetivo não é a excelência tecnológica, mas a combinação de tecnologias já existentes, rompendo e redefinindo modelos vigentes. Trata-se de uma estratégia para promover o crescimento acelerado e vencer os líderes do setor que, possuindo estratégias sustentadoras, são surpreendidos pelos disruptivos (Christensen e Raynor, 2003). A Figura 4.1 ilustra essa questão.

As linhas tracejadas representam o desempenho e a faixa de desempenho utilizável pelos clientes no tempo, ou seja, a faixa de desempenho em que os clientes compram os produtos. Já as linhas cheias representam a evolução dos produtos ofertados pelas empresas no tempo (Christensen e Raynor, 2003).

Assim, os sustentadores, buscando atender uma parte mais exigente do mercado, podem ultrapassar a faixa utilizável pelos clientes, exage-

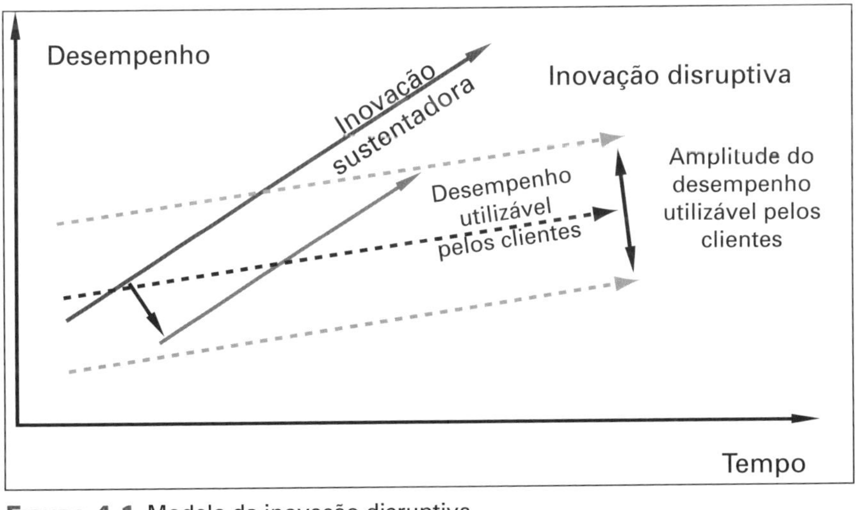

FIGURA 4.1 Modelo de inovação disruptiva.
Fonte: Christensen (1997).

rando no uso de tecnologias de ponta e que não agregam valor (Kim e Mauborgne, 2005). É como supor que pouquíssimas pessoas utilizam todos os comandos de um controle remoto de televisão, apesar de todos estarem pagando por isso. As sofisticadas copiadoras da Xerox® possuem funções de programação, aviso por voz etc. Certamente, nem todos os comandos são utilizados pela maioria dos operadores. Dessa forma, apresenta-se um contexto favorável ao surgimento de soluções mais simples, econômicas e revolucionárias, as disrupções. Exemplos: jatos regionais da Embraer, fotocopiadoras da Canon, impressoras a jato de tinta, Gol e Southwest Airlines, subcompactos da Toyota, Dell Computer, Amazon, computadores portáteis de Taiwan, eletrodomésticos da Samsung, chocolates da Cacau Show, automóveis da Hyundai.

4.2.2 Considerações a Respeito do Imperativo do Crescimento

O imperativo do crescimento impõe um repensar nas estratégias empresariais. Os mercados financeiros exercem pressões implacáveis para que as empresas promovam e mantenham o crescimento de suas empresas em um ritmo cada vez mais acelerado.

Christensen e Raynor (2003) citam: "Cerca de uma em cada dez empresas é capaz de sustentar o tipo de crescimento que se traduz em aumento de retorno acima da média do mercado durante mais do que uns poucos anos".

A questão é que, ao contrário do que muitas empresas pensam, não é por meio de estratégias sustentadoras, que buscam excelência tecnológica e atendem a camada superior do mercado que, necessariamente, se consegue o crescimento almejado. Em uma perspectiva do ciclo de negócios, quando as empresas sustentadoras permanecem com esta estratégia na fase de maturidade, o resultado é a não ocorrência do crescimento necessário com a rapidez desejada (Christensen e Raynor, 2003). Na fase de expansão, as empresas também enfrentam alguns problemas com relação à velocidade de crescimento, a qual nem sempre é suficiente do ponto de vista dos investidores.

No mercado financeiro, para gerar retornos acima da média deve-se crescer mais rápido que a expectativa dos acionistas. O incremento no valor das ações é consequência da velocidade de crescimento e das variações inesperadas na taxa de crescimento da geração de lucro e de caixa de negócio (Christensen e Raynor, 2003).

4.2.3 Características das Disrupções e o Dilema do Inovador

As inovações disruptivas criam negócios de crescimento acelerado, baseados em uma "organização enxuta", com estrutura de custos enxuta, menor risco técnico (adoção de tecnologias dominadas), menores investimentos relativos, menor tempo de retorno de investimento (negócios de crescimento acelerado), e adequados para PMEs. Não há confronto com grandes empresas e ainda existe a possibilidade de evoluir para inovações radicais/sustentadoras no futuro, com uma estrutura mais enxuta em relação aos concorrentes tradicionais.

Entretanto, um dilema está sempre presente na mente do inovador: as inovações sustentadoras são tão importantes e atrativas em comparação às disruptivas que as melhores empresas sustentadoras frequentemente ignoram as ameaças e oportunidades disruptivas (Christensen e Raynor, 2003). E, assim, caracteriza-se o dilema: continuar com a sustentação ou mudar para disrupção?

4.2.4 Segmentação e Oportunidades de Inovações

Para cada tipo de estratégia de inovação, pode-se caracterizar a segmentação de mercado adequada e as oportunidades relacionadas. Ou seja, existem três tipos de consumidores que se pode relacionar à inovação (Christensen e Raynor, 2003):

- Consumidores *undershot*

  Referem-se a consumidores exigentes que estão na camada mais alta do mercado. As oportunidades são identificadas pela insatisfação desses consumidores com os produtos existentes e que estariam dispostos a pagar mais por novas soluções.

  Essas insatisfações podem ser implementadas por inovações sustentadoras.

- Consumidores *overshot*

Aqui se localiza o contexto clássico para uma disrupção, ou seja, a oportunidade surge a partir do exagero de tecnologias, ultrapassando a expectativa dos clientes. Assim, os produtos acabam sendo bons demais.

Os consumidores *overshot* não interpretam como valor as melhorias sustentadoras que estão sendo ofertadas. Compram os produtos existentes por falta de opção.

As inovações disruptivas de baixo mercado buscam preencher essa lacuna no mercado. É alavancada pela comoditização e maturação do mercado. Dessa forma, após o mercado satisfazer-se com a funcionalidade e a confiabilidade dos produtos, as empresas passam a ofertar conveniência, customização e preço.

Esse contexto se caracteriza como uma reinterpretação do posicionamento em custo da abordagem de Porter.

- Os não consumidores

  Nesse contexto, não existem produtos para determinados consumidores que não possuem poder aquisitivo para obtê-los, ou habilidades e treinamento para utilizá-los.

  No mercado de aviação, a entrada da empresa Gol, por meio de sua estratégia disruptiva, possibilitou serviços aéreos com preços acessíveis e, assim, muitas pessoas viajaram pela primeira vez.

  Essas oportunidades estão relacionadas às inovações disruptivas de novo mercado que não possuem a funcionalidade básica e excelência dos produtos sustentadores, mas se caracterizam por serem mais convenientes, terem preços acessíveis, customizados (para determinados segmentos), podendo trazer novos benefícios (agregação de valor) e facilidade de uso. Esta estratégia será detalhada mais adiante.

  Entretanto, podemos ter casos de estratégias que atendam os não consumidores e os consumidores do baixo mercado. A Gol e a Southwest Airlines são casos de estratégia híbrida disruptiva: focaram clientes que não eram usuários de aviões e também atraíram clientes do baixo mercado da rede de valor das grandes empresas de aviação.

4.2.5 Dinâmica da Disrupção e as Assimetrias Existentes: A Lógica do Desenvolvimento do Mercado

Como se desenvolve uma disrupção?

Um ponto importante é o fato de a disrupção ser a estratégia que cria e aproveita as assimetrias de motivações (oportunidades) e de capacidades entre os concorrentes. Como as assimetrias impulsionam os entrantes disruptivos? Há três estágios para o seu desenvolvimento:

1. Os entrantes (futuros disruptivos) buscam consumidores cuja empresa sustentadora e estabelecida considera indesejável ou que desconhecem. Esta é a motivação assimétrica. O tamanho inicial desse mercado, quando desprezível para a empresa sustentadora, também é uma oportunidade de disrupção. Outro fator que causa a assimetria é que as empresas líderes estabelecidas tendem a superconcentrar seus investimentos de tecnologias e recursos em aplicações maiores e óbvias do mercado (Christensen e Raynor, 2003).
2. Quando os entrantes crescem e se estabelecem, as empresas sustentadoras líderes tendem a fugir e ignorar o baixo mercado ou não mercado, e continuam atuando na direção de uma superconcentração aos mercados exigentes. Isto é uma limitação estratégica por parte da sustentadora, ou seja, o seu ponto forte também é o seu ponto fraco. (Leonard-Barton, 1995).
3. Quando o entrante disruptivo demonstra resultados claros de seu sucesso de crescimento, as empresas líderes já não o ignoram mais e, atingindo esse estágio, a competitividade da empresa líder realmente diminui. Em termos de motivação assimétrica, a empresa líder teria que inovar o seu modelo de negócio, entretanto, a antiga entrante já o possui testado e aprovado, inclusive tendo alcançado o patamar de sucesso. Nesse contexto, a empresa entrante já pode pensar em desenvolver capacidades diferenciadoras, pois possui capital (resultado do seu sucesso) e conhecimento profundo do negócio e mercado, podendo até atuar em sustentações, mas com uma estrutura de custos mais enxuta que os concorrentes (Christensen e Raynor, 2003). Dessa forma, a situação da então empresa líder sustentadora torna-se muito complicada em termos competitivos e de crescimento.

Finalizando essa questão, existem três fatores que suportam uma motivação assimétrica:

- Tamanho absoluto de uma oportunidade;
- Desinteresse por parte das líderes em mercados específicos;
- Diversidades de modelos de negócio entre a líder e a entrante.

4.3 A Inovação de Mercado e de Valor

A inovação de valor está relacionada às inovações em novos mercados (Kim e Mauborgne, 2005).

Há cada vez mais paradoxos e antagonismos quanto maior é a complexidade vigente. No paradigma da inovação (ver Capítulo 1), isso é evidente; trata-se de um grande desafio: como lidar e prosperar no desenvolvimento e nos negócios. Assim, a inovação de valor busca equacionar estrategicamente elementos *a priori* antagônicos. Trata-se de uma prática dialética, uma forma de raciocínio originado na Grécia antiga que busca lidar com os paradoxos. É sustentada por duas características: a primeira possui ênfase na mudança e na análise dos fenômenos como um processo em movimento; a segunda, ênfase nos opostos, ou seja, a mudança ocorre por meio do conflito e da oposição. Dessa forma, as contradições nas situações ou nas pessoas, são os principais alavancadores para buscar-se soluções sintetizadoras.

A lógica básica da abordagem da inovação de valor é tratar de forma dialética (Takeuchi e Nonaka, 2008) o tradicional *trade-off* custo – diferenciação (valor), ou seja, conseguir compatibilizar redução de custo e agregação de valor ao mesmo tempo. Este equacionamento é a inovação de valor.

Certamente, esse é o sonho de todo empreendedor e estrategista. Para a obtenção dessa dialética estratégica, a inovação de valor, deve-se trabalhar na perspectiva de uma visão reconstrutivista da estratégia, baseada no pressuposto de que as fronteiras do mercado e setores podem ser reconstruídas pelos próprios atores. Refere-se a uma sensível mudança de percepção, haja vista que as abordagens convencionais presumem que as condições estruturais do setor são predeterminadas e que as empresas são forçadas a competir segundo as características estruturais, caracterizando, assim, uma visão determinística ambiental.

Nesse sentido, para o estabelecimento de estratégias de novos mercados (inovação de valor), o primeiro princípio é a reconstrução das fronteiras do mercado.

Com relação ao contexto de aplicação, essa abordagem estratégica é adequada para produtos que estão na fase de maturidade ou declínio em seus ciclos de vida.

Em um estudo de Kim e Mauborgne (2005), com 108 empresas, sobre o impacto da inovação de novos mercados em termos de lucros e receitas, do número total de lançamento apenas 14% eram inovações de valor em novos mercados, entretanto proporcionaram 38% da receita e 61% do lucro.

Quadro 4.1 Exemplo: Inovação de valor na Kimberly-Clark

A subsidiária brasileira da Kimberly-Clark, a qual produz fraldas descartáveis, revolucionou com base na inovação de valor de Kim e Maubougne.
Nesse setor, a grande inovadora sustentadora foi a Procter & Gamble (P&G), a qual criou, há quase cinco décadas, a primeira fralda descartável no mundo. Atualmente, os competidores não oferecem grandes diferenças em seus produtos, com exceção de variações nas estampas e no tamanho.
A Kimberly Clark desenvolveu um trabalho em conjunto com a equipe de W. Chan Kim por 18 meses, no qual foi constituído um instituto liderado pelos diretores da Kimberly Clark.
O passo inicial para chegar a uma inovação de mercado (oceano azul) é mapear o atual segmento (oceano vermelho), ou seja, analisar que tipo de produtos a empresa e a concorrência possuem. Para isso, a Kimberly colocou os próprios alunos do instituto, divididos em turmas de quinze, para executar o trabalho nas ruas. Por exemplo, uma das equipes pesquisou o mercado de fraldas, categoria que representa 30% das vendas da companhia no Brasil. No país, mais de 5 bilhões de fraldas descartáveis são vendidas todos os anos, usadas por quase 3 milhões de bebês, segundo a consultoria Nielsen. O grupo fez mais de mil entrevistas por telefone, visitou dezenas de famílias em suas casas e passou horas observando clientes nos supermercados. Um ponto fundamental foi conversar com quem não comprava fraldas descartáveis, quase 40% da amostra. "Queríamos descobrir como criar produtos para atender justamente essas pessoas", disse Eduardo Aron, diretor da categoria de produtos pessoais da empresa.

(continua)

Quadro 4.1 Exemplo: Inovação de valor na Kimberly-Clark *(cont.)*

Depois das entrevistas, o grupo preparou uma reunião em que as informações foram divididas por cada etapa do processo de compra e uso dos produtos. Desse modo, a turma conseguiu entender de maneira esquematizada o que mais incomodava os consumidores. No caso das fraldas, a maior dificuldade das mães era escolher um modelo entre as dezenas de marcas e tamanhos diferentes. Outro problema identificado era o fato de as tradicionais fitas adesivas não funcionarem direito quando fechadas e abertas mais de uma vez. As discussões duraram um dia inteiro. Cada um pôde apresentar uma ideia, que foi escrita num *post-it®* e colada num quadro. Das 130 propostas apresentadas, o grupo elegeu apenas seis que cumpriam o critério de inovar e reduzir custos. Uma semana mais tarde, as seis finalistas foram apresentadas aos funcionários numa espécie de versão corporativa das feiras de ciências escolares. O encontro foi realizado no auditório da sede da empresa, em São Paulo, com a presença de oitenta funcionários, da presidência ao chão de fábrica. Todos os votos tiveram o mesmo peso. "A importância do voto de um operário ou de um executivo deve valer o mesmo neste momento", disse Kim. "E as ideias têm de ser simples, de modo que qualquer um possa entendê-las rapidamente".

Assim surgiu a Fralda Mágica, cuja grande inovação é um cinto reutilizável, usado para prendê-la ao corpo do bebê, substituindo as tradicionais fitas adesivas. À primeira vista, a mudança pode parecer quase banal. A inovação, no entanto, diminui o uso de matéria-prima em 26% e derruba o preço de cada unidade para R$ 0,38 – cerca de 25% menos que os modelos mais baratos da própria Kimberly e alguns centavos abaixo do produto mais barato do mercado, da marca Sapeca®. Com um produto com preço tão competitivo, a companhia espera conquistar os 23% de mães brasileiras que ainda consomem fraldas de pano por não terem condições de comprar fraldas descartáveis – um universo de aproximadamente 700 mil novas potenciais consumidoras por ano. "Abrimos um mercado novo, sem concorrentes, que pode nos render um faturamento de R$ 120 milhões em 2010", afirma João Damato, presidente da Kimberly-Clark no Brasil.

Além da Fralda Mágica, a adoção da estratégia do oceano azul resultou em outro lançamento, o do papel higiênico Scott Compacto. A diferença em relação aos modelos convencionais é que os rolos são "amassados", mas voltam ao formato normal assim que apertados pelos clientes. A mudança atende a uma exigência dos consumidores apontada na pesquisa de campo – eles querem embalagens menos espalhafatosas para carregar nos supermercados e mais compactas para acondicionar em casa. A inovação diminuiu em 31% o uso de plástico nas embalagens e em 25% os custos com transporte. Nos próximos meses, a Kimberly pretende lançar outros dez produtos que seguiram o mesmo método de desenvolvimento. "Com o instituto, mudamos nosso foco de inovação", afirma Damato. "Daqui para frente, não queremos mais lançar apenas novos produtos, e sim criar novos mercados."

Fonte: Adaptado de Exame (2009).

Na busca da reconstrução das fronteiras do mercado, Kim e Mauborgne (2005) identificaram seis condições básicas para este intento (Quadro 4.2).

Quadro 4.2 Modelo das seis fronteiras

	Competição voraz	**Estratégia de inovação de valor**
Setor	Concentra-se nos concorrentes dentro do setor	Examina setores alternativos
Grupo estratégico	Concentra-se na posição competitiva dentro do grupo estratégico	Examina os grupos estratégicos dentro do setor
Grupo de consumidores	Concentra-se em servir melhor o grupo de compradores	Redefine o grupo de compradores do setor
Escopo de oferta de produto ou serviço	Concentra-se em maximizar o valor das ofertas de produtos e serviços dentro de fronteiras setoriais	Examina as ofertas de produtos e serviços complementares
Apelo funcional/emocional	Concentra-se em melhorar o desempenho em termos de preço, dentro do apelo funcional/emocional do setor	Repensa o apelo funcional/emocional do setor
Tempo	Concentra-se em adaptar-se à ocorrência das tendências externas	Participa do desenvolvimento das tendências externas ao longo do tempo

Fonte: Kim e Mauborgne (2005).

4.3.1 Os Três Níveis de Não Consumo

O não consumo pode ser caracterizado como uma régua contínua com várias graduações. Assim, Kim e Mauborgne (2005) classificam três níveis de não clientes:

1º nível: quase convertidos

Trata-se de um grupo que está mais perto do mercado atual. Compram um mínimo de ofertas, apenas por necessidade, mas estão insatisfeitos e a mentalidade é de não clientes. Estão ávidos para o lançamento de um novo produto conforme suas necessidades.

2º nível: os refratários

Não querem ou não podem usar as ofertas do mercado, pois consideram inaceitáveis ou inacessíveis. Suas necessidades são atendidas por outras fontes ou ignoradas.

3º nível: inexplorados

É o grupo mais afastado do mercado e não concebe a ideia de consumir produtos existentes. É provável que não tenham sido almejados ou imaginados como clientes potenciais pelas empresas.

As abordagens de conteúdo apresentadas enfatizam uma análise externa ao negócio. A seguir, são discutidas abordagens estratégicas que enfatizam as competências e capacidades internas às organizações que possibilitarão o posicionamento competitivo externo.

4.4 As Competências: Estratégias com Base em Competências e Capacidades Dinâmicas

As competências de uma empresa podem transformar ou não uma oportunidade em realidade em termos de produto e negócios. Uma excelente oportunidade pode ser identificada; entretanto, se uma empresa não dominar certas competências ou não for capaz de obtê-las e desenvolvê-las competitivamente, a oportunidade somente será uma miragem.

A análise integrada, complementar e simbiótica desses dois elementos no tempo, é que proporcionará efetivamente uma boa estratégia.

No próximo tópico, são apresentadas abordagens que elucidam o conteúdo estratégico em termos de competências e capacidades dinâmicas.

4.4.1 Abordagem de Leonard-Barton

Uma primeira abordagem é o modelo desenvolvido pela Leonard-Barton (1995), baseando-se em extensas pesquisas na atividade de desenvolvimento de produtos. Esta abordagem é composta pelas competências e atividades geradoras de conhecimento ou de aprendizagem, que são as capacidades dinâmicas. Aqui será descrita a primeira parte, o conteúdo elucida quatro elementos conceitos: as dimensões das competências, o grau de importância, o conceito de limitações estratégicas e a suscetibilidade às mudanças (Takahashi e Takahashi, 2007).

Primeiro, o conteúdo em termos de competências se resume às seguintes dimensões (Leonard-Barton, 1995): as qualificações e base cognitiva, os sistemas técnicos, físicos, de gestão, e as normas e os valores.

As qualificações e a base cognitiva são os conhecimentos científicos da empresa, bem como todas as suas técnicas específicas. Assim, as "qualificações personalizadas" são competências pelas quais as pessoas são identificadas profissionalmente e compostas por três elementos interdependentes: o tipo preferido de tarefa, o método cognitivo preferido de abordar problemas e a tecnologia preferida de executar uma tarefa (Takahashi e Takahashi, 2007).

Já os sistemas técnicos e físicos são todos os conhecimentos tácitos, de vários especialistas, que são estruturados, codificados e acumulados nas empresas na forma de *softwares*, *hardwares*, métodos, equipamentos, procedimentos e processos (Takahashi e Takahashi, 2007).

Os sistemas de gestão são as rotinas que orientam a acumulação e o uso estratégico de recursos (Takahashi e Takahashi, 2007).

As normas e os valores podem ser caracterizados de duas formas: os *Vs* maiúsculos e os *vs* minúsculos. Os *Vs* maiúsculos são os valores genéricos da organização relacionados ao modo como os empregados devem agir uns com os outros e com os clientes. Os *vs* minúsculos são valores atribuídos a certos tipos de conhecimento técnico que contribuem para as competências estratégicas, ou ao modo pelo qual os valores genéricos são operacionalizados (Takahashi e Takahashi, 2007).

Segundo, as competências possuem importâncias distintas em uma empresa, portanto, podem ser priorizadas com base nos graus de importância em relação ao negócio, a saber:

- Competências estratégicas: são as essenciais e constituem uma vantagem competitiva para uma empresa, pois são estabelecidas gradualmente ao longo do tempo e não podem ser facilmente imitadas.
- Competências suplementares: são qualificadoras e adicionam valor às "capacidades estratégicas", mas podem ser imitadas.

- Competências habilitadoras: são necessárias, mas não suficientes para distinguir competitivamente uma companhia.

O terceiro elemento proveniente dos trabalhos de Leonard-Barton (1995) refere-se a um paradoxo que envolve a gestão das competências essenciais: as "limitações estratégicas". Em uma organização, os pontos fortes também, simultaneamente, podem ser seus pontos fracos. Na realidade, ao longo do tempo, as empresas desenvolveram um conjunto de conhecimentos e competências em detrimento de outros. Esse fenômeno pode ter várias explicações. O "insulamento", que é a tendência da empresa manter o *status quo*, ignorando a pequena concorrência e o "ultrapassar o alvo", que é ultrapassar o equilíbrio – acontece quando uma empresa trabalha com a ideia simplista de que "uma coisa que é boa sempre é a melhor". Ou seja, o sucesso leva à especialização e ao exagero, à excessiva confiança (Takahashi e Takahashi, 2007).

O quarto elemento se refere à suscetibilidade de mudanças das dimensões das capacidades estratégicas. A Figura 4.2 demonstra que os valores são as capacidades com maior dificuldade de mudança (Takahashi e Takahashi, 2007).

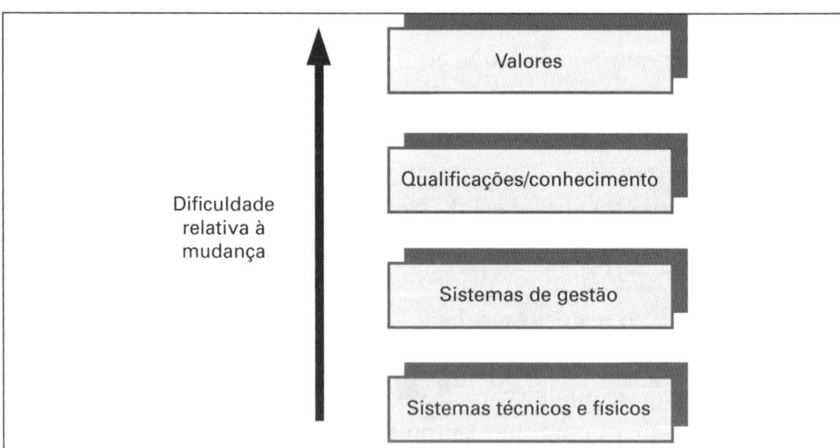

FIGURA 4.2 Suscetibilidade de mudanças das dimensões das capacidades estratégicas.

Fonte: Burton (1995) apud Takahashi e Takahashi (2007).

O paradigma da estratégia baseada em recursos engloba as abordagens voltadas às competências essenciais e às capacidades. Como consequência da abordagem das capacidades, segue-se o paradigma da "estratégia baseada em capacidades dinâmicas" (Takahashi e Takahashi, 2007).

4.4.2 Abordagem das Capacidades Dinâmicas

Nesta seção, apresentam-se características das capacidades dinâmicas e os trabalhos relacionados ao processo e conteúdo da estratégia baseada nas capacidades dinâmicas.

4.4.2.1 Características

Identificar competências não é suficiente para suportar uma significativa vantagem competitiva, pois empresas vencedoras no mercado global têm sido aquelas que demonstram ser responsivas e rápidas na inovação de produtos flexíveis, ligadas a uma capacidade gerencial para coordenar e recompor efetivamente as competências internas e externas da empresa (Teece et al., 1997). Em outras palavras, há empresas que acumulam um grande estoque de valorosos ativos tecnológicos e não possuem competências utilizáveis (Hitt et al., 2001).

A abordagem das capacidades dinâmicas surge para explicar como as combinações de competências e recursos podem ser desenvolvidas, desdobradas e protegidas, e enfatiza a utilização de competências internas e externas existentes na empresa para dirigir mudanças ambientais, conforme Teece et al. (1997). De acordo com estes autores, o termo *capacidade* enfatiza a função-chave da administração estratégica na adaptação, integração e reconfiguração interna e externa das habilidades, recursos e competências funcionais para se obter as necessidades do ambiente em mudança. O termo *dinâmico* refere-se à capacidade de renovar competências para se obter congruência com as mudanças do ambiente de negócios (Takahashi e Takahashi, 2007).

Assim, as *capacidades dinâmicas* são definidas como: "Habilidades da empresa para integrar, construir e reconfigurar competências internas e externas para endereçar rápidas mudanças ambientais" (Teece et al., 1997).

Elas podem ser vistas como uma abordagem integradora e emergente para o entendimento das novas fontes de vantagem competitiva e refletem uma habilidade organizacional para se obter formas inovadoras de vantagem competitiva (Tidd et al., 2001Takahashi e Takahashi, 2007).

No âmbito da estratégia baseada em capacidades dinâmicas, três dimensões devem ser consideradas para o seu estabelecimento: a posição, as alternativas tecnológicas, e os processos organizacionais e gerenciais.

4.4.2.2 Posição

No contexto das capacidades dinâmicas, a posição é o resultado de uma análise comparativa da empresa com os seus concorrentes em relação ao sistema nacional de inovação e tecnologias, processos e produção (Tidd et al., 2001).

4.4.2.3 Sistema nacional de inovação

Fortes indícios demonstram que, apesar das empresas competirem no mercado global, elas são fortemente influenciadas em suas escolhas estratégicas pelas condições existentes em seus países de origem. Potencialidades, limitações tecnológicas e competências dos países refletem nas decisões estratégicas das empresas e interferem nas suas iniciativas inovadoras.

Tidd et al. (2001) caracterizam três fatores principais que influenciam a taxa e a direção da inovação tecnológica no país:

- Pressões e incentivos do mercado nacional, uma forte demanda local de determinados produtos geram oportunidades de inovação para empresas locais, bem como a rivalidade competitiva existente.
- Competências em produção e pesquisa são as reais capacitadoras para a realização das inovações. Neste quesito, existem diferenças significativas entre os diversos países, e estudos comprovam que o nível das habilidades desenvolvidas é causa de importantes diferenças competitivas.

  O acesso facilitado de competências em pesquisas desenvolvidas na região também é um fator de influência. Como o conhecimento em pesquisa é eminentemente tácito e "pessoal", a linguagem e a distância são barreiras reais para a cooperação e transferência de tecnologia. Assim, as empresas geralmente preferem as universidades "locais". As várias diferenças relacionadas aos tipos de competência proporcionam estratégias diferenciadas para cada país. Por exemplo: a Inglaterra e os Estados Unidos possuem fortes competências em pesquisa básica, mas pouca habilidade em produção. Portanto, são líderes em *softwares* e fármacos. Já os japoneses possuem competências distintas em produção, logo, são competitivos em produtos eletrônicos e automóveis (Tidd et al., 2001).

- O processo de acúmulo de conhecimento originado dos seus recursos naturais locais e das indústrias tradicionais do país possibilitam o desenvolvimento de novas tecnologias que suportarão o desenvolvimento de novos produtos competitivos (Figura 4.3). O acúmulo do conhecimento possibilita uma melhor absorção de novos conhecimentos relacionados aos já existentes.
- Sistemas nacionais de governança corporativa são outro elemento que influencia a posição, ou seja, como o desempenho das empresas inovadoras é julgado e recompensado. Trata-se de uma competência gerencial que varia para cada país.

Finalizando, quatro questões devem ser respondidas em relação à posição quanto aos competidores (Tidd et al., 2001):

- Como são em termos de tamanho e composição?
- Quão eficiente são eles?
- Quanto se pode aprender com o conhecimento e experiência deles?
- Como manter vantagem inovadora sobre eles?

4.4.2.4 As alternativas: trajetórias tecnológicas

As trajetórias tecnológicas são caracterizadas pelas habilidades acumuladas e pelas oportunidades a serem exploradas, e são restrições inerentes à escolha da estratégia de inovação. No Quadro 4.3, apresentam-se cinco trajetórias tecnológicas segundo sua natureza e fontes de tecnologia, e estratégia de inovação (Tidd et al., 2001).

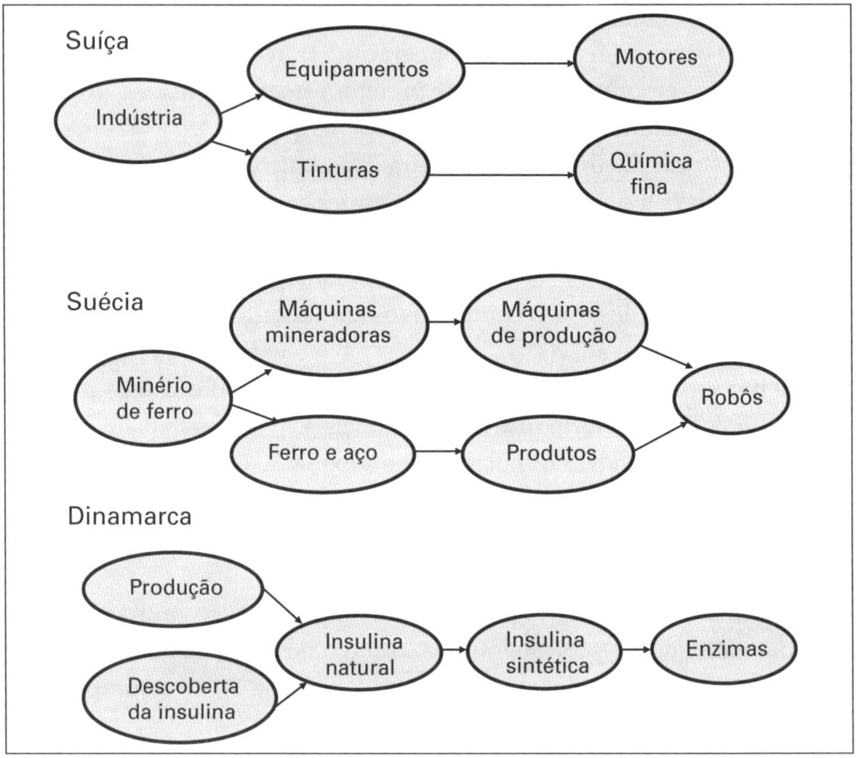

Figura 4.3 Acúmulo de conhecimento ao longo do tempo em países.
Fonte: Tidd et al. (2001).

- Empresas fornecedoras: as mudanças técnicas provêm dos fornecedores de equipamentos e de outros recursos de entrada de produção. A principal tarefa da estratégia de inovação é utilizar tecnologias existentes para reforçar vantagens competitivas (Tidd et al., 2001; Takahashi e Takahashi, 2007).
- Empresas de escala intensiva: a acumulação de conhecimento é gerada por meio do projeto, da construção, da operação de sofisticados sistemas de produção e de produtos. As principais fontes de inovação são os departamentos internos de projeto e engenharia de produção, a experiência operacional dos funcionários e dos fornecedores especializados em equipamentos e componentes. As principais tarefas da

Quadro 4.3 Trajetórias tecnológicas

	Fornecedores	**Escala intensiva**	**Baseado em ciência**	**Informação intensiva**	**Fornecedores especializados**
Produtos essenciais típicos	• Agricultura • Serviços • Manufatura tradicional	• Alto volume de materiais • Produtos duráveis • Automóveis • Engenharia civil	• Eletrônica • Química • Farmacêutica	• Financeiro • Varejo • Viagens • Propaganda	• Equipamentos • Instrumentos • *Software*
Principais fontes de tecnologia	• Fornecedores dos fornecedores • Aprendizagem da produção	• Engenharia de produção • Aprendizagem da produção • Fornecedores • Desenvolvimento de produto	• P&D • Pesquisa básica	• Sistema e *software* • Fornecedores	• Projeto • Usuários avançados
Principais tarefas da estratégia de inovação					
1. Posição	• Baseadas em vantagens não tecnológicas	• Custo e produtos e processos complexos	• Produtos técnicos	• Novos produtos e serviços	• Monitoramento e resposta às necessidades dos usuários
2. Alternativa	• Uso de TI em finanças e distribuição	• Integração incremental de novos conhecimentos	• Exploração da ciência básica	• Projeto e operação de sofisticados sistemas de informações	• Adequação entre mudanças tecnológicas e necessidades dos usuários
3. Processos	• Resposta flexível para o usuário	• Difusão das melhores práticas em projeto, produção e distribuição	• Obtenção da complementaridade dos ativos	• Adequação entre oportunidades baseadas em TI e necessidades dos usuários	• Fortes ligações com usuários líderes

Fonte: Adaptado de Tidd et al. (2001).

estratégia de inovação são as inovações incrementais nos produtos e processos, e a difusão dos melhores métodos em projeto e produção pela empresa (Tidd et al., 2001; Takahashi e Takahashi, 2007).

- Empresas com base em ciência: acumulação tecnológica é proveniente, principalmente, dos laboratórios de P&D, são extremamente dependentes de conhecimento, habilidades e técnicas originadas da pesquisa acadêmica. As principais tarefas da estratégia de inovação são a monitoração e exploração dos avanços da pesquisa básica para o desenvolvimento de produtos fundamentados na tecnologia inovadora, na aquisição de ativos complementares e na reconfiguração das operações e unidades de negócios consoantes com as mudanças tecnológicas e as oportunidades de mercado (Tidd et al., 2001; Takahashi e Takahashi, 2007).
- Empresas intensivas em informações: possuem, como principais fontes de tecnologia, os departamentos internos de *softwares* e sistemas e os fornecedores de *hardwares* e *softwares*. As principais tarefas da estratégia de inovação consistem em desenvolver e operacionalizar os sofisticados sistemas de informações, e desenvolver novos serviços radicais (Tidd et al., 2001; Takahashi e Takahashi, 2007).
- Empresas fornecedoras especializadas: são, em geral, pequenas empresas que proporcionam alto desempenho nos sistemas de produção, informação e desenvolvimento de produto, na forma de equipamentos, componentes, instrumentos e *softwares*. A acumulação tecnológica provém do projeto, construção e operação dos recursos de entrada desenvolvidos e da adequação dos avanços tecnológicos às necessidades dos usuários. As principais tarefas da estratégia de inovação consistem em detectar as necessidades dos usuários, aprender com os avanços deles e adequar as novas tecnologias às suas (Tidd et al., 2001; Takahashi e Takahashi, 2007).

Dessa forma, o conhecimento dessas trajetórias tecnológicas pode incrementar a análise das estratégias de inovação das empresas, auxiliando a responder as seguintes questões:

- Qual é a origem das tecnologias da empresa?
- Como contribuem para a vantagem competitiva?
- Quais são as maiores tarefas da estratégia de inovação?

- Onde estão as oportunidades e ameaças, e como elas podem acontecer? (Takahashi e Takahashi, 2007)

4.4.2.5 Os processos

Os processos gerenciais e organizacionais promovem a integração e a aprendizagem.

Os ambientes complexos e de grande mudanças impõe uma alta especialização às áreas tecnológicas da empesa, assim, a promoção da integração tem sido um grande desafio na área de gestão de inovação e a aprendizagem contínua é uma atividade essencial para a sobrevivência e sucesso das empresas que operam nesses ambientes.

Três aspectos da integração e aprendizagem são apresentados com base no trabalho de Tidd et al. (2001).

a) A localização de P&D

O trabalho de Roussel et al. (1991) caracteriza as estruturas organizacionais para a administração intencional de P&D, denominada *gerações de administração de pesquisa e desenvolvimento* (P&D), refletindo o grau de evolução da atividade de P&D na empresa pelo nível de integração entre as decisões estratégicas de negócios e as decisões relacionadas à pesquisa e desenvolvimento de uma empresa.

A primeira geração de P&D é caracterizada pela falta de estrutura estratégica para a sua administração. Existe uma grande distância entre a área de P&D e a alta administração. É inexistente o estabelecimento de metas para projetos radicais. Nos projetos incrementais, os gerentes funcionais decidem o que, quando, por que e quanto gastar. O negócio decide os objetivos da atual tecnologia; a administração de P&D decide como e quem desenvolve as atividades e também as futuras tecnologias.

Na segunda geração de P&D, tem início uma estrutura estratégica para a administração de P&D que envolve cooperação entre a área de P&D e a alta administração na consideração de projetos individuais. Dessa forma, a administração de P&D tenta ligar P&D e tecnologia às necessidades do negócio numa base de projetos separada e independente de cada negócio (base de uma estrutura matricial). Essa forma não possibilita a otimização dos recursos de P&D para os negócios e a corporação total.

Na terceira geração de P&D, há a existência de uma parceria estratégica e operacional entre P&D e as demais funções. Há a criação de um portfólio balanceado de projetos. A estratégia de negócio e de P&D estão integradas.

Tidd et al. (2001) ressaltam as tensões inevitáveis entre a descentralização organizacional, sensitiva para a produção e consumidores; e a centralização organizacional para exploração de oportunidades radicais em longo prazo, não ligadas aos negócios atuais.

Um importante desafio gerencial, portanto, é harmonizar um desenvolvimento de produto proporcionando rápidos retornos de lucratividade com a busca de novas oportunidades tecnológicas em longo prazo (Tidd et al., 2001; Takahashi e Takahashi, 2007).

b) A função de P&D

No contexto de desenvolvimento interunidades e interempresas, Gassman e Von Zedtwitz (1998) apresentam uma estrutura de desenvolvimento de produtos sob uma perspectiva global. Esse modelo de estruturas globais (Figura 4.4) trabalha com duas variáveis: grau de descentralização e grau de colaboração. Assim, as seguintes tipologias globais são caracterizadas: etnocêntrico centralizado, geocêntrico centralizado, policêntrico descentralizado, P&D centralizado e rede de trabalho integrada.

Na tipologia *etnocêntrico centralizado*, todas as atividades são desenvolvidas no país de origem. Os produtos são desenvolvidos em P&D central e depois são produzidos em vários locais do mundo. Existe um alto nível de controle e coordenação. A tecnologia essencial que garante a competitividade de longo prazo da empresa fica retida.

Já na tipologia *geocêntrico centralizado*, a atividade central de P&D também está localizada no país de origem. Entretanto, há uma forte cooperação com outras unidades de outras localidades, inclusive com livre fluxo de informações. Nesse contexto, o objetivo é criar capacidade interna para acumular conhecimento das tecnologias externas disponíveis e aumentar a sensibilidade para os mercados regionais.

A tipologia *policêntrico descentralizado* é caracterizada por ter unidades locais de P&D em diferentes regiões para responder às adaptações exigidas pelos nichos de mercado sem que haja um centro de supervisão. É necessário que a coordenação se preocupe com o risco de redundância no desenvolvimento dos produtos e excesso de autonomia.

A tipologia *P&D centralizado* possui uma atividade central com alto poder de controle para que haja correto fluxo de alocação de recursos e para que não haja redundância, ela preestabelece as áreas tecnológicas a serem pesquisadas e é o principal laboratório de todas as atividades avançadas de pesquisa, estabelecendo uma diretriz pelo mundo inteiro das principais áreas tecnológicas de interesse para a organização. Existem atividades de P&D descentralizadas em outras unidades de pesquisas (filiais), mas coordenadas pela matriz. Essa tipologia garante uma transferência de tecnologia eficiente entre matriz e filial. A matriz é responsável pelo treinamento nas filiais. No entanto, ela detém o conhecimento tecnológico e a propriedade intelectual. Na realidade, é uma combinação das tipologias etno e geocêntricas.

Já na tipologia *rede de trabalho integrada* não existe uma unidade central de supervisão. Possui como característica o fato de as atividades de P&D serem como um centro de competências acumuladas de todas as unidades-

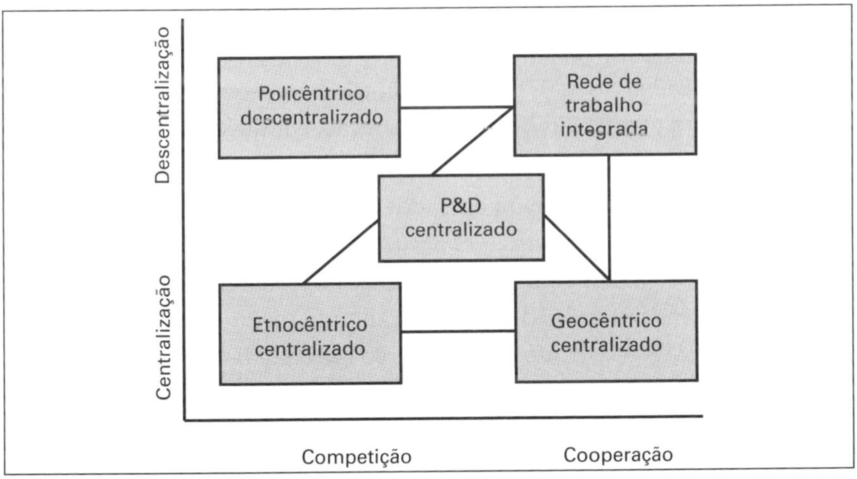

FIGURA 4.4 Tipologias globais de desenvolvimento.
Fonte: Gassman e Von Zedtwitz (1998).

des, conectadas por mecanismos flexíveis de coordenação. Cada unidade apresenta papéis e funções estratégicas. A busca de sinergia entre as unidades é o grande desafio, em que suas competências essenciais formam praticamente uma empresa modular, e também uma sofisticada tecnologia de informação.

Jonash e Sommerlatte (2001) complementam com uma abordagem caracterizando uma quarta geração de P&D, na qual o foco muda de uma visão da gestão de pesquisa e desenvolvimento dentro de uma empresa ou unidade de negócio para a gestão de inovação dentro da empresa ampliada, cujo conceito abrange todos os colaboradores da empresa, inclusive clientes, fornecedores e sócios estratégicos.

Jonash e Sommerlatte (2001) complementam a caracterização dessa quarta geração, que denominam como a administração de uma inovação mais avançada:

> A trajetória para a geração mais avançada é clara. Sua concretização ultrapassa o desenvolvimento de produto tradicional e chega a uma inovação harmoniosa do conceito do cliente; ultrapassa uma bem alinhada estratégia de pesquisa e desenvolvimento e chega à estratégia de inovação; ultrapassa uma mentalidade tacanha e chega ao foco de crescimento e valor sustentáveis; e ultrapassa equipes de projeto interfuncionais e chega a redes de inovação no âmbito da empresa.

Tidd et al. (2001) enfatizam a existência de tensões entre a dispersão geográfica, para adaptação de mercados locais e integração com habilidades locais e a concentração geográfica, para o lançamento de inovações de grande magnitude.

c) A ligação da estratégia de inovação com a estratégia corporativa

Algumas considerações relevantes a respeito da ligação entre estratégia de inovação e estratégia corporativa (Tidd et al., 2001; Takahashi e Takahashi, 2007) são apresentadas a seguir:

- A estratégia corporativa deve ser compatível com a natureza da oportunidade tecnológica para ser efetivamente explorada, ou seja, o rigor no controle financeiro e o grau de centralização nas decisões empreendedoras devem ser adequados à magnitude de investimento e ao grau de similaridade do mercado.

- As possíveis falhas das empresas estabelecidas na utilização das tecnologias radicais são provenientes da inabilidade em proceder com as mudanças organizacionais relacionadas.
- As técnicas convencionais de avaliação de projetos são limitadas para avaliação e alocação de recursos em projetos de P&D, pois proporcionam alto grau de incertezas e não possibilitam avaliar financeiramente a aprendizagem tecnológica associada com P&D. Assim, nos estágios iniciais de um projeto de P&D, o grau de incerteza é elevado, os custos são baixos e as escolhas são essencialmente baseadas em julgamento. É de grande importância para os processos de alocação de recursos que a natureza incremental do progresso em P&D e as atividades inovadoras relacionadas sejam reconhecidas. Esses processos integram as habilidades e os métodos (técnicos e financeiros), apropriando-os para o objetivo e natureza de três tipos de atividades inovadoras: construção do conhecimento, posicionamento estratégico e investimento em negócios.

4.5 Tipologias de Conteúdo das Estratégias Baseadas em Capacidades Dinâmicas

A abordagem de Hansen et al. (1999) elucida tipologias de estratégia de conhecimento e tem como base estudos em empresas de consultorias intensas em conhecimento.

Esses autores descrevem que uma estratégia competitiva deve direcionar uma estratégia de gestão de conhecimento (Quadro 4.4). Nesse contexto, duas questões elucidam essa atividade: quais valores os consumidores esperam da empresa?; como o conhecimento da empresa adiciona valor para os consumidores?

A empresa deve ter clareza em relação às duas questões acima, caso contrário, não seria possível determinar uma estratégia de gestão de conhecimento. Supondo que tenha diretrizes claras, segundo os valores proporcionados e o conhecimento relacionado, três novas questões devem ser consideradas para escolher uma estratégia de gestão de conhecimento:

Quadro 4.4 Estratégias de codificação e personalização de gestão de conhecimento

	Codificação	Personalização
Estratégia competitiva	• Prover sistemas de informação com alta qualidade, confiáveis e rápidos por meio da reutilização de conhecimentos codificados	• Prover criativas e rigorosas orientações analíticas em problemas estratégicos de alto nível por meio de especialistas conectados
Modelo econômico	*Economia de reutilização* • Investir em um ativo de conhecimento e reutilizá-lo muitas vezes • Usar grandes equipes com elevado nível de associação • Focar na geração de grandes receitas globais	*Economia do especialista* • Elevar taxas de soluções altamente customizadas para problemas específicos • Usar pequenas equipes com baixo nível de associação • Focar na manutenção de altas margens de lucro
Estratégia de gestão de conhecimento	*Pessoas para documentos* • Desenvolver um sistema de documentos eletrônicos que codifica, armazena, dissemina e permite reutilizar conhecimento	*Pessoa a pessoa* • Desenvolver redes de trabalho para ligar pessoas e compartilhar conhecimento tácito
Tecnologia de informação	• Investir pesadamente em tecnologia de informação, pois a meta é conectar pessoas com conhecimentos codificados reutilizados	• Investir moderadamente em tecnologia de informação, pois a meta é facilitar conversações e a troca de conhecimento tácito
Recursos humanos	• Empregar novos graduados que são bem adequados para reutilização de conhecimento e implementação de soluções • Treinar pessoas em grupos com aprendizado a distância baseado em computador • Recompensar pessoas pela utilização e contribuição para base de dados de documentos	• Empregar mestres em administração (MBAs) que possam solucionar problemas e que toleram ambiguidades • Treinar pessoas por meio de mentorização personalizada • Recompensar pessoas para diretamente compartilhar conhecimento com outros
Exemplos	• Andersen Consulting, Ernst & Young	• McKinsey & Company, Bain & Company

Fonte: Adaptado de Hansen et al. (1999).

a empresa oferece produtos customizados ou padronizados?; a empresa possui produtos inovadores ou maduros em sua linha?; a empresa utiliza conhecimento explicito ou tácito para solucionar problemas?

Assim, Hansen et. al (1999) caracterizam duas tipologias distintas de estratégias de gestão de conhecimento:

- Estratégia de codificação: como o próprio nome diz, nessa estratégia o conhecimento é codificado e armazenado em base de dados, podendo ser utilizado por outras pessoas da empresa. O uso de tecnologia de informação é intensivo.
- Estratégia de personalização: tem como base à pessoa que desenvolveu ou criou o conhecimento e é compartilhado por meio dos contatos pessoais diretos. O uso das tecnologias de informação auxilia apenas para a comunicação do conhecimento.

A estratégia de codificação implementa questões ligadas a produtos padronizados, maduros, e com base em conhecimento explicito. E a estratégia de personalização está ligada a produtos customizados, inovadores e com base em conhecimento tácito.

Algumas considerações são importantes sobre a abordagem de Hansen et al. (1999) e sobre o aprendizado que ela proporciona:

- Consciência clara do negócio e dos conhecimentos que a implementarão.
- A codificação de conhecimento é trabalhosa e custosa. Assim, a análise do real uso desse conhecimento deve ser feito.
- Para codificação, a formalização de conhecimento é pré-requisito. Assim, se a empresa partir para uma estratégia de codificação consciente, ela deve formalizar certos processos. Exemplo: fase de "encerramento de projetos", em que os profissionais analisam os resultados obtidos com o inicialmente planejado, os desvios ocorridos, as soluções desenvolvidas e as lições aprendidas. Nem toda empresa executa essa importante fase na gestão de projetos, mas, se não o fizerem, a organização não desenvolve memória codificada de seus projetos, assim, o conhecimento permanece tácito na mente das pessoas e de alguns grupos.

- Por outro lado, alguns tipos de conhecimento são tácitos por natureza, não sendo possível codificá-los. As competências essenciais são um exemplo, por isso são inimitáveis. Processos de socialização de conhecimento são mais adequados.
- Implementar estratégias de gestão de conhecimento equivocadas podem atrapalhar substancialmente os negócios. Exemplo: forçar a codificação de conhecimentos inicialmente tácitos para empresas que tenham ciclos de vida de seus produtos relativamente curtos. A obsolescência do conhecimento é rápida, assim, pode não ser viável investir na codificação do conhecimento, pois o uso deste será por pouco tempo.

Uma outra importante abordagem sobre conteúdos de estratégia baseadas em capacidades dinâmicas e é de Von Krogh et al. (2000). Os autores descrevem um pensamento que suporta a abordagem Von Krogh et al. (2000, p. 70):

> A primeira atribuição dos gerentes consiste em transformar o potencial representado pelos conhecimentos da organização em ações agregadoras de valor. Ou seja, é preciso identificar o que a organização sabe, qualquer que seja sua forma e transformar o conhecimento tácito em algo acessível e utilizável.

Os autores caracterizam duas tipologias distintas de estratégias de conhecimento (Quadro 4.5):

- Estratégia de sobrevivência: trata de explorar o conhecimento existente para manter o sucesso e desempenho em negócios existentes.
- Estratégia de avanço: busca criar novos conhecimentos tirando proveito de futuros negócios.

Na prática, uma empresa deve combinar as estratégias de sobrevivência para se manter competitiva e de avanço para construir o seu futuro.

4.6 Modelos de Negócios em Inovação

Modelo de negócio é uma estrutura para integrar ideias e tecnologias com resultados econômicos (Chesbrough, 2006). Várias são as funções de um modelo de negócios (Figura 4.5):

QUADRO 4.5 Referencial estratégico para o conhecimento

Estratégia	Vantagem competitiva	Fontes de vantagem competitiva	Papel do conhecimento	Processos de conhecimento importantes	Resultados
Sobrevivência	• Rentabilidade corrente • Não implementada pelos concorrentes • Os que tentam não conseguem reproduzir as vantagens originais	• Economia de escala • Economia de escopo • Diferenciação produto/serviço	• Valioso, difícil de imitar e de substituir • Exclusivo ou público • Capacidade de transferência às vezes é mais importante do que o conteúdo	• Transferência de conhecimento • Melhoria contínua	• Rentabilidade superior à média setorial
Avanço	• Rentabilidade futura • Não implementada pelos concorrentes • Os que tentam não conseguem reproduzir as vantagens originais	• Economia de escala potencial • Economia de escopos potenciais • Diferenciação potencial de produto/serviço	• Novos conhecimentos para inovação dos produtos e processos • Novos conhecimentos transferíveis	• Criação de conhecimento • Inovação radical	• Rentabilidade futura superior à média setorial

Fonte: Baseado em Von Krogh et al. (2000).

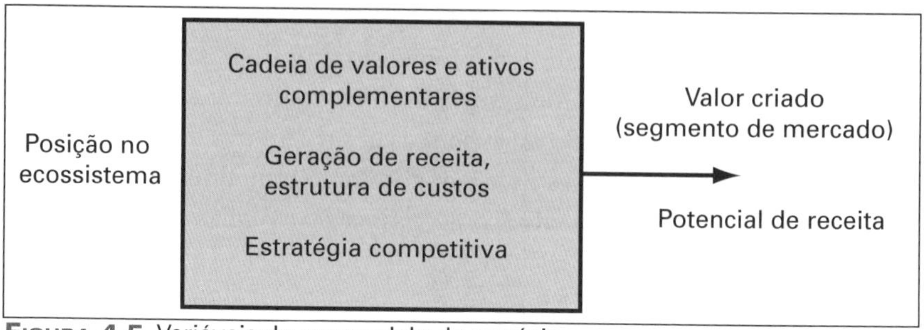

Figura 4.5 Variáveis de um modelo de negócio.

- Articular a proposição de valor: o valor criado para usuários.
- Identificar o segmento de mercado: os usuários para quem os produtos são ofertados.
- Estruturar a cadeia de valor para criar, distribuir e determinar os ativos complementares necessários para suportar a posição da empresa na cadeia (incluindo os fornecedores e os clientes).
- Especificar os mecanismos de geração de receita. Estimar a estrutura de custos e o lucro potencial para produzir a oferta.
- Descrever a posição da empresa na rede de valores (ecossistema).
- Formular a estratégia competitiva.

O modelo de negócio deve ser desenvolvido e gerenciado.

Em uma abordagem mais simplificadora voltada para inovação, Andrew e Sirkin (2007) utilizam cinco elementos para a determinação de um modelo de negócio, a saber:

a) Como uma ideia é comercializada e realizada:
Como é o processo de desenvolvimento da inovação?

b) Cadeia de valores:
Quais são as atividades desenvolvidas internamente pela empresa, e as atividades desenvolvidas por parceiros?

c) O retorno tangível e a curva de caixa:

Levando-se em conta que uma inovação é um investimento, qual é esse retorno e quais são os fatores que o impactam diretamente? Na Figura 4.6 apresenta-se uma curva de caixa com os quatro fatores que influenciam o retorno em função das fases do desenvolvimento de uma inovação (geração da ideia, desenvolvimento/comercialização e realização). Os quatro fatores são:

- Custos iniciais ou investimentos pré-lançamentos;
- Velocidade ou tempo para o mercado;
- Tempo para o volume;
- Custos de sustentação, ou investimentos pós-lançamentos.

d) Benefícios indiretos:

São os benefícios não financeiros, importantes em uma estratégia de inovação ao longo do tempo, a saber:

- Aumento do estoque de conhecimento e aprendizagem;
- Fortalecimento da marca;
- Aprimoramento do ecossistema (rede de organizações e especialistas);
- Aumento da competência organizacional (confiança e atratividade de talentos).

e) Riscos:

Inerentemente, a inovação está ligada a riscos, a saber:

- Técnico: o produto funcionará da forma que desejamos ou prometemos?
- Operacional (execução): pode a empresa realmente desenvolver, produzir, distribuir e dar sustentação ao novo produto/serviço como programado?
- Mercado: o produto será bem aceito pelos consumidores nas quantidades, preços e dentro do tempo que desejamos?

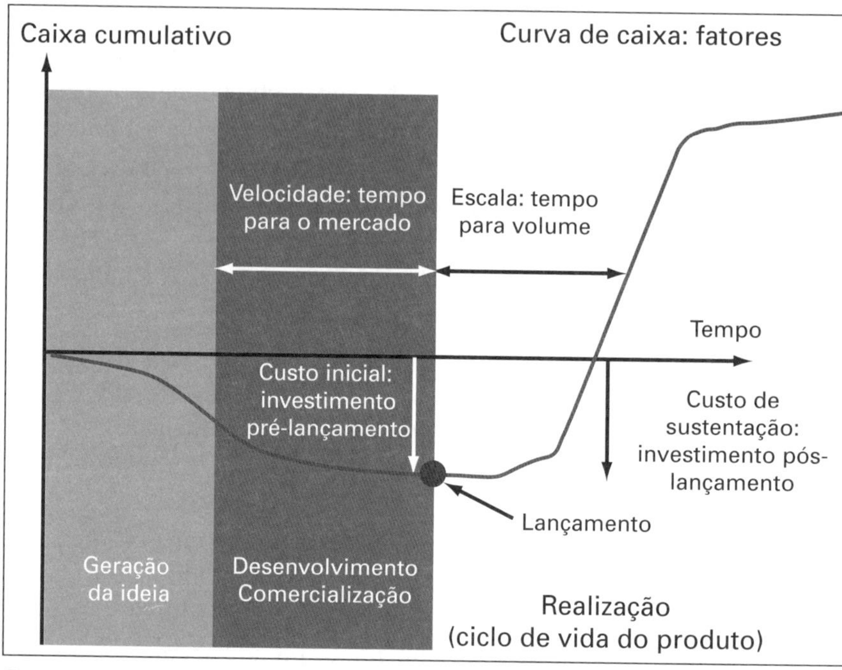

Figura 4.6 Curva de caixa.
Fonte: Andrew e Sirkin (2007).

Com base nesses cinco grupos de elementos, Andrew e Sirkin (2007) apresentam três modelos de negócios em inovação: integrador, orquestrador e licenciador.

4.6.1 Integrador

Para descrever o modelo de negócios integrador, utilizaremos o exemplo da empresa BMW (Andrew e Sirkin, 2007).

O lema da BMW é "O prazer de dirigir". A essência do seu produto está centrada em dois elementos: o motor e o *design*. Ela busca ser a última palavra em motores. A empresa gerencia praticamente todas as fases de desenvolvimento e fabricação do motor. Desde a forja do metal, da fabricação de quase todas as peças até a montagem do produto final.

Existe uma alta integração interna do desenvolvimento e *design*, portanto, há um maior investimento nas atividades iniciais e de desenvolvimento.

A Figura 4.7 apresenta a curva de caixa do modelo integrador. O tempo para o volume (retorno) tende a ser mais curto, reduzindo, assim, o tempo para que a curva de caixa atravesse a linha de ponto de equilíbrio em direção à curva de lucratividade positiva.

Para os carros da BMW, notoriamente os clientes estão dispostos a pagar um preço *premium*, o que afeta tanto a elevação da curva quanto a sua altura final.

A curva de caixa da BMW é bem diferente das curvas da maioria de outros fabricantes de veículos.

Os integradores ficam com a maior parte do risco financeiro por bancarem a maior parte do investimento, mas candidatam-se a um maior retorno de caixa.

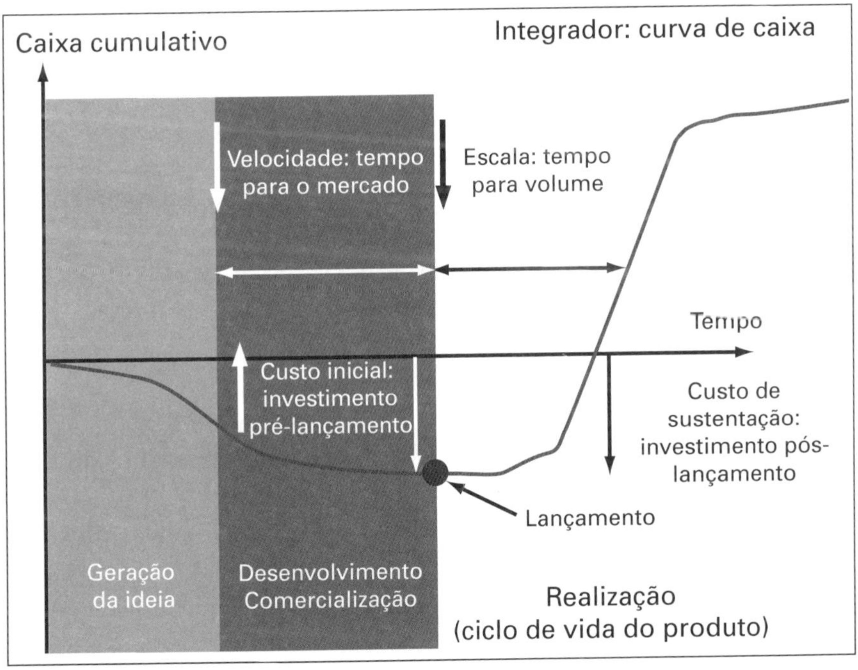

Figura 4.7 Curva de caixa do modelo integrador.
Fonte: Andrew e Sirkin (2007).

Como benefício indireto tem-se uma estratégia voltada para o conhecimento. Assim, desenvolvem um amplo e profundo domínio de várias áreas de conhecimento.

Com essas práticas, os integradores consideram que terão mais controle sobre os custos e sobre o cronograma.

Exemplos de empresas integradoras: Intel, Samsung, The Balvenie, Nokia, Motorola e Sony.

Condições para a integração:

- Quando há necessidade de controle;
- Quando os riscos são administráveis;
- Quando a empresa possui competências e capital;
- Quando os ativos de conhecimento devem ser protegidos;
- Rapidez.

Síntese do modelo de negócio integrador:

- Necessidade de controle rígido sobre os fatores da curva de caixa e benefícios indiretos;
- Desejo em manter o retorno para si mesmo;
- Maiores riscos relacionados;
- É o único proprietário executor da inovação;
- É o mais importante (se não o único) beneficiário das recompensas;
- Acredita que têm mais condições de administrar a comercialização e a realização de uma ideia;
- Não quer assumir os riscos de trabalhar com outras empresas.

4.6.2 Orquestrador

Utilizaremos o exemplo do desenvolvimento do produto Tablet PC da empresa Microsoft.

Para o desenvolvimento do Tablet PC, levou-se 15 anos. Bill Gates tinha uma crença: "A falta de um sistema que permita ao usuário entrar com seus dados de forma natural é uma das barreiras que impede que os PC's possam ser usados por qualquer pessoa".

A Microsoft precisava desenvolver parcerias com empresas de *hardware*, pois detinha competência em *software*. Assim, cerca de dez empresas de *hardware*, entre elas IBM, HP, Acer e Fujitsu, desenvolveram uma plataforma de *hardware* em que se pudesse utilizar o *software* desenvolvido pela Microsoft. Também, com o auxílio da Microsoft, cada empresa parceira desenvolveu adaptações do *software* às suas necessidades, e, ainda, produtos específicos com a base de tecnologias originadas da parceria.

A experiência no desenvolvimento de produtos com múltiplos parceiros possibilitou diversos caminhos para o retorno de caixa da Microsoft, bem como benefícios indiretos para reforçar o ecossistema da empresa.

No modelo de negócios tipo orquestração, procura-se administrar uma rede de colaboradores em vez de buscar controle por meio de posse do processo inteiro, exigindo um trabalho altamente cooperativo. O grande dilema é o seguinte: determinar quais partes do processo fica em casa e quais devem ser confiadas a terceiros.

O orquestrador não necessariamente é o que gera a invenção. Pode haver mais de um orquestrador no mesmo negócio (p. ex.: Sony/Ericsson).

Condições para orquestração:

- Quando falta um recurso;
- Quando se adentra em um território desconhecido;
- Quando não se deseja investir muito;
- Quando se pode confiar em parceiros;
- Quando se quer dividir o risco.

Exemplos de orquestração: Embraer, Natura, Boeing, Microsoft e Whirlpool.

- Síntese da orquestração

Minimiza os riscos: operacionais, técnicos e de comercialização.

Riscos inerentes: coordenação e execução da rede colaborativa. Exemplo: Sony/Ericsson.

4.6.3 Licenciador

Utilizaremos o exemplo da empresa Qualcomm para explicar o modelo licenciador.

A empresa Qualcomm desenvolveu a tecnologia CDMA, a qual é responsável, na empresa, por 90% das vendas e por quase todos os rendimentos, segundo resultados do ano fiscal de 2005. A empresa investe anualmente mais de US$ 1 bilhão em P&D (18% de sua renda).

Em 1995, foi lançada a primeira rede CDMA. A Qualcomm desenvolveu os seus próprios equipamentos comerciais para agilizar o lançamento. Entretanto, quando os lançou no mercado, os concorrentes logo passaram a oferecer telefones CDMA, diminuindo os preços e as margens de lucro. Isso fez com que a Qualcomm repensasse o seu modelo de negócio e partisse para uma mudança. Assim, em 1999, a Qualcomm fez a escolha de abandonar o negócio de *hardware* e de comercialização de seus produtos. A empresa passou a se concentrar no desenvolvimento de inovações e no licenciamento para outras empresas. Em razão disso, em 2005, os lucros da Qualcomm foram superiores a US$ 2 bilhões.

O que é o licenciador? É o primeiro proprietário de uma inovação. Utiliza o sistema de negócios do seu licenciado para a fabricação e comercialização. É importante esclarecer que não consiste em vender um nome. A condição para o licenciamento é a empresa desenvolvedora não comercializar a inovação.

Assim, os possíveis concorrentes podem tornar-se licenciados. A invenção pode criar massa crítica e auxiliar na adoção de um padrão em que a competição possa transformar-se em uma fonte de *royalties* para a empresa licenciadora.

Resumo

No contexto da inovação, duas novas questões se tornam importantes. Primeiro, a necessidade de se abordar integradamente o posicionamento de negócios da empresa no ambiente e o posicionamento das competências necessárias para implementação dos negócios, junto com as capacidades dinâmicas para obtenção e desenvolvimento das competências.

Com relação ao conteúdo das estratégias, a reinterpretação de abordagens tradicionais também se faz necessária. A complexidade do paradigma da inovação impõe um conjunto maior e antagônico de variáveis, assim, análises duais e lineares não conseguem equacionar adequadamente um posicionamento. A teoria de Disrupção de Christensen (1997) inova nesse contexto, reinterpretando os elementos de posicionamento de Porter (1989) com base em custo e diferenciação, caracterizando possibilidades de composição e complementariedade entre os dois posicionamentos. Assim, surgem as estratégias de disrupções de baixo custo e de novos mercados, e as sustentações. Nesse sentido, cabe destacar a possibilidade de se formular tais estratégias de forma simultânea em inovações de valor ou de novos mercados.

A disrupção é possível quando existem "assimetrias" de oportunidades e capacidades entre as empresas.

As competências na empresa implementarão o posicionamento idealizado de negócios e, sem elas, a intenção estratégica de disrupção ou sustentação se tornam apenas miragens. Entretanto, no âmbito estratégico também temos que equacionar o como desenvolver e obter as competências e as capacidades dinâmicas. As competências podem ser classificadas em quatro tipos: sistemas técnicos e físicos; sistemas de gestão; qualificações/conhecimentos; e valores. Para formulação das capacidades dinâmicas, três dimensões devem ser consideradas: a posição, as alternativas tecnológicas e os processos organizacionais e gerenciais.

Os modelos de negócios têm como função: articular a proposição de valor (o valor criado para usuários), identificar o segmento de mercado (os usuários para quem os produtos são ofertados), estruturar a cadeia de valor para criar, distribuir e determinar os ativos complementares necessários para suportar a posição da empresa na cadeia (incluindo os fornecedores e clientes), especificar os mecanismos de geração de receita (estimar a estrutura de custos e o lucro potencial para produzir a oferta), descrever a posição da empresa na rede de valores (ecossistema), e formular a estratégia competitiva.

Podemos caracterizar três modelos de negócios para inovação: integrador, orquestrador e licenciador.

Questões para Discussão

1. A disrupção de baixo mercado ocorre somente depois do advento de um projeto dominante? Explique.

2. Quais são as oportunidades de disrupção de novo mercado para o segmento de idosos no setor automobilístico?
3. Analise o posicionamento estratégico da empresa Natura no setor de cosméticos.

Referências

AMIT, R.; SCHOEMAKER, P. J.H. Strategic assets and organizational rent. *Strategic Management Journal*, Boston, v.14, n.1, 1993 , p.33-46.

AMORIM, L. 130 ideias, um novo produto. *Exame*, 953 ed., 7/10/2009.

ANDREW, J.P.; SIRKIN, H.L.P. *A recompensa financeira da inovação*. Rio de Janeiro: Campus, 2007.

BIERLY III, P.E.; CHAKRABARTI, A.K. Technological learning, flexibility, and new product development in the pharmaceutical industry. *IEEE Transactions on Engineering Management*, v.43, n.4, 1996, p.368-80.

CHESBROUGH, H. *Open business models: how to thrive in the innovation landscape*. Boston: HBS Press, 2006.

CHOO, C.W. *A organização do conhecimento*. São Paulo: Senac, 2003.

CHRISTENSEN, C.M. *The innovator's dilemma: when new technologies cause great firms to fail*. Boston: HBS Press, 1997.

CHRISTENSEN, C.M; RAYNOR, M.E. *O crescimento pela inovação: como crescer de forma sustentada e reinventar o sucesso*. Rio de Janeiro: Campus, 2003.

CLARK, K.B; WHEELWRIGHT, S.C., *Managing new product and process developmen: text and cases*. Nova York: The Free Press, 1993.

COLLINS, J.C.; PORRAS, J.I. *Feitas para durar*. Rio de Janeiro: Rocco, 1995.

COOMBS, R.; METCALFE, S. Distributed capabilities and the governance of the firm. *CRIC Discussion Paper*, Manchester, n.16, 1998, p.30.

EISENHARDT, D.T; MARTIN, J.A. Dynamic capabilities: what are they. *Strategic Management Journal*, v.21, n.10/11, 2000, p.1105-21.

FIORAVAN, C. Cópias criativas: elaborar moléculas que mimetizam outras poderia facilitar a procura por fármacos realmente originais. *Revista Pesquisa Fapesp*, São Paulo, v.152, 28 out. 2008.

FLEURY, A.; FLEURY, M.T.L. *Aprendizagem e inovação organizacional*. São Paulo: Atlas, 1995.

FOGAÇA, G. A saga do viagra brasileiro. *Exame*, 2.037 ed., 5/12/2007.

GASSMAN, O.; VON ZEDTWITZ, M.V. Towards the Integrated R&D network – new aspects of organizing international R&D. In: LEFEBVRE, L.A.; MASON, R.M.; KHALIL, T. (Eds.) *Management of Technology, Susteinable Development and Eco-Efficiency*. Amsterdã: Elsevier, 1998, p.85-99.

GRANDO, J.W. O pequeno que incomoda. *Exame*, 995 ed., 29/10/2009.

HAMEL, G. The concept of core competence. In: HAMEL, G.; HEENE, A. *Competence based competition*. Nova York: John Wiley & Sons, 1994, p.1-10.

HANSEN, M.T.; NOHRIA, N.; TIERNEY, T. What's your strategy for managing knowledge. *Harvard Business Review*, Boston, v.77, n.2, 1999, p.106-16.

HITT, M.; IRELAND, R.D.; HOSKISSON, R.E. *Administração estratégica*. São Paulo: Thompson, 2001.

JONASH, R.S.; SOMMERLATTE, T. *O valor da inovação*. Rio de Janeiro: Campus, 2001.

KIM, W.C.; MAUBORGNE, R. *A estratégia do oceano azul*. Rio de Janeiro: Elsevier, 2005.

LEONARD-BARTON, D. Core capabilities and core rigidities: a paradox in managing new product development. *Strategic Management Journal*, Boston, v.13, 1992 , p.111-25.

______. *Wellsprings of knowledge: building and sustaining the sources of innovation*. Boston: HBS, 1995.

PORTER, M. *Vantagem competitiva: criando e sustentando um desempenho superior*. Rio de Janeiro: Campus, 1989.

______. *Estratégia competitiva: técnicas para análise de indústrias e da concorrência*. Rio de Janeiro: Campus, 1980.

PRAHALAD, C.K.; HAMEL, G. The core competence of the corporation. *Harvard Business Review*, Boston, v.90, n.3, may.-jun. 1990, p.79-91.

PRAHALAD, C.K.; RAMASWAMY, V. *O futuro da competição*. Rio de Janeiro: Elsevier, 2004.

ROUSSEL, P. et al. *The third generation R&D*. Jackson: Perseus Books, 1991.

STALK, G. et al. Competing on capabilities: the new rules of corporate strategy. *Harvard Business Review*, Boston, mar.-apr. 1992, p.57-69.

TAKAHASHI, S.; TAKAHASHI, V.P. *Gestão de inovação de produtos: estratégia, processo, organização e conhecimento*. Rio de Janeiro: Campus/Elsevier, 2007.

TAKEUCHI, H.; NONAKA, I. *Gestão do conhecimento*. Porto Alegre: Bookman, 2008.

TEECE, D.; PISANO, G.; SHUEN, A. Dynamic capabilities and strategic management. *Strategy Management Journal*, Chichester, v.18, n.7, jul. 1997, p.509-33.

TIDD, J.; BESSANT; PAVITT, K. *Managing innovation: integrating technological, market, and organizational change*. 2.ed. Nova York: John Wiley & Sons, 2001.

WERNEFELT, B. A resource-based view of the firm. *Strategic Management Journal*, Boston, v.5, n.2, 1984, p.171-80.

YEOH, P.; ROTH, K. An empirical analysis of sustained advantage in the US pharmaceutical industry: impact of firm resources and capabilities. *Strategic Management Journal*, Boston, v.20, 1999, p.637-53.

VON KROGH, G.; ICHIJO, K.; NONAKA, I. *Enabling knowledge creation*. Oxford: Oxford University Press, 2000.

CAPÍTULO 5

Formulação da Estratégia de Inovação

Sérgio Takahashi

5.1 Introdução

O Capítulo 4 preocupou-se em apresentar conceitos e tipologias de estratégia de inovação e de modelos de negócio que caracterizam um produto/resultado (oportunidades/posicionamento e competências e capacidades dinâmicas) de um processo de formulação da estratégia.

Assim, este capítulo apresenta elementos do processo de formulação de estratégia, conceitos, métodos e técnicas relacionadas à prática efetiva.

Segundo Christensen e Raynor (2003), raramente os gerentes se lembram de uma questão crucial que é o processo de formulação da estratégia para ser usado pela equipe gerencial e essa é a razão pelas quais muitos empreendimentos acabam desenvolvendo estratégias falhas. O gerenciamento do processo para o desenvolvimento da estratégia garante o processo certo nas circunstâncias certas.

5.2 O Processo de Desenvolvimento da Estratégia

Um primeiro conceito importante, originado da prática, é o de que o processo está longe de ser linear, ou seja, baseado em um único movimento direto para a sua efetivação. Mas com o objetivo didático, podemos pensar inicialmente em uma forma simplista, com a estratégia sendo um processo *top down*, cuja elaboração é desenvolvida pela diretoria ou alta gerência e, com base nas decisões relacionadas, toda a organização irá implementar as diretrizes estabelecidas. Esta é a chamada *estratégia deliberada ou intencional* (Mintzberg et al., 1998; Christensen e Raynor, 2003), e é resultado de uma consistente análise com base em estudos e pesquisas do macro e microambiente. Trata-se do caminho da inovação dirigido pelo negócio (ver Capítulo 1).

Entretanto, na prática, gerentes de nível médio, engenheiros, vendedores, profissionais de implementação e operacionalização da estratégia podem contribuir no ajuste da estratégia deliberada ou mesmo propor outra com base em experiências práticas provenientes do *front* da organização. Não se trata de uma atitude visionária, futurista e altamente analítica, mas sim de cunho pragmático (Christensen e Raynor, 2003). Este processo é denominado *estratégia emergente* (Minzberg et al., 1998; Christensen e Raynor, 2003), contempla uma forma de processo estratégico com resolução de problemas e oportunidades que não foram ou não eram possíveis serem estabelecidas no processo deliberado *top down*. Trata-se dos caminhos da inovação dirigidos pelas necessidades dos consumidores ou pela tecnologia (ver Capítulo 1).

A organização convive com essas duas formas de processo estratégico, além de uma terceira, a de alocação de recurso, que determinará quais iniciativas e projetos serão implementados (Christensen e Raynor, 2003). Assim, a estratégia efetiva é caracterizada por meio da execução dos projetos de novos produtos, serviços, aquisições, fusões, alianças, parcerias etc. que são denominadas *ações estratégicas*. Dessa forma, um importante elemento de análise para identificação da estratégia de uma empresa não seria o que entra no processo de alocação de recursos, mas sim o resultado dele (Figura 5.1).

Christensen e Raynor (2003) elucidam um exemplo da Intel, localizada em Portland, a qual iniciou os seus negócios com o primeiro chip de memória dinâmica de acesso aleatório (Dram).

Em 1971, um de seus engenheiros desenvolveu o microprocessador, um produto promissor para a empresa. Entretanto, a estratégia deliberada e a alocação de recursos estavam voltadas para as Dram, que, inclusive, gerava a maior parte da receita e das margens brutas.

Entretanto, com a entrada dos japoneses no mercado americano de Dram, o setor mudou com a queda dos preços e a diminuição drástica das margens brutas. Consequentemente, de forma emergente, sem uma nova diretriz por parte da alta gerência, a Intel começou a alocar recursos para os projetos de microprocessadores. Somente em 1984, quando a Intel enfrentava uma profunda crise financeira, é que uma estratégia deliberada foi estabelecida, direcionando a empresa para os negócios de microprocessadores.

Nesse sentido, os processos estratégicos em relação às fases do ciclo de vida das organizações também podem ser analisados (Osono *apud* Takeuchi e Nonaka, 2008). O processo de formulação deliberada é mais apropriado para os estágios inicial e de maturidade, e o processo de formulação da estratégia emergente, para a fase de crescimento de uma empresa. Isso significa que as empresas devem se transferir de um processo intencional para um emergente e, depois, retornar ao intencional.

Este movimento pode ser melhor entendido por meio da comunicação social que envolve duas formas de comunicação, a saber:

- A univocalidade: funciona como um instrumento de transmissão de informação de uma única abordagem. Sua eficiência é medida pelo modo como o significado é transmitido sem modificar o sentido original.
- A multivocalidade: gera novos significados provenientes de várias abordagens e possui características de dinamismo, heterogeneidade, e conflito entre as várias perspectivas.

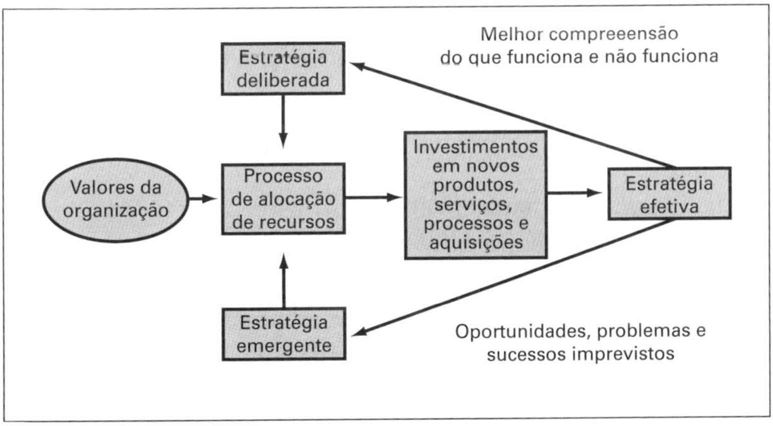

FIGURA 5.1 O processo estratégico.
Fonte: Christensen e Raynor (2003).

Dessa forma, o diálogo é um processo multivocal essencial na inovação, entretanto, a univocalidade também proporciona a sua contribuição com decisões específicas, como no exercício da liderança pessoal, muitas vezes necessária para o bom andamento da organização.

Portanto, o processo de formulação estratégica deliberada possui uma característica univocal, e o processo emergente, uma característica multivocal.

5.3 Métodos e Ferramentas Analíticas para Formulação do Posicionamento

5.3.1 A Matriz de Avaliação de Valor e Custo

Um modelo analítico, a matriz de avaliação de valor, elucida uma inovação de valor e introduz uma ferramenta da abordagem. Ela possui semelhança com o *Quality Function Deployment* (QFD – Desdobramento da Função Qualidade), originado do movimento da qualidade para planejamento de produtos e também utilizado para mapear posicionamentos em desempenhos competitivos. Esta ferramenta consiste em plotar no eixo x os desempenhos competitivos existentes no setor, e no eixo y, os graus de avaliação de cada desempenho. Assim, pode-se analisar comparativamente o conjunto de desempenhos de vários competidores em uma única figura.

O exemplo a seguir (Figura 5.2) apresenta a aplicação do modelo no setor de indústria de ônibus urbanos nos EUA. A empresa Nabi analisou o concorrente tradicional e projetou as características de um novo ônibus acrescentando novos atributos e minimizando outros (agregando valor e minimizando custos).

Já na Figura 5.3, em uma avaliação do setor de serviço de aviação, os altos executivos e empresários tinham duas opções: voos de primeira classe ou jato particular. Assim, a Net Jet inovou valor, projetando um negócio de venda de cotas de voos por ano, compondo atributos e diminuindo custos. Logo, os clientes podiam desfrutar da conveniência de um jato particular ao preço de uma viagem aérea comercial.

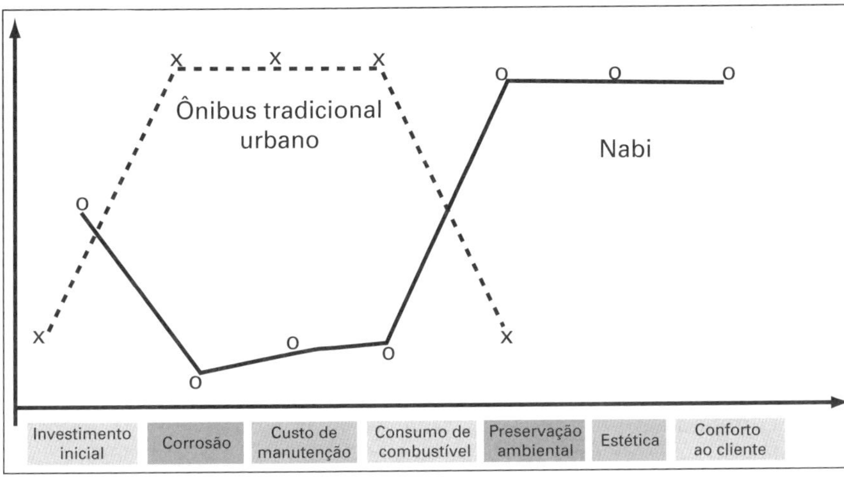

FIGURA 5.2 Avaliação da indústria de ônibus urbanos.
Fonte: Kim e Mauborgne (2005).

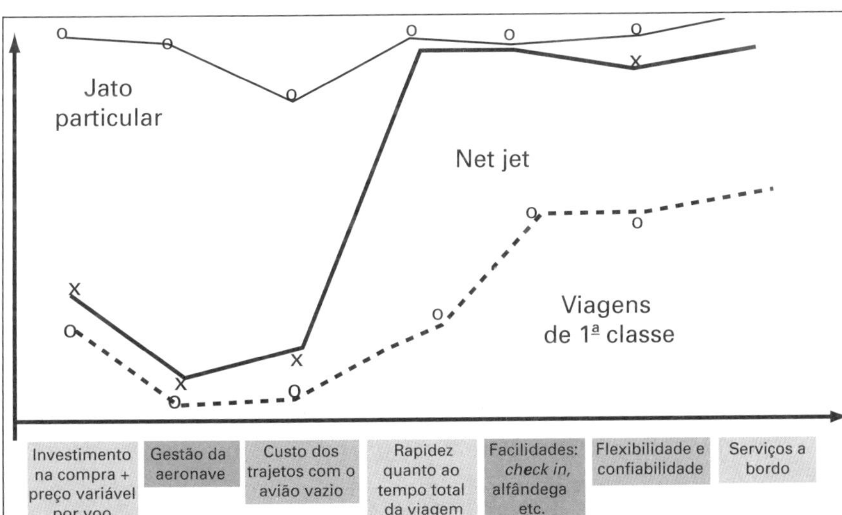

FIGURA 5.3 Avaliação do setor de serviço de aviação.
Fonte: Kim e Mauborgne (2005).

5.3.2 O Modelo das Quatro Ações (com base nos atributos)

No projeto de uma solução estratégica, o uso do modelo das quatro ações possibilita verificar se realmente se consegue a síntese inovadora (agregar valor e diminuir custos), ou seja, analisar com base nos atributos do produto/solução (Figura 5.4) os seguintes movimentos:

- Diminuição de custos:
  - Quais atributos devem ser reduzidos bem abaixo dos padrões setoriais?
  - Quais atributos considerados indispensáveis pelo setor devem ser eliminados?

- Agregação de valor:
  - Quais atributos devem ser elevados bem acima dos padrões setoriais?
  - Quais atributos nunca oferecidos pelo setor devem ser criados?

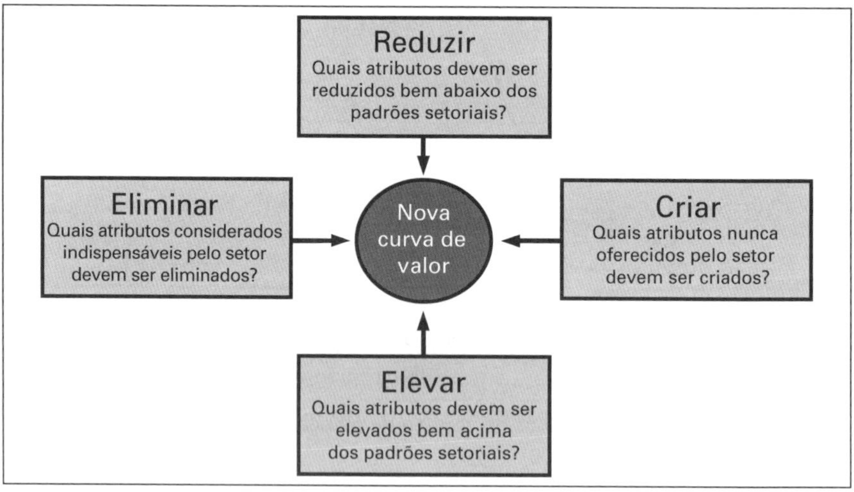

Figura 5.4 Modelo das quatro ações.
Fonte: Kim e Mauborgne (2005).

O objetivo é a reconstrução dos elementos de valor e elaboração de uma nova curva com base na matriz de valor.

Para um posicionamento sustentador, a predominância será elevar e criar atributos e melhorá-los.

Para as disrupções de baixo mercado, o movimento se concentrará em reduzir e eliminar atributos. E para disrupções de novo mercado, o movimento consistirá em combinar os movimentos de agregação de valor e a diminuição de custos conjuntamente.

5.3.3 A Matriz das Ações

É uma ferramenta suplementar ao modelo das quatro ações. A diferença em relação ao modelo das quatro ações (Figura 5.4) é que a matriz das ações trata efetivamente das ações para se construir uma nova curva de valor. Portanto, pode-se visualizar uma representação das ações de eliminar, reduzir, elevar e criar com os seguintes benefícios:

- Busca simultaneamente de diferenciação e custo;
- Facilidade na compreensão;
- Estímulo para a empresa investigar intensamente todos os atributos de valor em que se baseia o setor.

Kim e Mauborgne (2005) citam que uma boa estratégia de inovação de valor deve ter três características: foco, singularidade e mensagem consistente. E complementam com quatro recomendações:

- Analisar se realmente o negócio tem condições de realizar uma inovação de valor no posicionamento na matriz de valor (foco e singularidade).
- Confusão no seu posicionamento com os concorrentes demonstra que a empresa está em uma concorrência direta.
- Excesso de atributos: analisar compatibilidade com fatia de mercado e rentabilidade.
- Buscar coerência.

5.3.4 Formulação da Estratégia de Inovação de Valor

No Quadro 5.1. são apresentados os quatro passos para a formulação da estratégia de inovação com a utilização das ferramentas apresentadas anteriormente.

Quadro 5.1 O processo de formulação da estratégia de inovação de valor

Diagnóstico	Pesquisa e análise	Formulação da estratégia	Seleção de projetos e divulgação
• Colete os dados da situação atual da sua empresa e concorrentes e desenhe a matriz de valor atual • Compare sua empresa com os concorrentes • Identifique onde sua estratégia deve ser alterada	• Pesquise exploratoriamente as seis fronteiras (Cap. 4) que levam à inovação de valor, buscando identificar oportunidades, inclusive por meio da visão de futuro • Analise as vantagens diferenciadoras de produtos alternativos • Analise que fatores devem ser eliminados, criados ou mudados (matriz das ações)	• Projete a matriz de valor futura • Exponha a matriz de valor para clientes, clientes dos concorrentes e não clientes • Altere a matriz segundo o *feedback* e formule a estratégia de inovação	• Selecione os projetos e desenvolva uma forma para gerenciá-los (gestão de portfólio)

Fonte: Adaptado de Kim e Mauborgne (2005).

5.3.5 Matriz de Portfólio

Com o objetivo de gerir o portfólio de negócios da empresa, uma ferramenta utilizada é a conhecida matriz de portfólio de negócios do Boston Consulting Group (BCG), que apresenta visualmente a distribuição dos produtos em função da participação e crescimento do mercado (Kotler e Keller, 2006) (Figura 5.5). Ela avalia um portfólio de negócios, dividindo-o em quatro partes que representam os diferentes tipos de negócios, a saber:

- **Oportunidades:** negócios com alta taxa de crescimento e ainda baixa participação relativa de mercado. Caracteriza-se por altos investimentos relativos em busca de um objetivo de crescimento na direção de se tornar um negócio tipo estrela.
- **Estrelas:** é o líder em um mercado de alto crescimento, ou seja, uma oportunidade que se tornou sucesso em termos de lucratividade e que tem o objetivo e a estratégia de ser uma futura geradora de caixa da empresa (ainda não é).
- **Gerador de caixa:** consiste em uma altíssima participação no mercado, sendo o grande gerador de receita para a empresa, entretanto, o crescimento não é alto. O objetivo e estratégia relacionados são de manter a posição para geradores de caixa sólidos e positivos ou de aproveitar ao máximo no curto prazo para geradores de caixa fracos e de futuro incerto. São conhecidos também como "vaca leiteira" da empresa.
- **Gerador de problemas**: são negócios de baixa participação e baixo crescimento. Podem significar caixa negativo; assim, os objetivos e estratégias podem ser de abandonar o negócio ou de aproveitar ao máximo no curto prazo. São também conhecidos como "abacaxi".

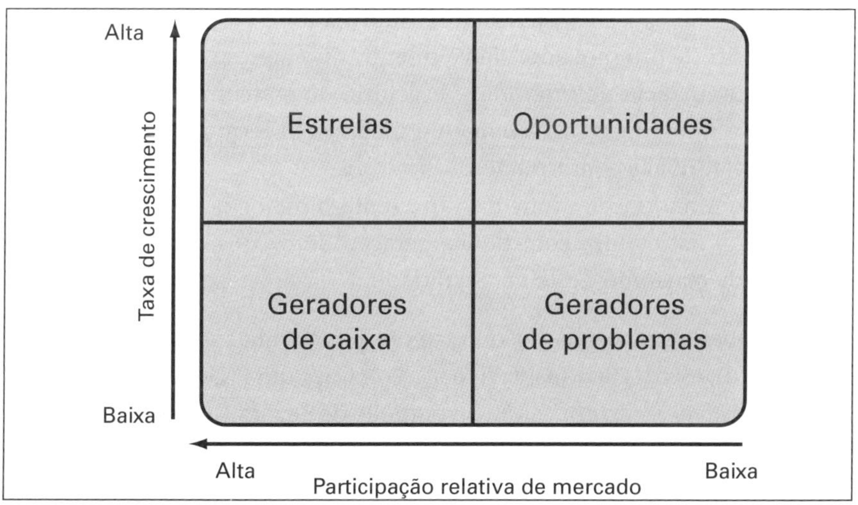

FIGURA 5.5 Matriz BCG.
Fonte: Kotler e Keller (2006).

Com base na matriz BCG, pode-se caracterizar um ciclo de vida no qual os negócios começam como oportunidades, transformam-se em estrelas, depois em geradores de caixa e, por fim, tornam-se problemas.

Objetivando analisar o potencial de crescimento de um portfólio de negócios, Kim e Mauborgne (2005) apresentam uma matriz do potencial de crescimento de um portfólio de negócios: pioneiro/migrante/conformado.

Os inovadores de mercado são os pioneiros nos respectivos setores com ampliação do conjunto de valores oferecidos aos clientes e das fronteiras do mercado. Os pioneiros são os negócios que oferecem valor sem precedentes, portanto a sua curva de valor é diferenciada dos concorrentes. Já os conformados são negócios cuja curva de valor ajusta-se às características básicas do setor. E os migrantes situam-se em uma faixa intermediária, oferecendo valor incremental, mas não uma inovação de valor.

Desse modo, é possível analisar as seguintes relações entre composição do portfólio de negócios e potencial de crescimento:

- Predominância de conformados: a empresa está em trajetória de baixo crescimento. Os negócios conformados geram caixa para a empresa ("vaca leiteira"), mas, com a existência de outros concorrentes semelhantes, a perspectiva e potencial de crescimento são minimizados. Se em um setor a existência de conformados é alta, maiores serão as chances de um inovador de valor entrar no mercado.
- Predominância de migrantes: trajetória de crescimento razoável. Situa-se numa fase razoavelmente melhor em termos de crescimento em relação aos conformados.
- Predominância de pioneiros: apresenta o maior potencial de crescimento, entretanto, com pouca geração de caixa no presente e com grande consumo deste na atualidade.

Percebe-se que se deve buscar uma composição que promova a estratégia de avanço e a estratégia de sobrevivência (ver Capítulo 4, Quadro 4.4). Este é o desafio, a dialética na composição do portfólio de negócios e a sua gestão, buscando equilibrar o crescimento lucrativo e a geração de caixa no presente.

Dessa forma, o posicionamento e o alinhamento estratégico estão formulados. A seguir, apresenta-se como desenvolver um modelo de negócio inovador de valor.

5.3.6 O Desenvolvimento de um Modelo de Negócio Inovador

No Capítulo 4 foram apresentados o conceito e as tipologias de modelos de negócio. Aqui, em princípio, serão apresentadas as diferenças entre os modelos de negócio para uma estratégia sustentadora e disruptiva e, a seguir, um processo para o desenvolvimento de um modelo com base na inovação de valor (inovação de mercado).

O Quadro 5.2 apresenta uma comparação entre elementos de modelos de negócios.

Kim e Mauborgne (2005) apresentam um processo para o desenvolvimento do modelo de negócios inovador de valor (Figura 5.6) com base na análise dos seguintes elementos: utilidade para o comprador, preço, custo e adoção.

A utilidade para os compradores é, inicialmente, desenvolvida na matriz de valor buscando-se uma singularidade. Em seguida, a utilidade

Quadro 5.2 Elementos de modelos de negócios sustentadores e disruptivos

Dimensões	Inovações sustentadoras	Disrupções de baixo mercado	Disrupções de novo mercado
Desempenho almejado para o produto ou serviço	Melhoria do desempenho nos atributos mais valorizados pelos clientes mais exigentes do setor	Bom desempenho com base nos critérios tradicionais de avaliação de desempenho	Baixo desempenho nos atributos tradicionais, mas melhorias em novos atributos (simplicidade)
Clientes-alvo ou aplicações visadas de mercado	Os clientes mais atraentes e exigentes dos mercados dominantes	Clientes do segmento inferior do mercado	Não consumo: clientes que não tinham poder aquisitivo ou habilidades
Impacto sobre o modelo de negócios	Melhoria ou preservação das margens de lucro mediante a exploração do modelo de negócio existente	Adoção de nova abordagem operacional financeira com margens brutas mais baixas, capaz de gerar retornos atraentes a preços baixos	Volumes menores (no início), margem bruta unitária mais baixa e preços menores

Fonte: Christensen e Raynor (2003).

pode ser analisada e avaliada segundo uma matriz: ciclo de experiência de compra e alavancas de utilidade.

As alavancas de utilidade são as táticas pelas quais as empresas podem ofertar uma utilidade excepcional. O raciocínio priorizando a utilidade significa uma maneira de desenvolver novos produtos cujas possibilidades técnicas/tecnológicas seguem como uma consequência da utilidade (Kim e Mauborgne, 2005), ou seja, inovação de valor não é o mesmo que inovação tecnológica (ver Capítulo 1).

O ciclo de experiência pode ser explicitado em seis fases: compra, entrega, uso, suplementos, manutenção e descarte.

Kim e Mauborgne (2005) também caracterizam as maneiras pelas quais pode-se liberar uma utilidade excepcional aos consumidores, são as

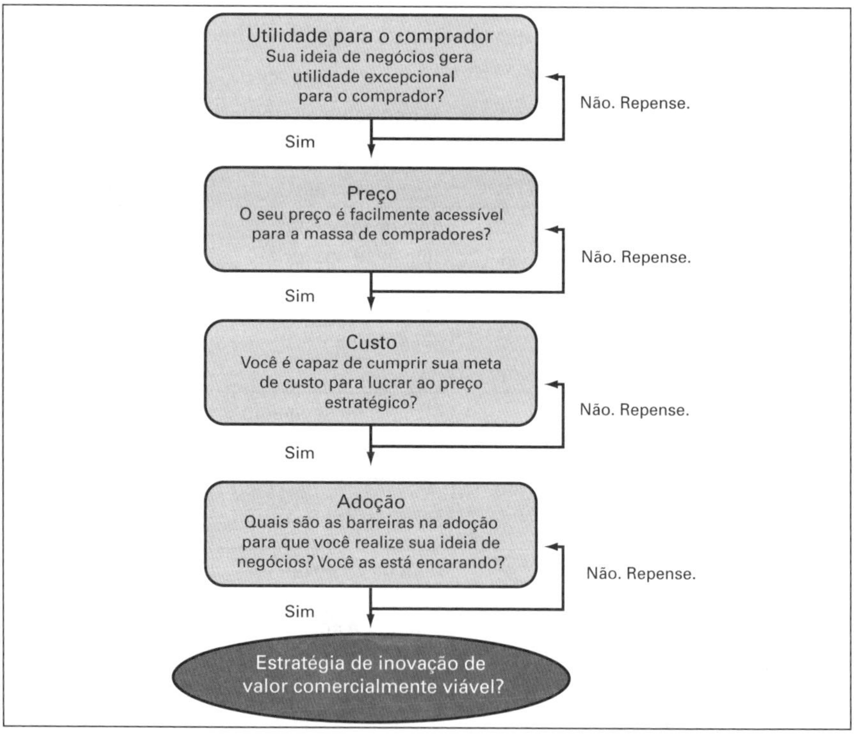

FIGURA 5.6 Processo para o desenvolvimento do modelo de negócio.
Fonte: Kim e Mauborgne (2005).

denominadas *alavancas da utilidade*: produtividade dos clientes, simplicidade, conveniência, risco, diversão, imagem e preservação ambiental.

Para testar a utilidade excepcional, deve-se verificar se os produtos removeram os maiores obstáculos à utilidade, ao longo do ciclo de experiência. Em geral, os maiores obstáculos à utilidade representam as melhores e mais promissoras oportunidades para a criação de valor excepcional.

O mapa de utilidade do comprador auxilia o teste da utilidade excepcional (Quadro 5.3).

Complementando, na Figura 5.7 é apresentado um método para a precificação de um produto.

5.4 Métodos e Ferramentas Analíticas para Formulação da Estratégia de Obtenção e Desenvolvimento de Competências

5.4.1 Estrutura para Estabelecimento da Estratégia de Inovação

Para a formulação de uma estratégia de inovação para obtenção e desenvolvimento de competências, o Centro de Competências Gestão Estratégica de Conhecimento e Inovação (Gecin) da Faculdade de Economia, Administração e Contabilidade de Ribeirão Preto (FEA-RP) da Universidade de São Paulo (USP), desenvolveu um método com base na estratégia de capacidades dinâmicas que será apresentado a seguir, assim como a sua aplicação em uma empresa específica no setor de informática.

Para a formulação de uma estratégia de inovação baseada nas capacidades dinâmicas, têm-se as seguintes competências (Figura 5.8):

- Estabelecimento da visão de futuro de produto/negócios e competências. Nessa fase, serão identificadas as competências desejadas no futuro (como apresentado no Capítulo 2).
- Análise e formulação da estratégia de obtenção ou desenvolvimento das competências.
- Desenvolvimento de um portfólio de projetos de obtenção ou desenvolvimento de competências.

QUADRO 5.3 Mapa de utilidade do comprador

	Compra	Entrega	Uso	Suplementos	Manutenção	Descarte
Produtividade do comprador						
Simplicidade						
Conveniência						
Risco						
Diversão e imagem						
Preservação ambiental						

Fonte: Kim e Mauborgne (2005).

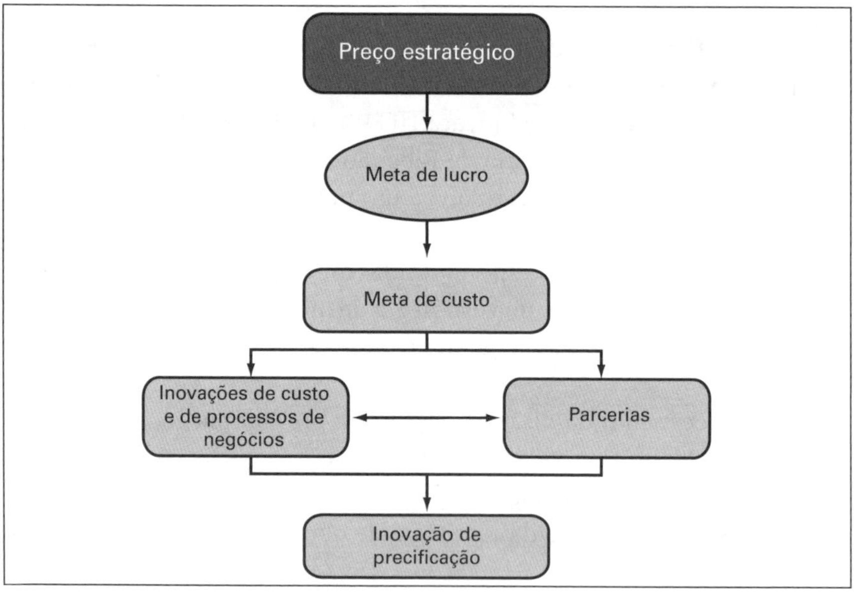

FIGURA 5.7 Precificação na inovação de valor.
Fonte: Kim e Mauborgne (2005).

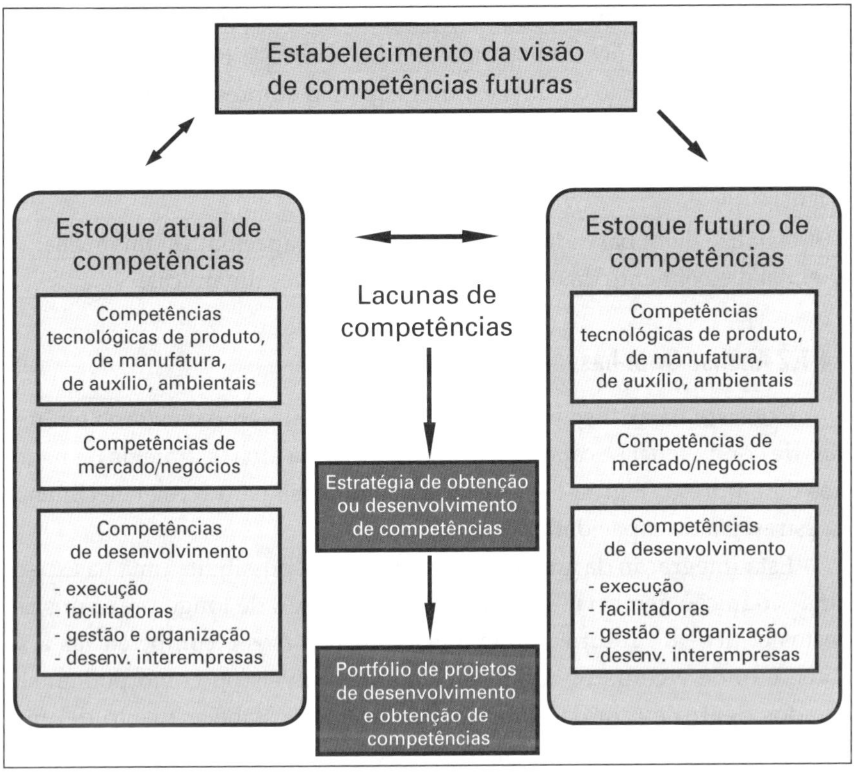

FIGURA 5.8 Estabelecimento da visão de futuro e estratégia de obtenção e desenvolvimento de competências.

5.4.1.1 Análise e formulação de estratégia de obtenção ou desenvolvimento das competências

A competência de análise e formulação de estratégia de obtenção ou desenvolvimento das competências tem os seguintes objetivos:

- Análise e definição das necessidades de competências e das capacidades dinâmicas.
- Especificação dos tipos e o mix de projetos que a empresa planeja ao longo do tempo.

A análise e definição das necessidades de competências e das capacidades dinâmicas possibilita uma análise interna e externa das competências e a formulação de uma estratégia para a empresa estabelecer o seu estoque de competências futuras, no contexto de uma perspectiva, para desenvolver o futuro e antecipar problemas. É composta por:

- Análise Swot baseada nas competências e capacidades dinâmicas;
- Estabelecimento da estratégia de capacidades dinâmicas.

5.4.1.2 Análise Swot baseada nas competências

Consiste na análise integrada do ambiente interno e externo em termos de competência e capacidades, em função da atual estratégia de negócios da empresa (Figura 5.9), servindo como base para o estabelecimento da estratégia de capacidades dinâmicas.

Esta integração da análise externa e interna possibilita uma base para uma "cognição gerencial", ou uma completa visão de longo prazo dos aspectos críticos do futuro. São expressos os recursos e competências a se obter, e onde e como os recursos estão disponíveis ou como podem ser gerados dentro e fora da empresa. Assim, há o estabelecimento de uma lógica estratégica. Nessa lógica, devem-se levar em conta as limitações estratégicas (Leonard-Barton, 1995).

Na análise, devem ficar explícitas as lacunas de competências que possuem adequações com as seguintes variáveis que definem as tipologias de *transilience*, ou o grau da distância entre as competências e capacidades atuais da empresa e as necessidades de competências e capacidades futuras.

Esta capacidade está fortemente relacionada à análise e mensuração da *transilience*, ou seja, avaliar a largura das lacunas de competências e capacidades que uma empresa atravessa para o futuro (Durand, 1997).

A seguir, é descrita a estrutura de análise estratégica baseada em competências e capacidades dinâmicas, conforme o trabalho de Zack (2002):

> Lacuna 1. Análise interna das competências: trata-se de comparar e analisar o estoque de competências desejadas no futuro com as competências atuais, para identificar as lacunas internas que são as forças e as fraquezas em termos de conhecimentos, ou seja, forças e fraquezas da empresa no desen-

volvimento da inovação e projetos que estão alinhados com a estratégia de negócios da empresa. O mapeamento de competências é uma atividade fundamental nesta etapa.

Lacunas 2 e 3. Análise externa das competências: trata-se de comparar e analisar o estoque de competências da empresa com o estoque de competências dos concorrentes, na situação atual (Lacuna 2), e na situação futura desejada (Lacuna 3), identificando, para a empresa, as oportunidades e as ameaças em termos de competências e capacidades para desenvolver os produtos para o futuro.

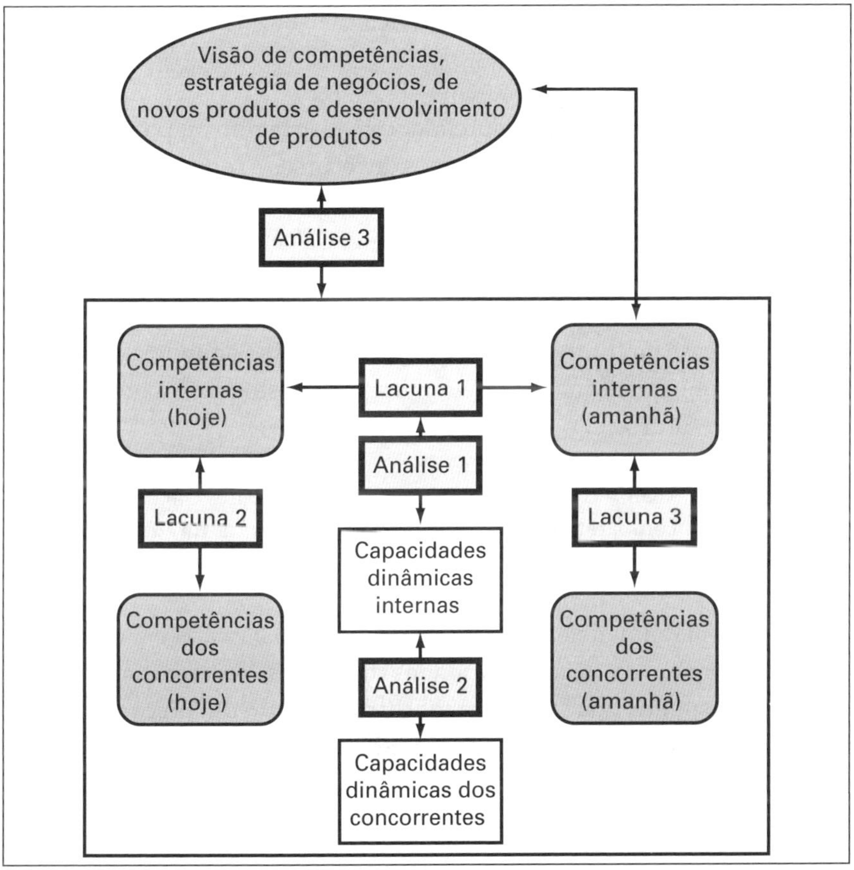

FIGURA 5.9 Análise estratégica das competências e capacidades dinâmicas. Fonte: Adaptada de Zack (2002).

A análise externa e interna de competências proporciona um posicionamento em termos de competências para a empresa no que tange ao desenvolvimento de novos produtos para o futuro. Entretanto, para se obter uma consistência perante tal posicionamento, é necessário analisar as capacidades dinâmicas, pois sustentarão efetivamente o desenvolvimento do estoque de competências desejadas no futuro. Assim, segue-se a análise interna e externa de capacidades dinâmicas:

> Análise 1. Análise de compatibilidade interna das capacidades dinâmicas: trata-se de analisar a compatibilidade das capacidades dinâmicas e o preenchimento da Lacuna 1 para o desenvolvimento do estoque de competências desejadas no futuro.

O que a empresa poderá aprender está restringido ou potencializado pelo que foi feito no passado em termos de recursos e capacidades, incluindo-se a capacidade de absorção, as competências e capacidades dinâmicas que caracterizam o seu estoque de competências e capacidades. Este contexto caracteriza o domínio do que aprender ou o espaço de aprendizado de que a empresa tem, ou seja, o factível estoque de competências e capacidades desejadas no futuro (Chiesa e Manzini, 1997). Segundo essa análise, pode-se ter um ajuste quanto à determinação do estoque de competências desejadas no futuro.

> Análise 2. Análise comparativa externa das capacidades dinâmicas: trata-se de analisar comparativamente as capacidades dinâmicas da empresa e as dos concorrentes.

A sustentabilidade em termos de competição baseada em competências é proporcionada pelas capacidades dinâmicas, portanto, se a empresa não tiver superioridade em termos de capacidade dinâmica perante os concorrentes, a situação é de vulnerabilidade ou de risco (Zack, 2002). A empresa deve revisar o seu posicionamento em termos de competências e capacidades dinâmicas, e o seu posicionamento de negócios.

> Análise 3. Análise de compatibilidade com negócios: trata-se de analisar a compatibilidade da estratégia de negócios e de desenvolvimento de produ-

tos e o resultado (parcial) da análise Swot. Podendo ocorrer uma reavaliação dos objetivos e, novamente, realizar-se o Swot baseado em competências.

5.4.1.3 Estabelecimento da estratégia de obtenção ou desenvolvimento das competências

Estabelecimento da estratégia de capacidades dinâmicas

A estratégia de capacidade dinâmica é estabelecida em função das características das lacunas. As estratégias básicas de capacidades dinâmicas são: criação de competências, integração de competências, reconfiguração de capacidades e reforço de competências.

A estratégia de capacidade dinâmica deve possuir uma perspectiva integrada de capacidades em função do processo de aplicação das competências que, neste livro, é o processo de desenvolvimento da inovação e de projetos. É importante destacar que, no âmbito da aprendizagem, existem três fases em que as competências podem ser desenvolvidas (Figura 5.10), a saber:

- Antes da aplicação: corresponde ao desenvolvimento de capacidades e competências realizadas por capacidades dinâmicas não diretamente ligadas ao processo de aplicação e que produzirão o estoque de capacidades futuras desejadas.
- Durante a aplicação: trata-se do próprio processo de desenvolvimento da inovação e de projetos, que é uma capacidade dinâmica no âmbito estratégico da empresa, e também das habilidades e conhecimentos desenvolvidos na aplicação pela *learning by doing* – aprendizagem do tipo fazendo.
- Após a aplicação: corresponde ao aprendizado adquirido após o desenvolvimento da inovação e de projetos, e os produtos e serviços que se tornarão conhecimentos embutidos. Esse aprendizado ficará na memória organizacional e poderá ser utilizado nos próximos desenvolvimentos.

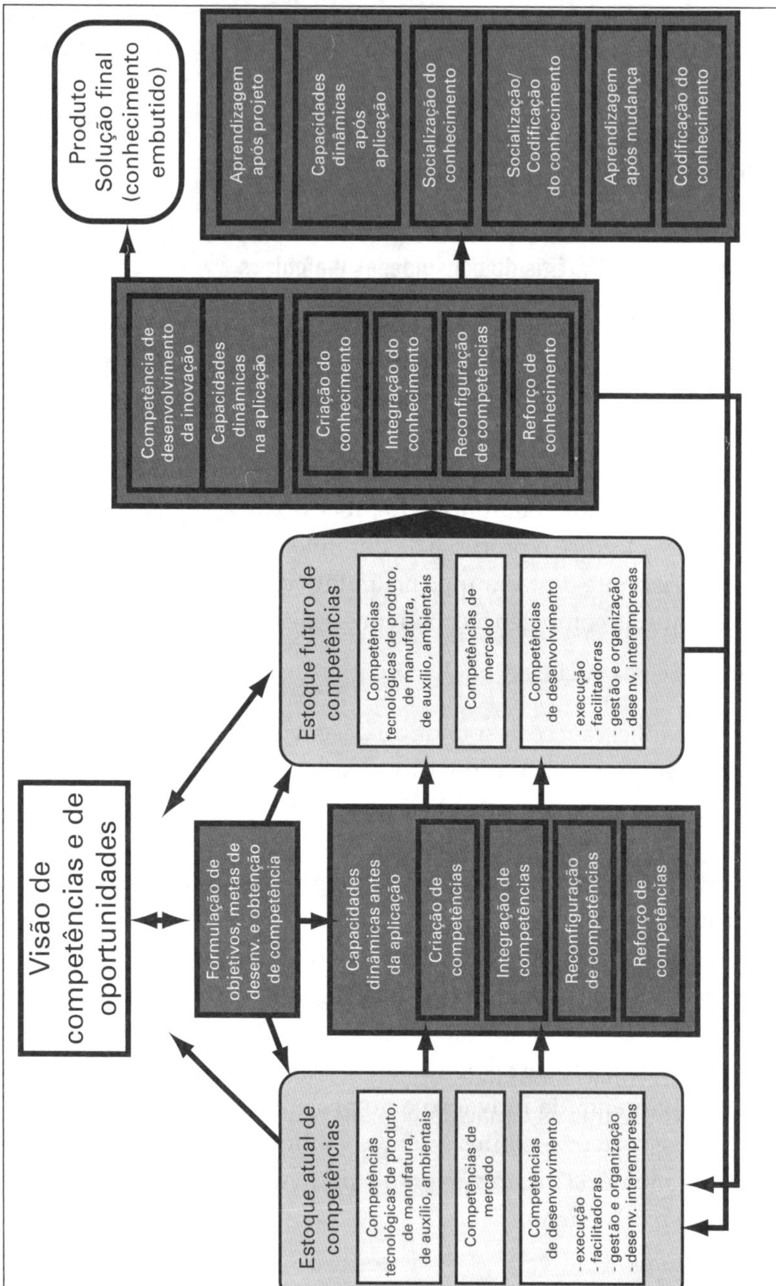

FIGURA 5.10 As três fases de aprendizagem consideradas no estabelecimento da estratégia.

Tipologias de capacidades dinâmicas

As capacidades dinâmicas são aquelas que irão promover o preenchimento das lacunas, fazendo com que a empresa obtenha o estoque de competências desejado no futuro. A escolha dessas capacidades dinâmicas são decisões essencialmente estratégicas, ou seja, suas escolhas caracterizam uma estratégia de capacidades dinâmicas.

A seguir, descrevem-se as tipologias de capacidades dinâmicas desenvolvidas neste trabalho (Quadro 5.4):

- Criação de competências

Trata-se de um tipo de capacidade dinâmica que possibilita a criação de novas competências com ênfase na utilização de recursos específicos da empresa.

Existe um alto nível de característica de construção de novas competências por meio de recursos específicos da empresa, portanto com baixo nível de alavancagem de capacidades já existentes.

Essa estratégia possui alta capacidade de aprendizagem e criação, em que o processo por meio do qual a repetição e a experimentação criam condições para que as tarefas sejam realizadas melhor e mais rapidamente, permitindo a identificação de novas oportunidades de produtos e processos de produção.

É uma capacidade dinâmica adequada para preencher grandes lacunas de competências; portanto, mais relacionadas com projetos de desenvolvimento de produtos com alto grau de inovação radical.

Possui também características de adaptabilidade, imitabilidade, aprendizagem, recriação e domínio de novas competências.

- Reconfiguração de competências

Trata-se de uma habilidade organizacional de percepção da necessidade de reconfigurar as capacidades da organização, incluindo a habilidade de monitorar o ambiente, avaliar os mercados e concorrentes em função das novas realidades de ambiente, partir rapidamente para a autorreconfiguração e a autotransformação antes dos concorrentes (Teece et al., 1997). Inclui-se também a capacidade de gerir o processo de mudança e a de reprojetar a organização de forma adaptável e flexível.

Quadro 5.4 Tipologias básicas de capacidades dinâmicas

	Reforço (Mesma competência)	**Integração interna (sinergia) Competência utilizada em algum lugar**	**Integração externa (competência interorganizacional)**	**Reconfiguração**	**Criação de competências (capacidade de aprendizagem)**
Alavancagem	Total alavancagem ++++	Alavancagem interna +++	Alavancagem externa ++	Alavancagem interna +	Alavancagem e capacidade de aprendizado +
Construção		Adaptação +	Absorção e reconstrução ++	Competência de construção +++	Competência de construção +++

A descentralização e a autonomia locais são fatores muito importantes nesse processo.

- Integração de competências

Trata-se de uma capacidade gerencial de coordenar e integrar as atividades e tecnologias internas e externas da organização, obtendo-se uma sinergia entre as várias competências previamente distribuídas. A integração pode ser interna ou externa.

Quanto se trata de uma integração externa, as características de alavancagem externa e construção se equivalem, sendo que esta última possui uma forte caracterização de absorção e reconstrução. Corresponde à construção de competências por meio dos recursos direcionados externamente, envolvendo uma alavancagem externa somada à construção de competência. É a típica transferência externa (Takahashi, 2002). É uma capacidade dinâmica também adequada para preencher grandes lacunas de competências, portanto, mais relacionadas com projetos de desenvolvimento de produtos com alto grau de inovação radical. Os tipos de transferência podem ser *turnkey*, investimentos estrangeiros diretos, *joint ventures*, licenciamento, cooperação científica, aquisições e fusões de empresas.

Quando se trata de uma integração interna, a característica de alavancagem interna é maior e a de construção, pequena. Neste caso, as competências já são existentes em alguma parte da empresa, necessitando serem transferidas internamente. É uma capacidade dinâmica adequada para preencher médias lacunas de competências, portanto mais relacionadas com desenvolvimentos de grau médio de inovação radical.

- Reforço de competências

Trata-se de uma capacidade típica de alavancagem de competências já existentes na empresa. É uma capacidade dinâmica adequada para preencher pequenas lacunas de competências, relacionadas com projetos de desenvolvimento de produtos com baixos níveis de inovação radical.

Na Figura 5.11, apresenta-se uma análise das capacidades dinâmicas relacionadas às três fases de aprendizagem do processo: antes, durante e após a aplicação. Seu detalhamento é demonstrado no Quadro 5.5.

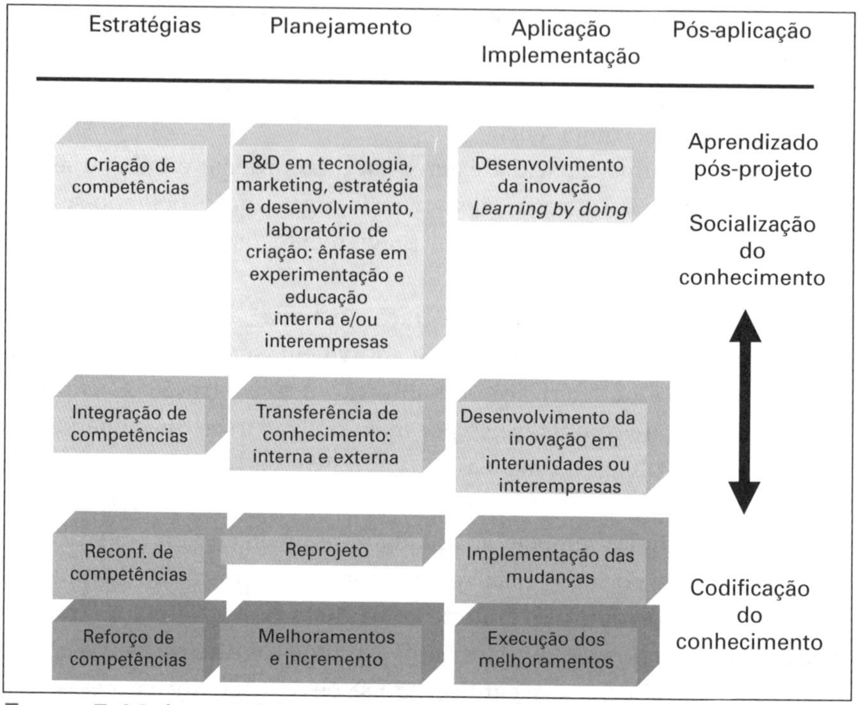

FIGURA 5.11 As estratégias de obtenção e desenvolvimento de competências.

5.4.1.4 Desenvolvimento de um portfólio de projetos de obtenção ou desenvolvimento de competências

Trata da competência que realiza a gestão integrada dos projetos de capacidades dinâmicas nas três fases de aprendizagem: antes, durante e após a aplicação.

A visão integrada entre as três fases de aprendizagem proporciona uma gestão agregada integrada, sincronizando os projetos, proporcionando o planejamento integrado de capacidade de recursos coletivos, o balanceamento das demandas de projetos individuais com os recursos existentes; e, assim, maximizando os resultados.

As atividades existentes no âmbito da gestão agregada dos projetos de capacidades dinâmicas são as seguintes:

- Programação agregada de projetos: trata-se do desenvolvimento da sequência dos projetos no tempo, incluindo as datas desejadas de fi-

Quadro 5.5 Tipologias de estratégia e fases de aprendizagem

Tipologias de capacidades dinâmicas	Antes da aplicação	Durante a aplicação	Após a aplicação
Criação de competências	• Desenvolvimento de novas competências tecnológicas, de mercado e de processo de desenvolvimento de produtos A) O desenvolvimento exclusivamente interno, ou B) O desenvolvimento interempresas	• Processo de criação do conhecimento do produto: socialização, externalização, combinação e extensão, com a aplicação das competências tecnológicas, de mercado, e de processo de DNP A) Desenvolvimento interno do novo produto B) Desenvolvimento interempresas de novos produtos • Aprendizagem conceitual do conteúdo por meio do *learning by doing* • Aprendizagem operacional do processo de execução por meio do *learning by doing*	• Aprendizagem pós-projeto • Ênfase na transferência interna do conhecimento tácito (socialização) • Aquisição, distribuição, interpretação, retenção • Aplicação e ação
Integração de competências	• Integração externa: • Capacidade de transferência externa de competências tecnológicas, de mercado, de processos DNP • Capacidade de desenvolvimento de alianças estratégicas para desenvolvimento de capacidades • Integração interna: • Capacidade de compartilhamento e transferência interna de capacidades tecnológicas, de mercado e de processos de DNP	• Processo de criação do conhecimento do produto com ênfase nos processos de combinação e extensão, com aplicação das capacidades tecnológicas, de mercado e de processo de DNP • Uso das competências de experimentação, integração e soluções compartilhadas A) Desenvolvimento interno do produto B) Desenvolvimento interempresas do produto • Ênfase na aprendizagem operacional *learning by doing*	• Aprendizagem pós-projeto • Base de conhecimento organizacional • Codificação e socialização • Redes de conhecimento
Reconfiguração de competências	• Capacidade de detectar a necessidade de reconfigurar e transformar as competências organizacionais • Capacidade de criar uma estrutura organizacional aberta e flexível	• Implementação de nova forma organizacional ou de trabalho • Capacidade de gerir a mudança • Aprendizagem com a mudança	• Aprendizagem pós-mudança
Reforço de competências	• Treinamento e capacitação reforçando competências tecnológicas, de mercado e de processos de DNP já existentes	• Ênfase nos processos de melhoramento e otimização dos projetos • Aprendizagem operacional *learning by doing* A) Desenvolvimento interno do produto B) Desenvolvimento interempresas do produto	• Aprendizagem pós-projeto • Ênfase na codificação

nalização, de introdução no mercado (caso dos projetos de aplicação) e os recursos associados. É uma programação mestre otimizada em conjunto com todos os outros projetos. Essa programação é atualizada em uma base contínua.

- Análise da capacidade instalada de desenvolvimento de projetos: trata-se de monitorar e manter o equilíbrio entre os projetos e a maximização de resultados. Evita a ocorrência de gargalos, e que a demanda de atividades não exceda os recursos de capacidade.
- Elaboração de orçamentos sincronizados: trata-se de proporcionar o trabalho em conjunto dos projetos de desenvolvimento e das funções para estrategicamente maximizar os resultados dos recursos. Este tipo de orçamento utiliza as necessidades dos projetos e áreas funcionais e as reconcilia com os recursos existentes e restrições de capital.
- Alinhamento funcional: proporciona a otimização do portfólio de projetos para obter o máximo de fluxo nas áreas funcionais da empresa. Considera todas as atividades que necessitam de recursos por meio das funções relacionadas ao desenvolvimento.

A existência de portfólio de projetos e do de competências proporciona uma base de informações fundamental para o exercício da competência da gestão agregada. E, nesse contexto, o mapeamento das competências é uma atividade suporte fundamental para o diagnóstico do estoque de competências da empresa, formando o portfólio de competências da empresa que deve ser atualizado periodicamente.

A administração da tensão criativa organizacional baseada no conceito de tensão criativa individual, no âmbito da condicionante de aprendizagem de domínio pessoal de Senge (1990), é uma atividade componente inerente à competência de gestão agregada.

5.4.1.5 Exemplo: estratégia de inovação em empresa no setor de tecnologia de informação

A empresa é prestadora de serviços em tecnologia da informação no Brasil e possui uma postura prospectiva em relação ao seu ambiente, sempre tentando influenciar o futuro.

Possui uma característica eminentemente inovadora, trabalhando em conjunto com os seus clientes em busca de inovações que tragam benefícios para a sociedade.

Não se considera uma empresa que trabalha a tecnologia pela tecnologia. Procura estar preparada para as mudanças e sempre com entusiasmo para com as inovações.

Possui os seguintes valores:

- Respeito às pessoas, responsabilidade social e cidadania;
- Integridade profissional e pessoal;
- Orgulho de trabalhar na empresa;
- Gosto por desafios;
- Compromisso com resultados;
- Competência técnica;
- Confiança e credibilidade;
- Confidencialidade e segurança das informações.

De forma declarada, a sua força motriz é a capacidade de inovar e realizar.

As linhas de negócio da empresa são as seguintes:

- Desenvolvimento de soluções: desenvolvimento de aplicações, de plataforma livre, fábrica de sites, desenvolvimento web, metodologia de desenvolvimento de soluções.
- Serviços de datacenter: hospedagem de aplicações e de servidores, armazenamento de dados, espelhamento de bases de dados, publicações na internet, gerenciamento e administração de aplicações e serviços.
- Rede multisserviços: redes virtuais privadas, redes corporativas, provimento de acesso corporativo a internet, interconexões de redes, convergência de dados, voz e vídeo, redes locais, gerenciamento integrado de redes, acesso remoto discado.
- Segurança: consultoria em gestão de segurança, definição de políticas de segurança, certificação digital, análise de vulnerabilidades, política de antivírus, pesquisa e investigação, grupo de resposta e ataques, auditoria de segurança.

- Integração/interoperabilidade: barramento de integração, data *warehousing*, sistemas de apoio à decisão, integração de processos, sistemas e dados, padrões para interoperabilidade, integração de diretórios, plataforma de pagamentos.
- Gestão do conhecimento: consultoria em gestão do conhecimento, estruturação da informação, portais corporativos, comunidades virtuais, universidade corporativa.
- Serviços ao cidadão: central de atendimento, caixa postal eletrônica do cidadão, ouvidoria, espaço cidadão e ensino a distância.

O processo e o conteúdo da estratégia de inovação

A empresa realiza um programa de planejamento estratégico em que são formulados, atualizados e validados os componentes estratégicos da empresa e derivados nos diversos níveis operacionais da empresa, a saber: visão, missão, premissas, negócios, produtos e serviços, força motriz, fatores críticos, valores, objetivos e metas, indicadores gerenciais, níveis de serviços, política de preços, níveis de investimentos.

As demandas dos clientes, na realidade, é que iniciam o processo de inovação, gerando um negócio e a sua estratégia, e um modelo de negócio. Excepcionalmente, o desenvolvimento é resultado da prospecção de uma nova solução tecnológica, mas sempre com a apresentação e validação por parte dos clientes.

No processo de planejamento estratégico, utiliza-se uma metodologia semelhante ao *Balanced Scorecard* envolvendo todo o corpo gerencial da empresa em um ciclo anual de reuniões, de forma participativa, comprometendo todo o corpo gerencial com uma visão única para assegurar o alinhamento estratégico das diversas unidades da empresa.

No planejamento estratégico são também levantadas as necessidades de competências, possibilitando o alinhamento destas com os objetivos estratégicos. No que tange à obtenção das competências para o preenchimento das lacunas de competências, ou os estabelecimentos das capacidades dinâmicas, a empresa possui programas de capacitação para aquisição de conhecimento e programas de parcerias estratégicas para novas tecnologias. O programa de capacitação é desenvolvido pela universidade corporativa, e o de parcerias estratégicas por acordos de cooperação com universidades, institutos de pesquisa e fornecedores de tecnologia.

Um programa de gestão de conhecimento é também formulado como parte integrante do planejamento estratégico da empresa. A partir da definição dos objetivos estratégicos da empresa são estruturados os macroprogramas que possibilitam o alinhamento estratégico com os diversos projetos. Os macroprogramas são desdobrados em um conjunto de projetos de forma a assegurar a obtenção dos objetivos estratégicos.

A gestão agregada de projetos é realizada por meio dos macroprogramas. Semanalmente, a diretoria da empresa acompanha o desenvolvimento dos projetos estratégicos selecionados, ou seja, o seu cronograma, resultados parciais e finais obtidos. O conselho de administração da empresa faz o mesmo acompanhamento mensalmente.

Não há uma gestão agregada de competências e capacidades dinâmicas de forma explícita e planejada.

No processo de inovação, existe uma gestão de projetos que controla os prazos e recursos. A gestão de projetos da empresa representou um marco, dada a necessidade de lidar com tecnologias complexas, sempre específicas para o cliente.

A implantação dessa gestão também é inovadora e representa uma grande mudança na cultura da empresa com a formação de equipes multifuncionais.

Como suporte para o ambiente de gestão de projetos, a empresa tem planejado o desenvolvimento de um portal de projetos, e a integração com ferramentas de apoio à gestão de projetos na empresa, de preferência em *software* livre. A implantação será em etapas e constituirá um programa que terá como resultado a maturidade de gestão de projetos na empresa, tornando-se uma organização direcionada a projetos em todos os novos negócios e projetos de melhorias, e substituição de tecnologias e processos.

No que tange às competências tecnológicas, cabe destacar as competências de auxílio ao desenvolvimento de novos produtos, em que a empresa desenvolveu um programa de garantia de qualidade de *software*, e um processo de desenvolvimento de soluções que utiliza em suas fases praticamente todas as ferramentas disponíveis no mercado para o suporte ao desenvolvimento de sistemas de informações e comunicação dentro de padrões internacionais de qualidade.

Com relação à competência de desenvolvimento de produtos, o processo possui três etapas:

1. Elaboração do documento de visão, no qual são detalhados os requisitos e especificações do sistema.
2. Construção dos códigos do sistema pelas fábricas de *software*.
3. Homologação por parte do cliente e produção.

As capacidades dinâmicas não são desenvolvidas de forma explícita e planejada.

Com relação aos suportes para a estratégia, gestão e desenvolvimento da inovação, a empresa possui um ambiente cooperativo com uma intranet, repositórios de conhecimento para suportar as atividades de desenvolvimento de produtos, serviços e sistemas, bem como um plano de carreiras baseado no *mentoring*, e um sistema de remuneração baseado em competências.

Como a empresa possui dez polos de desenvolvimento localizadas em suas unidades regionais, ela faz uso da videoconferência, além dos recursos da intranet. Esses polos trabalham de forma cooperativa, promovendo a integração dos processos, o alinhamento de prazos e o compartilhamento de conhecimentos.

No Quadro 5.6 são apresentadas as principais características das competências da empresa.

Resumo

O processo para formulação estratégica possui vários caminhos. Temos a estratégia como um processo *top down* chamada deliberada ou intencional. Entretanto, na prática, gerentes de nível médio, engenheiros, vendedores, profissionais de implementação e operacionalização da estratégia podem contribuir no ajuste da estratégia deliberada ou mesmo propor outra com base em experiências práticas provenientes do *front* da organização; trata-se do processo denominado estratégia emergente, que

QUADRO 5.6 Características das competências da empresa (conteúdo)

Tipo de competência	Características
Visão de competências	Localiza-se no âmbito do processo de planejamento estratégico Identifica a necessidade das competências essenciais
Visão de produtos	Localiza-se também no âmbito do processo de planejamento estratégico, no qual são identificadas as oportunidades de negócios e de desenvolvimento de novos produtos
Estabelecimento de objetivos, metas e competências	Atua, em um primeiro âmbito, na definição dos macroprogramas, e em um segundo, no processo de desenvolvimento de produtos Utiliza a abordagem *Balanced Scorecard*
Gestão agregada de competências, capacidades dinâmicas e projetos	O planejamento agregado de projetos é realizado com a definição dos macroprogramas, mas a gestão dos macroprogramas não é algo formal e sistemático Existe uma estrutura com responsabilidade de desenvolver a cultura e a capacitação em gestão de projetos Não há a existência total da gestão agregada de competências e capacidades dinâmicas. O mapeamento de competências é realizado e uma árvore de conhecimento é desenvolvida
Competências tecnológicas	Destacam-se as ferramentas e metodologias de desenvolvimento de *software* mais avançadas no âmbito do processo de desenvolvimento de soluções da empresa
Competências de mercado	Existe uma unidade de relacionamento com os clientes que permanentemente prospectam as necessidades da demanda e planejam a oferta de produtos Há a elaboração de um plano diretor para os clientes, formulação de propostas comerciais, elaboração e gerenciamento de contratos comerciais
Competência de desenvolvimento de produtos	É o processo formal de desenvolvimento de soluções da empresa, estruturado e com alto nível de detalhamento Destaca-se o programa de garantia de qualidade de *software* Existe uma capacitação de gerência de projetos
Capacidades dinâmicas	Existem dois macrocomponentes: o programa de gestão de conhecimento e a universidade corporativa, mas os mecanismos de aprendizagem e as estratégias de capacidade dinâmicas não são bem definidos
Capacidades suportes	Repositórios, intranet, portal corporativo, videoconferência Ambiente cooperativo Sistema de remuneração baseado em competências Plano de carreira baseado no *mentoring*

contempla uma forma de processo estratégico com resolução de problemas e oportunidades que não foram ou não eram possíveis de ser estabelecidos no processo deliberado *top down*.

A organização convive com essas duas formas de processo estratégico, além de um terceiro, o de alocação de recurso, que determinará quais iniciativas e projetos serão implementados. Assim, a estratégia efetiva é caracterizada por meio da execução dos projetos de novos produtos, serviços, aquisições, parcerias etc. que são denominadas ações estratégicas. Dessa forma, um importante elemento de análise para identificação da estratégia de uma empresa não seria o que entra no processo de alocação de recursos, mas sim o resultado dele.

Como métodos e ferramentas analíticas para formulação do posicionamento de negócios tem-se a matriz de avaliação de valor e custo, e o modelo das quatro ações.

Para a formulação de uma estratégia de inovação baseada nas capacidades dinâmicas tem-se as seguintes competências:

- Estabelecimento da visão de futuro de produto/negócios e competências. Nesta fase serão identificadas as competências desejadas no futuro.
- Análise e formulação da estratégia de obtenção ou desenvolvimento das competências.
- Desenvolvimento de um portfólio de projetos de obtenção ou desenvolvimento de competências.

Com relação às tipologias de estratégias de obtenção e desenvolvimento de competências, tem-se:

- Criação: possibilita a criação de novas competências com ênfase na utilização de recursos e outras competências específicas da empresa.
- Integração: trata-se de coordenar e integrar as atividades e tecnologias internas e externas à organização, obtendo-se uma sinergia entre as várias competências previamente distribuídas.
- Reconfiguração: relacionada a gerir o processo de mudança e reestruturar a organização de forma adaptável e flexível.

- Reforço: trata-se da alavancagem de competências já existentes.

Pode-se relacionar cada tipologia de estratégia de obtenção e desenvolvimento com as seguintes fases:

- Planejamento: fase anterior à aplicação (*learning before doing*);
- Aplicação: implementação das competências para o desenvolvimento da inovação;
- Pós-aplicação: trata de um grupo de atividades de aprendizagem pós-projeto.

Questões para discussão

1. Analise um setor específico para os principais concorrentes segundo as seguintes questões:
    - Qual o seu posicionamento de negócios?
    - Quais as competências estratégicas e suplementares?
    - Quais os processos de obtenção e desenvolvimento de competências?
    - Analise se o processo de formulação é predominantemente deliberado ou emergente.

Referências

AMIT, R.; SCHOEMAKER, P.J.H. Strategic assets and organizational rent. *Strategic Management Journal*, Boston, v.14, n.1, 1993, p.33-46.

ANDREW, J.P.; SIRKIN, H.L. *Payback. A recompensa financeira da inovação.* Rio de Janeiro: Campus, 2007.

BIERLY III, P.E.; CHAKRABARTI, A.K. Technological learning, flexibility, and new product development in the pharmaceutical industry. *IEEE Transactions on Engineering Management*, v.43, n.4, 1996, p.368-80.

BONTIS, N. Managing knowledge by diagnosing organizational learning flows and intellectual capital stocks: Framing and advancing the literature. *Working Paper*, n. 97-07. Ontário: Richard Ivey School of Business/The University of Western Ontario, 1997.

CHESBROGH, H. *Open business models: how to thrive in the innovation landscape.* Boston: HBS Press, 2006.

CHIESA, V.; MANZINI, R. Competence levels within firms: a static and dynamic analysis. In: HEENE, A.; SANCHEZ, R. *Competence based strategic management.* Inglaterra: John Wiley & Sons, 1997, p.195-214.

CHOO, C.W. *A organização do conhecimento*. São Paulo: Senac, 2003.

CHRISTENSEN, C.M. *The innovator´s dilemma: when new technologies cause great firms to fail*. Boston: HBS Press, 1997.

CHRISTENSEN, C.M.; RAYNOR, M.E. *O crescimento pela inovação: como crescer de forma sustentada e reinventar o sucesso*. Rio de Janeiro: Campus, 2003.

COLLINS, J.C.; PORRAS, J.I. *Feitas para durar*. Rio de Janeiro: Rocco, 1995.

DURAND, T. Strategizing for innovation competenc analysis in assessing change. In.: HEENE, A; SANCHEZ, R. *Competence-based Strategic Management*. Inglaterra: John Wiley y Sons, 1997, p.127-150.

EISENHARDT, D.T; MARTIN, J.A. Dynamic capabilities: what are they. *Strategic Management Journal*, Boston, v.21, n.10/11, 2000, p.1105-21.

HAMEL, G. The concept of core competence. In: HAMEL, G.; HEENE, A. *Competence based competition*. Nova York: John Wiley & Sons, 1994, p.1-10.

HAMEL, G.; HEENE, A. *Competence-based competition*. Nova York: John Wiley & Sons, 1994.

HANSEN, M.T.; OHRIA, N.; TIERNEY, T. What's your strategy for managing knowledge. *Harvard Business Review*, Boston, v.77, n.2, 1999, p.106-16.

HELLSTRÖM, T. et al. Knowledge and competence management at Ericsson: decentralization and organization fit. *Journal of Knowledge Management*, v.4, n.2, 2000, p.99-110.

HITT, M.; IRELAND, R.D.; HOSKISSON, R.E. *Administração estratégica*. São Paulo: Thompson, 2001.

JONASH, R.S.; SOMMERLATTE, T. *O valor da inovação*. Rio de Janeiro: Campus, 2001.

KIM, W.C.; MAUBORGNE, R. *A estratégia do oceano azul*. Rio de Janeiro: Elsevier, 2005.

KOTLER, P.; KELLER, K.L. *Administração de marketing*. São Paulo: Pearson Prentice Hall, 2006.

LEONARD-BARTON, D. Core capabilities and core rigidities: a paradox in managing new product development. *Strategic Management Journal*, v.13, 1992, p.111-25.

______. *Wellsprings of knowledge: building and sustaining the sources of innovation*. Boston: HBS, 1995.

MARSH, S.J.; STOCK, G.N. Building dynamic capabilities in new product development through intertemporal integration. *Journal of Production Innovation Management*, v.20, n.2, 2003, p.136-51.

MINTZBERG, H.; AHLSTRAND, B.; LAMPEL, J. *Safári de estratégia*. Porto Alegre: Bookman, 1998.

MOSAKOWSKI, E.; McKELVEY, W. Predicting rent generation in competence-bases competition. In: HEENE, A.; SANCHEZ, R. *Competence based strategic management*. Nova York: John Wiley & Sons, 1997.

PFEFFER, J.; SUTTON, R. I. Knowing what to do is not enough-turning knowledge into action. *California Management Review*, Califórnia, v.42, n.1, 1999, p.83-108.

PORTER, M.E. *Estratégia competitiva: técnicas para análise de indústrias e da concorrência*. Rio de Janeiro: Campus, 1980.

______. *Vantagem competitiva: criando e sustentando um desempenho superior*. Rio de Janeiro: Campus, 1989.

PRAHALAD, C.K.; HAMEL, G. The core competence of the corporation. *Harvard Business Review*, Boston, v.90, n.3, mai.-jun., 1990, p.79-91.

PRAHALAD, C.K.; RAMASWAMY, V. *O futuro da competição*. Rio de Janeiro: Elsevier, 2004.

SANCHEZ, R.; HEENE, A. Competence based strategic management: concepts and issues for theory, research, and practice. In: HEENE, A.; SANCHEZ, R. *Competence based Strategic Management*. Nova York: John Wiley & Sons, 1997, p.3-42.

SENGE, P.M. *A quinta disciplina: arte, teoria e prática da organização de aprendizagem*. São Paulo: Best Seller, 1990.

TAKAHASHI, S.; TAKAHASHI, V.P. *Gestão de inovação de produtos: estratégia, processo, organização e conhecimento*. Rio de Janeiro: Campus/Elsevier, 2007.

TAKAHASHI, V.P. *Capacidades tecnológicas e transferência de tecnologias: um estudo de múltiplos casos da indústria farmacêutica no Brasil e no Canadá*. São Carlos, 2002. Tese (Doutorado em Engenharia). Escola de Engenharia de São Carlos, Universidade de São Paulo.

TAKEUCHI, H.; NONAKA, I. *Gestão do conhecimento*. Porto Alegre: Bookman, 2008.

TEECE, D.; PISANO, G.; SHUEN, A. Dynamic capabilities and strategic management. *Strategy Management Journal*, Chichester, v.18, n.7, jul. 1997, p.509-33.

TIDD, J.; BESSANT, J.; PAVITT, K. *Managing innovation: integrating technological, market, and organizational change*. 2.ed. Nova York: John Wiley & Sons, 2001.

VAN KROGH, G.; ICHIJO, K.; NONAKA, I. *Enabling knowledge creation*. Oxford: Oxford University Press, 2000.

WERNEFELT, B. A resource-based view of the firm. *Strategic Management Journal*, Boston, v.5, n.2, 1984, p.171-80.

ZACK, M.H. Developing a knowledge strategy. *California Management Review*, Califórnia, v.41, n.3, 1999, p.125-45.

______. *A strategic pretext for knowledge management. Proceedings of The Third European Conference on Organizational Knowledge, Learning and Capabilities* (http://www.alba.edu.gr/OKLC2002/Proceedings/), Athens, Greece, April 5, 2002.

ZOOT, C. Dynamic capabilities and the emergence of intraindustry differential firm performance: insights from a simulation study. *Strategic Management Journal*, Boston, v.24, 2003, p.97-125.

Capítulo 6

Inovação Aberta e Transferência Externa de Conhecimento

Vania Passarini Takahashi

6.1 Introdução

O maior nível de exigências e sofisticação por parte dos clientes e o crescimento da diversidade e mudanças tecnológicas fazem com que empresas introduzam produtos no mercado com frequência e variedade nunca antes vistas. Desenvolveu-se um mercado global de ideias em que os concorrentes podem reproduzir rapidamente a maioria dos produtos e serviços e, assim, as vantagens de novos produtos são cada vez mais difíceis de se sustentar. O cenário atual coloca a gestão da inovação como uma das práticas administrativas mais relevantes para o sucesso empresarial. As empresas, para serem inovadoras, devem adquirir, gerar e administrar novos conhecimentos (Takahashi e Takahashi, 2007).

A tecnologia é um corpo de conhecimento sobre técnicas que são necessárias para desenvolver, produzir e distribuir bens e serviços (Takahashi, 2002). Tal conhecimento não só está incorporado nas técnicas e nos específicos elementos que as compõem, mas abrange também o conhecimento dos princípios que as fundamentam e o conhecimento necessário para sua alteração ou aperfeiçoamento. Sendo assim, empresas diferentes podem ter níveis distintos de conhecimento tecnológico em determinado campo e ainda empreender esforços em diferentes direções no sentido de ampliar esse corpo de conhecimento.

O corpo de conhecimento que a organização utiliza para transformar em tecnologia pode ser desenvolvido e gerado por meio de fontes internas (*closed innovation*) e externas (*open innovation*). Em qualquer dessas modalidades, a capacidade de transferência de conhecimento externo é condição essencial para a ampliação e desenvolvimento de competências tecnológicas que irão propiciar o sucesso da inovação na empresa no futuro. Porém, será que todas as empresas que buscam adquirir conhecimento tecnológico externo são bem-sucedidas, isto é, conseguem ampliar efetiva e eficazmente sua competência de inovação?

6.2 Os Modelos de *Open Innovation* e *Closed Innovation*

No antigo e tradicional modelo de geração de inovação tecnológica, as grandes corporações investiam pesadamente em centros de P&D interno (Figura 6.1). Estes centros eram considerados ferramentas estratégicas de competição no mercado uma vez que apenas empresas que conseguiam investir consideráveis recursos em projetos de P&D permaneciam no mercado. O antigo modelo, chamado por Chesbrough (2003) de *closed innovation*, possui as seguintes características:

- Uma empresa deve sempre possuir os melhores profissionais do mercado para P&D.
- Toda tecnologia deve ser descoberta, desenvolvida e financiada dentro da empresa.
- A empresa que primeiro comercializa uma inovação no mercado tem vantagem em relação a outras.
- As melhores e mais numerosas ideias são importantes para o sucesso de uma empresa no mercado.
- A propriedade intelectual dentro de uma empresa deve ser controlada de forma a impedir que outras aproveitem as ideias.

O modelo do *closed innovation* possibilitou que grandes empresas permanecessem líderes de mercado por um longo período, porém, no final do século XX, um número de fatores combinados erodiu a base desse modelo (Chesbrough, 2003; Chesbrough e Crowther, 2006). O declínio da estratégia

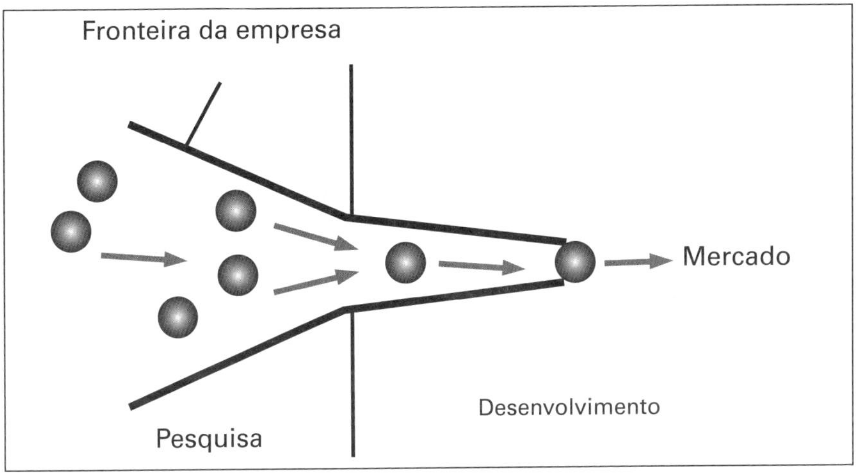

FIGURA 6.1 Funil da inovação no modelo *closed innovation.*
Fonte: Chesbrough (2003).

focada em P&D interno se deu pelo aumento do número e mobilidade dos profissionais de conhecimento, tornando difícil para empresas a posse e o controle de sua propriedade intelectual (Dogson et al., 2006). Além disso, o aumento de capital de risco que permite o financiamento de novas empresas no desenvolvimento de novas tecnologias e a diminuição do tempo de vida de produto são fatores envolvidos na queda do antigo modelo.

Diante dessa nova realidade, o novo modelo, denominado por Chesbrough (2003) de *open innovation*, pressupõe que as empresas devem utilizar fontes externas de ideias, a fim de aumentar sua competitividade na geração de novas tecnologias, sempre se apoiando em um sólido modelo de negócio, crucial para o sucesso da tecnologia no mercado (Figura 6.2). Outro forte ponto colocado pelo autor é a importância de se gerar riqueza também por meio da comercialização de ideias geradas internamente, quando estas não se adequarem à competência da empresa.

O modelo do *open innovation* difere do *closed innovation* em sua definição de sucesso. No novo modelo, o sucesso não apenas é vinculado exclusivamente às ideias originadas dentro do domínio da companhia, mas também a ideias fora do domínio, permitindo geração de valores em

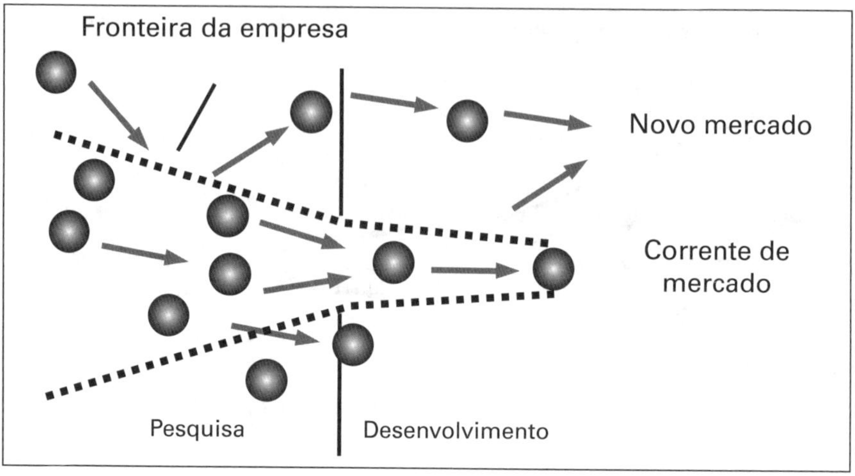

FIGURA 6.2 Funil da inovação no modelo *open innovation*.
Fonte: Chesbrough (2003).

diversos estágios de desenvolvimento de uma nova tecnologia ou produto (Meer, 2007).

Outra diferença entre os dois modelos está na forma como as ideias são selecionadas. Em qualquer processo de P&D, pesquisadores e seus gerentes devem separar as propostas ruins, que são descartadas, das boas, as quais são comercializadas posteriormente, e tanto um modelo como o outro são sujeitos a falsos positivos (ideias ruins que inicialmente pareciam promissoras). No entanto, apenas no modelo *open innovation* as corporações têm a oportunidade de resgatar os falsos negativos (projetos que pareciam pouco promissores, mas que se tornaram surpreendentemente valiosos) por meio do auxílio de tecnologias advindas do ambiente externo (Chesbrough e Crowther, 2006).

Open innovation é composto por três elementos: cultura, estrutura e modelo de negócio (Meer, 2007).

A cultura do processo de inovação em um sistema aberto requer um diferente modo de pensar. Desse modo, o *open innovation* se baseia nos seguintes valores:

- Nem todos os profissionais excelentes trabalham para sua empresa, de forma que o conhecimento e as ideias destes podem ser encontrados fora da empresa.
- O P&D externo pode ser usado para geração de valor significativo, porém o P&D interno não deve ser desprezado.
- Uma empresa não necessita inventar uma tecnologia para poder comercializá-la.
- Ter o melhor modelo de negócio é mais interessante que ser o primeiro a chegar ao mercado.
- Uma empresa deve conseguir reconciliar ideias internas e externas.
- Uma empresa tem que saber utilizar propriedade intelectual externa, além de saber comercializar suas propriedades intelectuais.

Já em relação à estrutura do *open innovation*, Meer (2007) observou mecanismos que possibilitam importação e exportação de conhecimentos, ideias de projetos. Tais mecanismos incluem métodos, estruturas e sistemas em todos os estágios do processo de inovação que permitem o fluxo de entrada e saída de dados. Alguns exemplos desses mecanismos são listados no Quadro 6.1.

Quadro 6.1 Alguns mecanismos do *open innovation*

Estágio	Importação	Exportação
Conceito	Sessões criativas de *networking* com universidades e institutos científicos	Projetos *clusters*
	Conhecimentos *clusters open day*	Grupos de indústrias
	Conferências	Cooperação público-privado
	Feiras	*Licensing out*
	Fornecedores e usuários finais	
	Licensing in	
Desenvolvimento	Busca de patentes	Quebra de patentes
	Parcerias	*Spinning out*
	Spinning in	
Negócios	*Venturing in*	*Venturing out*

Fonte: Meer (2007).

Por fim, o modelo de negócio precisa ser repensado, posto que ele é a via cognitiva pela qual a empresa consegue converter ideias e técnicas em produtos e serviços economicamente viáveis (Meer, 2007). O modelo de negócio é a ponte entre o ambiente técnico – a disponibilização ao mercado de determinado bem – e o ambiente social – o valor dos bens perante os consumidores e o valor efetivamente percebido pela empresa. De acordo com Meer (2007, p.197), "o modelo de negócio do *open innovation* conecta o domínio técnico (o que nós entregamos?) com o domínio social (quanto valor isto dá ao usuário e quanto somos pagos por isto?)".

Existem vários exemplos que ilustram a ligação entre o campo técnico e o social: a empresa Google, que oferece serviços gratuitos, obtendo lucro através de anúncios; o próprio desenvolvimento do telefone celular; e, a aplicação da tecnologia da Teflon a artigos de vestuário, que levou a criação de roupas especiais (Meer, 2007).

Um modelo de negócio deve ser capaz de agregar valor ao seu usuário final, bem como às subsequentes etapas na cadeia de valores, e ainda, que os atores envolvidos sejam justamente ressarcidos por sua participação. Entretanto, na prática, é realmente complicado avaliar todos esses parâmetros.

Para muitas empresas se torna tarefa complicada definir seu modelo de negócio, atuar em modelos paralelos ou até mesmo desenvolver um novo modelo (Meer, 2007; Chesbrough, 2010). Pode-se destacar que reside exatamente aí uma grande oportunidade para a criação de valor. Identificar com destreza quais são as reais competências da empresa, ter consciência de seu *core business* sem embaraços possibilita uma conhecimento pleno de sua capacidade, aumentando as chances de se expandir com modelos inovadores a outros campos, caso seja necessário. As empresas que atuam na inovação aberta conseguem realizar essa tarefa (Chesbrough, 2010).

A fim de explorar os princípios do *open innovation*, as indústrias vêm desenvolvendo ações estratégicas que possibilitem conectar tecnologias externas às suas correntes internas de negócios e utilizar suas tecnologias internas para negócios externos.

Conforme Chesbrough (2003), um dos modos tem como atores as pequenas corporações em estágio de formação e universidades que estão orientadas para inovação tecnológica. O aumento de capital de risco para o financiamento dessas corporações tem permitido o movimento de ideias para o mercado, assim como o desenvolvimento e a comercialização de novas tecnologias. Outros modos estratégicos incluem firmas geradoras de inovação subsidiadas por grandes companhias, empresas focadas em reunir tecnologia, transformando-a em propriedade intelectual para comercialização e organizações focadas em identificar quais as necessidades do mercado em termos de inovação (Chesbrough e Crowther, 2006).

Um estudo de Chiaroni et al. (2009) divide o conceito de *open innovation* em duas dimensões, a "de fora pra dentro" e a "de dentro pra fora". A primeira é a prática de aproveitamento das descobertas feitas por outras empresas, abrindo-se para novas ideias e contribuições destas para o desenvolvimento de seus produtos dentro da empresa, promovendo um relacionamento externo, dividindo experiências e práticas. A segunda é o exercício de procurar externamente os modelos de negócio de outras empresas, que melhor se encaixem para a comercialização de cada tipo de tecnologia e inovação. Os autores ainda sugerem que o processo de *open innovation* é um processo de mudança, que passa de uma organização congelada para uma em movimento.

A discussão atual é se todas as empresas irão se enquadrar ao modelo do *open innovation* e quais estratégias serão utilizadas ou, até mesmo, desenvolvidas. Empresas de base tecnológica, de computadores, de copiadoras, de telecomunicação, biotecnológicas e farmacêuticas necessitam de alto grau de inovação tecnológica e, por isso, já transitam do *closed* para o *open* (Chesbrough, 2003). Um exemplo prático é a empresa de bens de consumo Procter & Gamble (P&G). Um estudo de caso realizado por Dogson et al. (2006) demonstrou que para o desenvolvimento de produtos, em 2006, a empresa buscou inovação de fontes externas em mais de 50% dos casos, sendo que o principal desafio era como acessar recursos externos e mudar a cultura da empresa de modo a encorajar e facilitar a procura externa por inovações para a companhia. Assim, foram desenvolvidas tecnologias de informação e comunicação, e estratégias como a *connect and develop*, que visava buscar ativamente novas tecnologias complementares de fontes externas e licenciar suas próprias tecnologias para aumento de retorno dos seus investimentos.

6.3 Transferência de Conhecimento

Quando o conhecimento adquirido de uma organização afeta outra, ocorre a transferência de conhecimento.

Segundo Davenport e Prusak (1998), a transferência de conhecimento envolve duas ações: a transmissão (envio ou apresentação do conhecimento a um receptor potencial) e a absorção pela pessoa ou pelo grupo. Assim, a mera disponibilização do conhecimento não é transferência. O objetivo da transferência é melhorar a capacidade da organização de fazer as coisas e aumentar o seu valor.

Podem existir diferentes níveis de transferência de conhecimento, a saber (Davenport e Prusak, 1998):

- Transferência de conhecimento entre produtos ou modelos do mesmo produto em um contexto organizacional (a utilização de conhecimentos de uma plataforma de produto para o desenvolvimento de um produto derivado).
- Transferência de conhecimento entre unidades da mesma organização.
- Transferência de conhecimento interempresas.
- Transferência de conhecimento entre competidores.

A transferência de conhecimento sempre requer o cultivo do bom relacionamento, a criação de uma atmosfera favorável para que as pessoas se sintam confiantes para repassarem o que sabem. Para a efetivação da transferência, deve haver compatibilidade do método com a cultura da empresa, pois muitos fatores culturais podem inibir a transferência do conhecimento.

Como extensão do conceito de transferência de conhecimento, tem-se o compartilhamento de conhecimento, o qual corresponde a um processo de socialização de transformação de conhecimento. Para Von Krogh et al. (2000), a socialização ocorre nas seguintes situações:

- Quando membros de uma comunidade concordam com uma definição comum e verdadeira justificada sobre como agir em uma situação compartilhada, e não somente entendem uns aos outros nessas situações.

- Quando há um aumento de membros em uma comunidade com uma identificação mútua entre eles, e cada um contribui para o bem-estar do outro.

Portanto, a principal diferença entre compartilhamento e transferência de conhecimento pode ser caracterizada: a transferência refere-se à aquisição e absorção de conhecimento, e o compartilhamento contempla um processo de socialização com consenso e identificação mútua. Compartilhamento possui um profundo entendimento e concordância sobre o conhecimento.

Argote (2005) cita que o compartilhamento do conhecimento é um importante processo de aprendizado em grupo. Em um processo de desenvolvimento de novos produtos (criação de conhecimento), o conhecimento tácito é compartilhado por meio de uma socialização profunda da equipe de projeto ou de pequenos grupos de conhecimento. O compartilhamento do conhecimento tácito é a primeira fase do processo de criação de conhecimento.

Um grupo pode adquirir novos conhecimentos tanto por compartilhamento, quanto por criação de novos conhecimentos, e ambos se interagem no processo de criação de conhecimento.

Argote (2005) ainda argumenta que a falta de compartilhamento de conhecimento no desenvolvimento de produtos pode ter consequências negativas. Em equipes geograficamente distribuídas, existe a importância de se ter equipes interagindo face a face, ao menos algumas vezes, a fim de se prover mais oportunidades para compartilhar conhecimento tácito. A interação face a face proporciona mais oportunidades para se compartilhar conhecimento, o que não significa que isso ocorra automaticamente.

O compartilhamento de conhecimento tácito entre vários indivíduos com diferentes experiências, perspectivas e motivações torna-se um passo crítico para a ocorrência da criação de conhecimento. As emoções, sentimentos e modelos mentais dos indivíduos têm que ser compartilhados para se construir uma confiança mútua. Em diálogos face a face, os indivíduos podem compartilhar experiências e sincronizar seus ritmos mentais em conjunto.

Complementando, Von Krogh et al. (2000) citam que a transferência do conhecimento tácito ocorre no compartilhamento da experiência e perícia entre os funcionários seniores e os novatos e também entre um grupo estável de profissionais no decorrer do tempo de convivência.

Algumas ações típicas de compartilhar o conhecimento tácito podem ser caracterizadas: a observação direta, a narração, a imitação, a experimentação, a comparação e a execução em conjunto. Normalmente, o conhecimento tácito é compartilhado por meio da combinação destes mecanismos.

Von Krogh et al. (2000) também discutem um importante elemento do compartilhamento de conhecimento: a conversação na organização. Estes pesquisadores dizem que boas conversas são o credo do conhecimento social em uma organização. É por meio das conversas que indivíduos podem explorar novas ideias e refletir sobre o ponto de vista de outras pessoas. Esse processo (com uma mútua troca de informações, pontos de vistas e convicções) permite o compartilhamento de conhecimento tácito em microcomunidades.

Esses autores caracterizam também dois propósitos básicos das conversações: a confirmação da existência e do conteúdo do conhecimento e a criação de novos conhecimentos.

A primeira está relacionada à confirmação do conhecimento explícito. Nessa situação, os conceitos usados na conversação já existem e foram justificados. Por exemplo, algum modelo ou protótipo desenvolvido está sendo utilizado, portanto, já existe um conhecimento anteriormente formalizado. Assim, a conversação ocorre em situações específicas e consistem em confirmar ou reconfirmar o conhecimento explicitado. A confirmação do conhecimento é um efetivo solucionador de problemas.

No entanto, na criação do conhecimento não existem bases de conhecimento em que a perícia possa ser estabelecida, ou seja, não existem fatos sólidos ou modelos explícitos à mão. Nessa situação, o propósito é estabelecer não somente novos conhecimentos, mas uma nova realidade. O foco está no futuro ou naquilo que o conhecimento poderá vir a ser, por exemplo, um novo conceito de produto, de serviço, ou de um processo de manufatura etc.

A conversação capacita o compartilhamento do conhecimento tácito em um processo de criação de conhecimento e é o mais forte capacitador de todas as suas fases.

Existem algumas barreiras para o compartilhamento do conhecimento tácito: quando, por exemplo, as organizações valorizam somente a perícia, e não a educação e assistência a outras pessoas; a diferença de *status* entre os participantes, especialmente quando exacerbados por diferentes estruturas de acesso às informações; a distância, tanto física como temporal, também influencia (Takahashi e Takahashi, 2007).

6.3.1 O Processo de Transferência de Conhecimento Tecnológico Externo

O termo *transferência de tecnologia* pode ser definido como um processo entre duas entidades sociais, no qual o conhecimento tecnológico é adquirido, desenvolvido, utilizado e melhorado por meio da transferência de um ou mais componentes de tecnologia – seja ele o próprio processo, seja parte dele –, com o intuito de se implementar um elemento de um produto, o próprio produto ou uma metodologia (Takahashi, 2002).

Duas são as condições mínimas para que ocorra uma efetiva transferência de tecnologia: uma entidade precisa estar disposta a transferir e o recebedor precisa ter condições de absorver o conhecimento transferido.

O processo de transferência de tecnologia inicia com o reconhecimento da necessidade da nova tecnologia. Este passo é seguido pela seleção das tecnologias, pela definição de padrões para medir o sucesso ou fracasso do processo de transferência, pela adoção e implementação da tecnologia selecionada, e pelo estabelecimento de um mecanismo para avaliar o processo de transferência (Madu apud Takahashi, 2002).

Teece (apud Takahashi, 2002) ressalta que a assinatura do contrato identifica o começo de processo de transferência e divide o processo em duas fases principais:

- Fase inicial de planejamento e compra da tecnologia: escolha da tecnologia, seleção dos modos de transferência e a negociação do contrato.
- Absorção da tecnologia: planejamento e adaptação, construção e instalação das *facilites* de manufatura, treinamento disponível, utilização em produtos, processos ou produção, e difusão do conhecimento tecnológico.

Leonard-Barton (1995), ao discutir sobre importação e absorção de conhecimento tecnológico, cita que as empresas procuram adquirir conhecimento tecnológico externo quando o *know-how* técnico importante não está disponível ou é inadequado internamente. Assim, após reconhecimento da necessidade tecnológica, o segundo passo é escolher entre as múltiplas fontes potenciais de conhecimento tecnológico (instituições de pesquisa, universidades, consórcios de empresas concorrentes ou não, empresas privadas etc.). O terceiro passo consiste em escolher os modos de transferência (licenciamento, *joint venture*, cooperação universidade-empresa etc.). No quarto passo basta adquirir e absorver esse conhecimento tecnológico e transformá-lo numa competência tecnológica.

Natal e Vivés (1998) analisam o processo de aquisição e absorção de novas tecnologias a partir do resultado de vários anos de práticas desenvolvidas no gerenciamento de transferência de tecnologia em empresa nacional. Segundo os autores, as etapas da aquisição da tecnologia e suas características são as seguintes:

1. Identificação da necessidade de uma determinada tecnologia e um estudo completo de viabilidade técnica e econômica.
2. Escolha do fornecedor. Pode ser por consulta direta a fornecedores já conhecidos, enviando um escopo técnico dos aspectos a serem abordados no fornecimento da tecnologia ou enviando somente a definição dos objetivos a serem alcançados ou dos resultados a serem obtidos. Em ambos os modelos, a limitação está em perder a oportunidade de se obter a melhor tecnologia. Para minimizar tal dificuldade, é preciso considerar outros elementos no momento da avaliação como: idiomas, cultura, impostos e aspectos sindicais, entre outros.
3. Negociação. A referência importante não é unicamente o melhor preço, mas sim o retorno que essa tecnologia vai proporcionar e o nível de parcerias adicionais que pode se estabelecer a partir da aquisição da tecnologia.
4. Contratação. Deve sempre que possível garantir, por meio de cláusulas específicas, que a tecnologia absorvida possa ser aprimorada e repassada pela empresa receptora, e estabelecer contratualmente que a empresa fornecedora de tecnologia licencie à receptora todas

as patentes que tenham relação direta ou indireta com a tecnologia e que qualquer aprimoramento tecnológico desenvolvido pela empresa fornecedora, durante o período de validade do contrato, seja repassado à receptora (Natal e Vivés, 1998, p.1332-3).

Natal e Vivés (1998) enfatizam, ainda, que o gerenciamento das etapas de absorção de tecnologia deve ser realizado por meio de um relatório de desenvolvimento (Quadro 6.2). Para os autores, avaliações de desempenho (da empresa contratada, dos especialistas da empresa contratada, dos intérpretes – no caso de empresa estrangeira) devem ser feitas, pois permitem aos gestores acompanhar o processo, bem como tomar as ações de ajustes necessárias para corrigir desvios. Além disso, ressaltam que é importante o desenvolvimento de um relatório de gerenciamento da absorção de tecnologia, que tem como finalidade registrar todas as recomendações da empresa fornecedora de tecnologia (incluindo os prazos para a sua implementação, os investimentos necessários e os benefícios a serem alcançados) e também uma avaliação dos benefícios da implantação da nova tecnologia em todos os seus aspectos.

Um estudo muito interessante foi o de Ding e Motwani (2001) ao analisarem a experiência da importação de tecnologia das empresas na China.

Quadro 6.2 Conteúdo básico do relatório de desenvolvimento

Relatório de desenvolvimento
Direção
Projeto
Objetivos
Escopo técnico (resumo) e cronograma
Componentes da missão (nome/função): especifica a área e o nível de conhecimento do especialista da empresa fornecedora e da empresa recebedora que irão analisar relatórios recebidos e levantar questionamentos
Contrapartes (nome/função): informações fornecidas direta e verbalmente
Infraestrutura necessária

Fonte: Natal e Vivés (1998).

Os autores identificaram cinco estágios do processo de transferência de tecnologia:

1. Identificar os fornecedores de tecnologia (universidades, empresas nacionais, estrangeiras, de consultoria etc.).
2. Buscar tecnologia (agências governamentais e empresas de consultoria auxiliam as empresas a buscar a tecnologia desejada).
3. Negociar (empresas de consultoria auxiliam as empresas a garantirem o valor potencial da tecnologia e a escolherem o modo de transferência, sendo que o governo pode influenciar e ainda participar do processo de negociação).
4. Adquirir tecnologia (o processo de aquisição depende das características da tecnologia e da capacidade do comprador para absorver e aplicar a tecnologia adquirida).
5. Serviço e suporte (o fornecedor de tecnologia deve auxiliar o comprador da tecnologia a entender e aplicar a tecnologia adquirida).

Em relação ao exposto, a aquisição e a absorção do conhecimento tecnológico é complexa e envolve vários estágios. Cada processo de transferência é único e dependerá de muitos elementos, porém algumas etapas principais devem ser levadas em consideração para possibilitar a aquisição e a absorção de novas tecnologias nas empresas (Quadro 6.3).

6.4 Transferência de Conhecimento Tecnológico e as Competências Tecnológicas

O processo de transferência de conhecimento será efetivo se ocorrer a completa implementação, absorção e melhoramento dos conhecimentos tecnológicos, ou seja, o desenvolvimento de novas competências tecnológicas para a inovação de novos produtos e/ou processos por parte da empresa (Davenport e Prusak, 1998; Takahashi, 2002 e 2005).

A literatura proporciona várias tipologias de competências tecnológicas ao discutir sobre seu desenvolvimento a partir da aquisição de conhecimento externo. Por exemplo, Leonard-Barton (1995) identificou que, no caso das empresas multinacionais, a transferência de tecnologia

Quadro 6.3 Principais estágios de um processo de transferência de tecnologia

Resumo dos principais estágios em um processo de transferência de tecnologia
1. Identificar a necessidade de um determinado conhecimento tecnológico ou de uma tecnologia. 2. Identificar as fontes de conhecimento tecnológico ou de tecnologia (instituições de pesquisa, universidades, empresas estrangeiras, nacionais etc.). 3. Escolher os modos de transferência (cooperação universidade empresa, *joint venture*, licenciamento, *turn key*, *direct foreign investment* etc.). 4. Negociar o contrato (preço, treinamento disponível, difusão do conhecimento etc.). 5. Gerenciar a absorção da tecnologia: elaboração de um documento com cronograma que descreva os objetivos a serem alcançados com transferência de tecnologia (curto, médio e longo prazo), o escopo técnico, a infraestrutura necessária para o desenvolvimento das atividades, a área e o nível de conhecimento dos especialistas da empresa fornecedora etc. 6. Avaliar o processo de transferência: elaboração de relatório para avaliar a empresa fornecedora de tecnologia. 7. Avaliar o desempenho da absorção: definir padrões para medir o sucesso ou o fracasso da aquisição e absorção da tecnologia (redução de custos, produtividade etc.). 8. Avaliar se o conhecimento tecnológico ou a tecnologia foram transformados em uma competência tecnológica: definir quais capacidades a empresa pretendia desenvolver e se foram alcançadas.

para suas filiais lhes proporciona específicos níveis de domínio tecnológico, que permite o cultivo de quatro níveis de competências: operacional; de adaptação; de codesenvolvimento de produtos e/ou processos com o fornecedor; e de desenvolvimento de produtos e processos independentemente do fornecedor da tecnologia transferida.

Além das tipologias de competências de tecnologias serem diversas, os níveis de detalhes usados pelos autores também diferem substancialmente. Contudo, independentemente da tipologia, o investimento (compra) da tecnologia por empresas gera, inicialmente, um fluxo de tecnologia, em geral, caracterizado por meio de contrato. O importante para os recebedores é que, a partir desses contratos e por meio do uso, absorção e adaptação, consigam aumentar seu patamar tecnológico, atingindo um estágio tal de desenvolvimento no qual eles mesmos sejam capazes de realizar novos incrementos nos produtos e processos, podendo, inclusive, em algumas situações, desenvolver em conjunto com o fornecedor da tecnologia inicial e superá-los. Evidentemente, para que isso ocorra é necessário que haja, entre o desenvolvimento de uma competência e outra, um acúmulo e um processo contínuo de aprendizagem dentro da empresa recebedora. O desenvolvimento das competências tecnológicas depende, em particular, do modo de transferência escolhido.

Vários pesquisadores citados por Takahashi (2002 e 2005) procuram identificar, a partir de uma combinação de fatores, quais elementos influenciam o processo de desenvolvimento das competências nesse contexto de transferência. Capacidade de absorção, capacidade gerencial, modo de transferência, cultura de aprendizagem, natureza da tecnologia, fator sociocultural, assim como outros, são considerados fatores influenciadores.

Essas mesmas obras mostram, ainda, que o desenvolvimento das competências tecnológicas é determinado por uma combinação de fatores. No entanto, cada estudo, além de estabelecer a sua combinação de fatores, também analisa conjuntamente empresas de diferentes setores, obtendo, assim, resultados generalizados, não se aprofundando na questão: "como os fatores influenciam as empresas de cada setor específico?" Por exemplo, Kumar et al. (apud Takahashi, 2002) investigaram o desenvolvimento de competências tecnológicas a partir de tecnologia transferida em empresas de três setores de negócio na Indonésia (têxtil, calçados e eletrônicos). Neste estudo, os autores combinaram os fatores externos (envolvimento do governo, infraestrutura, modos de transferência) com os internos (investimento em P&D, disponibilidade de treinamento, qualificação dos funcionários e atividades de planejamento e controle). Concluíram que o desenvolvimento das competências tecnológicas naquelas empresas era afetado pelos fatores atividades de planejamento e controle, disponibilidade de pessoal qualificado, programas de treinamento e por um específico modo de transferência, o de licenciamento. No entanto, o estudo não esclarece quais fatores são mais influentes separadamente nas empresas do setor têxtil, de calçados e do setor eletrônico.

Com o objetivo de estudar o desenvolvimento das competências tecnológicas no contexto da importação da tecnologia, Takahashi (2002) elaborou um modelo conceitual a partir dessas considerações, levando em conta as características peculiares do setor farmacêutico.

6.5 Modelo Conceitual de Transferência de Conhecimento Tecnológico

Takahashi (2002) criou um modelo conceitual de desenvolvimento de competências tecnológicas (operacional e aprendizagem dinâmica) que permite avaliar o desenvolvimento de competências tecnológicas considerando em qual estágio tecnológico do processo de desenvolvimento e/ou produção de medicamento a tecnologia foi adquirida – descobrimento do fármaco; métodos para produção do fármaco; testes pré-clínicos em animais; testes clínicos em humanos; formulação do medicamento (comprimido, cápsulas, suspensão, injetável etc.); produção industrial de medicamentos e comercialização. Uma importante característica do modelo é que a competência tecnológica é um processo contínuo de aprendizagem e a extensão da aprendizagem depende de uma combinação de variáveis como ilustra a Figura 6.3.

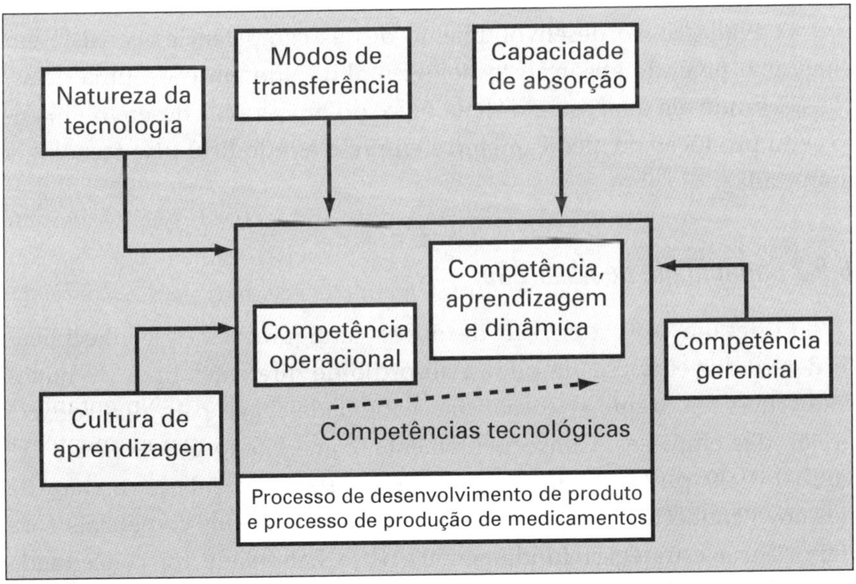

Figura 6.3 Modelo conceitual de transferência de conhecimento.
Fonte: Takahashi (2002).

6.5.1 Competências Tecnológicas

A competência tecnológica é conceituada como o conhecimento acumulado e a habilidade de fazer, compreender, utilizar e desenvolver estes conhecimentos para produzir novas tecnologias (Takahashi, 2002).

A competência operacional consiste nas habilidades e informações necessárias para operacionalizar, manter e consertar a tecnologia, isto é, *know-how*, que pode ser obtido principalmente por meio de treinamento e de suporte técnico do fornecedor. Contudo, tal obtenção depende de conhecimentos prévios da empresa recebedora, gerenciamento, envolvimento dos membros e de um ambiente voltado à aprendizagem.

A competência de aprendizagem dinâmica consiste nas habilidades e informações necessárias para gerar mudanças dinâmicas técnicas e organizacionais e para gerenciar as mudanças, isto é *know-why*. Esta capacidade permite à empresa recebedora replicar, alterar os conhecimentos técnicos adquiridos, produzindo novos produtos e processos, criando-se novos conhecimentos, isto é, sendo inovadora. Sua aquisição ocorre por um processo cumulativo de aprendizagem na organização.

A avaliação do desenvolvimento dessas competências consiste em analisar o nível de absorção tecnológico alcançado em cada uma delas, considerando em qual estágio tecnológico do processo de desenvolvimento e/ou produção de medicamento a empresa as adquiriu pela tecnologia importada.

6.5.2 Capacidade de Absorção

O desafio para a criação de novas configurações de conhecimento dentro das empresas implica a absorção de diferentes tipos de novos conhecimentos, o que se torna uma habilidade-chave para direcionar a gestão das empresas. Consequentemente, como citado por Cohen e Levinthal (1990, p.128), "a habilidade da empresa de reconhecer o valor de um novo conhecimento, assimilá-lo e aplicá-lo para fins comerciais é de importância estratégica fundamental". Essa habilidade foi conceituada por esses autores como *capacidade de absorção* da empresa. Ela tem como premissa que a empresa necessita ter um nível de conhecimento prévio para absorver e usar novos conhecimentos. Tal conhecimento prévio inclui conhecimentos básicos e também aqueles de desenvolvimento científica e tecnologicamente recente no campo de atuação da empresa.

Os mesmos autores afirmam que o investimento em pesquisa e desenvolvimento (P&D) aumenta o estoque de conhecimento interno da empresa, assim como a natureza das tarefas diariamente realizadas pelos funcionários altamente qualificados facilita o acesso a conhecimentos externos, por meio de seu *networking* com outros pesquisadores e cientistas de outras empresas, institutos de pesquisa, universidades e por meio da participação em conferências. O número de patentes de uma empresa, considerando os resultados das atividades de P&D, indica um conjunto de competências científicas que aumentam o valor da base de conhecimento. A partir do trabalho de Cohen e Levinthal (1990), a maioria das publicações considera o nível de conhecimento prévio como o determinante da "capacidade de absorção da empresa". Como exemplos de indicadores para medir o nível de capacidade de absorção da empresa, podem ser empregados, entre outros: investimento financeiro em P&D, nível educacional dos funcionários, número de patentes e existência de parcerias com institutos de pesquisa e/ou universidade. Nessa pesquisa foram considerados esses mesmos indicadores para medir o nível de capacidade de absorção das empresas estudadas.

6.5.3 Cultura de Aprendizagem

Um conceito simples, mas abrangente, de organizações que aprendem foi proposto por Garvin (apud Takahashi, 2002), como o de organizações capacitadas em criar, adquirir e transferir conhecimentos e modificar seus comportamentos para refletir esses novos conceitos. Os conceitos adquiridos e desenvolvidos só demonstram seu verdadeiro valor se as organizações os aplicarem em seu comportamento e até os modificarem. Não há aprendizagem se os conceitos e ideias ficarem apenas na memória das organizações e não em seu dia a dia. Segundo Crossan et al. (apud Takahashi, 2002), aprendizagem organizacional é um processo dinâmico. A aprendizagem ocorre o tempo todo e em todos os três níveis (indivíduo, grupo e organização).

Nas organizações voltadas à inovação e aprendizagem, a gestão das pessoas deve ser muito focada, pois é a sustentação de uma cultura de aprendizagem. Dentro dessa gestão, pode-se destacar quatro políticas principais que devem ser repensadas: planejamento de recursos humanos, sistema de carreira, sistemas de recompensas e sistemas de desenvolvimento pessoal.

O acúmulo de conhecimento e de capacidades tecnológicas é um processo que depende de um investimento sistemático em aprendizagem organizacional. Segundo Cusumano e Elenkov (apud Takahashi, 2002), as aquisições de capacidade tecnológica, inclusive por meio de transferência de tecnologia internacional, advêm principalmente de experiência e aprendizagem dentro das empresas.

A cultura de aprendizagem nessa pesquisa buscou identificar, nas empresas estudadas, o quanto o ambiente favorece o acúmulo de conhecimento e, consequentemente, o desenvolvimento de capacidades tecnológicas.

6.5.4 Modos de Transferência da Tecnologia

A transferência de tecnologia ocorre por meio de diversas formas. O modo de transferência refere-se ao contrato realizado entre o fornecedor e o receptor da tecnologia.

Os diferentes modos de transferência (licenciamento, cooperação de pesquisa, *turn key*, *joint-venture*, investimentos estrangeiros diretos etc.) auxiliam a empresa receptora da tecnologia a aprender e a desenvolver novos conhecimentos, habilidades e capacidades tecnológicas.

Pesquisadores citam que existe uma relação entre a profundidade de conhecimento tecnológico e os modos de transferência. Por exemplo: *joint-venture* é tipicamente usado para adquirir conhecimentos embutidos na organização e no licenciamento, permitindo transferir mais conhecimento codificado.

Segundo Steensma (apud Takahashi, 2002), a atividade funcional (pesquisa, desenvolvimento de produto/processo, produção, marketing) em que irá ocorrer a transferência também deve ser levada em consideração ao ser escolhido o modo de transferência.

6.5.5 Natureza da Tecnologia

A extensão com que a empresa realmente internaliza novas habilidades e técnicas pode ser parcialmente dependente dos atributos ou características da tecnologia.

Uma das características sobre a natureza da tecnologia considerada relevante no processo de transferência é seu nível de maturidade (idade da tecnologia). Quanto mais madura se torna a tecnologia no mercado, maior o número de indivíduos familiarizados com seus conceitos e aplicação e, como consequência, aumentam as chances da empresa receptora da tecnologia adquirir novas capacidades.

Duas dimensões quanto à natureza da tecnologia foram analisadas por Steensma (apud Takahashi, 2002): complexidade técnica e mudança sistêmica. A complexidade técnica é inerente à sofisticação da tecnologia. Ela indica a percepção da complexidade da empresa em relação à nova tecnologia. Quanto maior a percepção da complexidade, ou seja, quanto maior o nível de sofisticação da tecnologia, mais difícil é a comunicação entre as partes envolvidas e, portanto, maior a dificuldade da empresa receptora de desenvolver capacidade tecnológica. A mudança sistêmica se refere ao contraste entre a nova tecnologia adquirida e aquelas existentes na empresa receptora, ou seja, quanto de experiência a empresa receptora tem com a tecnologia similar àquela importada.

A diferença crítica entre essas duas dimensões é a extensão com que elas variam ao redor da empresa receptora da nova tecnologia. A complexidade técnica é externa ao domínio de controle da organização. Nada pode ser feito para alterar o grau de complexidade de uma tecnologia. Entretanto, o grau de mudança sistêmica é dependente da experiência tecnológica interna da empresa e, consequentemente, varia de empresa para empresa. Ambas as dimensões influenciam a facilidade com que o conhecimento será absorvido e incorporado na organização.

Nesse estudo, a natureza da tecnologia foi analisada considerando-se a percepção da tecnologia adquirida quanto à sua sofisticação tecnológica e sua similaridade com as tecnologias já existentes na empresa receptora.

6.5.6 Competências Gerenciais

No novo contexto organizacional, gestores de todos os níveis estão sendo lembrados da sua influência quanto à evolução das competências da empresa e, consequentemente, da sua contribuição para a melhoria do desempenho organizacional.

A competência gerencial compreende uma série de habilidades, conhecimentos e experiências que uma pessoa deve ter para desempenhar certas funções gerenciais eficazmente (Mintzberg, Floyd e Wooldridge apud Takahashi, 2002).

Estudos realizados para analisar o perfil dos gestores de pesquisa e desenvolvimento e de projetos identificaram um conjunto de habilidades consideradas relevantes: construção de equipes, liderança, resolução de conflitos, competência técnica, planejamento, empreendedorismo, alocação de recursos, negociação, comunicação e relações interpessoais.

Na mesma linha dos trabalhos de Mintzberg, Quinn et al. (apud Belasen, 2000) identificaram oito papéis que devem ser utilizados pelo gestor em cada situação a que se faça necessário: coordenador, monitor, facilitador, mentor, inovador, negociador, produtor e diretor. Além disso, para cada papel, os autores identificaram um conjunto de três competências essenciais para um desempenho eficaz das tarefas a serem realizadas.

Vários autores citam que sem habilidades de gerenciamento é impossível organizar a empresa para receber, utilizar e explorar os conhecimentos tecnológicos adquiridos externamente.

Assim, por meio dos vários estudos encontrados na literatura, buscaram-se as habilidades e os papéis inerentes ao gestor que seriam os mais importantes ao profissional responsável pelo projeto de transferência de tecnologia, a saber: líder, negociador, empreendedor, coordenador, instrutor, comunicador e dispor de habilidade técnica.

No Quadro 6.4 estão descritas as variáveis do modelo (Figura 6.5) e seus indicadores considerados no estudo.

Quadro 6.4 Descrição das variáveis e dos indicadores

Variável	Descrição da variável e dos indicadores
Capacidade de absorção	Investimento em P&D como um percentual do total das vendas (ano) Mestres e doutores como uma proporção do total de funcionários da empresa Número de parcerias com institutos de pesquisa e/ou universidades Número de patentes geradas por ano
Competência gerencial	*Negociador:* eficiência na negociação com o fornecedor quanto à prestação do serviço; eficiência na negociação com o grupo para a realização das tarefas *Empreendedor:* encorajar a inovação e experimentação; encorajar o grupo a usar novas técnicas para solucionar problemas; criar ambiente de desafio; ajudar os funcionários a se adaptar ao ambiente de risco e incerteza *Líder:* auxiliar o grupo na tomada de decisões; auxiliar na solução de problemas; mobilizar esforços do grupo; motivar o grupo a persistir nas dificuldades; obter suporte e compromisso dos superiores e ter sensibilidade *cross*-cultural *Coordenador:* construir grupos multidisciplinares; gerenciar conflitos; delegar tarefas; delegar decisões sobre os aspectos técnicos do projeto; gerenciar cooperação entre as várias funções envolvidas no projeto; organizar recursos humanos, materiais e serviços *Instrutor:* analisar o progresso de cada fase do projeto; fomentar o aprendizado e o desenvolvimento dos indivíduos por meio de treinamento; fomentar o aprendizado ocorrido com o projeto entre os membros do grupo e o aprendizado ocorrido com o projeto do grupo para a empresa *Comunicador:* explicar com clareza aos funcionários os benefícios do projeto em alcançar os objetivos da empresa; comunicar (escrita e oralmente) as instruções e solicitações para o grupo realizar o projeto; gerenciar problemas de comunicação entre os grupos de P&D, de manufatura, de suporte técnico e o fornecedor da tecnologia *Técnica:* credibilidade técnica com cientistas/engenheiros/farmacêuticos; entender as tecnologias e as tendências; participar na busca para integrar soluções e inovações tecnológicas *Perfil do entrevistado responsável pelo projeto de transferência:* posição que ocupa na empresa, experiência na empresa e na função atual, qualificação, experiência com projetos de transferência

(continua)

Quadro 6.4 Descrição das variáveis e dos indicadores *(cont.)*

Variável	Descrição da variável e dos indicadores
Cultura de aprendizagem da empresa	Treinamentos são disponibilizados rapidamente para melhorar habilidades e conhecimentos. Lições aprendidas por um grupo são ativamente compartilhadas com outros grupos, os valores e comportamentos evitam a síndrome do "não inventado aqui" Empregados são capazes de romper com o conjunto de pensamentos tradicionais e de ver as coisas sob uma perspectiva nova e diferente O sistema de recompensa reconhece a contribuição feita pelos empregados etc.
Natureza da tecnologia	Idade da tecnologia em anos (maturidade) Grau de percepção quanto à sofisticação e similaridade da tecnologia adquirida: tecnologia fácil de ser usada; tecnologia fácil de ser entendida; necessidade de aquisição pela empresa de novos conhecimentos muito diferentes dos existentes para implantar a nova tecnologia; a nova tecnologia é muito similar às já existentes na empresa
Modos de transferência	Modo escolhido: licenciamento/cooperação científica/*turn key*/ investimento estrangeiro direto (IED) Tempo de serviço prestado pelo fornecedor de tecnologia em meses: treinamento, reuniões, assessorias etc. Em qual estágio tecnológico do processo de desenvolvimento e produção do medicamento a tecnologia adquirida foi aplicada
Competência tecnológica	*Competência operacional:* nível de domínio da tecnologia em termos de operacionalizar e manter a tecnologia transferida *Competência de aprendizagem dinâmica:* nível de domínio para modificar e inovar a tecnologia transferida

Fonte: Takahashi (2005).

6.6 Estudo de Caso: Empresas Farmacêuticas

Foram selecionadas intencionalmente sete empresas farmacêuticas no Brasil e quatro no Canadá. As empresas canadenses acrescentadas na amostra visam possibilitar e identificar a existência ou não de algum contraponto esclarecedor à experiência das empresas do Brasil.

A escolha das empresas foi baseada nos seguintes fatores:

1. Empresas farmacêuticas conceituadas no seu mercado de atuação, tanto no segmento de mercado quanto na classe terapêutica.

2. Empresas que desenvolvem e/ou produzem medicamentos para uso humano.
3. Empresas com experiência anterior em pelo menos um projeto de transferência de tecnologia.
4. Empresas que desenvolveram ou estavam desenvolvendo, nos últimos cinco anos, um projeto de transferência de tecnologia.

Nas empresas brasileiras, todas executaram os estágios de produção e de comercialização de medicamentos. As empresas que realizaram os estágios de desenvolvimento e testes clínicos explicitaram que estão mais voltadas para o aperfeiçoamento de um fármaco existente do que propriamente para o desenvolvimento de um novo. Quanto a essa questão, verifica-se o inverso no caso das empresas estudadas no Canadá, onde todas realizam os estágios tecnológicos desde o descobrimento de um novo fármaco, o desenvolvimento de um novo medicamento até a sua produção e comercialização.

O Quadro 6.5 apresenta as características dos projetos de transferência tecnológica realizados pelas empresas, que foram aplicados nos estágios tecnológicos em que as empresas já possuíam experiências anteriores, com exceção da empresa B2, que realizou a transferência no estágio de descobrimento, até então muito pouco familiar às suas atuações.

Os resultados dos estudos de casos evidenciaram que o alto domínio da competência operacional (domínio de operacionalização e manutenção da tecnologia) foi alcançado pelas onze empresas independentemente do estágio tecnólogo do desenvolvimento e/ou produção de medicamentos. Não foi encontrada diferença significativa quanto ao conhecimento absorvido e adquirido por meio da tecnologia importada entre as empresas do Brasil e do Canadá (Takahashi, 2005; Takahashi e Takahashi, 2007).

A competência de aprendizagem dinâmica, referente aos domínios de modificar, foi alcançada somente em três empresas no Brasil (B2, B4 e B5) e em quatro no Canadá (C1, C2, C3 e C4). Uma característica comum dessas empresas é que todas transferiram tecnologia nos estágios iniciais do processo de desenvolvimento de medicamento (descobrimento do fármaco/testes pré-clínicos/testes clínicos). Quanto ao domínio de inovar, somente as empresas C4 e B2 não o alcançaram. Já para as empresas brasileiras (B1,

Quadro 6.5 Características dos projetos de transferência

Empresa	Prestação de serviço	Modo de transferência	Estágio tecnológico	Idade da tecnologia
C1	6 meses	*Turn key*	Descobrimento de fármacos	< 2 anos
C2	18 meses	Licenciamento	Codesenvolvimento de métodos para produção de fármacos	< 2 anos
C3	12 meses	Licenciamento	Testes clínicos e formulação	4 anos
C4	6 meses	*Turn key*	Descobrimento de fármacos	< 2 anos
B1	6 meses	*Turn key*	Produção industrial de medicamento	5 anos
B2	< 36 meses	Cooperação científica universidade brasileira	Desenvolvimento de novas aplicações do fármaco	< 2 anos
B3	< 24 meses	Investimento estrangeiro direto	Produção industrial de medicamento	10 anos
B4	< 48 meses	Cooperação científica universidade brasileira	Descobrimento de fármacos/testes clínicos	< 5 anos
B5	36 meses	Cooperação científica universidade brasileira	Testes clínicos até produção industrial de medicamentos	< 4 anos
B6	48 meses	Licenciamento	Codesenvolvimento de novas formas farmacêuticas e produção de medicamentos	10 anos
B7	10 meses	Licenciamento	Produção industrial de medicamentos	10 anos

Fonte: Takahashi (2005).

B3, B6 e B7), o conhecimento adquirido não permitiu que elas desenvolvessem essa capacidade nem sequer quanto ao domínio de modificar. Nesses casos, a tecnologia transferida foi aplicada no estágio de produção de medicamento, relacionada principalmente a uma nova linha de produtos.

Altos investimentos em atividades de P&D, empregados altamente qualificados e parcerias com universidades/institutos de pesquisa possibilitam à empresa aumentar seus estoques de conhecimento fundamental e interno, permitindo a geração de patentes. Quanto maiores forem esses índices em uma empresa, maior será sua capacidade de absorção, o que implica uma condição permissiva para assimilar-se todo tipo de conhecimento e, principalmente, para criar novos conhecimentos.

Os níveis de capacidade de absorção indicaram que as empresas canadenses (C1, C2 e C3) apresentam indícios de que são fortes detentoras da habilidade de criar novos conhecimentos, ou seja, de desenvolverem novos medicamentos. Assim, em um projeto de transferência, maior seria a habilidade dessas empresas de não somente assimilar e aplicar os conhecimentos adquiridos externamente, como também de desenvolver novos a partir desses, isto é, de desenvolver as competências operacionais e de aprendizagem dinâmica. No caso especialmente das empresas brasileiras, os índices indicam maior predominância da habilidade de assimilar e aplicar novos conhecimentos adquiridos, principalmente quanto ao aperfeiçoamento dos medicamentos; estão, portanto, mais aptas ao desenvolvimento de competências operacionais.

Em relação à cultura de aprendizagem das empresas, os resultados evidenciam que elas se preocupam com a disseminação do conhecimento por toda a organização e com a criação de um ambiente que estimule os funcionários a buscar novos conhecimentos interna e externamente; evidenciam que também investem em treinamento. Em particular, no caso das empresas brasileiras, verificou-se que ainda existem algumas barreiras a serem eliminadas para estimular ainda mais a cultura de aprendizagem, mais explicitamente nas empresas B2 e B3. As principais barreiras estariam relacionadas ao não compartilhamento de informações e conhecimentos entre os grupos e ao rompimento com o conjunto de pensamentos tradicionais por parte dos funcionários. No caso das empresas canadenses, essas características são opostas àquelas encontradas nas brasileiras. No Canadá, as empresas estimulam os funcionários a buscar novas formas de resolver os problemas e a compartilhar suas descobertas com outros membros pertencentes ou não à sua equipe.

Os resultados referentes à natureza da tecnologia transferida mostraram que uma tecnologia mais madura, menos sofisticada e com maior similaridade com as tecnologias existentes na empresa também aumentou as possibilidades de as empresas adquirirem essa competência, principalmente se foi aplicada nos estágios de produção de medicamentos e nas fases de desenvolvimento de novas fórmulas farmacêuticas, como aconteceu na maioria das empresas estudadas do Brasil. Esse veredicto é condizente com as pesquisas anteriores, as quais indicam que tecnologias adquiridas voltadas aos melhoramentos não conseguem promover, nas empresas, ambientes de grandes mudanças técnicas, principalmente no quesito de desenvolvimento de um produto radical, aqui, no caso, um medicamento novo. Ambientes de mudanças são necessários para se desenvolver a competência de aprendizagem dinâmica. Ao comparar as empresas do Brasil com as do Canadá, fica evidente que maior nível de capacidade de absorção de desenvolvimento de um ambiente voltado à aprendizagem e aquisição de tecnologias mais complexas aplicadas ao desenvolvimento de novos produtos proporcionaram um ambiente mais profícuo para o desenvolvimento de competência de aprendizagem dinâmica.

Em relação aos modos de transferência utilizados pelas empresas, há evidência de que sua influência no desenvolvimento das competências tecnológicas está relacionada aos estágios tecnológicos do medicamento e à duração da prestação de serviço. As empresas que transferiram tecnologia no estágio de produção do medicamento, utilizando o modo de licenciamento, e cuja duração do serviço prestado pelo fornecedor foi maior que os modos de investimento estrangeiro direto e *turn key*, alcançaram índices mais altos de competência operacional. No caso de a transferência ter ocorrido nos estágios iniciais de desenvolvimento do medicamento (descobrimento do fármaco, testes pré-clínicos e testes clínicos), os modos de licenciamento e de cooperação científica que apresentaram longo tempo de prestação de serviço também podem ter influenciado no fato de as empresas apresentarem índices mais altos de competência operacional e de aprendizagem dinâmica.

As competências gerenciais relativas ao líder, técnico, coordenador e comunicador dos responsáveis pelos projetos de transferência possibilitaram influenciar no desenvolvimento das competências tecnológicas. Ainda em relação a esse fator, apesar de a amostra ser pequena, houve indício das competências de comunicador, empreendedor e de líder serem maiores entre os gestores das empresas do Canadá que os do Brasil. Essas competências podem ter estimulado a criação de um ambiente de mudanças que promoveu um maior desenvolvimento da competência de aprendizagem dinâmica das empresas do Canadá.

Os resultados evidenciaram que as empresas que transferiram a tecnologia nos estágios iniciais de desenvolvimento de produto foram também as que desenvolveram a competência de aprendizagem dinâmica. No caso das empresas brasileiras, os resultados mostraram que o modo de transferência de cooperação universidade-empresa permite às empresas aumentarem essa competência. Além disso, essas empresas têm potencial para aplicação do modelo de inovação aberta. Porém, para que uma efetiva competência de inovação se desenvolva nas empresas do Brasil, é necessário um conjunto de ações por parte das instituições de pesquisa, do poder público e das próprias empresas, como ocorre em países como o Canadá. As empresas farmacêuticas nacionais precisam investir em funcionários altamente qualificados e em pesquisa e desenvolvimento internos para aumentar seus níveis de capacidade de absorção, bem como aumentar a aproximação com laboratórios universitários. As instituições de pesquisa precisam buscar o conhecimento e enfocá-lo também no desenvolvimento e na comercialização; precisam reduzir o excesso de burocracia e desenvolver instrumentos legais que regulamentem as atividades de pesquisa envolvendo universidades e empresas. Da mesma forma, por parte do poder público, faz-se necessário impulsionar, por meio de uma política industrial, a criação de programas de financiamento específicos para esse setor, como o Profarma, assim como a aprovação da Lei da Inovação (2004) e a Lei do Bem (2005), para que as empresas efetivamente apliquem o modelo de inovação aberta. Desse modo, os benefícios estendem-se ao país por meio de pesquisas de melhor qualidade, maiores e mais rápidas inovações tecnológicas no setor farmacêutico e, consequentemente, fortalecimento da economia nacional.

Resumo

No cenário atual, as empresas, para serem inovadoras, devem adquirir, gerar e administrar novos conhecimentos. Esses conhecimentos podem ser desenvolvidos por meio de fontes internas e externas. As empresas podem atuar com dois modelos de negócio: *open* e *close innovation*. Porém, independentemente do modelo adotado, a transferência de tecnologia externa é condição necessária para a ampliação e desenvolvimento de competências tecnológicas e competências de inovação. O processo de transferência de tecnologia é complexo e envolve várias etapas. A transferência será bem-sucedida se a tecnologia e o conhecimento tecnológico realmente forem absorvidos pela empresa no sentido de permitir não somente sua aplicação, mas novos desenvolvimentos tecnológicos a partir dela.

Questões para discussão

1. Quais são os principais desafios no modelo de inovação aberta?
2. Como as empresas podem ser bem-sucedidas na transferência de conhecimento tecnológico?

Referências

ARGOTE, L. *Organization learning: creating, retaining and transferring knowledge*. Nova York: Kluwer Academic Publishers, 2005.

BELASEN, A.T. *Leading the learning organization*. Nova York: University of New York Press, 2000.

BONACCORSI, A.; PICCALUGA, A. A theorical framework for the evolution of university-industry relationships. *R&D Management*, v.24, n.3, 1994, p.229-47.

CHESBROUGH, H.W. Business model innovation: opportunities and barriers. *Long Range Planning*, v.43, 2010, p.354-63.

______. Managing open innovation. *Research Technology Management*. jan.-feb. 2003, p.23-6.

CHESBROUGH, H.W.; CROWTHER, A.K. Beyond high tech: early adopters of open innovation in other industries. *R&D Management*, v.36, n.3, 2006, p.229-35.

CHIARONI, D. et al. The open innovation journey: how firms dynamically implement the emerging innovation management paradigm. *Technovation*, 2009, p.34-43.

COHEN, W.M.; LEVINTHAL, D.A. Absorptive capacity: a new perspective on learning and innovation. *Administrative Science Quarterly*, v.35, 1990, p.128-52.

DAVENPORT, T.H.; PRUSAK, L. *Working knowledge*. Boston: Harvard Business School Press, 1998.

DING, J.; MOTWANI, J. Transfer of technology: a critical element in China's privatization process. *International Journal of Technology Management*, v.21, n.5/6, 2001. p.453-62.

DOGSON, M.; GANN, D.; SALTER, A. The role of technology in the shift towards open innovation: the case of Procter & Gamble. *R&D Management*, v.36, n.3, 2006, p.333-45.

LEONARD-BARTON, D. *Wellsprings of knowledge: building and sustaining the sources of innovation*. Boston: Harvard Business School Press, 1995.

MEER, Han van der. Open innovation – the dutch treat challenges in thinking in business models. *Creativity and Innovation Management*, v.16, n.2, 2007, p.192-200.

NATAL, Y.D.; VIVÉS, A. Gerenciamento do processo de transferência de tecnologia. *Anais do XX Simpósio de Gestão da Tecnologia*. São Paulo, Brasil, 17 a 20 de novembro de 1998, p.1328-38.

SEGATTO-MENDES, A.P.; ROCHA, K.C. Contribuições da teoria de agência ao estudo dos processos de cooperação tecnológica universidade-empresa. *Revista de Administração*, São Paulo, v.40, n.4, 2005, p.172-83.

TAKAHASHI, S.; TAKAHASHI, V.P. *Gestão de inovação de produtos*: *estratégia, processo, organização e conhecimento*. Rio de Janeiro: Campus/Elsevier, 2007.

______. A cooperação universidade-empresa farmacêutica e a transferência de conhecimento. *Revista Inteligência Empresarial*, Rio de Janeiro, n.28, 2007, p.22-9.

TAKAHASHI, V. P. *Capacidades tecnológicas e transferência de tecnologias: um estudo de múltiplos casos da indústria farmacêutica no Brasil e no Canadá*. São Carlos, 2002. Tese (Doutorado em Engenharia). Escola de Engenharia de São Carlos, USP.

______. Transferência de conhecimento tecnológico: estudos de múltiplos casos na indústria farmacêutica. *Revista Gestão & Produção*, São Carlos, v.12, n.22, 2005, p.255-69.

VON KROGH, G.; ICHIJO, K.; NONAKA, I. *Enabling knowledge creation*. Oxford: Oxford University Press, 2000.

Parte IV

Alinhamento e implementação da estratégia

CAPÍTULO 7

Gestão de Portfólio de Projetos de Inovação

Darci Prado
Fernando Ladeira Fernandes

7.1 Introdução

O gerenciamento de portfólio de projetos de inovação constitui um importante aspecto do ciclo de desenvolvimento de produtos inovadores, conforme demonstrado na Figura 7.1. Ele compreende todas as etapas após a formulação estratégica, até o início do uso do novo produto/serviço desenvolvido. Ademais, o gerenciamento de portfólio de projetos apresenta uma significativa diferença para o gerenciamento de programas e projetos: seu foco de gestão se localiza nos negócios da organização. Ou seja, um gerente de portfólio tem a missão de tornar sua carteira de programas e projetos em um auxiliar para atingir as metas da organização, sejam financeiras, de *market share* etc. Um gerente de projeto, por exemplo, geralmente tem como meta concluir seu projeto conforme prazo, custo e escopo planejados.

Nesta introdução é feita uma abordagem teórica e ampla de diversos aspectos decorrentes da Figura 7.1; nos itens seguintes, uma análise dos mesmos aspectos do ponto de vista exclusivo da inovação.

7.2 O Planejamento Estratégico

O planejamento estratégico é um processo estruturado para identificação das metas globais da organização e seus desdobramentos em

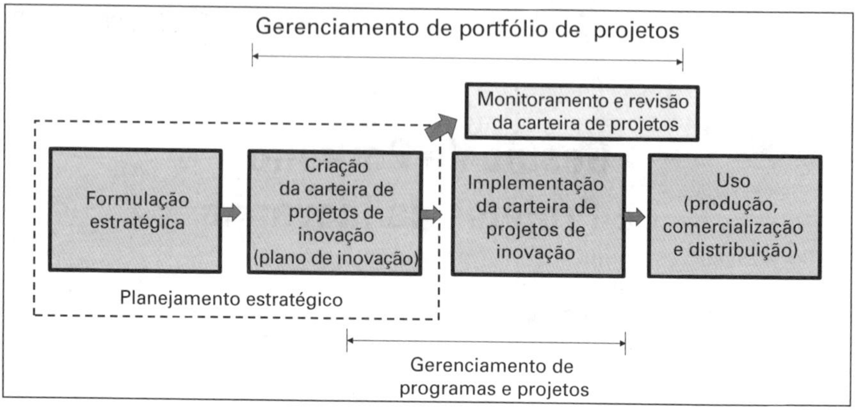

FIGURA 7.1 Macrofluxo para projetos de inovação de produtos.
Fonte: Prado (2009).

objetivos estratégicos. Estes, por sua vez, se desdobram em programas e projetos. Seu produto final é o plano estratégico: um conjunto de projetos (eventualmente agrupados em programas e portfólios) capazes de tornar realidade as metas estratégicas. Portanto, ele reflete o que a alta administração pensa do seu negócio e estabelece um amplo conjunto de metas e meios para alcançá-las. O planejamento estratégico divide-se nos processos de formulação estratégica e alinhamento estratégico (Figura 7.1).

7.2.1 A Formulação Estratégica

O principal produto dessa etapa é um conjunto de metas globais para a organização. Elas são estabelecidas após estudos de mercado e de avaliação do potencial da própria organização. São efetuados diversos estudos levando-se em consideração os cenários externo e interno, e avaliando as oportunidades e ameaças juntamente com os pontos fortes e fracos da organização. Os componentes dos cenários interno e externo são também chamados de *stakeholders* (no lado direito da Figura 7.2 são mostrados os mais comuns para o cenário de inovação) (Prado, 2009). Além destes, a formulação estratégica leva em consideração a identidade organizacional (visão, missão, valores).

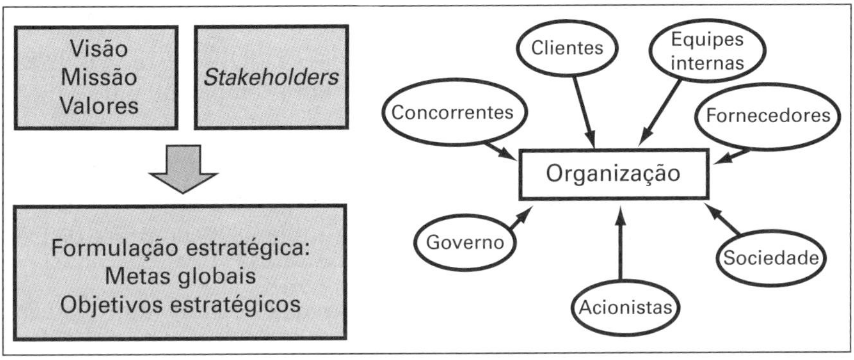

Figura 7.2 Os *stakeholders* influenciam a organização na identificação das metas. Fonte: Prado (2009).

Tem-se o seguinte conceito para meta global (Prado, 2009):

META GLOBAL = OBJETIVO ESTRATÉGICO + VALOR + PRAZO

Alguns exemplos de metas globais para uma organização hipotética:

- Dobrar o faturamento em três anos.
- Melhorar o EBITDA (*earnings before interest, taxes, depreciation and amortization*) em 20% no prazo de dois anos.
- Ser uma organização internacional nos próximos cinco anos.

Para o primeiro exemplo ("dobrar o faturamento em três anos"), tem-se:

- Objetivo estratégico: aumentar o faturamento;
- Valor: dobrar o faturamento;
- Prazo: três anos.

Atenção: costuma-se utilizar os termos "meta global" e "objetivo estratégico" como sinônimos. Apesar de não ser conceitualmente correto, é uma prática bastante difundida.

Após o estabelecimento das metas globais, parte-se para a identificação das *prioridades estratégicas* (também chamadas de iniciativas estratégicas) capazes de tornar reais as metas globais. Por exemplo, quando a meta global é dobrar o faturamento em três anos, tem-se

- Prioridades estratégicas:
  - Aumentar as vendas dos atuais produtos em 80% no prazo de três anos.
  - Lançar novos produtos (inovação) capazes de aumentar o faturamento em 20% nos próximos três anos.
  - Ampliar a produção para atender às novas demandas:
    - 30% do novo faturamento serão obtidos das fabricas existentes (folga de produção).
    - 50% do novo faturamento serão obtidos pela ampliação da produção das fábricas existentes.
    - 20% do novo faturamento serão obtidos pela construção de novas unidades fabris.

Em situações reais, algumas prioridades estratégicas podem se desdobrar em outras prioridades. Temos ainda as ações facilitadoras (*enablers*) que podem ser necessárias para que se alcancem as prioridades estratégicas. Concluindo, pode-se afirmar que a formulação estratégica é um processo que possibilita a obtenção das metas globais de uma organização, inspirada em seus *stakeholders* e respeitando sua identidade organizacional (Figura 7.3).

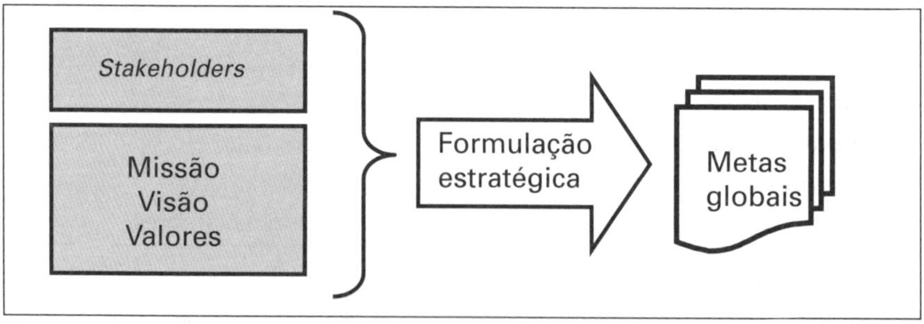

FIGURA 7.3 As metas globais são obtidas por meio da formulação estratégica. Fonte: Prado (2009).

Neste momento se encerra o processo de formulação estratégica. Resta acrescentar que existem duas grandes escolas (ou modelos) de formulação estratégica (neste texto não será abordada a descrição dos modelos):

- Modelo matriz Swot;
- Modelo BSC (*Balanced Scorecard*).

No exemplo mostrado anteriormente, a perspectiva utilizada foi o resultado financeiro da organização. É importante ainda acrescentar que a formulação estratégica tem uma visão mais ampla e atua nas seguintes perspectivas (Kaplan e Norton, 1997):

- Financeira;
- Dos clientes;
- Dos processos internos da organização;
- De crescimento.

7.2.1.1 A Criação da Carteira de Projetos de Inovação (ou Plano de Inovação ou Alinhamento Estratégico)

Uma vez definidas as metas globais e as prioridades estratégicas, deve-se identificar as ações (programas e projetos) capazes de atendê-las. O PMI chama o processo para criação da carteira de *projetos de alinhamento estratégico* (PMI, 2008a), o qual, dependendo do conjunto de objetivos estratégicos, geralmente é efetuado em grandes grupos, tais como:

- Melhorias nos processos técnicos da operação rotineira.
- Melhorias nos processos financeiros da operação rotineira (custos, despesas e receita).
- Investimentos (expansão, modernização, renovação etc.).
- Desenvolvimento de novos produtos (inovação).
- Estratégias de marketing e relacionamento com os clientes.
- Sistemas de informação (TI).

O processo para cada grupo é conduzido separadamente, mas com uma consolidação final.

Para o grupo de melhorias da operação rotineira (redução de custos e despesas ou melhoria do ciclo financeiro, redução de estoques etc.), a escolha dos programas e projetos pode ser feita por parte da equipe que efetuou a formulação estratégica. Um exemplo: o objetivo estratégico "reduzir os gastos operacionais em 10%", após uma criteriosa avaliação, pode se desdobrar em diversos projetos, a saber:

- Redução de 15% nos gastos com material de consumo;
- Redução de 5% nos gastos com telecomunicações.

Esses projetos serão, então, desdobrados em ações de forma a alcançar toda a organização. Falconi Campos (2007) chama esse processo de *gerenciamento pelas diretrizes*.

Por outro lado, para o grupo de investimentos, pode ser adequado que os programas e projetos sejam identificados nas próprias áreas e, então, enviados a uma coordenação central (por exemplo, a diretoria de projetos de investimentos). Esta efetua uma análise de modo a produzir a melhor lista final de programas e projetos capazes de atingir a meta. Em casos reais, a lista inicial de projetos pode atingir até mil projetos, enquanto a lista final poderá conter menos de cem. Tudo vai depender do cenário competitivo e dos recursos financeiros disponíveis.

7.2.1.2 O Plano Estratégico Anual

O trabalho citado anteriormente é consolidado em um documento conhecido como plano estratégico e também no plano de longo prazo. Conforme foi dito, esses planos são construídos com base no desempenho da organização nos últimos anos, nas tendências do mercado, em dados de produtividade de empresas líderes (*benchmarks*), influência de *stakeholders* etc.

O plano estratégico anual de uma organização define um conjunto de ações a serem executadas para garantir sua sobrevivência e progresso, e, geralmente, contemplam, de forma quantitativa, as seguintes áreas:

- Melhoria dos resultados econômicos e financeiros pelo aumento de produtividade ou pela inovação.
- Acompanhamento dos indicadores de produtividade das empresas líderes (também chamado de *benchmarking*).
- Manutenção e melhoria da imagem da organização no mercado.
- Manutenção e melhoria da capacitação técnica, social e gerencial de seus funcionários.
- Crescimento do nível tecnológico do parque de máquinas e equipamentos.

Um bom plano operacional deve produzir uma carteira de ações para cada uma dessas áreas, em proporções consideradas adequadas. Certamente, dependendo do momento que a organização estiver vivendo, haverá uma concentração maior em uma das áreas.

7.2.1.3 O Mapa Estratégico

A relação entre metas globais, prioridades estratégicas e projetos é mostrada em uma figura conhecida como mapa estratégico, conforme Kaplan e Norton (1997) (Figura 7.4). Observa-se que foram utilizados os termos meta global e objetivo estratégico como sinônimos. O mapa estratégico pode apresentar, também, valores quantitativos, como, por exemplo, a contribuição percentual de cada projeto para uma prioridade estratégica ou a contribuição percentual de cada prioridade estratégica para uma meta global (ou objetivo estratégico). Em situações reais, a figura pode assumir uma forma não tão simples como mostrada, pela existência de mais de um nível para as prioridades estratégicas, pela possibilidade de os projetos se ligarem diretamente a um determinado objetivo estratégico, pelo agrupamento de projetos em programas, pela existência de centenas de projetos etc.

7.3 Entendendo Alguns Conceitos

Torna-se útil o entendimento dos seguintes conceitos para compreender o texto seguinte, no qual serão focados detalhes de projetos de inovação:

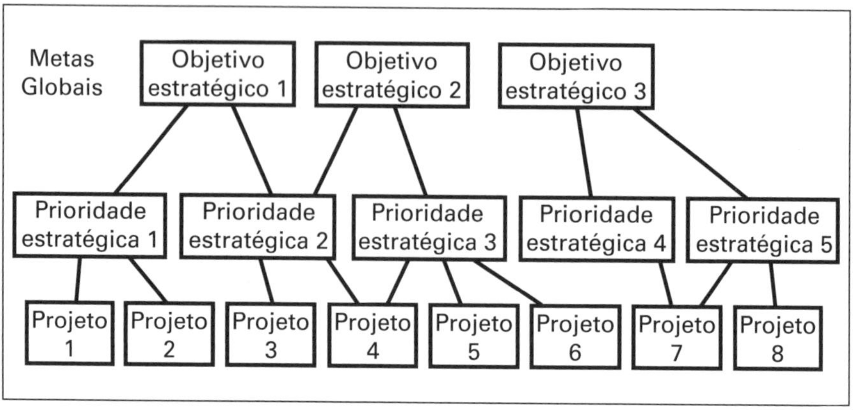

FIGURA 7.4 O mapa estratégico
Fonte: Kaplan e Norton (1997).

- Portfólio e gerenciamento de portfólio;
- Programas e gerenciamento de programas.

7.3.1 Portfólio e Gerenciamento de Portfólio

Conforme definição do PMI (2008a), chama-se de portfólio (Figura 7.5):

> Uma coleção de programas e/ou projetos agrupados, eventualmente com outras ações do tipo não projeto, para facilitar o efetivo gerenciamento daquele trabalho para atingir objetivos estratégicos. Os programas e projetos de um portfólio não necessitam ser interdependentes ou inter-relacionados.

O conjunto de programas, projetos e não projetos de um portfólio pode estar eventualmente distribuído por toda a organização. Assim, uma organização que produz eletrodomésticos, por exemplo, com diversas fábricas espalhadas pelo país, pode criar o portfólio "duplicação do faturamento", constituído de todos os projetos de investimentos e lançamentos de novos produtos nas diversas fábricas. Detalhando esse exemplo um pouco mais, tem-se:

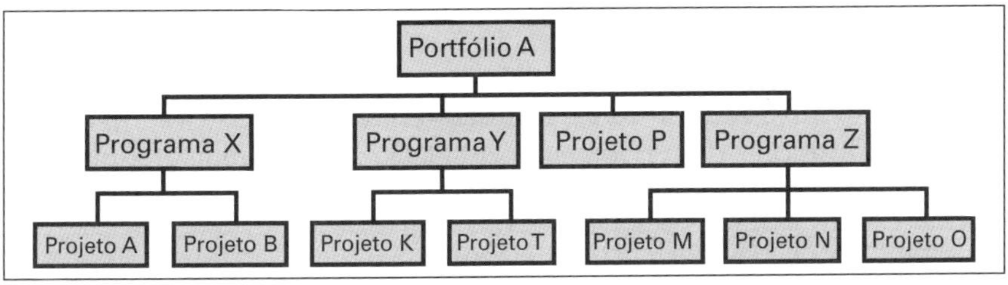

Figura 7.5 Componentes de um portfólio.
Fonte: PMI (2008a).

A) Construção de uma nova fábrica para os produtos existentes:
   1. *Design*, construção, montagem e "posta em marcha";
   2. Preparativos para a operação (mão de obra, mobiliário, TI, sistemas etc.);
   3. Estruturação da cadeia logística.

B) Construção de uma nova fábrica para um novo produto:
   1. *Design*, construção e montagem;
   2. Preparativos para a operação (mão de obra, mobiliário, TI, sistemas etc.);
   3. Estruturação da cadeia logística.

C) Lançamento do novo produto:
   1. Desenvolvimento da estratégia;
   2. Campanha de marketing.

Cada um desses projetos tem seu próprio gerente de projeto e o portfólio tem o seu gerente que acompanha o andamento de todos os projetos. Os itens A e B poderão constituir o programa "ampliação da produção".

7.3.1.1 Grupos de Processos do Gerenciamento de Portfólio de Projetos

Segundo o manual *Standard for Portfolio Management* do PMI (2008a), o gerenciamento de portfólio de projetos é constituído pelos seguintes grupos de processos:

- Alinhamento estratégico: esse grupo identifica o que será gerenciado no portfólio, em quais categorias, e como os componentes serão avaliados e escolhidos para inclusão ou não em um dado portfólio de projetos.

- Monitoramento e controle: está relacionado com a revisão periódica de indicadores de *performance* pré-selecionados para assegurar/confirmar o alinhamento dos componentes do portfólio com os objetivos estratégicos da organização.

A seguir, é apresentado um resumo dos processos que compõem os grupos de processos (Quadro 7.1).

Processos para o Alinhamento Estratégico

Conforme o Quadro 7.1, o alinhamento estratégico é constituído dos seguintes processos:

- Identificação dos componentes (ou seja, programas e/ou projetos);
- Categorização;
- Avaliação;
- Análise de riscos;
- Seleção;
- Priorização;
- Balanceamento;
- Autorização para execução.

Estes processos ocorrem durante momentos diversos e permitem que se efetue um filtro nas ideias iniciais (identificação), conforme a Figura 7.6.

Enquanto um processo está em andamento, utiliza-se o termo *proposta* para aqueles componentes que ainda não foram autorizados. Observe, portanto, que os termos *programas* e *projetos* são utilizados somente depois de encerrado o alinhamento estratégico.

A forma como são executados os processos de alinhamento estratégico, para o caso de inovação, é descrita adiante. Por ora, são descritos, de forma genérica, esses mesmos processos.

Quadro 7.1 Processos para gerenciamento de portfólio de projetos

		Processo	Finalidade
ALINHAMENTO	1	Identificação	Criar uma lista atualizada, com informação suficiente sobre os componentes em andamento e sobre os novos componentes que serão gerenciados por meio do gerenciamento do portfólio
	2	Categorização	Agrupar os componentes identificados em grupos relevantes de negócios nos quais um conjunto de filtros e critérios pode ser aplicado para avaliação, seleção, priorização e balanceamento
	3	Avaliação	Avaliar os componentes de modo a dar subsídios à tomada de decisão dos processos "seleção" e "priorização"
	4	Seleção	Produzir uma lista reduzida de componentes com base nas recomendações do processo de avaliação
	5	Riscos	Analisar o impacto nas estratégias oriundas de riscos dos componentes da carteira de componentes
	6	Priorização	Colocar os componentes em sequência de importância para cada categoria estratégica (inovação, redução de custos, crescimento, manutenção e operação), prazo de investimento (curto, médio ou longo prazo), perfil de risco *versus* retorno e foco organizacional (exemplos: cliente, fornecedor, interno), de acordo com os critérios estabelecidos
	7	Balanceamento	Criar um conjunto de componentes com o maior potencial para, coletivamente, suportar as iniciativas estratégicas e atingir os objetivos estratégicos
	8	Autorização	Formalmente, designar recursos humanos e financeiros requeridos para desenvolver os *business cases* ou executar os componentes selecionados, assim como também comunicar as decisões do balanceamento
MONITORAMENTO E CONTROLE	1	Revisão e informação	Obter indicadores de *performance*, montar relatórios e divulgá-los, e revisar o portfólio com uma determinada frequência, para assegurar tanto o alinhamento com a estratégia da organização como a efetiva utilização de recursos
	2	Mudança estratégica	Tornar o processo de gerenciamento do portfólio apto a responder às alterações na estratégia

Fonte: PMI (2008a).

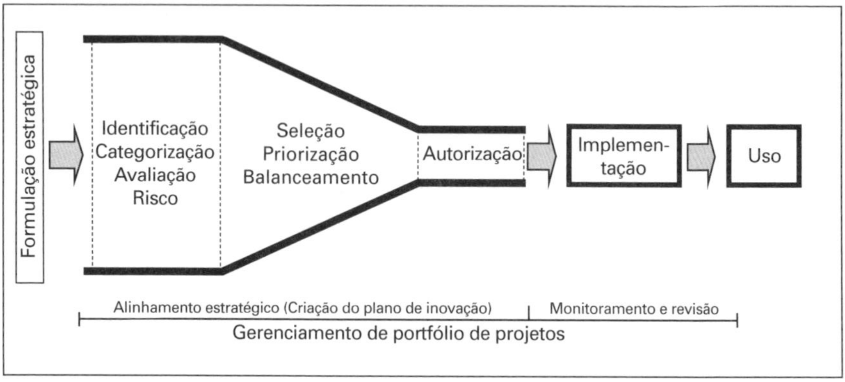

Figura 7.6 Escolhendo a melhor carteira de projetos para atingir as metas.
Fonte: Prado (2009).

7.3.2 Programas e Gerenciamento de Programas

Conforme definição do PMI (2008b), chama-se de programa (Figura 7.7):

> Um grupo de projetos inter-relacionados, eventualmente, com outras ações do tipo não projeto, gerenciados de forma coordenada para obter os benefícios e controles não disponíveis caso fossem gerenciados individualmente. Programas podem incluir elementos de trabalho fora do escopo dos projetos pertencentes ao programa (*on going operations* ou operações rotineiras).

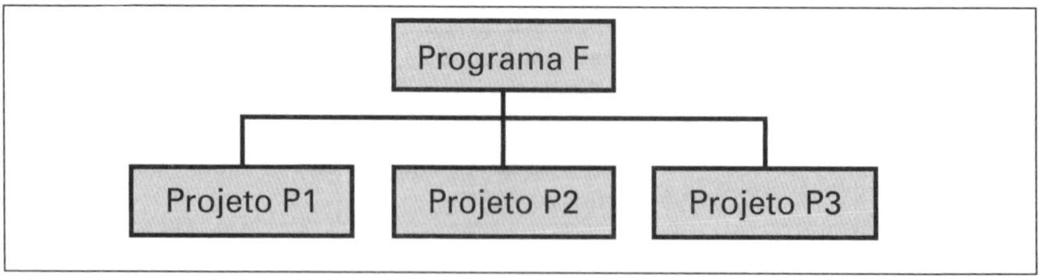

Figura 7.7 Componentes de um programa.
Fonte: PMI (2008b).

Os programas são identificados na etapa de alinhamento estratégico, e o conjunto de projetos e não projetos de um programa pode estar, eventualmente, espalhado por toda a empresa.

7.3.2.1 Entendendo o conceito

Aplicando o conceito anterior a um exemplo: uma organização pretende duplicar o seu faturamento até 2014 (objetivo estratégico) e, dentre seus programas alinhados com este objetivo, tem-se o lançamento de um novo produto ("produto X"), do qual se espera um acréscimo significativo no faturamento de um setor da organização. O novo negócio recebeu o nome de "Programa produto X" e seu responsável é um profissional da área de vendas. A meta deste profissional é desenvolver, produzir e comercializar o novo produto de modo a atingir um determinado faturamento. Sabe-se que o novo produto será produzido em uma nova fábrica que utilizará processos inovadores e necessitará também de um sistema de TI para sua comercialização. No planejamento do programa foram identificados os seguintes componentes (Figura 7.8):

- Desenvolvimento do novo produto;
- Construção de uma nova fábrica;
- Desenvolvimento do novo sistema de TI;
- Produção;
- Lançamento do novo produto;
- Comercialização.

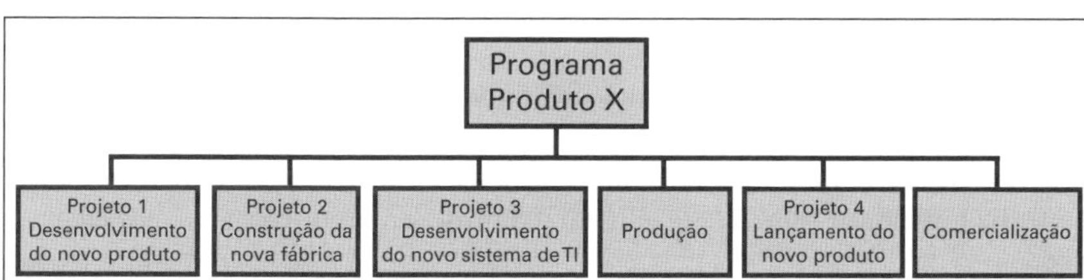

FIGURA 7.8 Componentes do Programa Produto X.

Verifica-se na Figura 7.8 que os componentes do programa incluem quatro projetos e dois não projetos (operação rotineira). Lembre-se da definição do PMI (2008b, p.4): "um programa pode ser constituído de projetos e de não projetos (ou operações rotineiras) para atingir sua meta". Certamente será por meio da produção e da comercialização (operações rotineiras) que os benefícios do programa serão obtidos, mas, claramente, sem a execução dos projetos nada ocorrerá. Com exceção do último projeto (4 – lançamento do novo produto), todos os outros projetos não estão diretamente relacionados com a meta do programa (ou seja, a meta do negócio).

Provavelmente, para o sucesso do negócio, cada componente do programa deve ser bem-sucedido e, para tal, deve ser adequadamente gerenciado. Caso não haja uma forma adequada de motivação, seja por meio das habilidades do gerente do programa, seja por algum tipo de incentivo (por exemplo, bônus), os gerentes daqueles projetos não fortemente ligados à meta do negócio podem não se empenhar no nível necessário para seu sucesso (do programa).

Assim, além do responsável pelo programa, necessita-se também de responsáveis por cada projeto e pelas operações rotineiras. Um sistema de acompanhamento da comercialização vai permitir um firme gerenciamento da meta do negócio.

Não projetos

Na definição de programa consta que é "um grupo de projetos inter-relacionados, eventualmente, com outras ações do tipo não projeto" (PMI, 2008b, p.4). Desse modo, torna-se necessário explicar melhor o que se entende por não projetos:

> O termo não projeto é utilizado para identificar as ações relacionadas com operações rotineiras (*on going process*) e que, em geral, são gerenciadas por meio do uso de ferramentas do gerenciamento da rotina do trabalho do dia a dia (qualidade total, planejamento e controle da produção, *six sigma* etc.).

A existência de não projetos no conceito de programa amplia muito o espaço de atuação e necessidade de conhecimentos do seu gerente e equipe. Um programa pode conter a criação de um setor de produção e o acompanhamento da produção desse setor durante certo período.

Aspectos da administração da produção (cadeia produtiva, estoques etc.) poderão ser necessários no gerenciamento do programa. Igualmente válido para padronização e melhoria de processos rotineiros. Assim, a definição de programa vai muito além da definição de projeto.

Com relação aos projetos que compõem um programa, nem todos terão início no mesmo momento, alguns se iniciarão mais tarde. Por exemplo: aqueles que se iniciarão em decorrência do resultado de outros. Assim, a duração de um programa pode se estender por anos.

Gerente do programa e gerentes de projetos

Visto que os componentes de um programa podem estar espalhados por toda a organização, durante a execução dos projetos o gerente do programa é, antes de tudo, um orquestrador. Uma pergunta surge naturalmente: como é o relacionamento entre:

- O gerente do programa e os gerentes de projetos relacionados com o seu programa?
- O gerente do programa e os escritórios de gerenciamento de projetos setoriais (EGPs)?

Resposta: uma ação de liderança e controle. O gerente do programa necessitará interagir constantemente com os gerentes de projeto que participam de seu programa, de modo a acompanhar o planejamento e a execução dos projetos para garantir a sincronização de prazos e qualidade entre os projetos. Em geral, é impossível conhecer de maneira profunda os detalhes de um programa, tarefa esta executada pelos gerentes de projeto e gerentes de não projetos. Assim, o aspecto de liderança é fundamental para esta função.

7.3.2.2 Resumo comparativo

O Quadro 7.2 apresenta uma comparação entre os termos apresentados neste capítulo.

QUADRO 7.2 Comparativo entre projetos, programas e portfólio

	Projeto	Programa	Portfólio
Escopo	Projetos têm escopo mais restrito e com entregas específicas	Programas têm escopo mais amplo, que pode mudar para atingir a expectativa da organização	Portfólios têm escopo de negócio que muda com as metas estratégicas da organização
Mudanças	O gerente do projeto tenta manter o mínimo de mudança	Os gerentes de programa têm expectativa de mudanças e até mesmo podem promovê-las	Os gerentes de portfólio monitoram continuamente as mudanças em um ambiente amplo
Sucesso	O sucesso é medido por estar dentro do orçamento, no prazo e por produtos entregues conforme especificações	O sucesso é medido em termos de retorno sobre o investimento (ROI), novas capacidades e benefícios entregues	O sucesso é medido em termos de desempenho agregado nos componentes do portfólio
Liderança	O estilo de liderança está centrado na entrega de tarefas e direcionamento para atingir os critérios de sucesso	O estilo de liderança está focado no gerenciamento de relacionamento e resolução de conflito. Os gerentes de programa necessitam facilitar e gerenciar aspectos políticos da gestão dos *stakeholders*	O estilo de liderança está focado em agregar valor para a tomada de decisão no portfólio
Gerentes: foco	Os gerentes de projeto gerenciam técnicos, especialistas etc.	Os gerentes de programa gerenciam os gerentes de projeto	Os gerentes de portfólio podem gerenciar ou coordenar os funcionários de apoio ao gerenciamento do portfólio
Gerentes: motivação	Os gerentes de projeto são aqueles que conduzem as equipes a se motivarem e usarem seus conhecimentos e habilidades	Os gerentes de programa são líderes que provêm visão e liderança	Os gerentes de portfólio são líderes que provêm percepção e síntese
Gerentes: meios	Os gerentes de projeto conduzem um planejamento detalhado para gerenciar a entrega do produto do projeto	Os gerentes de programa criam planos de alto nível, proporcionando orientação para os projetos, nos quais os planos detalhados são criados	Os gerentes de portfólio criam e mantêm processos necessários e comunicação relativos à agregação para o portfólio
Gerentes: controle	Os gerentes de projeto monitoram e controlam as tarefas e o trabalho de produção dos produtos do projeto	Os gerentes de programa monitoram projetos e o andamento do trabalho ao longo da estrutura de governança	Os gerentes de portfólio monitoram o desempenho agregado e os indicadores de valor

Fonte: Guerrero (2006).

7.4 A Escolha das Estratégias de Inovação

A escolha das estratégias de inovação é a etapa que delimitará como a organização irá inovar nos próximos anos, de forma a garantir a visão estratégica definida durante a etapa de formulação estratégica. Trata-se do primeiro momento dentro do processo de inovação e é pré-requisito para as demais etapas. Assim como nas estratégias de negócio, quem deve assumir essa tarefa em uma organização é a alta administração.

Logo, as estratégias de inovação são formuladas a partir das definições estratégicas de negócio, ao mesmo tempo em que dão suporte às mesmas. A Figura 7.9 representa essas duas relações entre as estratégias de negócio e de inovação.

A relação de suporte entre as estratégias de inovação e de negócio acontece quando a estratégia de inovação se materializa em produtos e, consequentemente, em resultados (processo 1 da Figura 7.9). Os resultados contribuem para a consecução da visão e da missão, proposta no planejamento estratégico de negócio (processo 2 da Figura 7.9). A relação de suporte pode não estar totalmente clara dentro de uma organização, notadamente na área comercial, pois:

- Pode ser mais fácil vender um produto consagrado que tentar introduzir um novo conceito no mercado.
- Os resultados financeiros advindos de novos produtos podem ter perspectivas de longo prazo dependendo da estratégia adotada.

Com relação ao desdobramento das estratégias corporativas em estratégias de inovação (processo 1 da Figura 7.9), parece haver ainda um pouco mais de dificuldade. Em princípio, há uma tendência das organizações em considerar seus centros de pesquisa e desenvolvimento, áreas de produto ou engenharia de processos e produtos, como estruturas independentes ou distantes das decisões de negócio. Esta separação, física, conceitual ou comportamental por si só já é suficiente para criar dificuldades na comunicação entre as duas estratégias.

Um segundo aspecto de dificuldade do desdobramento das estratégias de negócio em estratégias de inovação está em se definir qual o po-

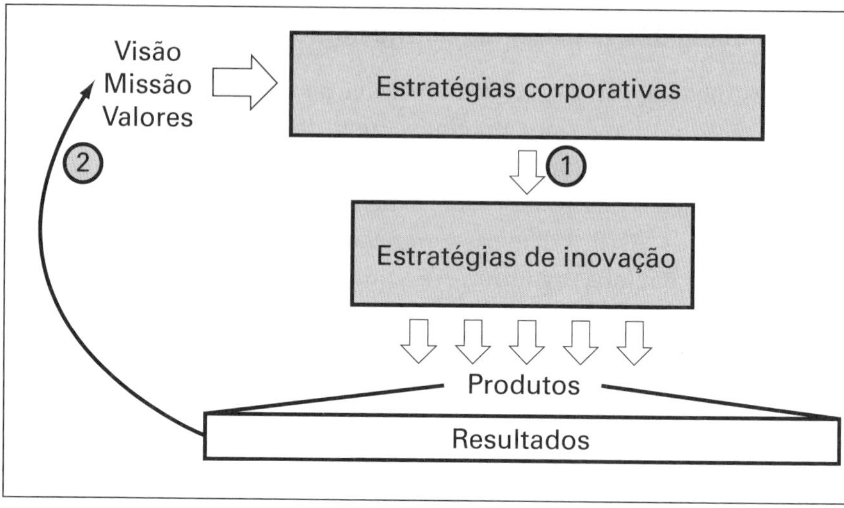

FIGURA 7.9 Relacionamento entre as estratégias corporativas e de desenvolvimento de produtos.

sicionamento estratégico de inovação mais adequado à estratégia de negócio. Porém, é uma premissa básica para a boa gestão de portfólio de inovação: como a organização deve se posicionar, qual estratégia seguir e que tipo de produto desenvolver?

Ou seja, antes das definições de portfólio, deve haver um direcionamento da alta administração. Davila et al. (2007) são enfáticos com relação às estratégias de inovação, eles defendem que as organizações devem optar entre dois posicionamentos estratégicos:

- Jogar para ganhar: a ideia fundamental desta estratégia é investir em inovação de tal forma que os demais concorrentes não consigam superar ou mesmo igualar a vantagem competitiva alcançada pela organização.
- Jogar para não perder: significa que a organização, por opção estratégica, não se dispõe a ser líder de mercado em inovação. Muitos podem ser os fatores que levam à adoção dessa estratégia: ambiente desfavorável interna ou externamente, baixa predisposição ao risco, incapacidade financeira ou mesmo alinhamento com a estratégia de

negócio que pode ser de baixo custo, por exemplo. Dessa forma, as organizações que optam por esse tipo de estratégia possuem em seu portfólio projetos de desenvolvimento voltados para redução de custo e que proporcionem respostas e resultados rápidos.

Há ainda abordagens para o posicionamento estratégico de inovação mais amplas, aceitas e utilizadas. Essas abordagens se adaptam melhor às estratégias de negócio, bem como no caso das quatro estratégias de inovação propostas por Miles e Snow (1978):

- *Prospectors* (prospectoras): são organizações que ou se antecipam ou andam junto com as demandas de mercado, sendo frequentemente as primeiras a desenvolver novos produtos e mercado. Elas assumem grandes riscos e aceitam o desafio da inovação mesmo quando ele não se mostra rentável no curto prazo. Exemplo: Honda.
- *Analyzers* (analisadoras): podem ser as primeiras organizações a lançar novos produtos, mas sempre por intermédio de estudo dos principais concorrentes. Podem ser chamadas de seguidoras rápidas, lançando produtos mais baratos que as prospectoras e com grande velocidade de resposta. Exemplo: Toyota.
- *Defenders* (defensivas): a estratégia de inovação defensiva se ajusta muito bem a estratégias de negócio de nicho de mercado. Em geral, as organizações com este tipo de estratégia se estabelecem em mercados e produtos estáveis. Exemplo: GM.
- *Reactors* (reativas): organizações que adotam este tipo de estratégia são levadas à inovação apenas por questão de sobrevivência e sob forte pressão do mercado. Elas são praticamente "puxadas" pelos demais concorrentes. Exemplo: Subaru.

Muito cuidado deve ser tomado quando se analisa essas quatro estratégias. Elas não estão totalmente separadas e pode haver maior ou menor grau de aderência a cada uma delas. Ou seja, uma empresa não necessariamente adota uma estratégia X ou Y.

Outra questão importante: a mesma organização pode ter mais de uma estratégia de inovação? Sim. Pense em uma empresa de eletroeletrônicos que pode ser prospectora no segmento de imagem e analisadora no segmento de som, por exemplo. Isso é bastante comum em grandes organizações que atuam em vários segmentos de mercado.

Assim como a estratégia de negócio, a estratégia de inovação deve levar em consideração o ambiente onde a organização está inserida (competitividade, demografia, sazonalidade, ameaças, oportunidades, tendências etc.). Nesse sentido, uma empresa mineradora terá estratégias de inovação de **produto** menos agressivas que uma empresa de telecomunicações. Porém, as estratégias de inovação de **processo** da primeira podem ser tão inovadoras ou mais que as da segunda, mesmo em se tratando de uma produtora de ***commodities***.

Conforme grifos acima, vale ressaltar que existem três tipos de inovação dentro de uma organização:

- Inovação de produto;
- Inovação de processo;
- Inovação de negócio.

7.5 A Estratégia do Produto

Ainda a respeito de estratégia, para efeitos de gestão de portfólio (principalmente no balanceamento da carteira, como será visto mais adiante), deve-se levar em consideração a estratégia do produto individual. Assim como as classificações de estratégias de inovação, existem vários modelos para classificação da estratégia de produtos. Um dos mais utilizados é uma derivação da matriz de Ansoff (1957) (matriz de produto e mercado), cujo modelo foi introduzido pela consultoria Booz Allen & Hamilton (1982). Esse modelo tem o mérito de agregar aspectos de novidade tecnológica e mercadológica de forma simples e muito prática (Figura 7.10).

Os quadrantes da Figura 7.10 representam:

- Redução de custo: desenvolvimento de novos produtos com custos menores. Podem ter ou não desempenho similar ao dos concorrentes.
- Reposicionamento: colocação de produtos existentes em novos mercados ou nichos. Pode ser chamado de desenvolvimento de mercado.

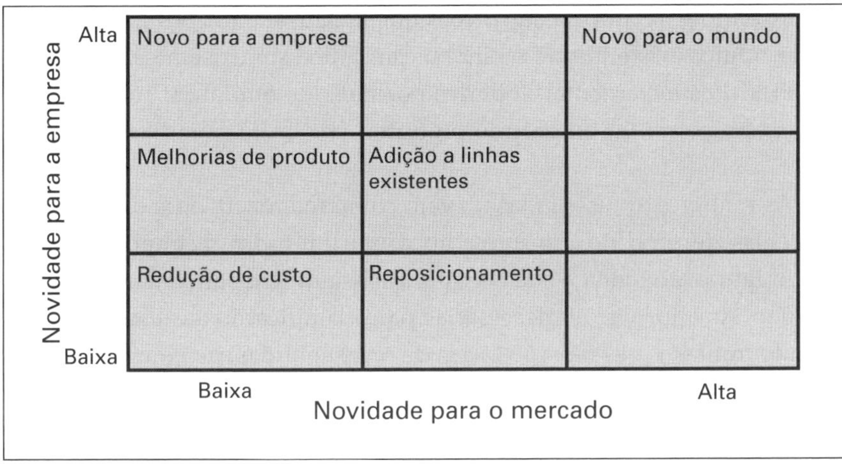

Figura 7.10 Tipos de estratégia de produto.
Fonte: Booz Allen & Hamilton (1982).

- Adição a linhas existentes: produtos suplementares a linhas já existentes.
- Melhorias de produto: aprimoramento de desempenho ou agregação de valor a produtos existentes de forma a substituí-los.
- Novo para a empresa: são produtos inéditos para a empresa e que lhe proporcionam a entrada em um mercado existente.
- "Novo para o mundo": novos produtos desenvolvidos para um mercado também novo para a empresa.

Há outros modelos de classificação de estratégias ou tipos de projetos. Um bastante utilizado foi desenvolvido por Clark e Wheelwright (1993) e adaptado no *PDMA Handbook of New Product Developmen* (Kahn, 2005). Eles classificam os novos produtos de acordo com uma tipologia específica, baseada no nível de mudança do processo e do produto. A Figura 7.11 representa essa classificação.

Segundo os autores, há três tipos de inovação:

- Inovações radicais: o processo e o produto são essencialmente novos para a empresa.

- Produtos-plataforma: inovações que produzem adições a famílias de produtos existentes ou melhorias em processos existentes.
- Produtos incrementais: obtidos por meio de mudanças incrementais em processos ou no próprio produto.

As matrizes apresentadas servem como referência para definição de estratégias de produto (ou inovação como um todo). É importante que cada organização tenha a sua classificação e a utilize para balancear o seu portfólio. As informações necessárias para classificação das estratégias de produto muitas vezes não são fáceis de serem obtidas, ou os projetos nem sempre se enquadram totalmente nessas classificações.

Além disso, dependendo do setor de atuação da organização, outras classificações podem surgir, de forma a se adequarem mais às necessidades específicas do negócio. Por exemplo, empresas de engenharia que desenvolvem máquinas e equipamentos de base possuem características de inovação distintas de empresas de bens de consumo destinadas ao varejo.

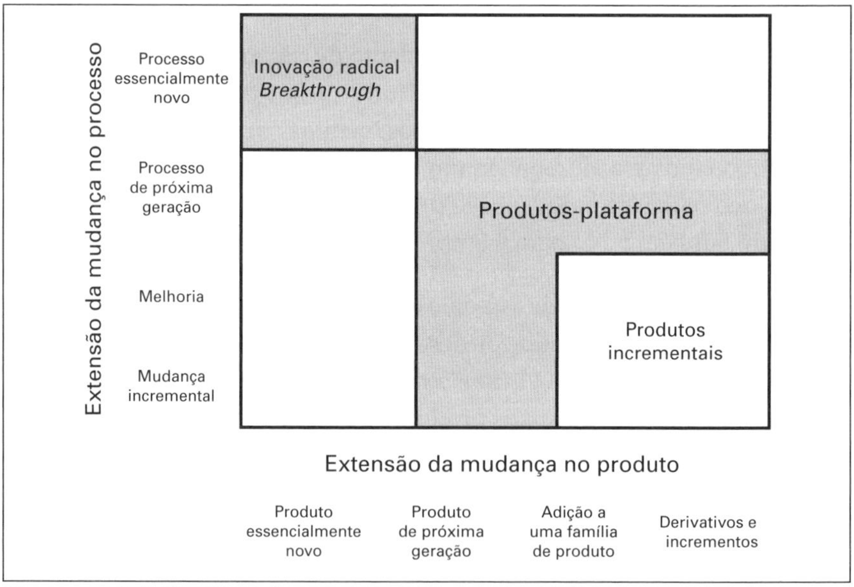

FIGURA 7.11 Tipologia de novos produtos.
Fonte: Kahn (2005) apud Clark e Weelwright (1993).

7.6 Gestão do Portfólio de Inovação

A gestão de um portfólio tem a ver com a alocação de recursos. Ou seja: onde alocar meus investimentos de forma a obter melhores resultados financeiros sob riscos aceitáveis? Onde alocar meus recursos na construção de uma casa? E, no caso das organizações, onde e como alocar os recursos para investimentos, aquisições, melhorias etc.? No caso deste capítulo, onde e como alocar os recursos destinados ao desenvolvimento dos novos produtos ou inovações?

A gestão de portfólio também tem muito a ver com tomada de decisões. Elas devem ser tomadas desde o nível estratégico (qual a estratégia a ser seguida), passando pela própria alocação de recursos, até o nível de qual projeto deverá continuar no processo de inovação.

A gestão de portfólio tem como um dos principais desafios a incerteza. Isso se deve ao fato de:

- Lidar com oportunidades futuras e ambiente dinâmico.
- Mudanças no *status* dos projetos da carteira.
- Dificuldade de comparação (causada pela diversidade de evolução dos projetos nas fases do ciclo de vida).
- Limitação de recursos disponíveis para todos os projetos.

> IMPORTANTE: quando tratamos de gestão de portfólio de inovação, estamos falando dos projetos em desenvolvimento (de produtos, processos e serviços).

Seria muito bom se todas as organizações tivessem recursos humanos e financeiros infinitos para conduzir todas as ideias identificadas. Embora algumas delas insistam em trabalhar dessa forma. Sabe-se que tal situação não existe e, portanto, o assunto gestão de portfólio surge como a área de conhecimento que auxilia a alta administração a decidir onde investir os recursos de inovação.

O assunto gerenciamento de portfólio foi abordado de forma estruturada pela primeira vez por Markowitz (1952). Seu artigo denominado "Portfolio Selection" defendeu a ideia de uma seleção baseada nas características globais da dualidade retorno *versus* risco. Embora seja um assunto relativamente maduro na administração, é novo no contexto da inovação. As primeiras referências aplicadas à inovação foram descritas apenas em 1994, no estudo sobre as melhores práticas de desenvolvimento de produtos da PDMA (*Product Development Management Association*) (Griffin, 1997).

Logo, a gestão de portfólio de desenvolvimento de novos produtos é um assunto importante, ainda está em evolução e tem alguns problemas comuns, segundo estudo desenvolvido por Cooper et al. (1998):

1. *O portfólio de projetos não reflete a estratégia de negócio:* há vários projetos desalinhados com as estratégias e existe desconexão entre o desdobramento dos gastos e as prioridades do negócio. Talvez este seja o mais comum dentre os problemas encontrados nas organizações. A montagem dos portfólios parece não seguir nenhuma lógica associada à estratégia. É como se a empresa estivesse "atirando para todos os lados".
2. *A qualidade do portfólio é baixa:* percebe-se a existência de vários projetos inadequados, fracos ou medíocres. A principal consequência deste problema é a baixa taxa de sucesso no lançamento dos projetos (produtos bem-sucedidos/total de produtos lançados).
3. *O processo de desenvolvimento das organizações tem o formato de túnel, quando deveria ser de funil:* este assunto está relacionado à habilidade de a organização definir os pontos de decisão ou portões (*gates*) do processo de desenvolvimento e, mais do que isso, executá-los de forma disciplinada. Não "matar" projetos que não se ajustem aos critérios de seleção pode comprometer todo o restante do portfólio, dado que os recursos são limitados! É como na regra da seleção natural: uma cadela que dê a luz a dez cachorrinhos vai afastar os mais fracos, com menos chance de sobreviver, para que os mais fortes possam mamar e ficar ainda mais fortes: eles terão mais chances de crescer saudáveis e de multiplicar a espécie.
4. *Recursos são escassos e há falta de foco:* pouco adianta ter muitos projetos competindo pelos recursos que não são infinitos. Saber escolher os projetos vencedores é crucial para o sucesso. O principal objetivo da gestão de portfólio é justamente auxiliar nesse processo. Nesse ponto, vale lembrar que, quando se fala de recursos, está se referindo a

dinheiro, equipamentos e, principalmente, pessoas. O que se percebe, na prática, é que portfólios inchados sobrecarregam as pessoas de trabalho e geram desmotivação e baixa qualidade dos resultados. Imagine um pesquisador ou engenheiro de produto trabalhando com uma carteira simultânea de dez ou quinze projetos. Agora, pense que, desses projetos, a grande maioria está relacionada com pequenas melhorias e demandas incrementais. Você ficaria motivado em trabalhar dessa forma?

5. *Existência de muitos projetos "triviais"*: como resultado da busca por redução de tempo de desenvolvimento, os portfólios tendem a ser dominados por projetos de redução de custos, melhorias e atualizações em produtos atuais. No entanto, os projetos mais complexos e que promovem inovação radical são aqueles que realmente proporcionam vantagem competitiva às organizações.

Qual deve ser, então, o passo a passo da gestão de portfólio para lidar com as dificuldades e desafios mencionados? Existe uma regra? Na verdade, existem pontos em comum que serão analisados por meio de três modelos bastante aceitos e utilizados.

7.6.1 O modelo do PMI

Este modelo já foi apresentado na seção inicial do capítulo.

7.6.2 O Modelo de Cooper

O modelo proposto por Cooper (2001) é formado por três componentes principais (Figura 7.12). O primeiro deles é o ponto de partida: a definição das estratégias de negócio e de novos produtos. Abaixo da primeira componente estão as outras duas: a revisão do portfólio (onde são tomadas decisões e feitos ajustes na carteira de projetos); e o processo de *stage-gates®* que atualiza o *status* dos projetos. Estes dois últimos componentes se alimentam de informações.

Esse modelo inclui o processo de gestão dos projetos (lado direito da Figura 7.13). No caso, o método utilizado para o gerenciamento dos projetos é o *stage-gates®*, o qual prevê que os projetos devem passar por pontos de decisão (portões ou *gates*) preestabelecidos, em que alguns critérios devem ser atendidos para que siga no processo de desenvolvimento (Figura 7.13).

O processo de *stage-gates®* divide o projeto de desenvolvimento em estágios discretos e identificáveis, geralmente de quatro a seis. Cada estágio consiste de um conjunto de atividades paralelas e conduzidas por pessoas dos diversos departamentos da organização. A Figura 7.13 apresenta um modelo de cinco estágios, além do estágio de descoberta:

- Descoberta: trabalho preliminar no qual são descobertas e reveladas oportunidades, além da geração de ideias.
- Escopo: breve investigação preliminar do escopo do projeto.
- Plano de negócio: uma investigação muito mais detalhada (técnica e mercadológica). Inclui a definição do projeto e do produto, justificativas e o plano do projeto.
- Desenvolvimento: o desenvolvimento do produto em si, incluindo o desenvolvimento do processo.
- Teste e validação: testes de mercado, laboratório e produção de forma a verificar e validar o novo produto proposto.
- Lançamento: comercialização, início da operação ou produção em escala e vendas.

Antes de cada estágio há um ponto de decisão (*gate*), que funciona como checagem de qualidade, decisões sobre prosseguir ou não, ou mesmo como mecanismos de priorização. Os objetivos de cada ponto de decisão (ou checagem) são distintos, mas sua estrutura é similar. Cada ponto deve possuir:

- Um conjunto de entregas previstas;
- Critérios sob os quais o projeto é avaliado;
- "Saídas" previamente definidas.

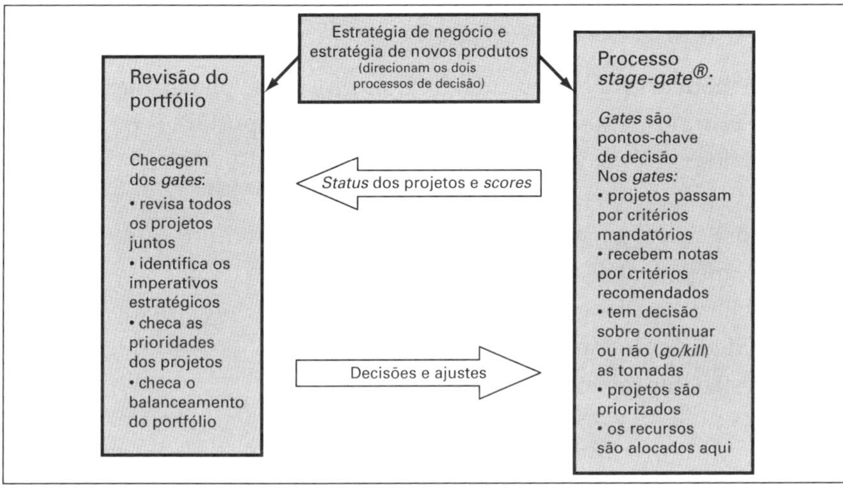

FIGURA 7.12 Processo integrado de gestão de portfólio.
Fonte: Adaptada de Cooper (2001, p.247).

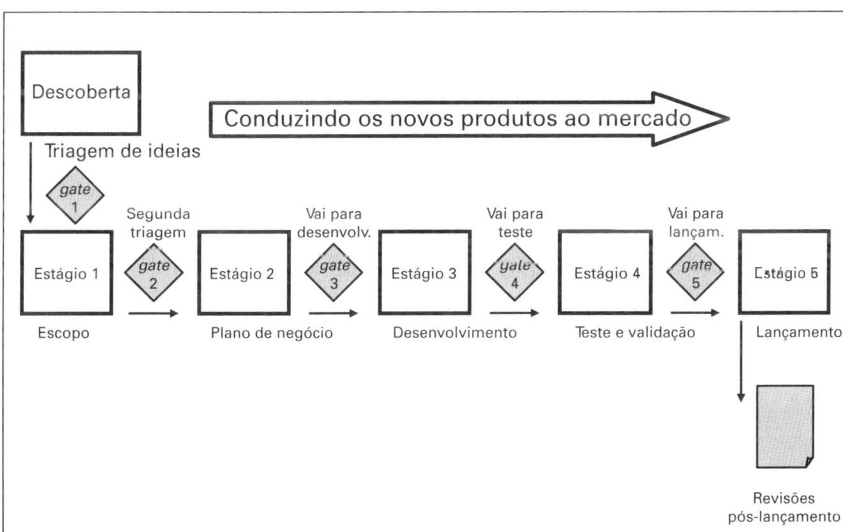

FIGURA 7.13 O modelo típico de *stage-gate*®.
Fonte: Adaptada de Cooper (2001, p.130).

6.3 O modelo da PDMA

Esse modelo está organizado em dois processos: planejamento e avaliação de portfólio, e aborda três aspectos muito importantes no processo de gestão do portfólio de inovação (Figura 7.14):

- A existência do *roadmap* (de tecnologia e de produto) durante a fase de planejamento.
- A previsão de programas e outros esforços (*on going operations*), como atividades relacionadas.
- A gestão dos recursos.

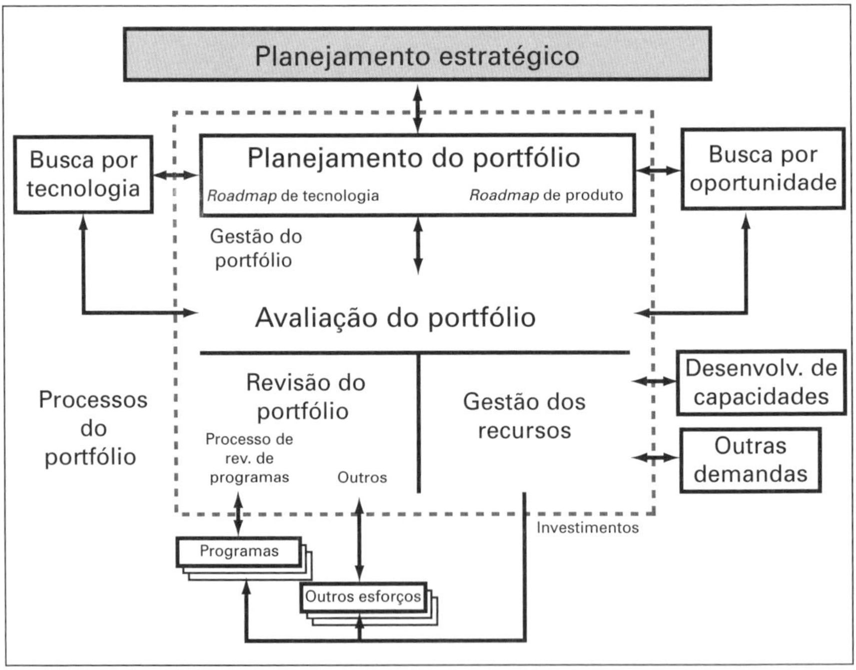

FIGURA 7.14 Planejamento e gestão do portfólio e atividades relacionadas. Fonte: Kahn (2005, p.47).

Roadmap

"Uma representação móvel de produtos ou tecnologias futuras ao longo do tempo, com início no presente e estendendo-se até o futuro. Estão incluídos no *roadmap* os projetos do portfólio atual, assim como esforços previstos para o futuro ainda sem recursos alocados" (Khan, 2005, p.48).

O processo de *roadmap* deve ser desenvolvido nos estágios preliminares do planejamento do portfólio e deve levar em consideração todas as tecnologias e produtos existentes e previstos. Esse processo deve ser fortemente incentivado pela alta administração da empresa. É imprescindível, também, a participação de pesquisadores seniores e das áreas de produção e marketing.

7.7 Gestão de Portfólio e o Ciclo do PDCA

Analisando os três modelos de gestão de portfólio apresentados neste capítulo, os dois principais pontos em comum são: o processo de gestão de portfólio deve vir de um processo anterior de formulação estratégica e todo portfólio deve ser revisto periodicamente, retroalimentando as estratégias da empresa. Além disso, é possível dizer que os seguintes subprocessos são indispensáveis à gestão de portfólio:

- Planejamento do portfólio (ou alinhamento): nesta etapa são realizados os *roadmaps* de tecnologia e mercado. Ou seja, devem ser avaliadas as tendências de mercado, as condições relativas ao ambiente (concorrência, peculiaridades geográficas, sazonalidade etc.) e as questões relativas a novas tecnologias. Na fase de planejamento do portfólio, deve ser levantado todo o conjunto de projetos existentes e candidatos. Aqui também são conduzidas as etapas de identificação, categorização, avaliação, seleção, priorização e autorização.
- Gestão de recursos: a gestão de recursos, no caso de projetos de inovação, tem uma importância especial. Suas atividades são bastante claras e específicas: compreender a carga de trabalho do portfólio atual e eventuais adições, e entender a capacidade de todos os recursos envolvidos (pessoas, equipamentos, dinheiro, fornecedores etc.). De posse das informações de disponibilidade e demanda, a gerência deve, então, se ocupar de gerir os recursos existentes de forma a aten-

der as solicitações existentes. Esse subprocesso tem grande interface com o balanceamento do portfólio.

- Gestão de programas e projetos: o gerenciamento dos projetos tem como principal objetivo garantir o alcance das metas estabelecidas de prazo, escopo, custo e qualidade. A gestão de programas foi detalhada na seção "Programas e Gerenciamento de Programas" deste capítulo (p. 242).
- Avaliação do portfólio: a avaliação do portfólio deve ocorrer periodicamente, porém em frequência menor se comparada à gestão dos projetos e dos programas. É durante a avaliação do portfólio que é verificado o atendimento às metas genéricas de um portfólio: maximização de valor, alinhamento estratégico e balanceamento. As saídas desse subprocesso alimentam a revisão do portfólio. Avaliação formal deve ocorrer assim como no planejamento, subsidiando nova seleção e priorização.
- Revisão do portfólio: neste ponto, devem ser tomadas decisões sobre o destino dos projetos: continuar, receber mais recursos, diminuir o ritmo, esperar ou cancelar. As revisões do portfólio podem sugerir modificações na estratégia de inovação ou na própria estratégia do negócio.

Esses subprocessos podem ser arranjados ciclicamente de acordo com a Figura 7.15, tendo como "pano de fundo" o modelo de gestão do ciclo do PDCA.

IMPORTANTE:

O processo de gestão de portfólio de inovação deve ter:

- Origem na definição das estratégias de inovação e de negócio;
- Processo detalhado de alinhamento;
- *Roadmap*;
- Programas, projetos e operações rotineiras;
- Gerenciamento de recursos;
- Gerenciamento de programas e projetos.

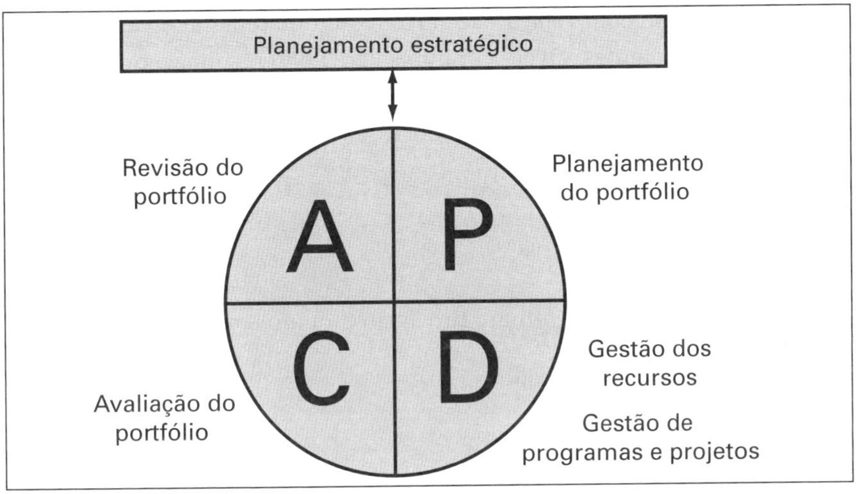

FIGURA 7.15 Gestão de portfólio e o ciclo do PDCA.

7.7.1 Avaliação e Seleção de Projetos de um Portfólio

Nesta seção são abordados métodos para avaliação e seleção de projetos que compõem um portfólio. Inicialmente, é preciso lembrar que os três principais objetivos da gestão de portfólio são:

- Maximização de valor;
- Alinhamento entre o portfólio e as estratégias de negócio e de inovação;
- Atendimento ao balanceamento correto de projetos.

7.7.1.1 Abordagens para Avaliação e Seleção de Projetos

As abordagens para avaliação e seleção de projetos podem ser:

- Qualitativa: prevalece a experiência da alta administração da organização para a escolha da carteira de projetos. Ela predomina na maioria das organizações.

- Quantitativa: com relação ao ferramental matemático, várias são as técnicas existentes. Dye e Pennypacker (1999) reconhecem quatro categorias:
  - Métodos de medição de benefício;
  - Métodos de alinhamento estratégico;
  - Métodos *ad hoc*;
  - Métodos de otimização.

  Cooper et al. (1998) efetuam um agrupamento em três categorias:

  - Programação matemática;
  - Clássica;
  - Mapas e gráficos.

- Mista: nessa abordagem ainda prevalece a experiência da alta administração da organização para a escolha da carteira de projetos, mas ela recebe algum auxílio da abordagem quantitativa, principalmente pelo uso de mapas e gráficos. Todavia, no final, prevalece a intuição de seus diretores.

Os métodos utilizados para avaliação e seleção de projetos podem ser organizadas de acordo com os objetivos listados anteriormente (Cooper et al., 1997a; 1997b).

7.7.1.2 Maximização do Valor

Basicamente os modelos para maximização do valor do portfólio estão divididos em:

- Financeiros;
- Listas de pontuação.

O principal objetivo de tais modelos é a obtenção de uma lista de projetos ordenada por prioridade. Muitos estudiosos tendem a dar a esses modelos quantitativos mais valor do que eles realmente merecem. O fato é que existem técnicas muito poderosas e eficazes para avaliações financeiras e para definir notas aos projetos. No entanto, é preciso ter em mente que as ferramentas de análise de portfólio devem ser utilizadas para auxílio à tomada de decisão e não como instrumentos das decisões em si. Não são caixas-pretas onde se colocam vários dados dos projetos e se sai com a "carteira ideal".

Dentro dos modelos financeiros, destacam-se três técnicas mais utilizadas:

Valor comercial esperado (ou ECV do inglês *Expected Comercial Value*): determina o valor comercial esperado de cada projeto, considerando o valor presente líquido, as probabilidades de sucesso técnico e comercial, os custos de comercialização e desenvolvimento, bem como a importância estratégica do produto.

Índice de produtividade (PI, do inglês *Productivity Index*): bastante semelhante ao ECV, mas agrega a restrição de recursos no seu cálculo.

Modelo de opções reais: muito usado para avaliação de carteiras de ações, tem sido utilizado com sucesso em portfólios de inovação com o objetivo de maximização de valor. Ele tem a vantagem de trabalhar com probabilidades de rotas alternativas (opções). A utilização desses modelos possui vantagens e desvantagens, conforme apresentado no Quadro 7.3.

Com relação aos modelos de pontuação, merece destaque a lista dinâmica de ordenação, que organiza os projetos de acordo com vários fatores ao mesmo tempo (por exemplo, importância estratégica, valor presente líquido – VPL –, Taxa Interna de Retorno – TIR –, probabilidade de sucesso etc.). O interessante desse método é que o arranjo é feito por critério e os *ranks* são posteriormente ponderados. Isso possibilita trabalhar com variá-

Quadro 7.3 Vantagens e desvantagens dos modelos financeiros utilizados para maximização de valor

Vantagens	Desvantagens
• Valores são descontados para valor presente • Considera importância estratégica • Reconhece as restrições de recursos (no caso do PI)	• Dependência de dados financeiros e outros quantitativos • Não considera o balanceamento do portfólio • Só considera um critério (ECV) para maximização • Penalização de projetos de longo prazo

veis diversas. Ou seja, não é necessário criar indicadores que combinem todas as variáveis. Se um determinado projeto é o número 1 em VPL e o número 2 em importância estratégica, por exemplo, ele terá nota 1,5, e assim por diante.

No caso dos modelos de pontuação, uma lista de critérios é desenvolvida e cada projeto é pontuado de acordo com tais critérios. As pontuações obtidas são multiplicadas por pesos e somadas. Cada projeto recebe, então, uma nota final, utilizada para seu ordenamento. Modelos de pontuação são simples de serem entendidos e utilizados, mas podem se tornar bastante complexos caso existam muitos critérios ao mesmo tempo. Logo, vale utilizar questionários que levem em consideração os grandes objetivos da gestão de portfólio, além de probabilidades envolvidas no projeto. Exemplos: retorno financeiro, alinhamento estratégico e probabilidade de sucesso técnico e comercial. O Quadro 7.4 resume as vantagens e desvantagens dos modelos de pontuação.

Quadro 7.4 Vantagens e desvantagens dos modelos de pontuação utilizados para maximização de valor

Vantagens	Desvantagens
• Simplicidade • Consideração de mais de um critério	• Não considera restrição de recursos • Baseado em dados incertos • Não considera o balanceamento e alinhamento de projetos do portfólio • Pouca utilização prática para tomada de decisões

7.7.1.3 Alinhamento Estratégico

A questão fundamental a ser respondida neste caso é: como ajustar os recursos disponíveis para os projetos de forma que reflitam as estratégias de negócio e de inovação?

Os modelos utilizados para alinhamento estratégico podem ser desenvolvidos por meio de utilização de critérios de alinhamento em modelos de pontuação. Nesse caso, as ferramentas utilizadas são muito parecidas com as das listas e pontuação. A diferença, no caso, é o tipo de dado. Não existe fórmula para medir o alinhamento estratégico de um projeto assim como seu VPL. Então, é preciso ser bastante cauteloso na definição e utilização dos critérios para esse tipo de análise. Outro fator importante para o sucesso desse modelo é a participação efetiva da alta administração da empresa na pontuação dos projetos.

Destacam-se, ainda, os tipos "baldes estratégicos" e "checagem estratégica".

O modelo de baldes estratégicos é desenvolvido de acordo com a seguinte lógica: a alta administração da empresa desenvolve a visão e a estratégia de negócio. Posteriormente, as estratégias de inovação são definidas. Em seguida, são feitas escolhas forçadas, baseadas nas estratégias, de onde alocar recursos. Assim, são criadas categorias de projetos com fatias definidas de recursos (os chamados baldes estratégicos). Essas categorias podem ser, por exemplo: metas estratégicas, linhas de produtos, tipos de produtos, matriz de familiaridade ou geografia.

Uma vez definidos os baldes estratégicos e o gasto desejado por balde, é feita a análise de diferença de gastos entre o alocado e o desejado. Os projetos em cada balde são então ordenados. Por fim, ajustes são feitos para que haja o máximo de adequação entre o esperado dentro de cada balde e a carteira real. A Figura 7.16 ilustra esta situação. As vantagens e desvantagens deste modelo são resumidas no Quadro 7.5.

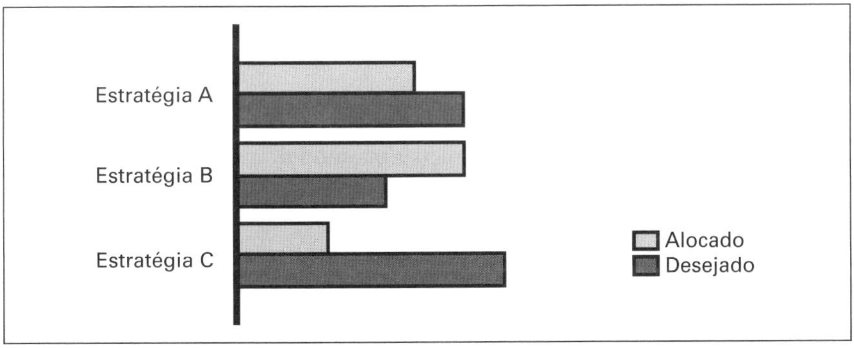

Figura 7.16 Modelo de baldes estratégicos.
Fonte: Cooper (2001).

QUADRO 7.5 Vantagens e desvantagens dos modelos de baldes estratégicos

Vantagens	Desvantagens
• Liga fortemente os gastos à estratégia do negócio • Reconhece que todos os projetos que competem pelos mesmos recursos devem ser considerados • Critérios diferentes podem ser usados para diferentes tipos de projetos	• Alta gerência é ocupada e o processo consome muito tempo • Escolhas forçadas podem ser, muitas vezes, irreais

O modelo de checagem estratégica é semelhante ao método de baldes estratégicos, porém as etapas são invertidas. Os projetos são priorizados como um todo e, posteriormente, avalia-se a adequação da lista com as estratégias de negócio.

7.7.1.4 Balanceamento

No caso do balanceamento de portfólios, os modelos mais adequados são os que utilizam representação gráfica. Vários tipos podem ser utilizados, como gráficos de bolha, histogramas, gráficos de pizza e outros mapas derivados de modelos de pontuação.

Os gráficos de bolha se destacam pela diversidade de variáveis que podem representar, além das possibilidades de dimensões que podem ser relacionadas, tais como:

- Alinhamento com as estratégias de negócio ou de inovação;
- Nível de inovação e importância estratégica para o negócio;
- Extensão da vantagem competitiva;
- Retorno financeiro;
- Impacto competitivo da tecnologia;
- Probabilidade de sucesso técnico e comercial;
- Custos com P&D para conclusão do projeto;
- Tempo de conclusão do projeto ou capital;
- Investimento em marketing necessário para lançamento.

O tipo de gráfico de bolha mais comum é o que relaciona a probabilidade de sucesso técnico com o retorno esperado do projeto (Figura 7.17).

Esse gráfico permite dividir os projetos de acordo com o quadrante em que estão contidos:

- Pão com manteiga: são projetos que possuem alta probabilidade de sucesso técnico, porém com baixo retorno financeiro, por isso são denominados pão com manteiga. São projetos com baixo risco e baixo retorno; funcionam como a caderneta de poupança da empresa.
- Pérola: são os projetos de maior valor. Possuem alta probabilidade de sucesso técnico e alto retorno ao mesmo tempo.
- Ostra: as ostras guardam as pérolas. A baixa probabilidade de sucesso técnico aumenta o risco desses projetos, mas o alto retorno esperado deve ser levado em consideração. Nesse caso, o ideal é reduzir o nível de incerteza técnica de modo que possam se tornar pérolas.
- Elefante branco: são os projetos que ninguém quer. Os retornos são baixos e o risco técnico é alto. No entanto, as empresas podem precisar deles, principalmente no caso de defesa de fatia de mercado ou venda casada.

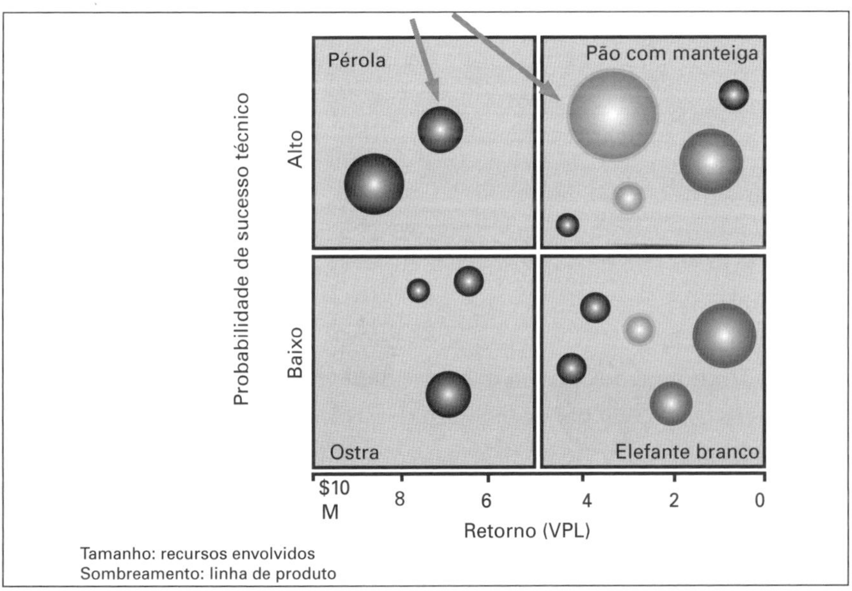

FIGURA 7.17 Gráfico de bolhas: probabilidade de sucesso *versus* retorno.
Fonte: Adaptado de Cooper (2001).

Outra vantagem dos gráficos de bolha é que são multidimensionais e, por isso, excelentes para o balanceamento. As bolhas, além de localizadas em quadrantes, possuem tamanhos diferentes que podem receber qualquer tipo de informação (no caso do exemplo a seguir, valores envolvidos). Quando possível, a utilização de cores também é bastante útil.

Os dados utilizados para construção dos gráficos de bolha podem ser qualitativos ou quantitativos, inclusive utilizando-se dados derivados dos modelos apresentados anteriormente.

Como já colocado, a gestão dos recursos de inovação tem muito a ver com o balanceamento do portfólio. O modelo da Figura 7.18 foi utilizado na prática com o objetivo de se identificar o correto balanceamento dos recursos de inovação de uma empresa (demais bolhas foram suprimidas por questões didáticas).

Os eixos X e Y avaliam o potencial de inovação de determinada tecnologia e o estágio atual de inovação da empresa nessa tecnologia. Cada bolha representa uma tecnologia e seu tamanho, a quantidade de esforço dispensada. Além disso, quanto mais clara a bolha, maior o impacto na competitividade da empresa. Dessa forma, a tecnologia 3 possui maior impacto que a 2, que por sua vez é mais impactante que a 1. Pode-se no-

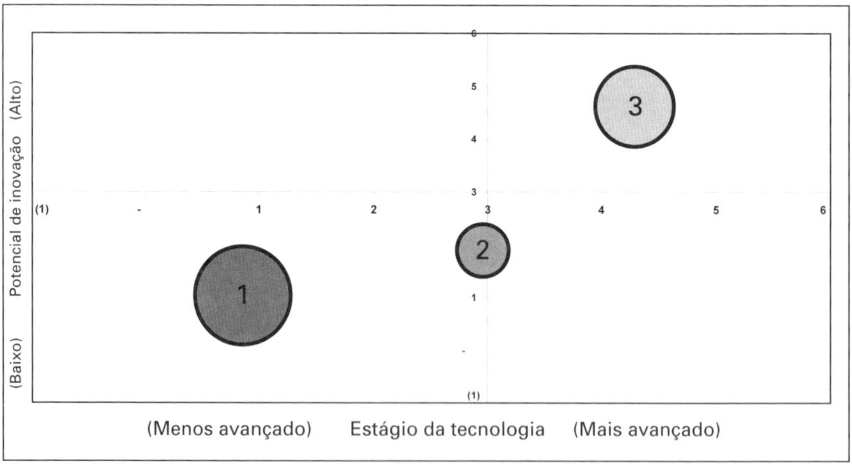

FIGURA 7.18 Balanceamento de recursos por meio da utilização de gráficos de bolhas.

tar que a tecnologia 3 possui grande impacto para a competitividade da empresa, possui alto potencial de inovação e a empresa está em estágio avançado dessa tecnologia. No entanto, os recursos disponíveis para ela são menores que os disponíveis para a tecnologia 1, o que pode sugerir desbalanceamento de recursos.

Um dos principais problemas enfrentados durante o processo de balanceamento do portfólio é a baixa confiabilidade dos dados. Principalmente de dados financeiros, como colocado nos modelos de maximização de valor.

Dessa forma, foram desenvolvidos alguns gráficos de bolha que trabalham graficamente com as incertezas. Em vez de bolhas, são utilizadas elipses que consideram o espectro dentro do qual podem variar as estimativas de retorno financeiro (Figura 7.19).

Por fim, os gráficos tradicionais podem representar várias outras variáveis de balanceamento, como:

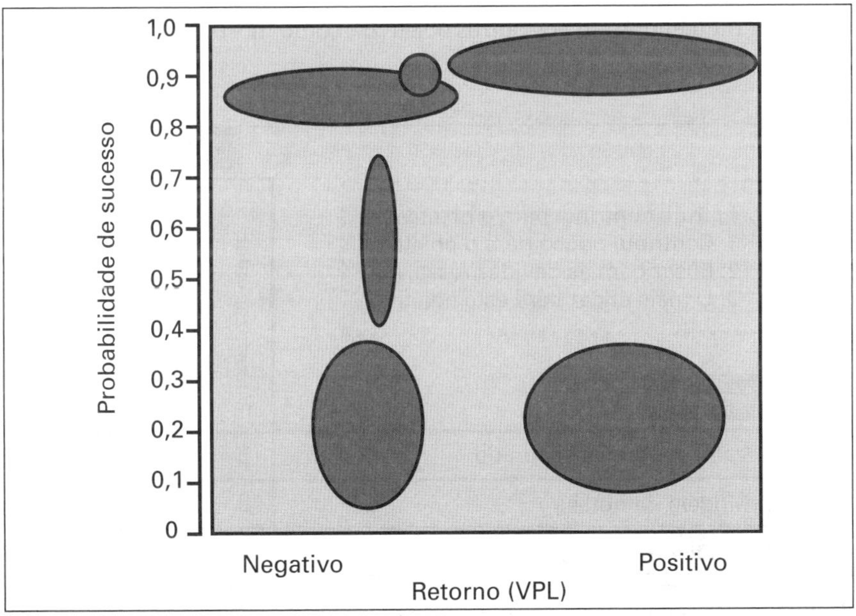

Figura 7.19 Lidando com a incerteza dos dados.
Fonte: Cooper (2001).

- Curto *versus* longo prazo;
- Fluxo de caixa;
- Tipos de projetos ou mercado;
- Produtos ou tecnologias.

Alguns cuidados devem ser tomados na utilização dos gráficos de balanceamento de portfólio:

- Dados financeiros indisponíveis ou não confiáveis;
- Sobrecarga de informação. Vale a máxima: "muita informação é desinformação".
- Apenas apresentam informações, não decidem por si só.
- Um portfólio balanceado não é uma informação exata e não há uma regra do que fazer e quando usar os gráficos e diagramas.

As ferramentas apresentadas foram divididas didaticamente entre os três objetivos da gestão do portfólio. No entanto, há contribuição de cada uma em maior ou menor grau aos outros objetivos, como mostra a Figura 7.20.

(-): Não contribui para o objetivo
1: Contribui pouco para o objetivo
2: Eficaz com as devidas ressalvas
3: O mais eficaz para este objetivo

Métodos	Objetivos		
	Maximizar valor	Balancear portfólio	Alinhar estratégia
Valor comercial esperado	3	1	
Modelo de notas	2	2	2
Gráficos de bolha		3	2

FIGURA 7.20 Comparação dos métodos para análise e avaliação do portfólio de projetos.
Fonte: Adaptada de Rozenfeld (2006, p.138).

A preferência por determinado método irá depender do objetivo principal dentro da estratégia de inovação da empresa. Empresas mais inovadoras tenderão a dar maior ênfase ao alinhamento estratégico e a projetos "novos para o mundo". Enquanto isso, as empresas seguidoras darão maior valor a retornos financeiros e a projetos de redução de custos e plataformas.

7.7.2 Sucesso em Inovação

Não há como falar de gestão de portfólio de inovação sem também fazer algumas considerações a respeito do assunto *sucesso*. Afinal de contas, todo o esforço de gestão deve ser feito para se alcançar metas e seu alcance (ou não) deve ser medido. Dessa forma, é possível saber se houve sucesso no alcance das metas estabelecidas.

Este tópico foi dividido em duas partes: sucesso do projeto e sucesso para o negócio. A gestão de portfólio está ligada aos dois tipos de sucesso: quando se analisa um determinado portfólio, está se falando do sucesso para o negócio. No entanto, quando se imagina que cada portfólio é composto de diversos projetos, o sucesso dos mesmos estará diretamente ligado ao sucesso da carteira em questão.

Esta discussão parece não ter relevância, visto que o objetivo final é o mesmo: avaliar o sucesso do projeto. Mas o que se observa na prática é que as empresas fazem muita confusão quando definem metas e indicadores de desempenho para seus portfólios.

7.7.2.1 Sucesso de um Projeto

De acordo com Griffin e Page (1996), um produto perfeito é aquele que:

> É amplamente visto pelos seus consumidores que são "deliciados" com o mesmo; produz enormes retornos financeiros para a empresa e, adicionalmente, é tecnicamente elegante, proporciona vantagem de *performance* para a empresa ou foi comercializado de forma eficiente.

Da definição anterior, pode-se destacar três dimensões relacionadas ao sucesso de um produto, medidas após seu lançamento. Tais indicadores estão relacionados ao conceito de eficácia do produto:

1. Cliente (satisfação, aceitação, participação de mercado etc.);
2. Financeira (ROI, metas de lucro esperado, margem de contribuição etc.);
3. Técnica (vantagem competitiva, qualidade, desempenho etc.).

Considerando-se o produto em si, a definição estaria completa. Mas o que dizer do sucesso do projeto como empreendimento? Neste caso, deve-se levar em consideração outros aspectos que são utilizados no término do projeto de desenvolvimento. Esses indicadores se referem à eficiência do desenvolvimento, a saber:

1. Escopo (atendimento do projeto ao escopo estabelecido no planejamento);
2. Tempo (atendimento aos prazos definidos);
3. Custo (atendimento ao orçamento previsto);
4. Qualidade (atendimento aos requisitos de qualidade de projeto).

Logo, é possível medir o sucesso de um projeto de inovação em termos de dois grupos de indicadores: relacionados ao produto e relacionados ao projeto. A Figura 7.21 separa os dois grupos de indicadores ao longo do ciclo de vida de desenvolvimento (projeto)/ciclo de vida do produto.

7.7.2.2 Sucesso do Negócio

As métricas de sucesso do negócio estão mais intimamente ligadas ao sucesso do portfólio e são bastante influenciadas pelas estratégias de inovação definidas no início deste capítulo. Assim, empresas menos inovadoras tendem a medir o sucesso de seus portfólios principalmente em termos de indicadores financeiros, enquanto empresas mais inovadoras geralmente avaliam o sucesso de seus portfólios de acordo com as estratégias de longo prazo.

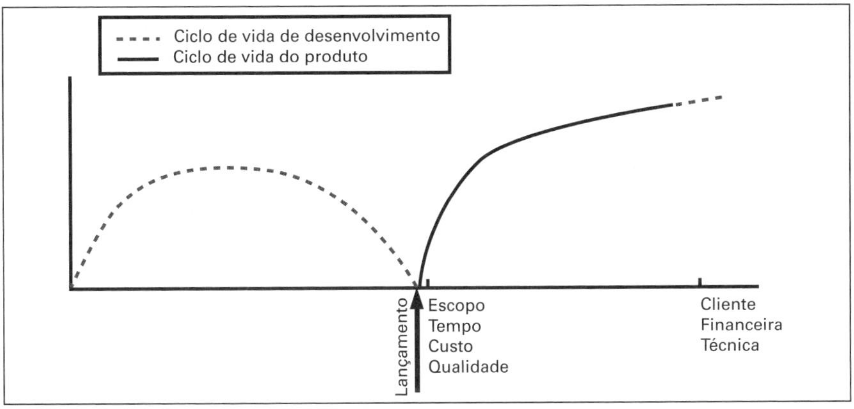

Figura 7.21 Sucesso do projeto e sucesso do produto.

Como visto no tópico anterior, os portfólios devem atender a objetivos estratégicos e financeiros. Dessa forma, vários indicadores estão relacionados a esses aspectos. Alguns indicadores de sucesso mais utilizados para se medir o desempenho de portfólios são:

- Percentual de receitas ou lucros obtidos com produtos desenvolvidos nos últimos anos;
- Retorno sobre o investimento;
- Alinhamento dos novos produtos com a estratégia do negócio;
- Taxa de sucesso dos produtos desenvolvidos;
- Quantidade de produtos que trazem outras oportunidades futuras;
- Taxa de sucesso do programa ou do portfólio;
- Quantidade de patentes desenvolvidas;
- Participação de mercado;
- Vendas reais/vendas projetadas;
- *Time-to-market*;
- Número de marcos cumpridos no projeto;
- Retorno sobre o investimento/gastos com P&D;
- Custos de P&D por pessoa;
- Satisfação de clientes;
- Quantidade de novos produtos e processos desenvolvidos.

Os indicadores de sucesso do portfólio devem ser utilizados em conjunto, de forma que possam ser avaliados aspectos diversos. Ao mesmo tempo, reforça-se a correta utilização de acordo com a estratégia de inovação definida: é preciso medir e estabelecer metas de acordo com onde a empresa quer chegar. Assim, empresas que adotam a estratégia tipo "prospector" devem estar à frente dos concorrentes. Um indicador de sucesso muito adequado, nesse caso, seria a quantidade de patentes desenvolvidas, por exemplo.

7.7.2.3 Sucesso "no mundo real"

O conceito de sucesso é muito estudado e existem vários artigos publicados sobre o assunto. Além disso, as empresas buscam ter sucesso em seus projetos e tendem a classificá-los de acordo com seus resultados. No entanto, há de se evitar exageros, classificando-se projetos como vencedores e perdedores, ou bem e malsucedidos, ou, ainda, em sucesso e fracasso simplesmente. Archibald e Prado (2006), em seu relatório final da pesquisa sobre maturidade e sucesso em TI, apresentam uma classificação com cinco níveis distintos de sucesso, seu conceito e impacto no negócio e na carreira do gerente de projeto, conforme pode ser visto no Quadro 7.6.

7.8 Considerações Finais

As grandes organizações têm gasto muito dinheiro e esforço na tentativa de melhorar sua gestão de portfólio de inovação, principalmente em empresas grandes e multinacionais, mas o assunto ainda é novo e requer aprimoramento. A maioria dos casos de aplicação dos modelos vem de empresas estrangeiras.

No Brasil, grande parte dos trabalhos realizados se restringe a empresas de bens de consumo, principalmente varejo. O entendimento do assunto gestão de portfólio de inovação ainda não é claro no meio empresarial.

Na pesquisa realizada por Cooper et al. (1997a e 1997b), é feita uma compilação dos principais aspectos da gestão do portfólio de projetos inovadores:

Quadro 7.6 Tipos de sucesso no mundo real

Tipo de sucesso do projeto	Conceito	Impacto na meta do negócio	Impacto na carreira do gerente do projeto
Sucesso total	Meta do projeto totalmente atingida	Não houve	Gerente de sucesso
Sucesso quase total	Pequeno desvio na meta do projeto	Não houve	Gerente de sucesso
Sucesso parcial	Médio ou forte desvio na meta do projeto	Algum impacto	Depende do resultado do negócio
Sucesso fraco	Médio ou forte desvio do projeto	Impacto médio ou forte	Forte efeito negativo No futuro, será visto com restrições e será acompanhado de perto
Fracasso total	Desvio inaceitável na meta do projeto	Forte impacto, ou produto não sendo utilizado ou projeto paralisado em função de graves problemas em seu gerenciamento	Forte efeito negativo A carreira do gerente pode estar encerrada

Fonte: Prado e Archibald (2006).

1. A gestão de portfólio tem três metas principais: maximização de valor, balanceamento e alinhamento estratégico;
2. Há necessidade de integrar decisões de projetos e decisões de portfólio;
3. Modelos de portfólio padecem de uma precisão imaginária;
4. O comprometimento de recursos variáveis é um problema;
5. Há muitos projetos em situação de espera;
6. Por que é necessário ter uma lista de ordenação ou de priorização?
7. A gestão de portfólio deve considerar todos os tipos de projetos de P&D;
8. Os modelos de gestão de portfólio deveriam focar na exposição de informações ou serem modelos de decisão?
9. Vários modelos de portfólio produzem muita informação;

10. Métodos de análise financeira apresentam problemas.

Praticamente 10 anos depois, Cooper e Edgett (2006), apontam quais são as dez maneiras de se tomar as melhores decisões de seleção de projetos e portfólios:

1. Focar na integridade dos dados;
2. Instalar um processo sistemático, desde a ideia até o lançamento, e fazer com que os pontos de decisão funcionem;
3. Adotar um compromisso incremental ou modelo de opções;
4. Saber quando "pular fora";
5. Lembrar-se: uma métrica não serve para todos;
6. Usar triangulação, já que não existe uma melhor forma de selecionar projetos;
7. Experimentar utilizar modelos de pontuação;
8. Usar critérios de sucesso também;
9. Usar a técnica adequada para avaliação financeira;
10. Incorporar revisões periódicas de portfólio para forçar a ordenação de seus projetos.

As principais observações realizadas pelos autores em 1997 e 2006 são traduzidas a seguir:

1. Ainda há muito que evoluir em termos de confiabilidade e disponibilidade de informações. O ritmo alucinado das empresas dificulta a coleta sistemática de informações que possam auxiliar na aplicação dos modelos. Além disso, quando há informações disponíveis, sua confiabilidade é baixa. Nesse caso, vale o bom-senso: utilizar modelos muito sofisticados quando as informações são imprecisas pode levar a excessiva carga de trabalho, desuso das ferramentas e descrédito dos clientes internos (alta administração).
2. Os executivos tendem a ignorar métodos que podem auxiliar na tomada de decisão. Estabelecimento de critérios, criação de listas, mapas, gráficos, todo o esforço pode ser substituído por julgamentos baseados em intuição e experiência. Reuniões de diretoria podem ser

conduzidas de forma irresponsável e portfólios podem ser definidos muito mais por critérios políticos que técnicos. As ferramentas devem ser utilizadas para auxílio à tomada de decisão. Os dados não decidem por si só, mas deve haver muita disciplina e comprometimento da alta administração durante o processo de gestão de portfólio.

3. Descartar projetos requer coragem e disciplina. Os recursos são limitados e não podemos tocar todos os projetos que gostaríamos. Mas, e se eu não for adiante com este projeto? Ele poderia ser um sucesso! O que fazer? Estas perguntas surgem com frequência durante a revisão dos portfólios e, nessa hora, a alta administração mais uma vez tem que exercer seu papel: tomar a decisão de acordo com as informações técnicas levantadas durante a avaliação. Talvez esta seja uma das decisões mais importantes relativas à gestão de portfólio. E quanto antes for tomada a decisão, melhor. Menos dinheiro se gastará com projetos equivocados.
4. Não existe o melhor método de avaliação. O mais importante dos métodos de avaliação é selecionar os mais adequados! Simples? Pode parecer, mas este desafio é grande. As empresas tendem a utilizar fórmulas prontas para tal. A implantação de ferramentas de avaliação de portfólios deve ser precedida de uma criteriosa análise de cenário. Devem-se levar em conta as estratégias, os tipos de projetos, o histórico da empresa e sua maturidade com relação à gestão da inovação. Nunca deve ser utilizado um único modelo isoladamente.
5. "Gire o PDCA". De nada adianta ter métodos poderosos de avaliação e dados confiáveis e disponíveis em abundância. O processo de gestão deve existir e ser seguido. Diz-se no jargão da gestão pela qualidade total que é preciso girar o PDCA. A disciplina em seguir a lógica dessas quatro letrinhas é que realmente fará a diferença entre o sucesso e o fracasso. Gerir um portfólio significa estabelecer uma meta, planejar o portfólio para alcançá-la, executar seus projetos e programas, avaliar a carteira segundo uma disciplina rígida e fazer as correções de rumo necessárias. Fácil de entender, mas muito difícil de implantar.

Resumo

Neste capítulo foram apresentados aspectos de gestão de portfólio de projetos para inovação, ou seja, aspectos ligados à criação e acompanhamento da carteira de inovação. A gestão de portfólio deve ser precedida do planejamento estratégico de negócio e de inovação.

Apesar de existirem diversas abordagens para a gestão de um portfólio de inovação, essa tarefa requer um balanceamento entre a rigidez do método de gestão de portfólio adotado e a intuição para a escolha das melhores ideias, bem como a sabedoria para escolher em qual dessas duas vertentes se deve focar em um dado momento. Dentre as diversas abordagens descritas, não há uma que seja melhor, mas merece especial atenção o modelo de Cooper que desdobra o trabalho em diversos estágios e *gates* (ou pontos de decisão).

Questões para discussão

1. O que é um mapa estratégico?
2. Descreva os processos de gestão de portfólio segundo o modelo do PMI.
3. Descreva as quatro categorias de estratégia de inovação propostas por Milles e Snow e os tipos de inovação segundo Clark e Wheelwright (1993).
4. Descreva a abordagem para seleção de projetos proposta por Cooper.
5. Do ponto de vista da característica "sucesso", quais são as diferenças entre gestão de projetos, gestão de programas e gestão de portfólio?

Referências

ANSOFF, H.I. Strategies for diversification. *Harvard Business Review*, Boston, sep.-oct. 1957.

BOOZ ALLEN & HAMILTON. *New product management for the 1980's*. Nova York: Booz, Allen and Hamilton Inc., 1982.

CAMPOS, V.F. *Gerenciamento pelas diretrizes*. Nova Lima: INDG-Tecs, 2006.

CLARK, K.; WHEELWRIGHT, S. *Managing New Product and Process Development*. Boston: Harvard Business School, 1993.

COOPER, R.G. *Winning at new products: accelerating the process from idea to launch*. Nova York: Basic Books, 2001.

COOPER, R.G.; EDGETT, S.J. Ten ways to make better portfolio and project selection decisions. *Visions*, 2006. Disponível em: http://www.pdma.org/visions/june06/better-portforlio.php. Acessado em: 3 jul. 2006.

COOPER, R.G.; EDGETT, S.J.; KLEINSCHMIDT, E.J. Best practices for managing R&D portfolios. *Research Technology Management*, Arlington, Jul. 1998, p.20-33.

______. Management in new product development: lessons from the leaders – I. *Research Technology Management*, Arlington, v.40, n.5, sep.-oct. 1997a, p.16-28.

______. Management in new product development: lessons from the leaders – II. *Research Technology Management*, Arlington, v.40, n.6, nov.-dec. 1997b, p.43-52.

DAVILA, T.; EPSTEIN, M.J.; SHELTON, R. *As regras da inovação*. Porto Alegre: Bookman, 2007.

DYE, L.D.; PENNYPACKER, J.S. *Project portfolio management*. West Chester: Center of Business, Practices, 1999.

FALCONI CAMPOS, V. *Gerenciamento pelas diretrizes*. Nova Lima: INDG Tecs, 2007

GERMERAAD, P. Measuring R&D in 2003. *Research-Technology Management*, Arlington, nov.-dec. 2003, p.47-53.

GRIFFIN, A. PDMA Research on new product development practices: updating trends and bechmarking best practices. *Journal of Product Innovation Management*, v.14, n.6, 1997, p.429-58.

GRIFFIN, A.; PAGE, L.A. PDMA success measurement project: recommended measures for product development success and failure. *Journal of Product Innovation Management*, n.13, 1996, p.478-96.

GUERRERO, R.A. PMI publica padrão para gerenciamento de programa e portfólio. *Revista MundoPM*, Jun. 2006, p.52-6.

KAHN, K.B. (Ed.). *PDMA handbook of new product development*. New Jersey: John Wiley, 2005.

KAPLAN, R.S.; NORTON, D.P. *A estratégia em ação – balanced scorecard*. Rio de Janeiro: Campus, 1997. 344p.

MARKOWITZ, H. Portfolio selection. *The Journal of Finance*, v.7, n.1, mar. 1952, p.77-91.

MILES, R.E. SNOW, C.C. *Organizational strategy, structure, and process*. Nova York: McGraw-Hill, 1978.

[PMI] PROJECT MANAGEMENT INSTITUTE. *The standard for portfólio management*. Pensilvânia: PMI, 2008a.

________. *The standard for program management*. Pennsylvania: PMI, 2008b.

PRADO, D. *Gerenciamento de portfólio, programas e projetos nas organizações*. 5.ed. Nova Lima: INDG-Tecs, 2009.

PRADO, D.S.; ARCHIBALD, R. (Orgs.). *Pesquisa sobre maturidade e sucesso em TI: relatório anual 2006*. Disponível em: http://www.maturityresearch.com/2006/downloads.html. Acessado em: 1 abr. 2009.

ROZENFELD, H. et al. *Gestão de desenvolvimento de produtos:* uma referência para a melhoria do processo. São Paulo: Saraiva, 2006.

Capítulo 8

Desenvolvimento da Inovação e de Projetos e Aprendizagem de Mercado como Fonte de Inovação

Sérgio Takahashi

8.1 Tipologias de Desenvolvimento da Inovação e de Projetos

Com o objetivo de implementar as estratégias de inovação estabelecidas, pode-se ter vários tipos de desenvolvimento de inovações e de projetos que devem estar alinhados com a estratégia.

Assim, quais são os tipos de desenvolvimento existentes?

Um modelo proposto por Tidd et al. (2001), variação do modelo de Leonard-Barton (1995), caracteriza tipologias de desenvolvimento em função das variáveis mercado e tecnologia.

Mais precisamente, o grau de inovação da tecnologia e o grau de inovação do mercado determinam os tipos de desenvolvimentos, os processos e as fontes de inovação.

O grau de inovação tecnológica representa o nível de maturidade de um desenvolvimento tecnológico. A transformação da ciência em tecnologia e a aplicação dessa tecnologia em produtos obedecem a um ciclo de vida (ver Capítulo 1).

O grau de inovação de mercados corresponde ao grau de conhecimento que se tem dos mercados atendidos. Dessa forma, pode-se ter dois extremos: um em que as necessidades dos consumidores estão muito bem identificadas, e outro em que se busca identificar necessidades em mercados desconhecidos, cujo conhecimento tende a ser incerto.

Logo, é possível caracterizar quatro tipologias de desenvolvimento, segundo os quatro quadrantes de uma matriz 2x2 (Tidd et al., 2001), conforme demonstrado na Figura 8.1:

- Diferenciações: ambos, a tecnologia e o mercado, são maduros. Portanto, os desenvolvimentos consistem em melhorias no uso das tecnologias existentes e dominadas com o objetivo de suprir as necessidades conhecidas dos consumidores. Aqui se encontram o desenvolvimento de soluções incrementais.
- Arquiteturais: as tecnologias existentes são aplicadas em novos produtos para suprir novos mercados ou não consumidores. Aqui se localizam os desenvolvimentos de implementação de inovações de valor e disrupções de não consumo. Os novos produtos a serem desenvolvidos podem ter uma nova arquitetura, assim como novos canais de distribuição.
- Rupturas tecnológicas: as inovações tecnológicas radicais são desenvolvidas para satisfazer necessidades conhecidas de consumidores.

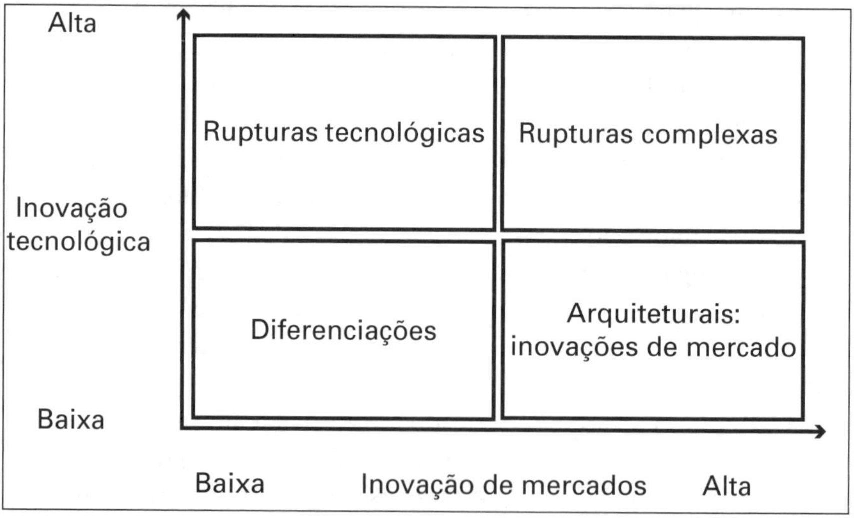

Figura 8.1 Tipologias de desenvolvimento.
Fonte: Adaptada de Leonard-Barton (1995) e Tidd et al. (2001).

Nessa tipologia concentram-se os típicos desenvolvimentos de implementação de uma estratégia sustentadora de inovação.

- Rupturas complexas: nessa tipologia ocorrem as inovações de mercado e de tecnologia simultaneamente. O grau de incerteza inerente faz com que o desenvolvimento trabalhe na coevolução da tecnologia e do mercado, exigindo comunicação direta entre desenvolvedores e usuários.

Essas tipologias servem também para mapear os desenvolvimentos existentes na empresa, explicitando a incidência. Também é base para explicitar uma estratégia de inovação. Assim, um portfólio, por exemplo, pode ser constituído por 60% dos desenvolvimentos diferenciadores/incrementais, 20% de desenvolvimentos arquiteturais de inovações de mercado, e 20% de inovações complexas.

8.2 A Competência de Desenvolvimento da Inovação e de Projetos

Como ocorre o desenvolvimento da inovação e de projetos? Quais são as etapas para a transformação em um produto ou solução?

De uma forma genérica, o desenvolvimento e implementação da inovação e projetos pode ser visto como uma passagem do abstrato, do intangível, que contempla as ideias ainda subjetivas e tácitas, para o concreto, o tangível, o resultado: a solução implementada.

É composta por três competências (Figura 8.2):

- Desenvolvimento da inovação e projetos (a execução propriamente dita).
- Facilitadoras.
- Desenvolvimento interempresas.

8.2.1 Conceitos

Nesse sentido, as decisões de projeto para realizar essa transformação englobam tanto áreas técnicas como econômicas e de mercado. A combinação de decisões das fases de desenvolvimento em uma progressão no

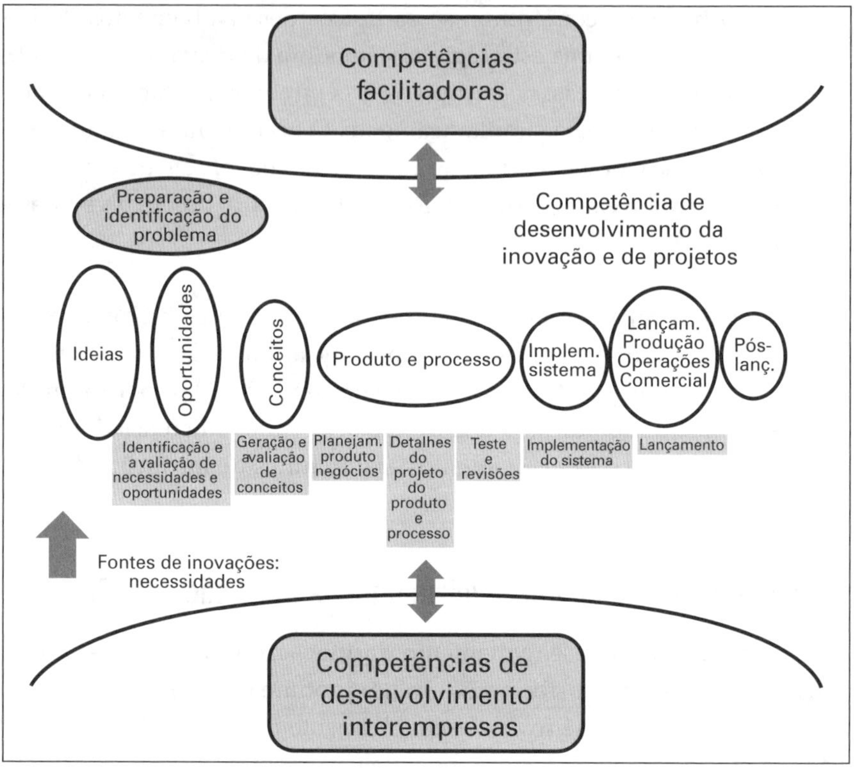

Figura 8.2 Competência de desenvolvimento da inovação e de projetos.

tempo diminui a incerteza, caracterizando assim o processo de desenvolvimento de produto análogo a um funil (Takahashi e Takahashi, 2007).

Assim, Takahashi e Takahashi (2007, p. 43) descrevem:

> O conceito de funil de desenvolvimento consiste em definir o modo como a organização identifica, seleciona, revisa e converge o conteúdo de um projeto de inovação, ou seja, o modo como ocorre o processo de transformação de uma ideia em solução. O funil estabelece uma estrutura global para desenvolvimento com as seguintes características: a geração e revisão de alternativas, a sequência de decisões críticas e a determinação da natureza da tomada de decisão, que inclui quem é envolvido e os critérios utilizados. A influência da alta gerência também é contemplada no funil.

É função de um bom funil de desenvolvimento determinar como as escolhas e tomadas de decisões são realizadas, buscando antecipar problemas e fazendo com que a diminuição da incerteza ocorra também antecipadamente, quanto possível (Figura 8.3).

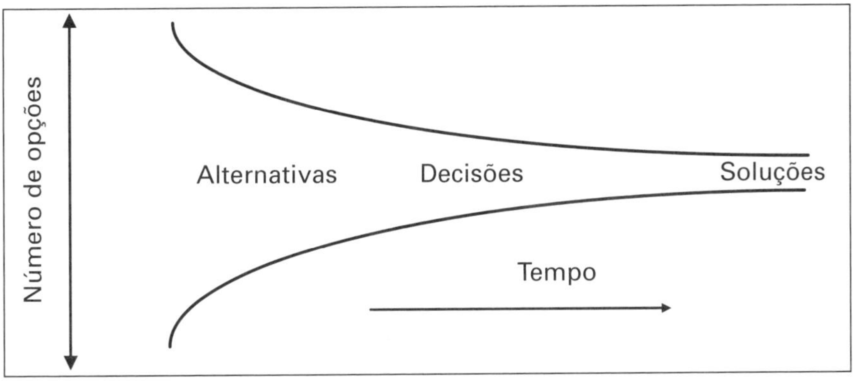

Figura 8.3 Funil de desenvolvimento.
Fonte: Macgrath (1996) apud Takahashi e Takahashi (2007).

Um exemplo de um funil é apresentado na Figura 8.4, com cinco fases e ao final de cada fase existe uma fase de revisão que analisa o desempenho da fase anterior podendo aprovar, solicitar modificações, reprovar, ou cancelar o projeto. As fases são as seguintes (dimensão horizontal):

- Fase 0 – Avaliação de conceito: tem como objetivos avaliar as oportunidades de produto e dar início ao processo de desenvolvimento de produto. Os resultados são a avaliação de conceitos e oportunidades principalmente provenientes do mercado. São estimados os custos do produto, preço de venda, medidas de qualidade, vendas projetadas e prazos. O alinhamento estratégico também é desenvolvido nessa fase.
- Fase 1 – Planejamento e especificação: tem o objetivo de definir claramente o produto, identificar vantagens competitivas, esclarecer

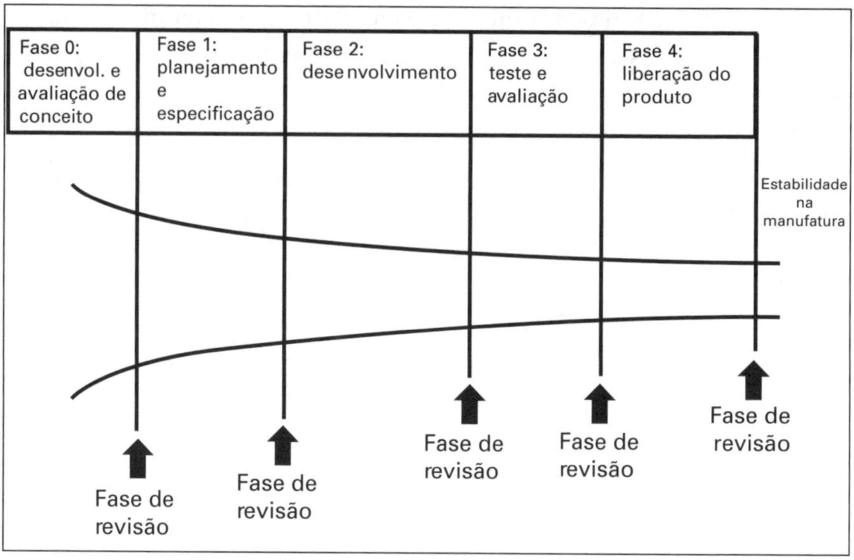

Figura 8.4 Funil do processo de revisão de fases.
Fonte: Macgrath (1996) apud Takahashi e Takahashi (2007)

funcionalidade e determinar a viabilidade do desenvolvimento em um maior grau de detalhe do que a Fase 0, e planejar as atividades da Fase 2 e do projeto como um todo. Assim, os custos do produto, preço de venda, medidas de qualidade, vendas projetadas e prazos são analisados com maior profundidade. É importante a identificação dos elementos críticos do projeto em um nível de detalhe suficiente para analisar a viabilidade, entretanto, o projeto detalhado não é uma atividade típica dessa fase. A gerência sênior ou o comitê diretivo de projetos também pode resolver algum aspecto remanescente para o sucesso do desenvolvimento. Já a fase de revisão da Fase 1 possibilita que a gerência sênior estabeleça prioridades entre projetos e alocar recursos.

- Fase 2 – Desenvolvimento: objetiva desenvolver o produto propriamente dito, baseando-se nas decisões tomadas e aprovadas na revisão da Fase 1. É uma fase essencialmente de execução. Os detalhes de projeto e atividades de desenvolvimento acontecem nesta fase. O resultado é o produto completo. A aprovação dela consiste no julgamento se o produto está pronto para teste e avaliação, e se o plano para Fase 3 está adequado.

- Fase 3 – Teste e avaliação: o objetivo desta fase é realizar um teste final e preparar a produção e lançamento do produto. O resultado esperado é a aprovação nos testes do produto, nos processos de manufatura e suporte, e no plano de lançamento do produto.
- Fase 4 – Liberação do produto: tem o objetivo de verificar se a produção, o marketing de lançamento, o sistema de distribuição e o suporte ao produto estão preparados para iniciar as atividades. A revisão dessa fase consiste na revisão do produto, nos aspectos gerais, e recomendações de mudanças no produto e processos.

Apesar da definição de algumas fases do processo de desenvolvimento ser consenso, cada empresa desenvolve o seu próprio funil, pois, na realidade isso está relacionado a uma forma especifica de um raciocínio encadeado que se desenvolve com a prática por meio de várias experiências. Para algumas empresas essa competência pode ser inclusive essencial.

O processo de desenvolvimento também pode ser desmembrado em vários níveis de detalhamento segundo o seu grau de estruturação e níveis de abstração (MacGrath, 1996; Takahashi e Takahashi, 2007). Nessa decomposição, podemos também caracterizar a adequação de uso de cada nível (Figura 8.5), a saber:

- Nível de tomada de decisão gerencial: conforme apresentado anteriormente representa uma estrutura global de como a empresa desenvolve produtos, explicitando uma arquitetura da forma de tomada de decisões encadeadas e como a alta gerência exerce o seu papel.
- Nível de processo de execução: trata-se de um detalhamento maior contemplando a descrição das atividades de execução do desenvolvimento de novos produtos.
- Nível de inter-relacionamento das atividades: trata-se de um nível de descrição das várias modalidades de inter-relações das atividades e procedimentos de projeto.

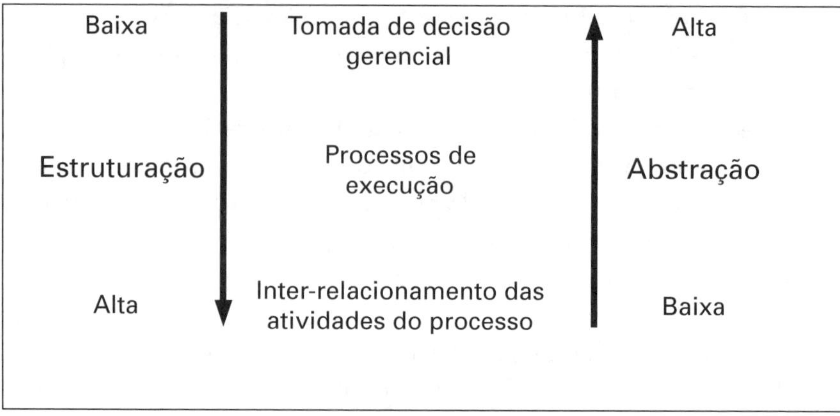

Figura 8.5 Níveis de estruturação do processo de desenvolvimento de produtos. Fonte: Takahashi e Takahashi (2007).

Algumas considerações adicionais podem ser feitas no sentido da evolução no entendimento do desenvolvimento da inovação.

Primeiro, o funil pode ser reinterpretado (Takahashi e Takahashi, 2007) no contexto de desenvolvimento de um negócio sob a perspectiva de investimento. Assim, a abertura continua acentuada com conceitos variados e amplos, sendo que o seu final também passa a ser muito amplo, com uma série de produtos e serviços que são lançados e comercializados (Figura 8.6). A fase inicial pode ser considerada um valor potencial para a inovação, sendo a sua fonte inicial (Takahashi e Takahashi, 2007). Já o estágio final, corresponde à fase de comercialização em que as inovações de produtos são exploradas para conquistar o valor máximo, o que pode ser chamado de valor capturado (Takahashi e Takahashi, 2007). Nesse sentido, se insere outras atividades que proporcionarão a distribuição, comercialização dos produtos.

Segundo, a competência de desenvolvimento da inovação possui uma característica intrínseca de ter como base decisões tomadas eminentemente por "pessoas", ou seja, é um processo com alta ênfase de intervenção humana. As pessoas que a compõe fazem a diferença. Se profissionais "sem experiência" trabalharem sob uma perspectiva de uma sequência de

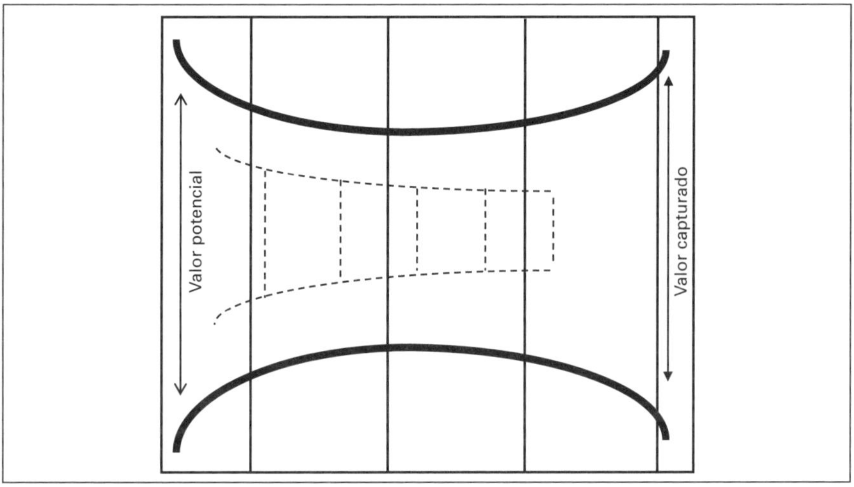

Figura 8.6 Funis de desenvolvimento.
Fonte: Jonash e Sommerlatte (2001) apud Takahashi e Takahashi (2007).

atividades previamente delineadas, os resultados que serão obtidos provavelmente serão diferentes de um outro grupo de profissionais experientes que trabalharam sob o mesmo processo.

Assim, a competência (conhecimento aplicado com atitude) de desenvolvimento da inovação é uma entidade viva dependente das pessoas envolvidas e consequentemente de suas características inatas (emoções, intuições, experiência e atitudes).

Terceiro, alguns trabalhos importantes foram desenvolvidos contextualizando o processo de desenvolvimento sob a ótica do conhecimento. Aqui podemos citar as abordagens de Nonaka e Takeuchi (1995), Kao (1989), Demasi (2002), Leonard-Barton (1995). O processo de desenvolvimento é uma atividade de criação e transformação de conhecimento. Em Takahashi e Takahashi (2007) encontra-se uma revisão dessas abordagens no Capitulo 9. E na seção 8.2.2 deste livro apresenta-se um exemplo de uma competência de execução de desenvolvimento de inovação e de projetos; na seção 8.4.1 o seu detalhamento.

Quarto, no contexto da sustentabilidade, os produtos e negócios devem desenvolver o ciclo de vida completo do produto, assim também todas as atividades para produzir, distribuir, utilizar, eliminar/descartar um produto devem ser consideradas no desenvolvimento (Manzini e Vezzoli, 1998).

Quinto, com relação aos aspectos organizacionais, dois tipos de agrupamentos trabalham de forma complementar: o comitê diretivo de projetos (inovação) que é responsável pelo portfolio e pelas fases de revisões, e as equipes de desenvolvimento que executam todas as etapas no processo e possuem várias possibilidades de composições (Takahashi e Takahashi, 2007).

8.2.2 O Desenvolvimento da Inovação e de Projetos: a Execução

Com base no funil da inovação, será detalhada a competência de desenvolvimento da inovação e de projetos, a qual é dividida em duas grandes fases:

1. O desenvolvimento da inovação: denominado processo de inovação, também chamado de fase de desenvolvimento da concepção, ou *fuzzy front end*, que se caracteriza por ser uma fase preliminar antes do início dos projetos de inovação. No processo de inovação, as necessidades do mercado-alvo são identificadas, novos conceitos de produtos são gerados e avaliados e são selecionados para o posterior desenvolvimento.
2. O desenvolvimento de projetos: trata-se da execução dos projetos cujo conceito foi previamente desenvolvido na fase de inovação. Consiste em transformar um novo conceito estabelecido em um conjunto de elementos técnicos e operacionais, caracterizando-se, assim, como solução implementada.

Dessa forma, antes da implementação dos projetos de inovação, deve-se defini-los e conceituá-los de forma consistente. Um conceito é uma descrição de características, funções e forma de uma solução.

O processo pode ser estruturado segundo a abordagem "fase/portão" (*stage/gates*), apresentada na Figura 8.7. Trata-se de um processo funcional cruzado (*cross functional*), no qual cada estágio envolve atividades organizacionais de diferentes áreas da organização. As atividades de marketing e manufatura passam a fazer parte integral do processo de desenvolvimento de novos produtos. Os pontos de decisões (portões) são funcionais cruzados, nos quais vários gerentes seniores decidem em conjunto (Takahashi e Takahashi, 2007).

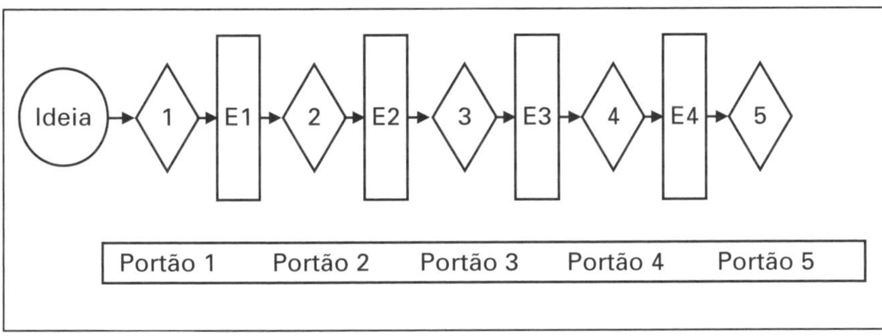

Figura 8.7 Processo fase/portão (*stage/gate*).
Fonte: Cooper (1994) apud Takahashi e Takahashi (2007).

Esse processo possui uma abordagem integrada, ou seja, o processo de uma ideia é capturado de uma forma integral, mas trabalha de forma paralela ou concorrente e com forte orientação de mercado.

Os principais problemas encontrados são (Takahashi e Takahashi, 2007):

- Atrasos no desenvolvimento em virtude de os projetos terem que esperar a cada portão antes de todas as tarefas serem completadas.
- Não priorização de projetos e foco.
- Detalhamento excessivo e desnecessário em alguns projetos, pois o processo tende a ser altamente estruturado.

Outra alternativa são os chamados processos *overlapping* (Figura 8.8). Possui as características de ser fluido e adaptável com sobreposição das atividades. As decisões são condicionais e o processo é focado no desenvolvimento em questão. Ele é construído com base em métodos de priorização que olham para o portfólio de projetos. É flexível às características de cada projeto, que é único e tem sua própria rotina de processo. Portanto, não se trata de um padrão rígido, mas de uma filosofia de diretrizes que projetam o processo e a execução a cada situação específica.

Na Figura 8.9 apresenta-se um exemplo da competência de execução do desenvolvimento da inovação e de desenvolvimento de projetos.

Esse processo (Figura 8.9) possui características de *market pull* (puxado pelo mercado) e é o detalhamento do "caminho pelo mercado" descrito no Capítulo 1. É composto pelas seguintes etapas:

- Identificação do problema e preparação

Nessa etapa inicial, é preciso identificar o problema, ou seja, determinar o objetivo que se deseja alcançar com o desenvolvimento da inovação/solução do problema, bem como selecionar os profissionais para a formação do grupo que irá desenvolver a inovação em função de suas qualificações personalizadas, a diversidade necessária e a disponibilidade em função do portfólio de projetos e competências disponíveis na empresa. Inclui-se, nesse contexto, a escolha de membros de empresas fornecedoras, empresas parceiras ou aliadas e clientes. Uma atividade importante é a promoção da flutuação e caos criativo (Nonaka e Takeuchi, 1995).

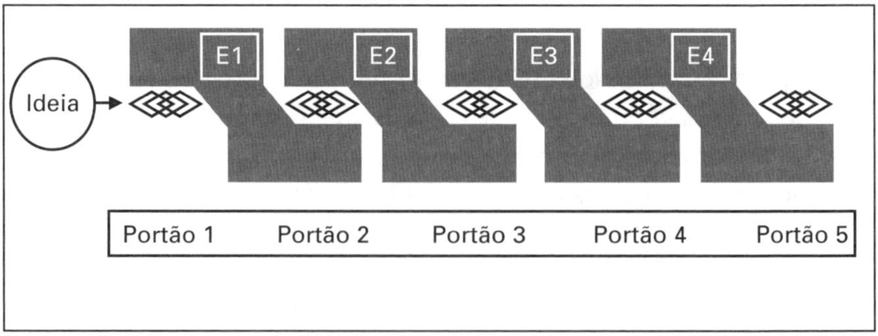

Figura 8.8 Processo *overlapping*.
Fonte: Takahashi e Takahashi (2007)

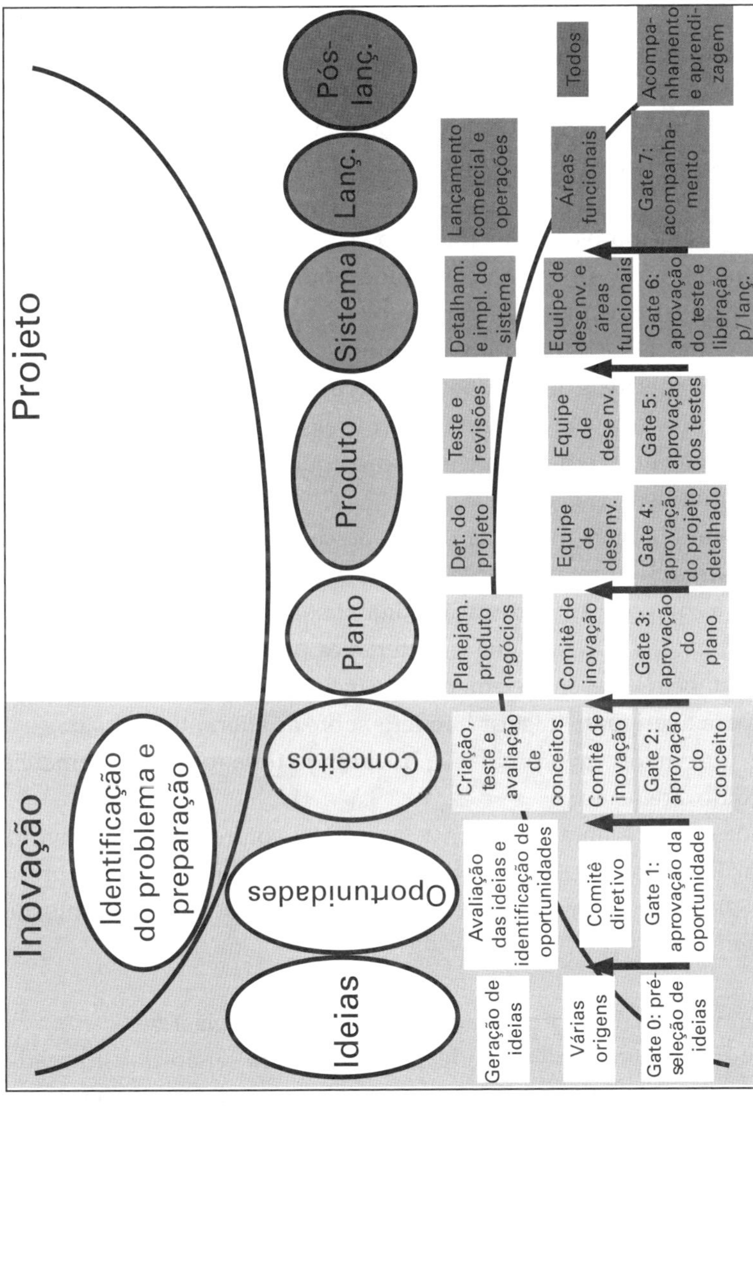

Figura 8.9 Competência de execução do desenvolvimento de inovação e de desenvolvimento de projetos.

- Geração de ideias

Trata-se de uma atividade de socialização com o compartilhamento de conhecimentos, principalmente tácitos, entre os membros do grupo, os usuários e os consumidores do mercado-alvo com o objetivo de gerar opções de soluções.

A identificação e análise de necessidades do mercado e dos consumidores é uma das atividades principais desta etapa. Consiste em aprendizagem de mercado (ver a seção "Fontes de inovação: aprendizagem de mercado").

Entre os membros do time formado, o objetivo é que haja uma intensa troca das experiências e competências adquiridas ao longo do tempo pelos profissionais selecionados para o projeto.

Nesse processo, os membros da equipe, além de buscarem a compreensão das perspectivas de cada pessoa sobre situações específicas compartilhadas, também devem chegar a um consenso sobre uma visão comum e sobre uma crença verdadeira e justificada quanto à maneira de agir nas diversas situações.

Existem algumas maneiras típicas de compartilhar o conhecimento tácito: observação direta; observação direta e narração; imitação; experimentação e comparação; e execução conjunta.

Esta atividade possui uma característica predominante de divergência, mas também apresenta elementos de incubação, ou seja, um tempo de parada para averiguar, "digerir", refletir sobre as alternativas criadas e os aspectos que envolvem o problema, quebrando uma roda mental inercial e praticando a reflexão.

Ocorre aqui a abrasão criativa, ou seja, o confronto construtivo de qualificações personalizadas distintas ou iluminação, caracterizada por Kao (1989). Assim, ocorre a geração de alternativas de ideias de soluções criativas.

- Identificação de oportunidades (avaliação das ideias)

Essa fase busca avaliar as ideias geradas para serem transformadas em oportunidades reais de soluções. Trata-se de uma etapa de convergência de alternativas para geração da solução com real potencial de negócio, aplicando-se um processo de filtragem nas alternativas geradas na etapa de geração de ideias. Esse filtro possui uma base de análise qualitativa com critérios de mercado, de diferenciações, estratégicos, de competências, de incertezas e riscos, econômico-financeiros, de adequação no tempo e outros benefícios. A seguir, é apresentado um exemplo de roteiro com as dimensões do processo de filtragem e questões a serem analisadas para a realização dessa etapa utilizada pelo Gecin (2007) (Quadro 8.1).

Quadro 8.1 Processo de filtragem

1. Mercado
Quais são as necessidades dos clientes (reais necessidades)?
Qual é o valor gerado (o que proporciona a mais aos clientes)?
Em que fase do ciclo de vida do produto a ideia se encontra?
Qual é a estrutura do mercado relacionado?
Qual é o tamanho do mercado? Qual é o universo de consumidores no segmento potencial?
Qual é a taxa de crescimento do mercado?
Qual é a possível participação nesse mercado?
A ideia proporciona significativo incremento nas vendas?

2. Vantagens competitivas e diferenciais
Vantagens em custos:
- Produção;
- Marketing/vendas;
- Distribuição.

Vantagens em diferenciações:
- Produção;
- Marketing/vendas;
- Distribuição;
- Função do produto;
- Características do produto;
- Confiabilidade do produto;
- Conformidade do produto;
- Durabilidade do produto;
- Sabor.

Durabilidade da vantagem competitiva
Tipo de inovação:

(continua)

Quadro 8.1 Processo de filtragem *(cont.)*

- Incremental;
- Produto;
- Mercado;
- Radical.

A ideia capitaliza uma tendência ou estabelece uma nova tendência?
Os competidores estão presentes no segmento potencial? Qual(is) posicionamento(s)?
Existem informações de novos produtos a serem lançados pela concorrência?
Essa ideia canibalizaria produtos da empresa?
Existem fornecedores confiáveis (disponibilização de insumos e preços estáveis)?
Barreiras de entrada relacionadas (imunidade à concorrência):

- Conhecimento;
- Marketing/vendas (marca, clientela estabelecida, canais de distribuição e imagem);
- Produção/logística;
- Desempenho em inovação de produto: variedade, taxa de introdução;
- Exclusividade de matéria-prima;
- Regulamentação;
- Patente;
- Tecnologia.

3. Adequação estratégica
Esse produto se ajusta à estratégia de negócios?
Melhora a posição competitiva?
É aplicável a mais de um negócio?
Proporciona a base para novos negócios?
Tem potencial para exportação?

4. Competências
Conhecimento e habilidades para desenvolver e implementar o produto:

- Engenharia de produto;
- Tecnologia;
- Processos e produção;
- Distribuição;
- Marketing/vendas;
- Gerencial;
- Desenvolvimento de inovações de produto.

Caso existam lacunas, podemos desenvolver ou adquirir novos conhecimentos e habilidades? Existem essas possibilidades na prática (parcerias, universidades, institutos)?

(continua)

QUADRO 8.1 Processo de filtragem *(cont.)*

Temos capacidade operacional instalada?
Dispomos de recursos financeiros, acesso a linhas de financiamento ou a crédito facilitado?

5. Incertezas e riscos
O que pode dar errado?
Quais seriam as consequências?
Quais são os grandes desafios no desenvolvimento e implementação?
Quais são as dificuldades de implementação relacionadas ao sistema imunológico da organização?

- Probabilidade do sucesso técnico;
- Probabilidade do sucesso na execução/operação;
- Probabilidade do sucesso comercial;
- Probabilidade do sucesso global.

6. Análise econômico-financeira

- Custos de desenvolvimento (pessoas, materiais, equipamentos, pesquisa, marketing, promoção, protótipo e testes);
- Custos para explorar o sucesso técnico (operacionalização do negócio);
- Capacidade de investimento;
- Potencial de lucro;
- *Break even* (tempo e receita necessária);
- Tempo para fluxo de caixa positivo;
- Retorno potencial sobre investimento;
- Necessidade de capital;
- As margens são mais elevadas que os outros produtos na empresa?

7. Outros benefícios

- Prestígio/marca;
- Moral/motivação;
- Crescimento;
- Aprendizagem e desenvolvimento de competências.

8. Adequação ao tempo
Qual é o momento propício para a oportunidade ser desenvolvida e lançada?
Quais são os ciclos de consumo?
Qual é o tempo de desenvolvimento e lançamento?

Fonte: Gecin (2007).

- Criação de conceitos

Com a oportunidade identificada, passa-se para a etapa de criação de conceitos, que externaliza e explicita a oportunidade gerada.

Trata de transformar um conhecimento tácito em explícito na forma de linguagem própria (metáforas, analogias), práticas e julgamentos compartilhados.

O conceito é definido por características de uma solução, assim como o seu posicionamento perante os concorrentes e o mercado.

Pode ser formalizado por um *project charter* ou o termo de abertura de um projeto.

- Planejamento e justificativa de conceitos

Trata-se da avaliação do conceito criado segundo objetivos de negócios. É uma típica atividade de convergência. Em uma função ampliada, trata-se também de desenvolver ou revisar um plano detalhado de desenvolvimento de produto/solução ou negócios, contemplando aspectos de decisões estratégicas, financeiras, de marketing/vendas, de logística interna e externa e produção, de recursos humanos. Contempla também as decisões de gestão de projetos: plano de gestão de projetos, escopo do projeto, cronograma, caminho crítico, recursos, custos e orçamento, análise de riscos, elaboração de contratos. E, ainda, decisões de projeto preliminar, como estrutura do produto (escopo do produto) e roteiro de fabricação.

A etapa anterior possui uma característica de criação, já a de planejamento possui uma característica de racionalidade.

- Detalhamento do projeto

Trata-se da parte essencialmente técnica do desenvolvimento do produto. Consiste no dimensionamento detalhado de cada componente do produto e do processo. Nesta fase, ocorre o processo de combinação de várias competências tecnológicas e de desenvolvimento.

Uma avaliação com os clientes pode ser realizada antes do início do desenvolvimento da fase de detalhamento do projeto.

- Construção de protótipos e testes

Por último ocorre o processo de prototipação, no qual o produto é construído, podendo ser digital ou físico. Assim, ele pode ser exposto aos testes tanto técnicos como de cunho comercial. Os resultados podem imprimir revisões e alterações no projeto.

- Implementação do sistema (nivelamento do conhecimento)

Prepara o funcionamento de todos os elementos operacionais planejados anteriormente (na fase "Planejamento e justificativa de conceitos"), para proporcionar o lançamento da solução e a sua efetivação no mercado: produção, logística interna e externa, canais de vendas, divulgação e propaganda, treinamento.

Trata-se da expansão intraorganizacional e interorganizacional. Após o desenvolvimento do protótipo, o projeto pode disparar um novo ciclo de criação organizacional, expandindo-se horizontal e verticalmente na organização. No contexto interorganizacional, o conhecimento criado pode mobilizar o conhecimento de clientes, fornecedores, competidores, parceiros, entre outros, por meio de uma interação dinâmica. Nesse contexto, destaca-se a retroalimentação dos consumidores.

- Lançamento e pós-lançamento

O lançamento coloca em funcionamento real todo o sistema. Consiste na execução e no acompanhamento de todas as atividades e das correções e modificações necessárias.

Após o lançamento, durante alguns meses, o produto/solução é acompanhado e seu desempenho é analisado no mercado. Dependendo do resultado, o produto pode até ser retirado se não conseguir alcançar os objetivos estabelecidos anteriormente.

Aqui se contextualiza o início análogo do alargamento do funil, ou seja, a captação do valor gerado proveniente da receita das vendas. Todas as etapas anteriores possuem uma característica de investimento.

Outra atividade inerente a essa etapa é o aprendizado pós-projeto (lições aprendidas), no qual a socialização e explicitação da experiência adquirida no desenvolvimento deve ser praticada para a utilização nos próximos desenvolvimentos.

8.2.3 Competências Facilitadoras para Criação do Conhecimento

Baseadas em Von Krogh et al. (2000), são processos organizacionais que afetam de maneira positiva, promovendo e estimulando o desenvolvimento da inovação. Consistem nas seguintes competências (Takahashi e Takahashi, 2007):

- Competência de gestão de conversas

Trata-se de um conjunto de habilidades e atitudes para a realização de conversas eficazes, tais como: abertura, paciência, capacidade de ouvir, experimentação de novos termos e conceitos, polidez, formação de argumentos convincentes e coragem. Os princípios para gerenciar conversas para a criação do conhecimento tácito são os seguintes:

  - Estimular ativamente a participação: promover a conscientização quanto às conversas, desenvolver rituais que estimulem a participação.
  - Definir regras de etiquetas durante as conversas: as conversas criadoras de conhecimento dependem não apenas do que está sendo dito, mas também da maneira como se diz. O importante é que as regras sintetizem o respeito e a solicitude mútua, imprescindíveis nesta atividade.
  - Editar as conversas de forma apropriada: trata-se da convergência de conceitos, e geralmente ocorre por acordo e/ou compreensão. A compreensão é obtida quando todos os participantes sentem-se à vontade com relação ao conceito, sendo capazes de utilizá-lo para rever suas próprias experiências. A questão gerencial trata de fazer as intervenções certas no momento certo.
  - Fomentar a linguagem inovadora: auxilia a atribuir novos significados a conceitos e também a inspirar a criação de novos termos que incorporem significados existentes ou inteiramente novos.

- Competência de mobilização dos ativistas do conhecimento

Está relacionada às pessoas que iniciam e coordenam o desenvolvimento da inovação. Nesse sentido, existem três papéis básicos, a saber:

- Catalisador da criação do conhecimento: consiste em desenvolver um diagnóstico de problemas, ideias, formas e mudanças e um contexto capacitante para o desenvolvimento da inovação.
- Coordenador das iniciativas de inovação: consiste em desenvolver conexão ativa das diversas iniciativas locais e de atividades de desenvolvimento da inovação, obtendo sinergia potencial ou mesmo redundâncias. Nesse contexto, localizam-se as microcomunidades de conhecimento – pequenas comunidades de trabalho produtivas baseadas em processos sociais que compartilham práticas, rotinas e linguagens. E para revelar as várias conexões das iniciativas entre as microcomunidades de conhecimento, deve-se desenvolver o mapa de cooperação compartilhado, que pode conter as competências das pessoas das microcomunidades da organização. Assim, o ativista do conhecimento deve ser responsável pela compatibilidade entre mapas de cooperação compartilhados e os territórios explorados pela empresa, conectando as iniciativas de criação do conhecimento.
- Mercador de antevisões: indica a trajetória geral para a criação de conhecimento nas diferentes comunidades.

- Competência de criar o contexto adequado

Trata-se de criar uma estrutura organizacional adequada para que ocorra o compartilhamento do conhecimento tácito, a criação e justificativa de conceitos e a construção de protótipos. É o contexto capacitante, ou o "ba" que se fundamenta na solicitude da organização.

- Competência de globalizar o conhecimento

Consiste na disseminação do conhecimento por toda a organização. Possui três fases: desencadeamento, embalagem/expedição e recriação.

É composta pelas competências: organização e gestão das equipes de desenvolvimento e de tomada de decisões estratégicas nos projetos.

8.2.4 Competência de Desenvolvimento de Produtos Interempresas

Trata-se da competência de desenvolver novos produtos em um contexto interempresas. Destaca-se a competência de transferência de conhecimento externo (Takahashi, 2002), na qual a capacidade de absorção é essencial. Essa competência consiste também na habilidade de se trabalhar perante as diferenças advindas de dois ambientes distintos em termos de competências de desenvolvimento de produtos, tecnologia e mercado.

Uma variação da abordagem *market pull* é a inovação dirigida pelo *design*, a qual é baseada no profundo entendimento das necessidades dos usuários/consumidores com base em métodos de observação e exploração do comportamento do consumidor (verificar seção "Fontes de inovação", a seguir). Assim, a experiência do usuário é analisada em cinco dimensões: física, social, cultural, cognitiva e emocional. Em seguida, a solução é conceituada e as tecnologias e decisões de negócios são tomadas para o desenvolvimento e implementação.

Há outras abordagens de processo, segundo Ulrich e Eppinger (2000):

- *Technology push* (empurrado pela tecnologia): foi descrita no Capítulo 1. Inicia-se com a aplicação de uma nova tecnologia e, posteriormente, define-se um mercado apropriado. Diferente da abordagem puxada pelo mercado, o processo empurrado pela tecnologia tem início pelo planejamento que analisa a aplicação de uma nova tecnologia em uma oportunidade de mercado.
- Produtos plataformas: com base em subsistemas tecnológicos (plataformas tecnológicas) já existentes, uma plataforma de produto é projetada e construída, sendo que a tecnologia já foi aplicada no mercado, atendendo às necessidades dos consumidores.
- Intensivo em processos: caracteriza-se pelo projeto do produto que não pode ser separado do projeto do processo de produção em fase de concepção. É aplicado a produtos cujo processo de fabricação é determinante na obtenção de suas propriedades. Exemplo: indústria química, de alimentos, farmacêutica e de semicondutores.
- Customizados: são projetos de produtos com base em variações de configurações-padrão com o objetivo de atender aos pedidos específicos de clientes.

Na fase de desenvolvimento da concepção, podem ser utilizadas diferentes abordagens de aprendizagem do mercado como fontes de inovação. Na próxima seção são apresentadas tais abordagens relacionando-as às tipologias de desenvolvimento.

8.3 Fontes de Inovação: Métodos para Aprendizagem do Mercado

Nesta parte, na primeira fase do desenvolvimento da inovação e de projetos, serão detalhados os métodos para identificar necessidades dos consumidores e oportunidades de soluções, ou mesmo a descrição do método de desenvolvimento de inovações com usuários.

Com base no modelo de Tidd et al. (2001), sete métodos de aprendizagem do mercado são caracterizados, divididos em três grandes grupos relacionados à certa faixa de adequação com os desenvolvimentos de inovação.

8.3.1 Técnicas Convencionais com Base na Inquirição

Consistem em técnicas aplicadas onde o conhecimento do mercado é alto e estruturado. Os projetos relacionados trabalham com tecnologias também já dominadas. Aqui se encontram duas técnicas: grupos focados e análise de necessidades latentes (Figura 8.10).

8.3.1.1 Grupos focados

É uma abordagem com base no "ouvir" do cliente. Tem como objetivo entender as expectativas dos consumidores e determinar as visões deles com relação à importância de atributos particulares do produto.

O contexto de aplicação é de um produto conhecido com um determinado segmento de mercado. Assim, em um processo de entrevista, os clientes podem responder à maioria das questões sobre preferências e necessidades, buscando explorar o comportamento do cliente, que podem, inclusive, sugerir melhorias, uma vez que estão familiarizados com o produto.

Pode também ser utilizado para entender como o cliente percebe as marcas concorrentes; testar novos conceitos; interpretar resultados de uma pesquisa quantitativa no final de um levantamento; e validar ideias

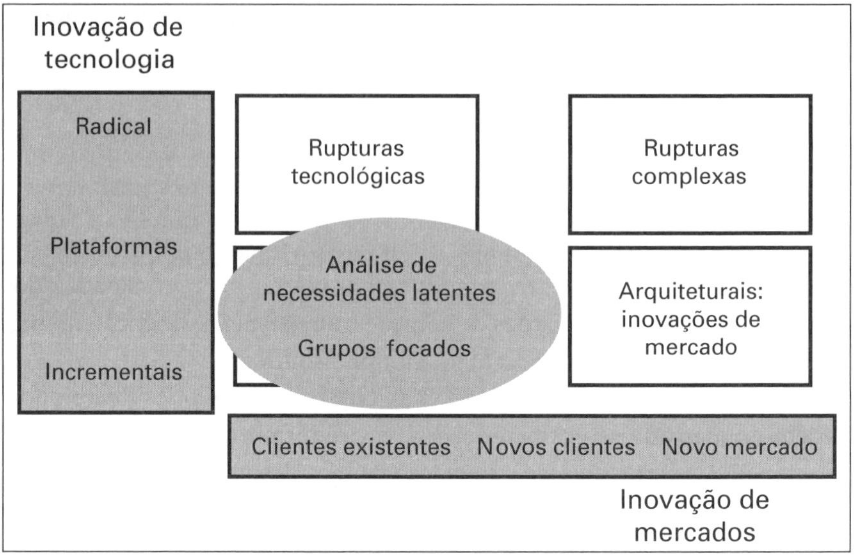

Figura 8.10 Métodos convencionais de aprendizagem de mercado.
Fonte: Adaptada de Leonard-Barton (1995) e Tidd et al. (2001).

de produtos geradas internamente, ocasionalmente como um estágio de geração de ideias.

Características da dinâmica do processo:

- Entrevista realizada de maneira não estruturada e natural, por um moderador treinado, junto a um pequeno grupo de clientes.
- Tamanho do grupo: 6 a 15 pessoas.
- Composição do grupo: homogêneo, respondentes pré-selecionados.
- Amostragem por conveniência.
- Contexto físico: atmosfera relaxada e informal.
- Duração: 1 a 3 horas.
- Pode ser gravado em áudio e vídeo.
- Importantíssimo: deixar o cliente relaxado para sentir-se à vontade para falar.

Características do moderador:

- Ter habilidades observacionais, interpessoais e de comunicação.

- Buscar não influenciar as opiniões expressas pelos membros do grupo.
- Garantir que ninguém domine as discussões, que todos os membros tenham oportunidade de expressar sua opinião e que a discussão permaneça focada.

As limitações dos grupos focados consistem em revelar desejos e necessidades com base naquilo que os clientes têm em mente e conseguem explicitar, mas nem sempre as respostas dos clientes são coerentes com o modo como agem na prática. Alguns clientes não admitem em público, nem mesmo reconhecem seu padrão de comportamento. Pode existir tanto a preocupação com a autoimagem, como o problema do "tagarela".

Como não se trabalha com uma amostra estatística da população-alvo, os resultados não são projetáveis para toda a população, entretanto, oferecem pistas sobre o pensamento do cliente.

8.3.1.2 Análise das necessidades latentes

Zaltman (2003), professor da Universidade de Harvard na área de comportamento do consumidor, traz importantes considerações a respeito da mente do consumidor:

- Noventa e cinco por cento do processo mental dos consumidores ocorrem na mente inconsciente (sem a nossa percepção consciente).
- Boa parte do processo mental vem à tona por meio de metáforas.
- A memória dos consumidores é mais maleável do que se presumia.

Com base nesses pressupostos, Zaltman (2003) desenvolveu uma abordagem para pesquisar o inconsciente dos consumidores e, consequentemente, analisar o seu comportamento perante o consumo. Esta abordagem baseia-se na identificação e análise das metáforas. Pesquisas apontam que é comum o uso de metáforas pelas pessoas no seu cotidiano (cerca de seis metáforas por minuto).

Antes, porém, é importante apresentar elementos e conceitos do processo mental e a sua ligação com as metáforas.

O processo mental

A consciência é o resultado final de um sistema de neurônios que processa a informação em grande parte inconscientemente. Assim, os sentimentos e a experiência consciente das emoções são apenas a ponta do *iceberg*.

Os processos mentais são deflagrados pela ativação de neurônios. Diferentes grupos de neurônios (pensamentos) comunicam-se em mão dupla uns com os outros. Dessa forma, um pensamento literalmente leva a outro e vice-versa.

O conjunto de grupos neurais conectados constitui os modelos mentais que nos ajudam a interpretar os estímulos e as informações que nosso cérebro absorve do mundo exterior.

Dessa forma, nossos modelos mentais funcionam como um sistema de filtragem e interpretação das informações de entrada, ou seja, determinam as abordagens de cada indivíduo para problemas pouco estruturados. Exemplos: propensão a determinados tipos de comida, atração por certos tipos de carros etc.

Quando se trata de um grupo de pessoas, as características comuns dos modelos mentais são denominadas mapas de consenso, capazes de gerar *insights* valiosos para construção de uma estratégia. As associações de constructos ilustrados nos mapas de consenso representam a maneira como os consumidores pensam a respeito de determinado produto. Assim, eles captam os constructos correlatos que mais se destacam na mente dos consumidores de um segmento de mercado.

Os mapas de consenso podem ser trazidos à tona por meio de metáforas, refletindo os pensamentos e sentimentos inconscientes e conscientes, assim como o entrelaçamento de razão e emoção. Dessa forma, as metáforas existem como redes de conhecimento abstratas, constituindo parte do conjunto de imagens mentais que representam os mapas de consenso.

Os seres humanos possuem uma quantidade extraordinária de modelos mentais, embora a maioria permaneça em estado latente.

A grande busca está na identificação dos mapas de consenso que reflitam processos mentais comuns para um segmento de mercado. Como exemplo, pode-se citar o caso da caminhonete Chevy®, no qual a empresa identificou as associações no processo mental de proprietários fiéis (Figura 8.11).

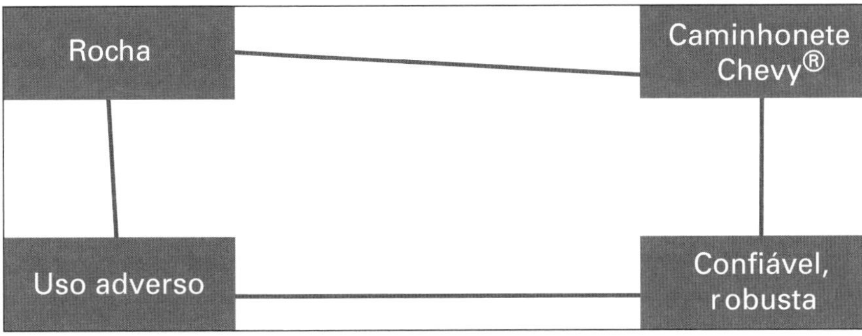

FIGURA 8.11 Mapa de consenso da caminhonete Chevy®.
Fonte: Zaltman (2003)

Para inovação do produto, a questão consiste em decifrar as metáforas utilizadas pelos consumidores sobre o problema ou necessidade, principalmente quando os consumidores não compreendem suas próprias necessidades ou não sabem como as novas tecnologias se relacionam. Trata-se de tentar ler a mente oculta do mercado.

8.3.2 Abordagens de Projeto Empático

Neste grupo, apresentam-se técnicas que buscam a interação com o consumidor no desenvolvimento do produto, em que, além de apenas ouvir, busca-se observar, codesenvolver ou mesmo permitir que o próprio consumidor elabore uma solução (Figura 8.12).

8.3.2.1 Observações antropológicas

Nesta abordagem, os desenvolvedores observam o ambiente do usuário. Assim, faz-se necessário que os desenvolvedores vivenciem o ambiente do usuário por tempo suficiente e, então, adquiram uma compreensão de suas necessidades.

Relativamente aos métodos de inquirição e usuários/desenvolvedores, a observação situa-se em uma faixa intermediária em relação ao grau de interação entre usuário e desenvolvedor. Nos grupos focados, o consu-

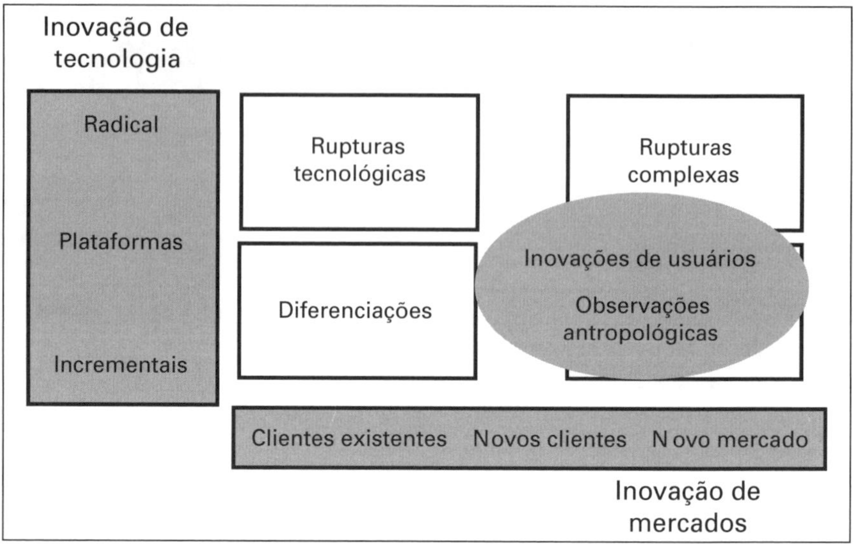

FIGURA 8.12 Métodos de projeto empático de aprendizagem de mercado. Fonte: Adaptada de Leonard-Barton (1995) e Tidd et al. (2001).

midor fala o que quer, e o entrevistado pode não ter certeza ou confiança no grau de realidade das citações ou descrições.

Já nas observações, elas são realizadas no ambiente do consumo, assim, o desvio da realidade é menor. Por outro lado, depende do olhar interpretativo do pesquisador.

Muitas empresas enviam seus profissionais de desenvolvimento para passar algum tempo com os seus clientes, como é demonstrado no exemplo da empresa HP. Uma desenvolvedora notou como as enfermeiras, ao desempenharem suas tarefas, bloqueavam, sem querer, a visão do cirurgião que precisava visualizar o monitor que orienta seu trabalho. Algo altamente problemático, mas que todos consideravam normal. Assim, a projetista concebeu um pequeno visor instalado no capacete do cirurgião, a fim de manter a imagem direta e permanentemente visível.

As observações podem ser filmadas, como na Nissan, na qual as imagens registraram o comportamento das pessoas e expuseram detalhes dos objetos e detritos deixados pelos usuários nos veículos: revistas, cobertores, brinquedos, recipientes de vários tamanhos e comidas.

Nesse contexto, insere-se a segmentação por circunstâncias. Christensen e Raynor (2003) defendem conceitos e uma abordagem diferenciada para identificação de oportunidades em inovações.

Esta abordagem tem como base a segmentação por circunstâncias e utiliza a observação participativa, buscando identificar tarefas de um produto em circunstâncias distintas. As dimensões funcionais, emocionais e sociais da tarefa constituem a circunstância. A segmentação por circunstâncias tem como base a contratação de produtos, por parte dos consumidores, para a execução de tarefas específicas, e isso pode ser distinto para cada circunstância. Por exemplo, um automóvel pode ter a tarefa de transporte na circunstância do percurso da casa para o trabalho, entretanto, pode ter a tarefa de *status*/poder, nesse mesmo percurso, e ainda exercer essa mesma tarefa na circunstância em que o automóvel esteja estacionado na sua empresa. Pode também exercer a tarefa de socialização da família, em uma circunstância de passeio nos finais de semana. Dessa forma, busca-se observar e analisar as circunstâncias que cercam o cliente, ao invés, somente, dos próprios clientes. Portanto, a unidade crítica da observação é a circunstância, e não o cliente.

Algumas características necessárias para o pesquisador/observador:

- Observar como o "olhar de uma criança", com os sentidos aguçados.
- Prestar atenção nos detalhes.
- Ter flexibilidade e abertura, conjuntamente com foco e disciplina.

8.3.2.2 Inovações de usuários

A heterogeneidade das necessidades de usuários para cada tipo de produto é alta. Assim, poucos usuários tendem a querer a mesma coisa. A variação de um segmento demonstra a heterogeneidade dos consumidores.

Se os usuários querem algo específico, possuem interesse adequado e recursos para conseguir o produto de que necessitam, poderão partir para desenvolver eles mesmos ou pagar a um fabricante sob encomenda para desenvolver uma solução. Exemplos: móveis para casa, bicicletas, produtos de saúde, alimentos, aplicações de computação etc.

Muitos usuários também estão capacitados a inovar para si próprios. Estudos demonstram que muitos deles tendem a revelar suas inovações, tornando-as públicas. Não possuem o objetivo de vendê-las e, muitas vezes, o processo de patentear é algo complexo.

Em um processo de inovação, têm-se os seguintes tipos de informações necessárias:

- Informações de necessidades: geralmente encontradas nos lugares do usuário.
- Informações de solução: geralmente encontradas nos lugares do fabricante.

Entretanto, obter informações de necessidades, e de soluções completas e precisas é muito difícil, pois essas informações, com frequência, são trabalhosas. A quantidade delas é muito grande, sendo que várias possuem características tácitas.

O desenvolvimento de produto tende a se mover para o lugar onde estão as cruciais informações trabalhosas (*sticky information*). Assim, pode-se analisar duas formas:

- No processo em que a empresa desenvolve o produto: as necessidades são identificadas pelos desenvolvedores e os usuários são a fonte das *sticky information*. A empresa possui informações sobre a solução e desenvolve o projeto.
- No processo em que os usuários desenvolvem o produto: os usuários possuem *sticky information* de necessidades e a empresa possui informações para a solução. Assim, o usuário adquire as *sticky information* para solução e desenvolve o projeto. Este processo pode ser aperfeiçoado com o uso de um processo definido como prototipação rápida.

O uso de caixa de ferramentas para usuários também é um recurso que auxilia.

8.3.3 Abordagens de Criação de Rupturas

A seguir são apresentadas as abordagens de aprendizagem de mercado para criação de rupturas (Figura 8.13).

8.3.3.1 Processos com usuários líderes

Trata-se da abordagem com o mais alto envolvimento entre consumidor e desenvolvimento, pois o próprio usuário é o desenvolvedor de ideias e soluções. Esse processo de inovação objetiva evolução de produtos e rupturas.

Usuários líderes são usuários de produtos e serviços específicos que combinam duas características:

- Têm expectativas nas inovações provenientes de suas necessidades, estando, assim, motivados a inovar.
- Experimentam cedo uma inovação em relação à maioria do mercado. São inovadores.

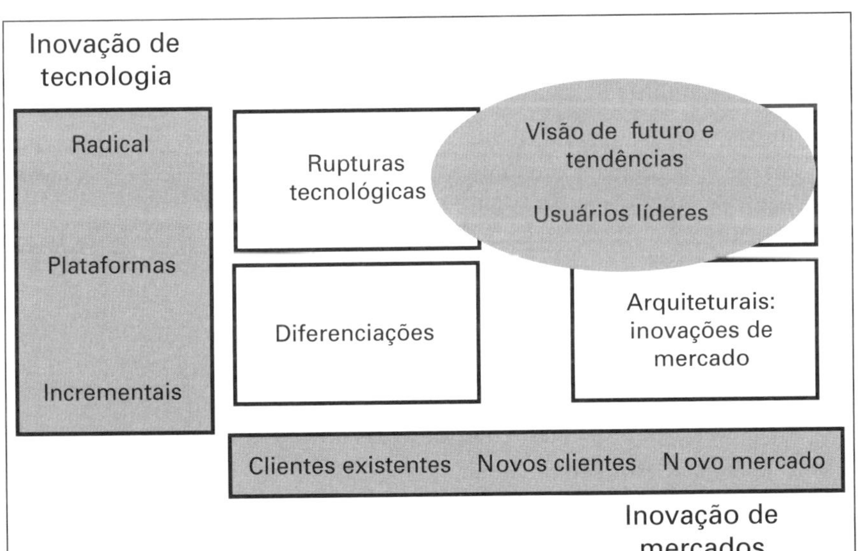

FIGURA 8.13 Métodos de criação de ruptura de aprendizagem de mercado. Fonte: Adaptada de Leonard-Barton (1995) e Tidd et al. (2001).

É possível fazer uma comparação entre as formas convencionais e as que se baseiam no usuário líder:

- Com relação ao tipo do respondente da pesquisa e o tipo de informação coletada: as técnicas tradicionais de pesquisa coletam dados provenientes de consumidores representativos do centro do mercado e somente as necessidades desses consumidores que estão em contexto de mercado maduro e a geração de ideias é desenvolvida pelos profissionais de marketing ou desenvolvimento da empresa para produtos incrementais. Na prática, em uma pesquisa de grupo focado, podem-se ter alguns usuários líderes no grupo pesquisado e, assim, algumas ideias de soluções podem ser geradas espontaneamente, mesmo não sendo o objetivo da técnica. Já as técnicas com base nos usuários líderes, coletam dados sobre necessidades e ideias de solução e proporcionam produtos de ruptura.
- Como hipótese, os consumidores do centro do mercado, os usuários representativos, estão familiarizados com as características e funcionalidade dos produtos vigentes, conhecem muito bem esses produtos, inclusive de forma prática. Já os usuários líderes, metaforicamente, vivem no futuro e estão mais propensos a imaginar subjetivamente ideias inéditas. Assim, esses usuários são uma fonte riquíssima para inovações de ruptura. Inclusive, tais ideias podem vir de outros contextos e negócios. Os usuários líderes situam-se em uma faixa extrema do segmento de mercado.

Como as empresas podem construir um processo de inovação de produtos que sistematicamente busca e avalia as inovações geradas pelos usuários líderes? Existem duas possibilidades:

- Usuários líderes provenientes de áreas análogas avançadas.
- Usuários líderes provenientes do mercado-alvo.

Usuários líderes originados de áreas análogas avançadas

Os usuários líderes de áreas análogas avançadas possuem experiência em necessidades extremas de última geração em relação a uma solução, aos outros usuários e aos outros usuários líderes de um mercado específico. Possuem necessidades avançadas, o que os forçam a desenvolver soluções totalmente novas em relação às perspectivas do mercado-alvo.

Exemplo: considere as necessidades de um sistema de freio para usuários de automóveis (caracterizando-os como usuários de um mercado- alvo) e as necessidades de um sistema de freio para usuários de grandes aviões comerciais (mercado análogo avançado). Fica claro que as necessidades de um sistema de freio para grandes aviões são mais extremas. Os aviões são mais pesados, trabalham em maiores velocidades, portanto, necessitam dissipar mais energia rapidamente para parar o veículo.

O resultado de uma necessidade extrema por parte dos aviões fez com que fosse desenvolvido o *Antiblock Braking Systems* (ABS) para aviões. Dessa forma, as empresas automobilísticas conduziram buscas para encontrar valiosas inovações de usuários líderes de sistemas de freio de automóveis que fossem capaz de aprender sobre o sistema ABS e adaptá-los para automóveis. Isso é comum hoje.

Antes do desenvolvimento do ABS para autos, poder-se-ia ter estudado e aprendido sobre as práticas dos usuários em necessidades extremas com as equipes de corrida *stock car*, por exemplo.

Podem ser feitas considerações sobre usuários líderes provenientes de áreas análogas avançadas:

- Dificuldade em encontrar usuários líderes em mercados avançados análogos, pois a descoberta da relevância de uma particular analogia pode ser um ato criativo (criação por analogia).
- Uso da rede de inovadores (*pyramiding*).

Usuários líderes provenientes do mercado-alvo

Em geral, é mais fácil encontrar usuários líderes nos mercados-alvo. Eles congregam espaços especializados (conferências, congressos, laboratórios etc.), que podem facilmente ser identificados. Exemplo: caso 3M.

O processo de geração de ideias originadas pelo usuário líder

Pode-se caracterizar uma sequência de atividades para o desenvolvimento de ideias geradas pelo usuário líder:

1. Formação do time e geração da meta

A empresa forma um time de três a cinco profissionais experientes nas áreas técnicas e de marketing, sendo que um dos membros é escolhido como líder do projeto.

O time, em conjunto com as partes interessadas do projeto, seleciona o mercado a ser pesquisado, bem como o nível e o tipo de inovação desejados.

2. Pesquisa de tendências

A equipe foca a identificação e o entendimento profundo sobre as direções técnicas e de mercado no campo a ser explorado. Assim, a equipe identifica e entrevista especialistas do mercado em que estão explorando, bem como buscam uma visão sobre as tecnologias emergentes e as aplicações inovadoras. O objetivo é selecionar a(s) tendência(s).

3. Rede pirâmide de usuários líderes (*pyramiding*)

Com a(s) tendência(s) selecionada(s), o time de projeto busca identificar e aprender com os usuários na fase de liderança. A identificação é feita no mercado selecionado ou em mercados similares.

O objetivo é aprender com o usuário sobre as necessidades e soluções na fase de liderança.

A denominação *pirâmide* deve-se ao fato de que, possivelmente, uma pessoa interessada em um assunto conhece outras pessoas mais especialistas e conhecedoras profundas sobre o fenômeno. A identificação dessa rede/pirâmide, provavelmente chegará aos peritos e usuários líderes.

4. *Workshop* com os usuários líderes e geração das ideias

Consiste em uma atividade em que os usuários líderes e profissionais de desenvolvimento da empresa irão incrementar possíveis ideias geradas na etapa 3, ou, ainda, gerar novas ideias.

Após a geração de ideias, o time avaliará os conceitos gerados com relação à viabilidade técnica, apelo de mercado e prioridades estratégicas.

5. Desenvolvimento de cenários prospectivos e tendências

Aqui seguem duas abordagens já vistas no Capítulo 2 sobre cenários prospectivos que proporcionam uma visão *top down* para a identificação de necessidades e oportunidades de produtos/negócios.

8.4 A Cocriação de Valor

A empresa Nike® inovou substancialmente com o lançamento do programa Nike Plus. O programa consiste em um sistema que interage com os seus usuários por meio de um sensor colocado no tênis que registra e transmite informações das atividades de corrida, tais como: velocidade, duração, distância e queima de calorias. O sensor envia as informações para um iPod ou iPhone – para isso a Nike® fez uma parceria com a Apple® – ou para uma pulseira, a Sport Band, na qual o usuário pode visualizar o seu desempenho online. Todas essas informações podem ser computadas em uma estação, onde as estatísticas do desempenho do usuário são formuladas.

O programa Nike Plus é também um clube de corridas, no qual o usuário pode compartilhar ferramentas para melhorar o seu desempenho por meio de seu web site. Assim, além de poder verificar o seu desempenho em todas as corridas, o usuário pode definir metas, se inscrever em desafios com outros usuário/corredores, participar de programas de treinamentos específicos e conversar e trocar experiências com outros praticantes.

Nesse programa, o usuário pode escolher o que deseja fazer ou mesmo com quem compartilhar conhecimentos e experiências. O programa proporciona uma grande variedade de possibilidades, oferecendo para cada usuário uma combinação diferenciada e uma experiência personalizada de uso, por meio de inscrição em desafios, participação e execução de treinamentos específicos, e com constante registro e acompanhamento da evolução do desempenho pessoal de cada um.

Esse conceito engloba a atividade básica do programa, a corrida, que por si só trata-se de uma experiência única e personalizada a cada vez que acontece. A corrida é registrada e, a partir dela, são formuladas estatísticas de desempenho.

Analisando essa inovação da Nike®, pode-se classificá-la como sendo um novo patamar de conceito de inovações, a Inovação de Experiências (Prahalad e Ramaswamy, 2004) (Figura 8.14).

A Figura 8.15 apresenta a diferença entre as formas predominantes e a Inovação de Experiências. Na forma predominante de se fazer inovação, a empresa cria valor e o entrega aos usuários; e é no mercado que ocorre o processo de criação de valor. No conceito de Inovação da Experiência, o valor é cocriado pela empresa e pelos usuários; a experiência de cocriação é a base de valor (Prahalad e Ramaswamy, 2004). Assim, ocorre uma perspectiva de oferta e demanda centrada na empresa para uma perspectiva de experiência centrada no usuário/indivíduo (Figura 8.16).

Um valor exclusivo para o usuário individual é proporcionado por meio de experiências personalizadas de cocriação. Assim, a interação consumidor/empresa se torna o ponto central da inovação; a experiência de cocriação individual é a base de valor, em que os vários canais de comunicação são portais de experiências; a infraestrutura deve suportar experiências de cocriação heterogêneas; e as redes ampliadas, incluindo as comunidades de consumidores/usuários, são pontos de competência essencial.

Para o desenvolvimento de um ambiente para cocriação são necessários alguns elementos básicos (Prahalad e Ramaswamy, 2004), a saber: diálogo, acesso, risco e transparência.

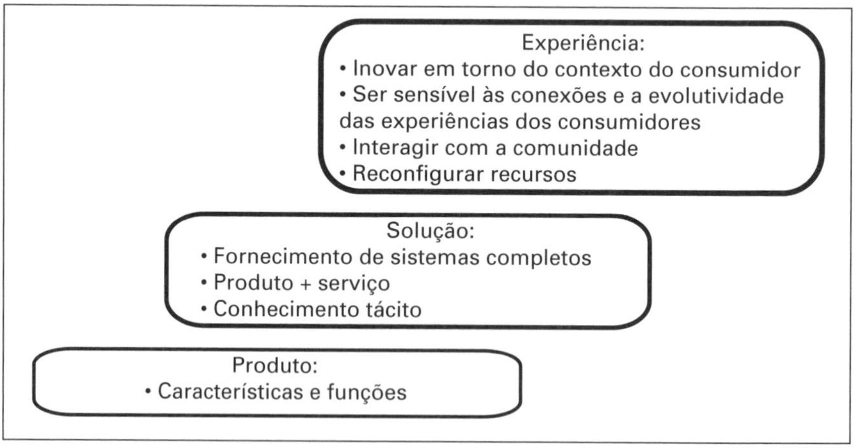

Figura 8.14 Inovação de experiências.

Fonte: Baseado em Prahalad e Ramaswamy (2004)

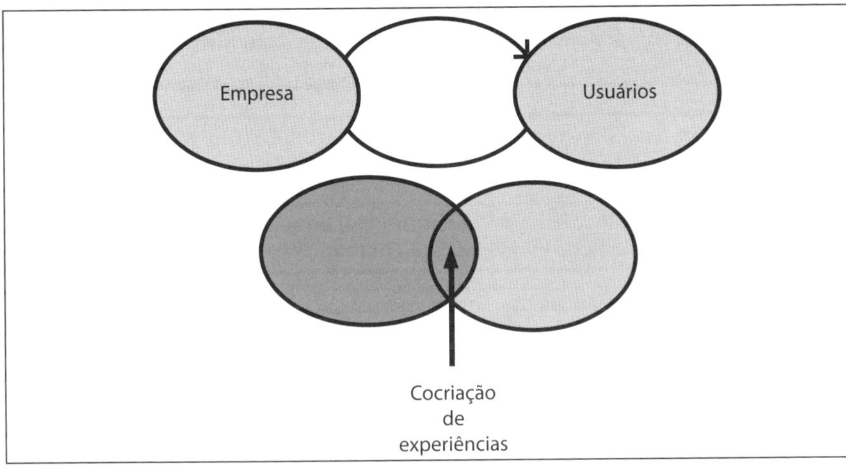

Figura 8.15 Interação empresa-usuário como criação de experiências.

Fonte: Adaptado de Prahalad e Ramaswamy (2004).

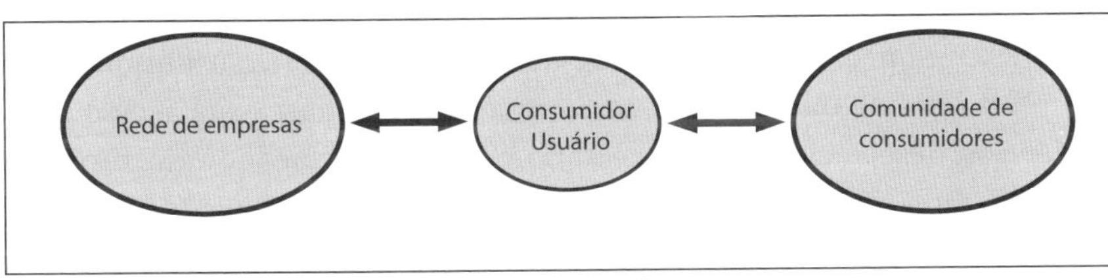

Figura 8.16 Perspectiva centrada no indivíduo.

O diálogo significa interatividade de ambas as partes, envolvimento profundo e propensão a agir. A Figura 8.17 apresenta características que distinguem o diálogo.

O diálogo exige alguns elementos para sua efetiva realização (Prahalad e Ramaswamy, 2004):

- Foca assuntos de interesse mútuo entre consumidor e empresa.
- Exige um fórum propício ao diálogo.
- Requer regras de envolvimento que promovam interações ordeiras e produtivas.

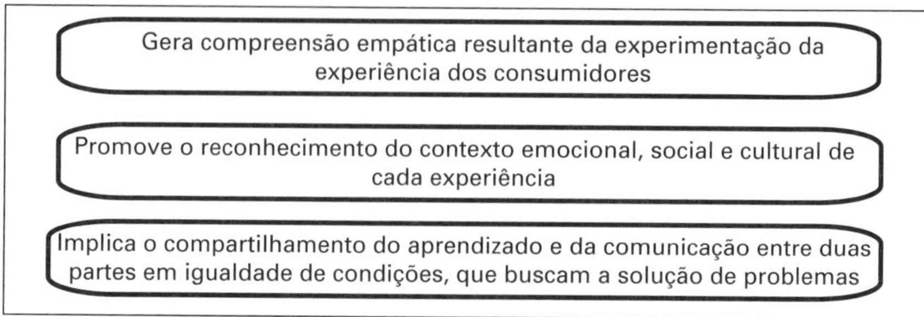

Figura 8.17 Características do diálogo no processo de cocriação.

Fonte: Adaptado de Prahalad e Ramaswamy (2004).

No Nike Plus, o diálogo ocorre entre os usuários/corredores e a Nike®, entre os usuários, entre o usuário e a Apple®, e entre os usuários e os especialistas de corridas (Prahalad e Ramaswamy, 2004).

No contexto tradicional de inovação, como já mencionado, a empresa criava os produtos e transferia a sua propriedade para os usuários/consumidores. Assim, existia uma atitude de posse por parte do usuário.

No contexto da Inovação da Experiência, o usuário terá acesso a experiências desejáveis e não necessariamente a propriedade do produto. Assim, o ter passa a ser substituído pelo "vivenciar uma experiência" por meio do acesso a informações e conhecimento da empresa e da comunidade de usuários. Não é necessário possuir algo para acessar uma experiência (Figura 8.18) (Prahalad e Ramaswamy, 2004).

No Nike Plus, o acesso é proporcionado pelo iPod, iPhone, web site, e Sport Band (Prahalad e Ramaswamy, 2004).

A transparência entre consumidores e empresas aumenta com a diminuição da assimetria de informações entre os dois lados (Figura 8.19).

No Nike Plus, a transparência é proporcionada por informações sobre corridas, programas de treinamentos e acompanhamento da evolução do usuário/corredor (Prahalad e Ramaswamy, 2004).

Os riscos estão relacionados à probabilidade de danos ao consumidor. Trata-se de um grande desafio para as empresas gerenciarem:

- As empresas podem gerenciar os riscos unilateralmente?

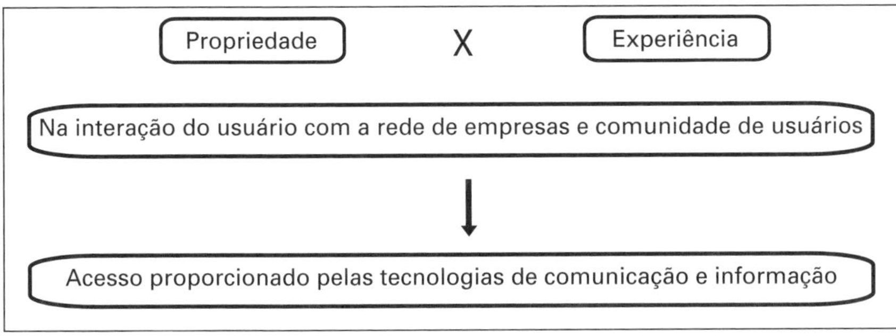

Figura 8.18 Experiência, interação e acesso na cocriação.

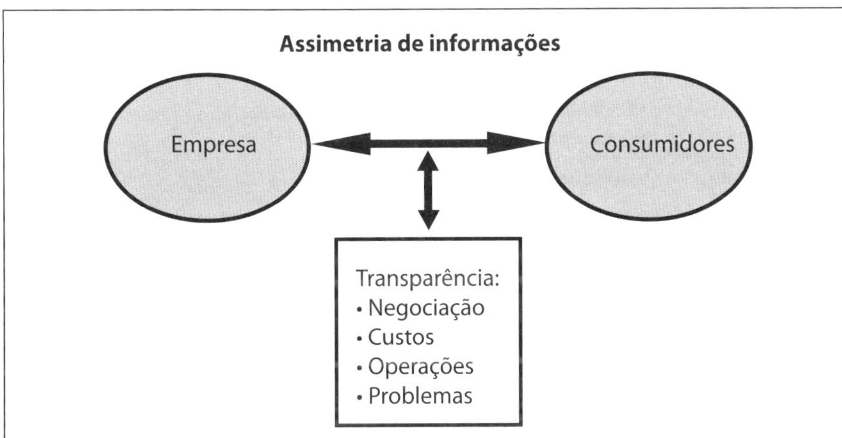

Figura 8.19 Diminuição da assimetria e aumento de transparência.

- Os consumidores cocriadores ativos também estão preparados e devem assumir a responsabilidades pelos riscos?

Uma tendência para minimização do risco seria as empresas proporcionarem maiores informações e fornecerem de métodos para os riscos inerentes aos produtos e experiências.

No Nike Plus, a redução dos riscos é proporcionada por informações sobre treinamentos adequados e pela interação frequente dos usuários com a empresa (Prahalad e Ramaswamy, 2004).

8.4.1 Exemplo de Descrição Detalhada de um Processo de Desenvolvimento de Inovação

Fase 0 - Identificação de oportunidades

OBJETIVOS	• Avaliar preliminarmente as ideias e identificar as oportunidades
ENTRADAS	• Ideias de várias fontes • Objetivos e estratégias • Linhas conceituais • Informações macro e microambientais • Pesquisas internas e externas
ATIVIDADES	Analisar a concorrência e o ambiente Avaliar ideias e identificar oportunidades
RESPONSÁVEL	Comitê diretivo
DOCUMENTOS DE SAÍDA	• Identificação da oportunidade • Aprovação do início do projeto • Orçamento inicial e alocação de recursos • Cronograma inicial

Obs.: Essa etapa corresponde ao primeiro filtro, o "*gate* 0".

Fase 1 - Geração e teste de conceitos

OBJETIVOS	• Desenvolver alternativas de conceitos • Testar e avaliar conceitos • Estabelecer custo/meta
ENTRADAS	• Aprovação do início do projeto • Oportunidade identificada • Informações adicionais de mercado, concorrência, tecnologia • Orçamento e cronograma inicial
ATIVIDADES	Contribuição predominante de cada área
Marketing/vendas	• Promover a socialização das ideias • Observar consumidores • Identificar e interpretar necessidades dos consumidores (pesquisar qualitativa e quantitativamente) • Gerar conceitos • Testar conceitos com consumidores
Produção	• Avaliar equipamentos, ferramental, pessoal e capacidade produtiva
Finanças	• Estabelecer custo/meta
Produtos	• Desenvolver estrutura de componentes • Prototipar

Distribuição	• Avaliar sistema de distribuição
Compras	• Identificar fornecedores
RESPONSÁVEL	• Comitê de inovação
DOCUMENTOS DE SAÍDA	• Plano de conceitos

Gate 1 (Responsável: comitê diretivo):

- Análise do plano de conceitos, contendo:
  - Sugestões e/ou modificações e/ou retrabalhos (o projeto volta para a etapa de geração e teste de conceitos);
  - Escolha de conceito(s) ou cancelamento do projeto;
  - Revisão do orçamento e cronograma.

Fase 2 - Planejamento do produto e negócios

OBJETIVOS	• Desenvolver o plano do produto (negócio)
ENTRADAS	• Conceito aprovado • Informações detalhadas (histórico) de produto, processos, produção, finanças e operações • Informações de pesquisas, estudos, tecnologias e relatórios (universidades, institutos, associações, órgãos do governo e consultorias) • Orçamento e cronograma inicial atualizados
ATIVIDADES	Contribuição predominante de cada área
Marketing/vendas	• Desenvolver plano de marketing
Produção	• Desenvolver plano de produção
Finanças	• Estimar custos • Desenvolver orçamento detalhado do projeto • Desenvolver plano de finanças
Produtos	• Desenvolver plano de produto: embalagem e produto
Distribuição	• Desenvolver plano de operações
Compras	• Seleção de fornecedores, enviar cotações
RESPONSÁVEL	• Comitê de inovação
DOCUMENTOS DE SAÍDA	• Plano de produto (negócio)

Gate 2 (Responsável: comitê diretivo):

- Análise do plano de produto (negócio).
- Aprovação parcial ou total do plano contendo:
  - Sugestões e/ou modificações e/ou retrabalhos (o projeto volta para a etapa anterior);
  - Cancelamento do projeto;
  - Revisão do orçamento e cronograma.

Fase 3 - Detalhamento e teste do produto

OBJETIVOS	• Elaborar cronograma detalhado • Especificar e dimensionar os componentes do produto e processos • Analisar desempenho técnico do produto, analisar satisfação do cliente (painel do consumidor) • Efetuar modificações • Calcular os custos e analisar confiabilidade • Desenvolver embalagem
ENTRADAS	• Plano de negócios avaliado e aprovado, e orçamento atualizado
ATIVIDADES	
Marketing/vendas	• Desenvolver embalagem • Testar e analisar protótipos (marketing e equipe de vendas), testar e analisar protótipos com consumidores • Prototipar e testar embalagens (terceiros)
Produção	• Desenvolver plano detalhado de processos de fabricação e montagem (embalamento) e testar e analisar protótipos (fábrica)
Finanças	• Calcular custos e atualizar orçamento do projeto
Produtos	• Especificar e dimensionar componentes do produto e desenvolver protótipos • Elaborar amostras
Distribuição	• Verificar logística
Compras	• Desenvolver fornecedores, enviar pedidos de amostra para testar insumos
RESPONSÁVEL	• Equipe de desenvolvimento
DOCUMENTOS DE SAÍDA	• Projeto e teste detalhado do produto

Gate 3 (Responsável: comitê diretivo):

- Análise do projeto e teste detalhado do produto.
- Aprovação parcial ou total do projeto.
  - Revisão contendo:
  - Sugestões e/ou modificações e/ou retrabalhos (o projeto volta para a etapa anterior);
  - Cancelamento do projeto;
  - Revisão do orçamento e cronograma.

Fase 4 - Detalhamento do sistema

OBJETIVOS	• Detalhar o sistema: produção, marketing/vendas, distribuição e compras • Atualização do projeto detalhado do produto • Atualizar o cronograma
ENTRADAS	• Projeto detalhado do produto aprovado • Cronograma e orçamento atualizados
ATIVIDADES	
Marketing/vendas	• Detalhamento do sistema de marketing/vendas
Produção	• Detalhar o sistema de produção
Finanças	• Detalhar plano de finanças e orçamento do projeto
Produtos	• Atualizar detalhes do produto
Distribuição	• Detalhar sistema de distribuição
Compras	
RESPONSÁVEL	• Equipe de desenvolvimento
DOCUMENTOS DE SAÍDA	• Projeto detalhado do sistema

Gate 4 (Responsável: comitê diretivo):

- Análise do projeto detalhado do sistema.
- Aprovação parcial ou total do projeto e dos testes.
- Revisão contendo:
  - Sugestões e/ou modificações e/ou retrabalhos (o projeto volta para a etapa anterior);
  - Cancelamento do projeto;
  - Revisão do orçamento e cronograma.

Fase 5 - Implantação

OBJETIVOS	• Implantar o sistema total (instalar equipamentos, preparar sistema de distribuição, vendas e compras) • Treinar pessoal • Elaborar cronograma de lançamento (detalhamento do cronograma) • Analisar teste-piloto de produção • Confecção final das embalagens • Realizar e analisar teste-piloto de produção
ENTRADAS	• Plano detalhado de negócios atualizado e aprovado • Produto especificado, testado e aprovado
ATIVIDADES	
Marketing	• Implantar sistema de vendas e distribuição • Confecção final de embalagens
Produção	• Implantar sistema de produção • Realizar e analisar teste piloto • Desenvolver plano de manutenção
Finanças	• Comparar custos e capital com o planejado
Produtos	• Desenvolver plano de ações corretivas
Distribuição	• Implantar sistema de distribuição
Compras	• Implantar sistema de compras
RESPONSÁVEL	• Equipe de desenvolvimento e áreas funcionais
DOCUMENTOS DE SAÍDA	• Teste de linha do piloto, relatório de treinamento e das implantações

Gate 5 (Responsável: comitê diretivo):

- Análise do teste-piloto e relatórios.
- Aprovação parcial ou total.
- Revisão contendo:
  - Sugestões e/ou modificações e/ou retrabalhos (o projeto volta para a etapa anterior);
  - Revisão do orçamento e cronograma.

Fase 6 - Lançamento

OBJETIVOS	• Lançar o produto no mercado • Iniciar o funcionamento de todo o sistema
ENTRADAS	• Sistema total implementado • Pessoal capacitado
ATIVIDADES	• Lançamento • Acompanhar e analisar desempenho • Executar modificações e ações corretivas
Marketing	• Divulgar o produto • Acompanhar e analisar desempenho do produto no mercado (satisfação dos clientes, vendas) • Executar modificações e ações corretivas
Finanças	• Acompanhar e analisar desempenho financeiro (custos e preços estão de acordo?)
Produção	• Acompanhar e analisar desempenho da produção (volumes planejados e produzidos, índices de qualidade, tempos e produtividade) • Executar modificações e ações corretivas
Produtos	• Acompanhar e analisar desempenho do produto • Executar modificações e ações corretivas
Distribuição	• Acompanhar e analisar desempenho do sistema de distribuição • Executar modificações e ações corretivas
Compras	• Acompanhar e analisar desempenho dos fornecedores • Executar modificações e ações corretivas
RESPONSÁVEL	• Áreas funcionais
DOCUMENTOS DE SAÍDA	• Relatórios de acompanhamento, ações corretivas e desempenho

Gate 6 (Responsável: comitê diretivo):

- Acompanhamento.
- Análise do desempenho e relatórios com sugestões e/ou ações corretivas.

Fase 7 - Pós-lançamento

OBJETIVOS	• Acompanhar o produto no mercado • Analisar movimentação da concorrência • Analisar desempenhos • Indicação de ações corretivas • Desenvolver atividade de aprendizagem pós-projeto
ENTRADAS	• Sistema total implementado • Pessoal capacitado
ATIVIDADES	• Acompanhar e analisar desempenho • Executar modificações e ações corretivas • Seções de aprendizagem pós-projeto
Marketing	• Acompanhar e analisar desempenho • Executar modificações e ações corretivas
Finanças	• Acompanhar e analisar desempenho
Produção	• Acompanhar e analisar desempenho • Executar modificações e ações corretivas
Produtos	• Acompanhar e analisar desempenho • Executar modificações e ações corretivas
Distribuição	• Acompanhar e analisar desempenho • Executar modificações e ações corretivas
Compras	• Acompanhar e analisar desempenho • Executar modificações e ações corretivas
RESPONSÁVEL	• Áreas funcionais, comitê diretivo e comitê de inovação
DOCUMENTOS DE SAÍDA	• Relatórios de acompanhamento e desempenho

Após essa fase, o comitê diretivo também analisa os respectivos relatórios e acompanha a vida do produto, analisando o desempenho com o que foi planejado, propiciando um complemento da aprendizagem pós-projeto. O comitê também pode ser acionado pelas áreas funcionais para o desenvolvimento de melhorias ou incrementos no produto (Gecin, 2007).

Resumo

Podemos caracterizar quatro tipologias de desenvolvimento da inovação e de projetos: as rupturas tecnológicas e complexas, arquiteturais e diferenciações.

Uma competência de desenvolvimento de inovações e de projetos pode ser estruturada em três partes:

- Desenvolvimento da inovação (propriamente dito);
- Facilitadoras;
- Desenvolvimento interempresas.

O desenvolvimento da inovação pode ser dividido em sua execução, trata-se da fase de desenvolvimento da concepção (ou *Fuzzy Front End*), que se caracteriza por ser uma fase preliminar antes do início dos projetos de inovação; e do desenvolvimento de projetos, que é a execução dos projetos cujo conceito foi previamente desenvolvido e consiste em transformar um novo conceito estabelecido em um conjunto de elementos técnicos e operacionais, caracterizando-se, assim, em solução implementada.

Os métodos de aprendizagem de mercado auxiliam o processo de inovação a identificar necessidades dos consumidores e oportunidades de soluções, ou mesmo a descrição do método de desenvolvimento de inovações com usuários.

As técnicas convencionais com base na inquirição são aplicadas onde o conhecimento do mercado é alto e estruturado. Os projetos relacionados trabalham com tecnologias também já dominadas. Aqui se encontram duas técnicas: grupos focados e análise de necessidades latentes

Já nas abordagens de projeto empático apresentam-se técnicas que buscam a interação com o consumidor no desenvolvimento do produto, onde, além de apenas ouvir, busca-se observar, codesenvolver, ou mesmo permitir que o próprio consumidor elabore uma solução.

Há também as abordagens de criação de rupturas, como a visão de futuro e os usuários líderes.

Questões para Discussão

1. Quais são as tarefas de um automóvel para pessoas idosas? Analise em função de várias circunstâncias.
2. Quais são as tarefas de um chocolate? Analise em função de várias circunstâncias.

3. Discuta quais seriam os usuários líderes para o setor de automóveis.
4. Discuta um possível negócio/produto com a adoção da inovação de experiências.

Referências

ADLER, P.S. *et. al.* Getting the most out of your product development process. *Harvard Business Review*, mar.-apr., 1996.

CHRISTENSEN, C.M.; RAYNOR, M.E. *O crescimento pela inovação: como crescer de forma sustentada e reinventar o sucesso*. Rio de Janeiro: Campus, 2003.

CLARK, K.B.; FUJIMOTO, T. *Product development performance: strategy, organization and management in the world auto industry*. Boston: The Free Press, 1991.

CLARK, K.B.; WHEELWRIGHT, S.C. *Managing new product and process development: text and cases*. Nova York: The Free Press, 1993.

COOPER, R.G. From experience. The invisible success factors in product innovation. *Journal of Product Innovation Management*, v.16, 1999, p.115-33.

________. Third generation new product process. *Journal of Product Innovation Management*, v.11, 1994, p.3-14.

DEMASI, D. *Criatividade e grupos criativos*. Rio de Janeiro: Sextante, 2002.

[GECIN] GESTÃO ESTRATÉGICA DE CONHECIMENTO E INOVAÇÃO. *Relatório de atividades*. Faculdade de Economia, Administração e Contabilidade de Ribeirão Preto. Universidade de São Paulo. Ribeirão Preto, 2007.

HART, S.L.; CHRISTENSEN, C.M. The great leap: driving innovation from the base of pyramid. *MIT Sloan Management Review*, v.44, n.1, 2002.

HIPPEL, E.V. *Democratizing innovation*. Cambridge: MIT press, 2005.

JEPPESEN, L.B. User toolkits for innovation: consumers support each other. *The Journal of Product Innovation Management*, v. 22, 2005, p.347-62.

JONASH, R.S.; SOMMERLATTE, T. *O valor da inovação*. Rio de Janeiro: Campus, 2001.

KAO J.J. *Entrepreneurship, creativity & organization: text, cases, and readings*. Nova York: Prentice Hall, 1989.

KELLY, T.; LITTMAN, J. *A arte da inovação*. São Paulo: Futura, 2001.

KIM, D.H. The link between individual and organizational learning. *Sloan Management Review*, oct. 1993, p.37-50.

KOTLER, P.; KELLER, K.L. *Administração de marketing*. São Paulo: Atlas, 2006.

LEONARD-BARTON, D. *Wellsprings of knowledge: building and sustaining the sources of innovation*. Boston: Harvard Business School Press, 1995.

LEORNARD-BARTON, D.; SENSIPER, S. The role of tacit knowledge in group innovation. *California Management Review*, v.40, n.3, 1998, p.112-32.

LEONARD-BARTON, D.; SWAP, W.C. *When sparks fly: igniting creativity in groups*. Boston: Harvard Business School Press, 1999.

LILIAN et al. Performance assesment of the lead user idea generation process for new product development. *Management Science*, v.48, n.8, 2002.

MACGRATH, M.E. *Setting the pace in product development*. Massachusetts: Butterworth-Heinemann, 1996.

MANZINI, E.; VEZZOLI, C. O *Desenvolvimento de produtos sustentáveis. Os requisitos ambientais dos produtos industriais*. São Paulo: Edusp, 1998.

MEYER, M.H. Perspective: how Honda innovates? *The Journal of Product Innovation Management*, Nova Jersey, v.25, 2008, p.261-71.

NAMBA, M.; NIWA, K. Product concept creation in new business development. *Proceedings of PICMET'99* (CD ROM), Portlland, 1999.

NONAKA, I; TAKEUCHI, H. *The knowledge-creating company: how Japanese companies create the dynamics of innovation*. Nova York: Oxford University Press, 1995.

PRAHALAD, C.K.; RAMASWAMY, V. *O futuro da competição: como desenvolver diferenciais inovadores em parceria com os clientes*. Rio de Janeiro: Campus/Elsevier, 2004.

RAMASWAMY, V. Co-creating value through customers experiences: the Nike case. *Strategy & Leadership*, v.36, n.5, 2008.

SENGE, P. *A quinta disciplina*. Rio de Janeiro: Best Seller, 1990.

SLACK, N. et al. *Administração da produção*. São Paulo: Atlas, 1997.

TAKAHASHI, S.; TAKAHASHI, V.P. *Gestão de inovação de produtos: estratégica, processo, organização e conhecimento*. Rio de Janeiro: Elsevier, 2007.

TAKAHASHI, V.P. *Capacidades tecnológicas e trasnferência de tecnologias: um estudo de múltiplos casos da indústria farmacêutica no Brasil e no Canadá*. São Carlos, 2002. Tese (Doutorado em Engenharia). Escola de Engenharia de São Carlos, Universidade de São Paulo.

TAKEUCHI, H.; NONAKA, I. *Gestão do conhecimento*. Porto Alegre: Bookman, 2008.

TIDD, J.; BESSANT, J.; PAVITT, K. *Managing innovation: integrating technological, market, and organizational change*. 2.ed. Nova York: John Wiley & Sons, 2001.

ULRICH, K.; EPPINGER, S. *Product design and development*. Nova York: McGraw-Hill, 2000.

VON KROGH, G.; ICHIJO, K.; NONAKA, I. *Enabling knowledge creation*. Oxford: Oxford University Press, 2000.

ZALTMAN, G. *Afinal o que os clientes querem?* Rio de Janeiro: Campus, 2003.

Parte V

Estudos de caso

Capítulo 9

CRIAFarma: Oportunidades e Competências no Setor Cosmético

Vania Passarini Takahashi

9.1 Panorama Sintético do Mercado e do Macroambiente da Indústria de Higiene Pessoal, Cosméticos e Perfumarias

Segundo a Associação Brasileira da Indústria de Higiene Pessoal, Perfumaria e Cosméticos (Abihpec), o mercado mundial de cosméticos totalizou US$ 350,30 bilhões em vendas em 2009 (Tabela 9.1). O Brasil ocupa a terceira posição, com participação de 8,1% e crescimento de 3,2%, ante decrescimento de 2,1% no mundo. É o primeiro mercado em desodorante; o segundo em produtos infantis, produtos masculinos, higiene oral, proteção solar, perfumaria e banho; o terceiro em produtos para cabelos e cosmético cores; o sexto em pele e o oitavo em depilatórios (Abihpec, 2010).

Ainda de acordo com a Abihpec (2010), a indústria brasileira de higiene pessoal, perfumaria e cosmético apresentou um crescimento médio deflacionado composto de 10,6% nos últimos treze anos, tendo passado de R$ 4,9 bilhões em 1996 para R$ 21,7 bilhões em 2008 (Tabela 9.1).

Pode-se apontar algumas razões que, segundo a Euromonitor (2009, apud Abihpec, 2010), explicariam o acentuado crescimento desse setor nos últimos anos:

- Participação crescente da mulher no mercado de trabalho.
- Incorporação de novas tecnologias de produção pelas empresas, com consequente aumento da produtividade, levando os preços ao consu-

Tabela 9.1 Mercado mundial de higiene pessoal, perfumaria e cosméticos.

Países	2008 US$ bilhões (preço ao consumidor)	Crescimento (%)	Participação (%)
1. Estados Unidos	58,9	- 1,3	16,8
2. Japão	39,9	6,6	11,4
3. Brasil	28,4	3,2	8,1
4. China	20,8	10,4	5,9
5. Alemanha	17,4	- 4,2	5,0
6. França	16,3	- 6,8	4,7
7. Reino Unido	15,0	- 13,2	4,3
8. Itália	12,5	- 5,4	3,6
9. Espanha	10,7	- 17,7	3,1
10. Rússia	10,4	- 9,2	3,0
TOTAL	230,37	- 1,6	65,9

Fonte: Adaptado de Euromonitor (2009) apud Abihpec (2010).

midor a aumentos menores do que os índices e preços da economia em geral.

- Lançamentos constantes de novos produtos que atendem cada vez mais às necessidades do mercado.
- Aumento da expectativa de vida, em razão dos avanços da medicina e da prática de vida saudável (exercícios físicos) – uma vez que as novas formas de atendimento à saúde possibilitam às pessoas continuarem trabalhando, viajando e desfrutando da vida sexual depois dos 65 anos, o que traz a necessidade de conservar uma aparência mais jovem.
- Aumento significativo do consumo de produtos cosméticos masculinos.
- Consciência da necessidade de proteção solar.
- Diversidade étnica da população brasileira.
- Acirramento da competição entre as empresas nacionais e estrangeiras, proporcionando uma melhor qualidade dos produtos nacionais com a utilização de novas tecnologias.

9.2 Crescimento do Setor e o Comércio Exterior

Uma comparação (média) dos últimos catorze anos da evolução do produto interno bruto (PIB) entre os índices da indústria em geral e os da indústria de produtos de higiene pessoal, perfumaria e cosmésticos demonstra que esse setor apresentou, ao longo dos últimos anos, crescimento maior que o restante da indústria – 10,5% de crescimento médio no setor contra 2,9% do PIB e 2,3 % da indústria (Abihpec, 2010).

Segundo a Abiphec (2010), a balança comercial do setor, nos últimos dez anos, demonstra um crescimento acumulado de 249% nas exportações entre 2000 e 2009, enquanto as importações cresceram 121,0% no mesmo período. O déficit comercial do setor, que atingiu US$ 163,1 milhões em 1997, foi sendo reduzido nos anos seguintes, atingindo US$ 8 milhões em 2001 e, a partir de 2002, revertido para resultados supervitários, sendo que, em 2009, o superávit atingiu 131 milhões, com queda de 27,8% sobre 2008.

9.3 Perfil das Empresas

O setor de cosméticos no Brasil é composto por 1.659 empresas que atuam no mercado de produtos de higiene pessoal, perfumaria e cosméticos, das quais 14 são de grande porte, com faturamento líquido de impostos acima de R$ 100 milhões, representando 73% do faturamento total. As empresas estão distribuídas principalmente nas regiões Sudeste e Sul, com 1.047 e 322 empresas, respectivamente, no ano de 2009 (Abihpec, 2010).

Os principais atores internacionais do setor são as grandes empresas transnacionais, que geralmente atuam em diversos segmentos da indústria – cosméticos, perfumaria e higiene pessoal – e possuem ligações importantes com atividades químicas, farmacêuticas e, em alguns casos, alimentícias, aproveitando-se das economias de escala e de escopo decorrentes da proximidade da base técnico-produtiva e, sobretudo, comercial dessas atividades.

Vale observar as diferentes formas que as grandes empresas de cosméticos nacionais e internacionais organizam suas respectivas cadeias de valor.

A primeira é composta por grandes empresas diversificadas que atuam na indústria de cosméticos e também em atividades correlatas, como higiene pessoal, perfumaria, farmacêutica e alimentos. Entre essas grandes empresas destacam-se: Unilever, Procter & Gamble (marcas – Max Factor, Olay, Covergirl, Clairol), Johnson & Johnson (Neutrogena), Colgate-Palmolive e Avon.

A segunda forma de organização é composta por empresas com atuação concentrada, que caracterizam suas estratégias pela participação expressiva dos produtos cosméticos e perfumaria, muitas vezes complementada pela atuação em segmentos em que são verificadas sinergias relevantes com sua atividade principal. Entre as principais empresas dessa categoria, encontram-se: L'Oréal (marcas – L'Oréal Lancôme, Laboratoires Garnier, Maybelline, Helena Rubinstein, Ralph Lauren, Giorgio Armani), Shiseido, Estée Lauder (marcas – Estée Lauder, Clinique, Aramis, Origins, Bobbi Brown, Aveda e Bumble and Bumble, entre outras, além de ser licenciada das fragrâncias Tommy Hilfiger, Donna Karan e Kate Spade), Revlon e Coty.

Essas empresas concentram suas atividades produtivas e tecnológicas na indústria de cosméticos. Em geral, os produtos são mais sofisticados e a escala de produção é menos importante que os atributos relacionados à diferenciação. Nesse caso, os atributos como a capacidade de inovação, a incorporação de novas essências e fragrâncias e a criação de novas embalagens, entre outros, são muito importantes.

Além das empresas internacionais, atua no mercado brasileiro um grande número de empresas de capital nacional. Entre os exemplos mais importantes estão Natura e O Boticário, que atuam com posições destacadas nos diversos ramos da indústria de cosméticos. Essas empresas possuem unidades de produção de cosméticos importantes e, além disso, realizam alguns esforços de desenvolvimento do produto no Brasil. Destacam-se outras empresas nacionais como Ox Marrow, Valmari, Payot, L'acqua di Fiori, Pierre Alexander, Niasi, Nazca, Água de Cheiro e Contém 1g.

Os produtos consumidos pela população de menor poder aquisitivo já representam o maior canal de vendas para cosméticos e produtos de higiene no Brasil, mas a venda direta detém a maior fatia do mercado, conduzida amplamente pela Natura e pela Avon. Entretanto, isso deverá mudar. De acordo com a Global Cosmetics & Toiletries (2009),

> com a retomada da economia, veremos uma expansão adicional de empresas que comercializam produtos de valor econômico mais baixo, especialmente

lojas. E, embora ainda haja muito para o mercado global crescer, as vendas diretas provavelmente perderão algo de sua fatia de mercado com a abertura de novos e pequenos pontos de venda, mesmo se o valor de vendas em todos os canais continuar a crescer.

Contudo, assim como acontece em quase todos os setores, o nível de exigência dos consumidores com relação à eficácia dos produtos também é realidade na área cosmética, especialmente na categoria de cuidado com a pele (cremes). Os ativos estão entre os fatores relevantes para a competitividade das empresas do setor, logo, os fornecedores de matérias-primas investem em ativos específicos para tratamento da pele.

Para isso, as grandes empresas internacionais mantêm relações estreitas com seus fornecedores de produtos químicos, especialmente no que se refere ao desenvolvimento de produtos e aplicações que são incorporadas aos cosméticos. Essa capacidade de desenvolvimento de tecnologias e de novas aplicações também é peça fundamental no processo de concorrência do setor de cosméticos, já que os desenvolvimentos tecnológicos são rapidamente difundidos tanto por meio das estratégias imitadoras como pelos fornecedores de essências e fragrâncias (Garcia e Salomão, 2003).

9.4 Panorama Histórico da Inovação no Setor Cosmético

Tempo e cosmético sempre andaram juntos. Compõem uma equação inevitável de ser mencionada e aberta a muitas leituras. A prática ancestral de cuidar da aparência, buscar o embelezamento e preservar a juventude chega até nossos dias acompanhada de constantes atualizações de fórmulas, cores e embalagens, porém mantendo sempre um pressuposto inalterável, uma causa primeira, tão ativa hoje quanto nos dias dos egípcios ou romanos: nosso desejo de parar o tempo, beber na fonte da juventude eterna, vencer o envelhecimento, retardar o fim (Melo et al., 2005).

Para KlineGroup (2008), a evolução da tecnologia tem permitido a produção de formulações cosméticas mais eficazes e estáveis, solucionando problemas estéticos pela diversificação na possibilidade de escolha dos produtos, desde os tradicionais hidratantes, autobronzeadores e antirrugas, até os recentes produtos para tratamentos direcionados à prevenção da celulite, estrias, gordura localizada, entre outros (Figura 9.1). Os avanços nas pesquisas cosméticas refletem uma tendência tecnológica mundial em todos os setores de produção (Schmaltz et al., 2005).

Na era romana, por volta do ano de 180 d.C., um médico grego chamado Claudius Galeno realizou sua própria pesquisa científica na manipulação de produtos cosméticos, iniciando, assim, a Era Galênica dos produtos químico-farmacêuticos. Galeno desenvolveu um produto chamado *Unguentum Refrigerans*, o famoso *Cold Cream*, baseado em cera de abelha e bórax, um hidratante não oleoso que reforça a barreira protetora, proporcionando proteção, nutrição e suavidade à pele, utilizado até os dias atuais. Também foi nessa época que Ovídio escreveu um livro voltado à beleza feminina, *Os produtos de beleza para o rosto da mulher*, no qual ensina a mulher a cuidar de sua beleza por meio de receitas caseiras.

Da Idade Média até o século XVII, a pesquisa na área cosmética ficou estagnada. No século XVIII, o cosmético perdeu sua conotação científica e adquiriu uma função meramente embelezadora. Essa poderia ser denominada a época dourada do cosmético, já que começava a produzir os mais

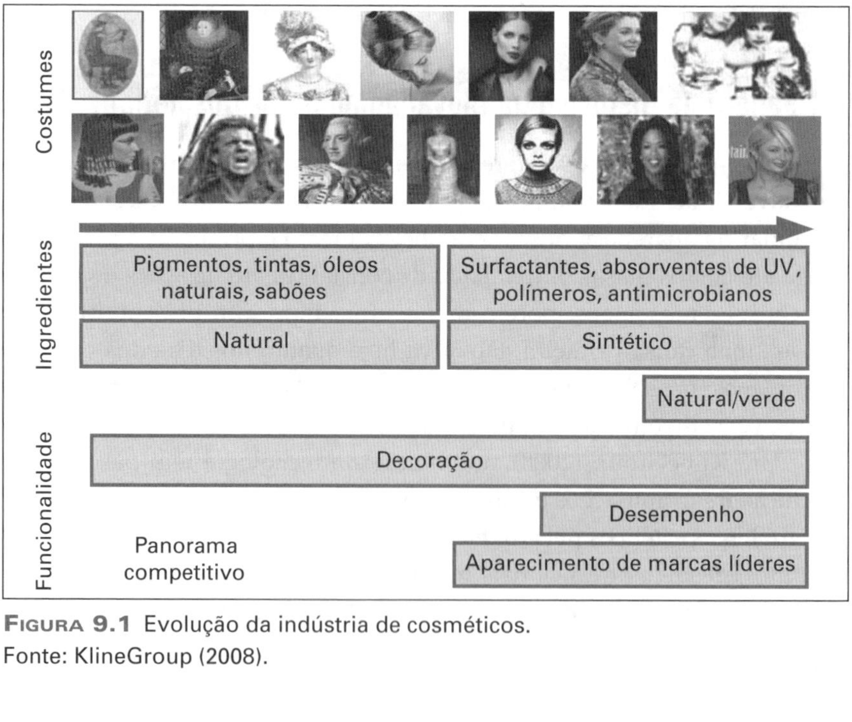

Figura 9.1 Evolução da indústria de cosméticos.
Fonte: KlineGroup (2008).

sofisticados cremes, depilatórios, pomadas, azeites, águas aromáticas, sabonetes e outros artigos de beleza, além de se ter desenvolvido, nesse período (1725), a água de colônia (Álvarez et al., 2005). A partir do século XIX, houve uma nova mudança nos costumes de higiene e o banho voltou a ser praticado. O primeiro sabão foi desenvolvido por Procter em 1878, tratava-se de um produto que produzia espuma em abundância.

O auge da cosmética se iniciou, de fato, no século XX. Desde então, grandes cientistas têm estado a serviço da cosmética, Otswald com a teoria das dispersões, Sörensen com a noção do pH, Wallach com a investigação em óleos essenciais e substâncias aromáticas, Harry com a ampliação do uso de ingredientes e formulações em cosméticos, e Friberg, que desenvolveu um novo conceito de estabilidade, baseado nas estruturas de cristais líquidos (Melo et al., 2005).

Eventos sociais e políticos contribuíram com o desenvolvimento científico e a utilização dos cosméticos. O aparecimento do cinema colorido impulsionou a criação do *make-up*. O químico Eugene Schüeller, fundador da L'Oréal, inventou a primeira tinta sintética para os cabelos e, em 1911, na cidade de Hamburgo, um farmacêutico deu os primeiros passos para a produção de um produto de cuidados para a pele fabricado industrialmente, produzindo um creme que batizou de Nivea (do latim, "branca como neve"), verdadeira revolução econômica, pelo fato de ter confeccionado o primeiro creme que não custava caro (Melo et al., 2005). O creme Nivea marcou uma evolução na técnica: foi a primeira emulsão "água com óleo", composição um pouco gordurosa, e a única capaz de frear o processo de evaporação da água da epiderme.

Por volta de 1914, surgiram os primeiros pós-compactos da Coty, vendidos em caixinhas de metal, providos de espelhos incorporados à tampa. Após a Primeira Guerra Mundial, as mulheres queriam cada vez mais ser belas e dedicavam a isso tempo e dinheiro.

Em 1936, Eugene Schüeller inventou o primeiro filtro solar e, em 1944, Menjamín Green, farmacêutico da Flórida, inventou um óleo solar que foi convertido no famoso Coppertone®. A partir da década de 1950, o mundo do perfume aflorou, surgiram as grandes marcas, iniciaram-se as pesquisas em dermatologia sobre a penetração cutânea e desenvolveram-se sofisticados equipamentos e técnicas de isolamento e identificação de compostos químicos através de cromatografia líquida de alta eficiência. Na década de 1970, foram desenvolvidos estudos motivados pela preocupação em compreender melhor a fisiologia da pele e garantir mais segurança e eficácia aos produtos cosméticos e estabilidade às fórmulas.

Os avanços no setor cosmético tiveram início apenas na década de 1980, com o lançamento dos lipossomas e com a descoberta de novos ativos que agem significativamente na saúde cutânea. Os lipossomas têm potencial de aplicação nas indústrias médicas e farmacêuticas, razão pela qual sua estrutura, que permite encapsulação, começou a ser utilizada nos produtos cosméticos.

As principais vantagens de formulações tópicas de lipossomas (Chorilli et al., 2004) são:

- De forma semelhante às células, lipossomas podem armazenar substâncias hidrossolúveis em seu interior e substâncias lipofílicas e anfifílicas em suas membranas, nas quais as substâncias ativas ficam retidas para serem transferidas a outras membranas, como a pele.
- Em virtude da sua estrutura, permite a encapsulação de substâncias ativas hidrofílicas e lipofílicas, as que proporcionam penetração eficiente na pele, resultando em uma diminuição de sua absorção sistêmica comparada àquela resultante da administração tópica em veículos convencionais.
- Lipossomas são atóxicos, biodegradáveis e podem ser preparados em larga escala.

No ano de 1986, surgiram na história, além dos lipossomas, outros grandes descobrimentos que são utilizados atualmente: função barreira e lipídios na pele; ácido hialurônico; oligoelementos; alfa-hidroxiácidos; antioxidantes com o emprego de vitaminas A, C, E e pró-vitamina B5, que supostamente combatem o envelhecimento. Inicia-se a era da Cosmecêutica, os chamados produtos dermocosméticos, produtos capazes de promover efeitos perceptíveis na pele em um curto período (como o fotoenvelhecimento cutâneo e cremes para celulite etc.).

Na década de 1990, uma nova tecnologia foi desenvolvida para os cosméticos: a biotecnologia. A aplicação cosmética dos conhecimentos da biotecnologia moderna proporciona o desenvolvimento de produtos com menor potencial de irritação, produtos esses mais eficazes e estáveis à cor e ao odor. As técnicas de clonagem e utilização de vetores de clonagem, por meio de enzimas de restrição, promovem a melhora na capacitação regeneradora da pele e, ainda, uma melhora nos resultados do rejuvenescimento cutâneo, além de permitirem a melhora das espécies da biodiversidade de maneira eficiente e precisa. Uma empresa que adota a biotecnologia é a Yakult Cosmetics, aplicando-a nos lactobacilos. Cabe ressaltar que novas tecnologias e matérias-primas naturais (multifuncionais) passaram a ser utilizadas nas formulações, proporcionando melhor hidratação, absorção, umectância, efeito sensorial, alto índice de proteção, além de serem mais eficazes e compatíveis com os diferentes tipos de pele.

No início do século XXI, o cosmético passou a ser percebido em um sentido mais amplo, como arte da preservação, do melhoramento ou da restauração da beleza do corpo humano, especialmente, do rosto. A preocupação da cosmética está em proporcionar uma aparência bem cuidada, retardar o aparecimento dos sinais de envelhecimento e compensar ou ocultar os desvios do ideal normal da beleza, mediante o tratamento da superfície do corpo, por meio do avanço tecnológico (Melo et al., 2005).

Um marco fundamental para a indústria cosmética está centralizado em pesquisas de novos sistemas para incorporação de ativos cosméticos. Uma tecnologia utilizada para essa finalidade é o nanocosmético, originado da nanotecnologia (Schmaltz et al., 2005).

Atualmente, a nanotecnologia voltada à cosmética tem como foco os produtos destinados à aplicação na pele do rosto e do corpo, com ação antienvelhecimento e de fotoproteção. De acordo com pesquisadores que atuam na área, as nanoestruturas são verdadeiros reservatórios que controlam a profundidade de penetração do cosmético na pele e a velocidade com que o ativo será liberado, portanto, concentrações dos ativos que são liberados gradualmente não vão atingir limites tóxicos, permitindo um constante fornecimento às diferentes camadas da pele, evitando-se, assim, possíveis irritações locais. Entre outras vantagens, tem-se: maior estabilidade do produto final, poder de cobertura, elevada oclusividade e excelentes características sensoriais. Logo, tem-se um produto com ação mais eficaz e em menores doses (Fapesp, 2008).

Tem aumentado consideravelmente, nos últimos anos, a procura por ativos específicos para tratamento facial e corporal, como antienvelhecimento, hidratação, cuidado e prevenção da celulite. No entanto, essa eficácia específica não quer dizer que o consumidor procure por produtos cada vez mais direcionados a uma função, pelo contrário, ele busca, muitas vezes, praticidade e itens multifuncionais. Dentre os tipos de ativos desenvolvidos para atender os consumidores estão: redutores de medidas, anticelulíticos, hidratantes e antienvelhecimentos, entre outros.

9.5 Novas Tendências Tecnológicas

Segundo Oliveira (2009), a procura por novas matérias-primas e tecnologias para o desenvolvimento de formulações cosméticas cada vez mais eficazes e compatíveis aos diferentes tipos de pele e de produtos será uma constante por parte de pesquisadores e formuladores da indústria de cosméticos.

De acordo com Euromonitor (2008 apud Abihpec, 2010) e Oliveira (2009), o mercado mundial apresenta as seguintes tendências: neurocosméticos, litocosméticos, cosméticos orgânicos, dermocosméticos ou cosmecêuticos de última geração, nutracêuticos e nutricosméticos.

Os neurocosméticos são produtos desenvolvidos com substâncias que promovem a aceleração da produção de precursores imediatos de endorfinas, proporcionando uma sensação de bem-estar quase instantânea. Transforma emoção negativa em positiva. Duas substâncias foram sintetizadas: as fitoendorfinas e as neuroprotetoras. São exemplos de neurocosméticos: polifenóis (cacau, chá verde, uva, acerola, abacaxi, café), retinol, peptídeos (trigo, aveia, hibiscus), óleo essencial de lavanda e rosa Marrocos. Contudo, como esclarece Oliveira (2009), os estudos envolvendo neurocosméticos são recentes, não havendo comprovação científica oficial de que eles realmente geram as sensações de bem-estar citadas.

Os litocosméticos são produtos que se utilizam de pós, pedras preciosas ou semipreciosas ou ouro associados a outros ativos. Esses produtos são desenvolvidos com o conceito de terapias de cristais e dos fluxos de energia. Por exemplo: ametista para aplicações em tratamentos regenerantes e revitalizantes; safira, que promove hidratação e elasticidade à pele; citrino, responsável pelo equilíbrio e redução de medidas.

Verifica-se também outro movimento mundial crescente, os chamados cosméticos orgânicos. Esse movimento intensificou-se a partir de 2001. Com esse novo paradigma de produção de cosméticos, grandes companhias do setor em todo o mundo estão investindo maciçamente em pesquisa e desenvolvimento de produtos livres de substâncias sintéticas, cujas formulações usam óleos minerais, silicones, parabenos, matérias-primas derivadas de plantas, como gorduras vegetais, ceras, extratos vegetais e óleos essenciais cultivados e processados organicamente. As matérias-primas obtidas de plantas cultivadas e controladas biologicamente, no caso de extrativismo, devem obedecer às normas vigentes, preservar o meio ambiente e possuir certificação (Oliveira, 2009). Empresas como L'Oréal, L'Occitanne, Lush, Aveda, Éh Cosméticos, Natura e Amazon Secrets estão dando passos concretos nessa direção, com ênfase no lançamento de novos produtos.

No Brasil, o mercado de produtos cosméticos orgânicos pode até ser considerado pequeno, mas no exterior movimenta cerca de US$ 26 milhões (Cosmetics & Toiletries, 2007). Além do tão sonhado "mundo verde", o mercado de cosméticos orgânicos tem procurado conquistar os jovens, menos sensíveis aos preços e aos valores efetivos das "marcas".

Ao contrário do pequeno crescimento dos produtos naturais/orgânicos, os dermocosméticos ou cosmecêuticos ainda apresentam um crescimento altíssimo. São produtos com atividades nas camadas mais profundas da pele, capazes de promover modificações fisiológicas que resultam em melhoria de aspectos físicos na pele, sempre embasado por comprovações clínicas, feitas por meio de rigorosos protocolos desenvolvidos por dermatologistas. Esses produtos são intermediários entre os medicamentos e os cosméticos. Esse mercado global, inicialmente dominado pelas terapias contra acne com o uso de retinóis, está passando por mudanças. Com validações científicas de segurança e eficácia, continuarão encontrando aplicações nos produtos de cuidado pessoal, com o aumento da demanda para os produtos *anti-aging*. Segundo a GCI (2008c), os produtos *anti-aging* representaram mais de 60% do total de produtos dermocosméticos em 2010.

Após o lançamento dos dermocosméticos, foram apresentados ao mercado os nutracêuticos, que são alimentos ou parte de um alimento que proporcionam benefícios médicos para a saúde, incluindo a prevenção e/ou tratamento de doenças. Em seguida, os nutricosméticos emergiram do segmento de nutracêuticos, ganhando popularidade no Japão e na Europa, mas pouco comentados no Brasil (KlineGroup, 2008). Os nutricosméticos são produtos ingeríveis, formulados e comercializados com ingredientes farmacêuticos apenas para propósitos de beleza. Normalmente estão no formato de pílula, tablete, líquido ou comida, os quais proporcionam benefícios à saúde, incluindo a prevenção e/ou tratamento de doenças, como os agentes farmacêuticos, e são uma intersecção entre o cuidado pessoal e a nutrição (GCI, 2008b), conforme apresentado na Figura 9.2.

Segundo a KlineGroup (2008), o mercado nutricosmético representa US$ 1,5 bilhão, sendo a Europa o principal consumidor e, ainda de acordo com a KlineGroup (2008), projeta-se que, até 2012, alcance US$ 2,5 bilhões. Os fatores que estão contribuindo para o constante crescimento desse mercado são: idade avançada da população, fatores ambientais, preocupação para manter a aparência e o bem-estar e o aumento de consumidores conscientes com a prevenção de doenças.

De acordo com a GCI (2008b), esses produtos podem atuar em três áreas específicas: pele, cabelos e unhas. Na pele, podem atuar na reparação e prevenção, proteção solar, firmeza, pigmentação, clareamento e emagrecimento. Nos cabelos, auxiliam na prevenção da queda capilar, atuando no

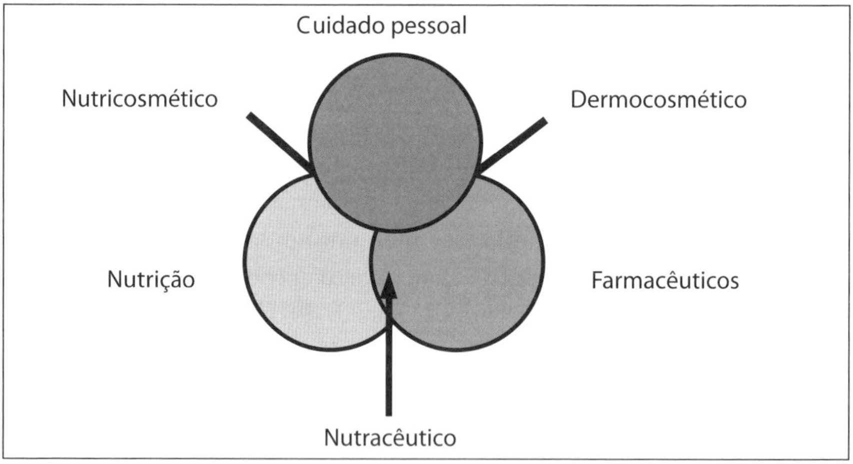

Figura 9.2 Intersecção entre nutricosméticos, dermocosméticos e nutracêuticos. Fonte: KlineGroup (2008).

crescimento, restauração, nutrição e volume. Já nas unhas, atuam no fortalecimento. A principal vantagem do uso dos nutricosméticos é a segurança, pois com frequência se originam de alimentos e, geralmente, oferecem a função antioxidante ou anti-inflamatória ou de agente emagrecedor.

Empresas da área de alimentos, em especial, da área de produtos nutricionais podem ter sucesso nesse novo segmento. Um exemplo disso é a Nestlé, que uniu seus conhecimentos nutricionais às pesquisas cosméticas da L'Oréal. O primeiro produto lançado por essas duas empresas foi o Innéov, que promete atenuar os sinais do tempo na pele e reduzir a perda da densidade. Este produto foi lançado na forma de comprimidos que contêm vitamina C, licopeno e isoflavona de soja (GCI, 2008b). Outro exemplo apresentado pela GCI (2008b) é a da empresa Parmalat, que já lançou, no Canadá e na Itália, o iogurte da juventude, o qual promete uma dieta rica em antioxidantes, que ajudam a combater o envelhecimento das células, melhorando a aparência e prevenindo doenças. Em 2007, a Nestlé de Hong Kong introduziu o iogurte de colágeno Day & Night para aumentar a hidratação e a elasticidade da pele (GCI, 2008b). No Japão, os cosméticos orais com colágeno, ácido hialurônico e ceramida são os ingredientes mais populares nesta categoria. A empresa Borba Skin Care lançou uma linha de cosméticos para ingestão, nos Estados Unidos. São águas e pós para serem dissolvidos, com vitaminas e minerais, que propõem diminuir as marcas de idade, aumentar a firmeza da pele, remover toxinas, revitalizar e aumentar a elasticidade da pele.

9.6 As Oportunidades de Novos Produtos na Categoria de Creme

A busca constante pela manutenção de uma aparência jovem e saudável tem favorecido cada vez mais o crescimento da indústria cosmética. Dessa forma, o tratamento preventivo, com o uso de produtos cosméticos fotoprotetores, hidratantes, antirradicais livres etc., tem contribuído muito para a união da medicina (dermatologia) à indústria cosmética (cosmetologia). A medicina favorece a indústria com o tratamento das alterações cutâneas de caráter inestético e a indústria cosmética favorece a medicina com o uso de novas moléculas, cada vez mais eficazes nos produtos de cuidados da pele e cabelos. A cada dia novas tecnologias estão sendo desenvolvidas e aplicadas e a disponibilidade de técnicas mais precisas permite observar alterações em parâmetros cutâneos, dando como resultado produtos cosméticos mais eficazes.

Além dos elementos tecnológicos, também deve ser levado em conta que os fatores socioeconômicos e o comportamentais sinalizam mudanças que possibilitam identificar oportunidades para o desenvolvimento de novos produtos.

O Brasil vem passando por várias transformações socioeconômicas nos últimos anos que irão alterar o perfil do consumidor (Exame, 2009; Coutinho, 2010; Sebrae, 2009). São elas:

- A participação da mulher no mercado de trabalho é crescente e as decisões de compra da família estão cada vez mais centrada nas mãos delas. Segundo a Abihpec (2010), os produtos para pele apresentarão um crescimento de 100% em 2011 (R$ 3.428 milhões) em comparação a 2007 (R$ 1.709 milhões).
- Há um novo arranjo social e familiar que inclui a tendência de casais que decidem não ter filhos ou postergam a maternidade, de pessoas de meia idade que já criaram os filhos, parceiros gays e casais que não podem ou não querem se tornar pais. Este arranjo possibilita o crescimento da renda e o consumo de produtos específicos (Sebrae, 2009).
- O número de pessoas que moram sozinhas está crescendo, em média, 6% ao ano. Esse público é responsável pelo aumento do consumo de produtos com novidades tecnológicas, que sejam práticos e em porções individuais (Sebrae, 2009).
- O número de pessoas acima de 50 anos com alta renda vem aumentando. Eles correspondem a 43% da classe acima de dez salários mínimos, são mais empreendedores, adotam hábitos de vida mais saudáveis, dedicam mais tempo ao lazer e são preocupados em disfarçar todo e qualquer sinal da idade (Exame, 2009).
- O Brasil conta com 19 milhões de pessoas com idade acima de 60 anos, a chamada terceira idade, com potencial de consumo de R$ 7,5 bilhões, segundo pesquisa de 2009 pelo IBGE (apud Coutinho, 2010). Em 2020, esse grupo será de 30 milhões. E, em 2050, 64 milhões de brasileiros. Desse total, 160 mil serão centenários. O rendimento dos

idosos sofrerá um crescimento de 56% entre 2007 e 2012. Seu perfil e hábitos de consumo mostram que eles estão menos conservadores e mais abertos às mudanças.

Além desses fatores socioeconômicos há os fatores comportamentais.

Vivemos a era dos paradoxos e dos desejos contraditórios. Podemos vivenciar diversas situações, de acordo com nosso momento (Furtado, 2008). Um dia estamos preocupados com a forma física, fazemos exercícios, fazemos uma alimentação balanceada e saudável, pobre em calorias. Em compensação, no dia seguinte, estamos ansiosos, estressados e devoramos um tablete inteiro de chocolate em frente da televisão.

Os desejos contemporâneos têm várias facetas (Furtado, 2008). Buscamos a originalidade, a sensação pelo frescor da novidade e não pela posse de bens. Buscamos coisas que saem do padrão, o desejo do fora do comum. Buscamos a inclusão para uma vida melhor, mais relevante e a juventude eterna. Queremos as coisas numa velocidade diferente, para realizarmos todos os nossos projetos com inspiração. Queremos perspectivas, mais sensibilidade, mais mimos, cuidados e conforto. Queremos nos sentir especiais, de ser o que quisermos ser. Queremos ser arrebatados e, assim, poder presenciar, vivenciar uma sensação única, que nunca mais será esquecida.

Nesse contexto, várias oportunidades de desenvolvimento de produtos no setor cosmético brasileiro podem aparecer. Desde produtos multifuncionais, miniaturas, linhas de produtos SPA Home, produtos casados com aparelhos tecnológicos (iPhone e iPod), produtos segmentados por necessidade específica de cada parte do corpo e rosto, produtos para viagens, produtos antimanchas e clareadores, protetores com filtro solar específico para a pele após os 50 anos, linha capilar anti-idade, cremes corporais altamente perfumados, produtos funcionais masculinos, produtos que liberam a pele de impurezas e toxinas, produtos que protegem a pele de ondas eletromagnéticas e antipoluição etc. (Sebrae, 2009).

O estudo de cenário (visão de futuro) para o setor cosmético identificou como oportunidade o desenvolvimento de produtos na categoria creme com uma nova concepção (Figura 9.3): os cosméticos holísticos (Figura 9.4). Trata-se de um novo conjunto de cremes voltados ao ser humano do

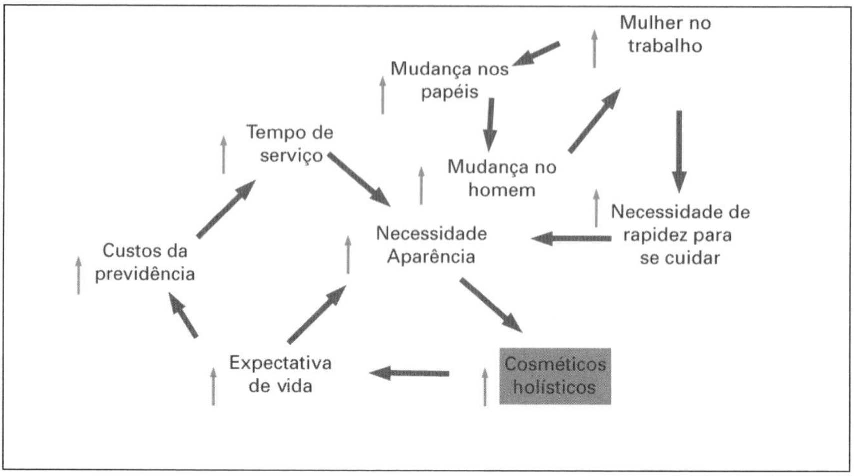

FIGURA 9.3 Raciocínio sistêmico para um cenário dos cosméticos holísticos.

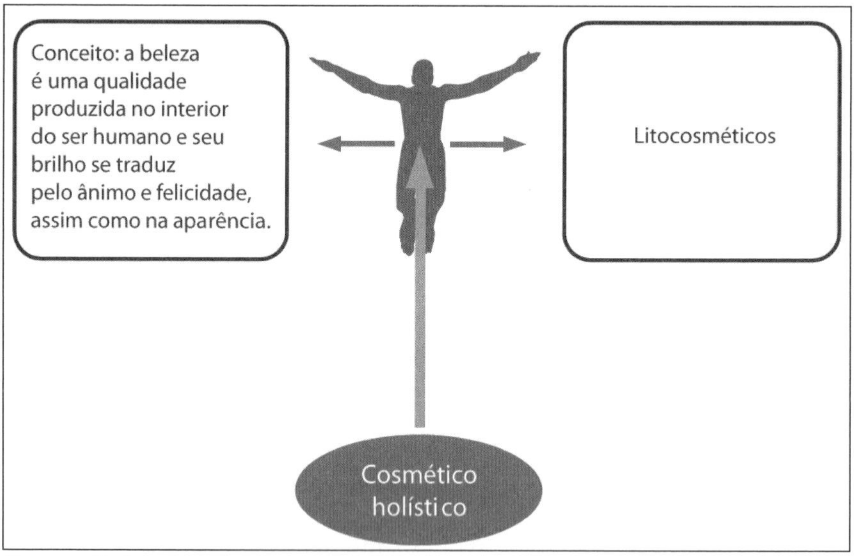

FIGURA 9.4 Inovação no setor cosmético: cosméticos holísticos.

século XXI, preocupado em resgatar também o seu ser. Esse novo produto poderá ser utilizado por mulheres e homens independentemente da faixa etária. Os principais diferenciais desses produtos seriam:

- Vislumbrar o ser humano na totalidade do seu corpo, mente e espírito, auxiliando na restauração, inclusive do equilíbrio emocional.
- Atuar dentro e fora do indivíduo.
- Ter como base um único processo de tratamento.
- Desencadear reações no cérebro do consumidor, liberando sentimentos, medos e ansiedades, equilibrando, dessa forma, o fluxo de energia, aliviando tensões e dores, restaurando a calma interior.

Questões para discussão

1. Quais são as ondas de inovação tecnológicas no setor cosmético?
2. Quais são as oportunidades, ameaças, potencialidades e fragilidades do setor brasileiro de cosméticos naturais e orgânicos?
3. O Brasil é o terceiro mercado do mundo em produtos cosméticos, no entanto, é o sexto no mercado de produtos para pele. Quais são as tendências e oportunidades nos próximos anos para o crescimento desse mercado?

Referências

[ABIHPEC] ASSOCIAÇÃO BRASILEIRA DA INDÚSTRIA DE HIGIENE PESSOAL, PERFUMARIA E COSMÉTICOS. *Panorama do setor: higiene pessoal perfumaria e cosméticos*. Disponível em: http://www.abihpec.com.br. Acesso em: 13/5/2010.

ÁLVAREZ, M.P.A.; SUÁREZ, K.L.C.; NAVA, I.X.D. et al. ¿Cómo se reflejan, en las mujeres queretanas de la actualidad, las principales transformaciones sociales que ha sufrido el maquillaje a lo largo de la historia? *Episteme*, n.5, ano 2, jul.-set., 2005.

COSMETICS & TOILETRIES. *Cosméticos orgânicos e naturais*. Disponível em: http://www.cosmeticsonline.com.br/mc_julhoagosto2007.php. Acesso em: 28/4/2008.

CHORILLI, M.; LEORNARDI, G.R.; OLIVEIRA, A.G. et al. Lipossomas em formulações dermocosméticas. *Infarma*, Brasília, v.16, n.7-8, 2004.

COUTINHO, G. *Terceira idade muda hábitos de consumo*. Disponível em: http://www.mundodomarketing.com.br/10,13177,terceira-idade-muda-habitos-de-consumo. Acesso em: 14/4/2010.

EXAME. Especial consumo: para onde vai o consumo. *Exame*, São Paulo, ano 43, n.6. abr. 2009.

FAPESP. *Nanotecnologia: beleza fundamentada*. Ed. Impressa 146, abril 2008. Disponível em: http://revistapesquisa.fapesp.br/?art=3498&bd=1&pg=1. Acesso em: 27/4/2008.

FURTADO, B. *Desejos contemporâneos – patchwork de tendências: idéias e negócios em tempos de paradoxos*. São Paulo: GS & MD, 2008.

GARCIA, R.; SALOMÃO, R. *Relatório setorial preliminar*. Setor cosméticos, 2003. Disponível em: http://www.finep.gov.br/PortalDPP/relatorio_setorial/impressao_relatorio.asp?lst_setor=28. Acesso em: 25/8/2008.

[GCI] GLOBAL COSMETICS INDUSTRY. *Cosmeceutical inject innovation into antiaging*. Abr. 2008a. Disponível em: http://www.gcimagazine.com/magazine/pastissues/2008/30002474.html. Acesso em: 5/5/2008.

______. *Nutricosmetics: eat e drink your skin care*. Set. 2008b. Disponível em: http://www.gcimagazine.com/magazine/pastissues/2008/30011219.html. Acesso em: 2/10/2008.

______. *Skin care – thinks small: high tech delivery system*. Ago. 2008c. Disponível em: http://www.gcimagazine.com/magazine/pastissues/2008/30009459.html. Acesso em: 23/8/2008.

GLOBAL COSMETICS & TOILETRIES. http://www.icis.com/Articles/2009/04/03/9206067/global-economy-to-limit-cosmetic-sales-in-2009-euromonitor.html. Acesso em: dez. 2009.

KLINEGROUP. *The "greening" of personal care: separating perception from reality*. Disponível em: http://www.klinegroup.com. Acesso em: 3/8/2008.

MELO, A.C.E.S.; SANTANA, C.M.B.; BRITO, M.E.G. *Imaginário feminino do consumo de cosméticos: um estudo sobre a significação das marcas de cremes faciais e o uso desses produtos para o público feminino*. Salvador, 2005. Monografia (Especialização em Administração). Escola de Administração da Universidade Federal da Bahia.

OLIVEIRA, L.C. *Inovações tecnológicas cosméticas*. Disponível em: http://www.crq4.org.br/default.php?p=informativo_mat.php&id=341. Acesso em: 8/7/2009

SCHMALTZ, C.; SANTOS, J.V.; GUTERRES, S.S. Nanocápsulas como uma tendência promissora na área cosmética: a imensa potencialidade deste pequeno grande recurso. Brasília, *Infarma*, v.16, n.13-14, 2005.

SEBRAE. *Caderno de tendências 2008/2009*. Ano 1, n.1. Disponível em: http://www.sebrae.com.br/setor/cosmético. Acesso em: 23/11/2009.

CAPÍTULO 10

Ouro Fino Agronegócios: Desenvolvimento do Produto Colosso®

Vania Passarini Takahashi
Lucimara Toso Bertolini
Sérgio Takahashi

10.1 O Mercado Farmacêutico Veterinário

O mercado global de saúde animal, em 2008, movimentou US$ 19 bilhões. Em 2006, o mercado global de produtos de saúde animal faturou um total de US$ 18,6 bilhões, quase 7% a mais do que no ano de 2005, quando o total de vendas foi de US$ 17,4 bilhões (Animal Pharm Reports, 2007b). Dentre os produtos desse mercado, os produtos farmacêuticos veterinários geraram mais de US$ 11,8 bilhões em 2005.

Segundo dados do relatório da Animal Pharm Reports (2007b), mais de dois terços das vendas globais de produtos de saúde animal foram gerados na América do Norte (40,4%) e na União Europeia (28,9%). Os mercados da América do Sul contam com 10% das vendas globais, correspondendo a US$ 1,8 bilhão. O Brasil, um dos cinco maiores mercados veterinários em todo o mundo (Figura 10.1), domina o mercado nessa região sendo responsável por cerca de 57% das vendas. Isso se deve ao aumento da demanda interna pela criação de gado e um *boom* na exportação de carne do país. Em 2005, o Brasil ocupava a quarta posição no *ranking* mundial em participação no mercado, com faturamento de cerca de US$ 700 milhões em 2004. No país, o mercado de produtos de saúde animal está em contínuo crescimento. De acordo com pesquisas do Sindicato Nacional da Indústria de Produtos para Saúde Animal (Sindan, 2010), o faturamento do mercado está em expansão, chegando a movimentar R$ 2,8 bilhões, conforme se verifica na

Figura 10.2. A previsão da Animal Pharm Reports (2006a e 2006b) para 2010 era de que o Brasil ocupasse a terceira posição, com US$ 1.215 milhão em vendas de produtos de saúde animal, atrás apenas dos Estados Unidos e da China (primeiro e segundo lugares, respectivamente).

A espécie animal que teve maior investimento em saúde no Brasil em 2006 foram os bovinos, seguido das aves e dos animais de companhia (*pets*). Estes dados confirmam o posicionamento do Brasil como o segundo maior grande produtor e exportador de carne bovina e de frango. Em 2008, a análise do compêndio de produtos farmacêuticos veterinários do Sindan (2010) revela que a taxa de produtos destinados a bovinos é de 20%; para aves, é de 8%; os produtos destinados a *pets* são 24%; para suínos ,14%; para ovinos e caprinos, 20%; e 11% dos produtos são destinados a equinos.

O mercado de saúde animal é dividido por classes terapêuticas: biológicos (vacinas, soros hipermunes, hemoderivados, biomedicamentos, anticorpos monoclonais, probióticos, alérgenos); antimicrobianos ou anti-infecciosos; desinfetantes e antissépticos; antiparasitários (ectoparasitici-

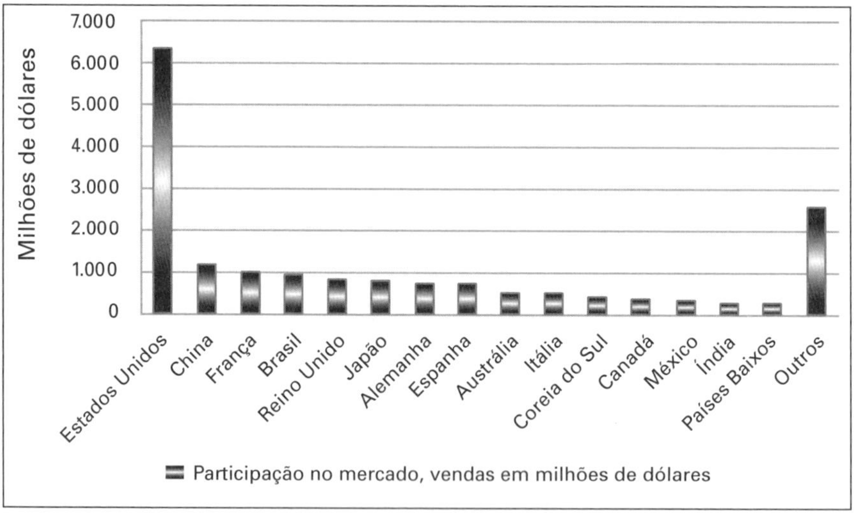

FIGURA 10.1 Principais países com maior participação no mercado de saúde animal em 2005.

Fonte: Animal Pharm Reports (2006a).

Taxa de câmbio de 2005 de US$ 1 = 0,80453 euro (Animal Pharm Reports, 2006a).

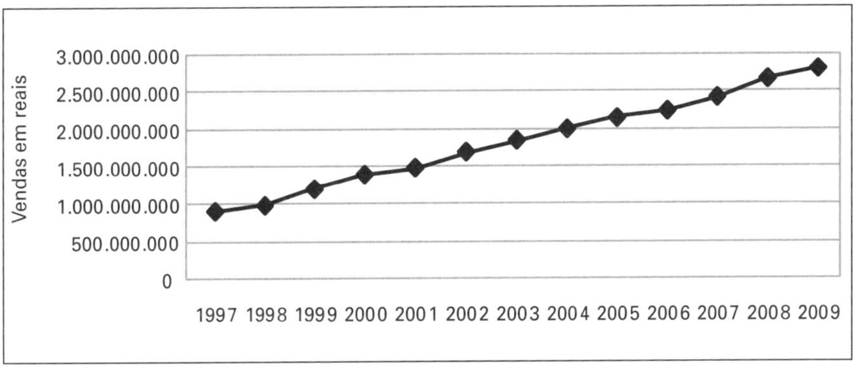

FIGURA 10.2 Faturamento do mercado veterinário brasileiro.
Fonte: Sindan (2010).

das; endectocidas; endoparasiticidas); terapêuticos; tônicos/fortificantes; dermatológicos, entre outros. As classes terapêuticas de maiores vendas no Brasil, em 2009, foram os antiparasitários, em segundo lugar, os biológicos e, em terceiro, os antimicrobianos (Figura 10.3).

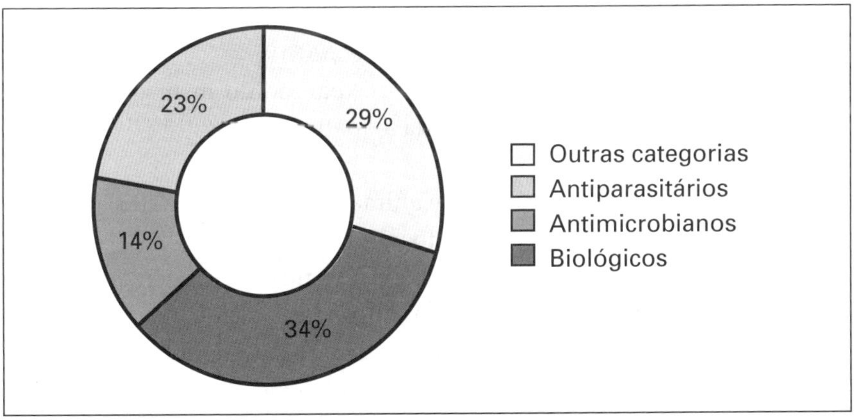

FIGURA 10.3 Mercado veterinário brasileiro por classe terapêutica em 2009.
Fonte: Sindan (2010).

Os antiparasitários representam o maior segmento de mercado, gerando um total de vendas anuais de mais de US$ 5 milhões. As vendas globais de biológicos são de quase US$ 4 bilhões e o produto líder no segmento são as vacinas. Um dos motivos para esse crescimento é a expansão do mercado de diagnóstico veterinário, além do crescente aumento nas vendas de vacinas pela demanda de produtos derivados da pecuária e da criação de aves (Animal Pharm Reports, 2007a).

O mercado de saúde animal cresce anualmente a uma taxa média de 8%, com a presença de empresas multinacionais, como Merial, Bayer, Pfizer, Schering Plough, que realizam elevados investimentos no desenvolvimento e comercialização de seus produtos.

Segundo a Animal Pharm Reports (2008), em 2007, no *ranking* das empresas do setor farmacêutico veterinário em termos de receita, a Schering-Plough Animal Health & Intervet, a Pfizer e a Merial ocupavam as primeiras posições, com faturamento de US$ 2,6 bilhões. A primeira empresa brasileira a aparecer no *ranking* foi a Ouro Fino Agronegócios, na 29ª posição, com uma receita de US$ 109 milhões (Tabela 10.1).

Em março de 2010, a empresa americana Merck e a francesa Sanofi-Aventis, criaram uma *joint venture* entre suas controladas, respectivamente, Intervent/Schering-Pough e Merial (Protec, 2010). A nova empresa será líder global no segmento com um valor de mercado de US$ 16,5 bilhões e particpção de 25% no mercado global de saúde animal. No Brasil, a nova empresa passa a ter 20% do mercado (Protec, 2010).

Segundo Capanema et al. (2007), a expansão do mercado de saúde animal é crescente e pode ser atribuída a quatro fatores:

1. O crescimento da população de animais de companhia (*pet*).
2. A continuidade da ameaça de doenças animais.
3. O aumento do interesse público pela segurança alimentar e consequente aumento do rigor do arcabouço regulatório.
4. O banimento do uso de antimicrobianos como promotores de crescimento animal na União Europeia, gerando perdas expressivas imediatas de faturamento, além de comprometer e reduzir o ciclo de vida de outros produtos. Em médio prazo, isso reforça a necessidade de portfólios alternativos de produtos para animais produtores de alimento.

TABELA 10.1 *Ranking* mundial das empresas do setor farmacêutico veterinário (valores em US$)

Ranking	Nome da empresa	Mercado doméstico	Receita em 2007
Receita em saúde animal acima de US$1 bilhão			
1	Schering-Plough Animal Health & Intervet (combinadas)	Estados Unidos e Holanda	2,6*
1	Pfizer Animal Health	Estados Unidos	2,6
1	Merial	Estados Unidos	2,6
4	Bayer	Alemanha	1,2
5	Novartis Animal Health	Suíça	1,1
6	Fort Dodge	Estados Unidos	1,0
Receita em saúde animal entre US$ 100 milhões e US$ 1 bilhão			
7	Elanco	Estados Unidos	945
8	IDEXX	Estados Unidos	910
9	Dechra	Reino Unido	519
10	Boehringer Ingelheim Vetmedica	Alemanha	504
11	Teva/IVX	Israel	497
12	Virbac	França	442
13	Ceva	França	411
14	Alpharma Animal Health	Estados Unidos	366
15	Altech	Estados Unidos	333
29	**Ouro Fino**	**Brasil**	**109**
Receita em saúde animal entre US$ 10 milhões e US$ 100 milhões			
48	Vallée	Brasil	53
71	Biovet	Brasil	21
71	Fatec	Brasil	21

*Valores de 1 a 6 estão expressos em US$ bilhões. Demais, *ranking* em US$ milhões.

Fonte: Animal Pharm Reports (2008).

O processo de banimento para o uso de promotores de crescimento pela União Europeia ocorreu em consequência de estudos sobre mecanismo de resistência em humanos, no qual se previa que o uso constante desse tipo de tratamento poderia ter desencadeado resistência a diversos antimicrobianos em seres humanos. O banimento da maior parte dessa classe terapêutica deveria ter ocorrido a partir de janeiro de 2006, mas a lista foi refeita e grande parte foi postergada até 2009. Isso estimulou os criadores de aves, a indústria farmacêutica veterinária e os cientistas das universidades e dos centros tecnológicos a pesquisarem tratamentos alternativos em substituição aos procedimentos terapêuticos comumente utilizados no manejo de aves (Roppa, 2005). O controle de certas pragas que são responsáveis por prejuízos na avicultura pode ser realizado com inseticidas da linha de bovinos, desde que testados quanto a segurança e aprovados pelos órgãos regulatórios responsáveis.

10.2 Empresa Ouro Fino Agronegócios

A Ouro Fino Agronegócios, empresa 100% brasileira com sede em São Paulo, fundou sua primeira unidade industrial em 1987, com o nome de Produtos Veterinários Ouro Fino Ltda. Possui, hoje, uma das maiores e mais modernas fábricas da América Latina, com área total de 125 mil m^2, localizada em Cravinhos, São Paulo.

As atividades iniciais eram de industrialização e comercialização de produtos farmacêuticos para saúde animal, com instalações administrativas e produtivas em Ribeirão Preto (SP). Atualmente, a empresa possui uma unidade industrial em Cravinhos, que produz medicamentos e vacinas para sanidade animal e outra unidade para produção de sementes forrageiras certificadas. Uma nova unidade industrial encontra-se em construção na cidade de Uberaba (MG), para industrialização de produtos para sanidade vegetal. A empresa possui, ainda, uma filial no México, para distribuição e comercialização de produtos veterinários.

Essa pretende ser a mais completa empresa brasileira de insumos para o agronegócio, contribuindo para a qualidade de vida da humanidade. Sua missão é descobrir continuamente na fonte e, por meio da inovação, oferecer ao mercado as melhores soluções em qualidade e valor.

O principal foco da empresa é o mercado nacional. No ano de 2009, a empresa alcançou a 7ª posição no *ranking* das empresas do segmento, de acordo com dados do Sindan (2010). O faturamento em 2005 foi de R$ 110 milhões e, em 2009, de R$ 221 milhões. Um crescimento de 100%. Do total da receita, 9% vêm de exportações, cujos principais mercados são a América Latina e a África, atendendo a mais de 30 países desses continentes. Existe um grande trabalho sendo realizado na empresa toda, para que os produtos possam ser comercializados em países da União Europeia e nos Estados Unidos.

A empresa contabiliza 548 colaboradores internos e 150 externos, e comercializa produtos destinados a vários tipos de animais: bovinos, suínos, aves, equinos, caprinos, ovinos, animais de companhia (*pets*) e camelídeos. Comercializa 157 produtos em 277 apresentações diferentes (pomadas, aerossóis, suspensões, sólidos etc.) em todo o território nacional, para seus 12 mil clientes.

Em 2004 surgiu a Ouro Fino Agronegócios, estruturada em várias unidades de negócios. A unidade Ouro Fino Saúde Animal, que nasceu em 1987, é responsável pela fabricação e comercialização de produtos para bovinos, equinos, ovinos, caprinos, aves e suínos, entre eles a linha de hormônios para reprodução animal; a unidade Ouro Fino Bem Estar Animal (Linha Pet), que nasceu em 2000, deve atender as necessidades do mercado de pequenos animais, ou seja, animais de companhia; a unidade Ouro Fino Agrosciences, que nasceu em 2003, desenvolve e comercializa sementes de forrageiras para pastagens e sementes de milho híbrido; a outra unidade, Genética Animal, que nasceu em 2005, atua no mercado de seleção e melhoramento do gado Nelore de alta genética e cavalos da raça crioula. As novas unidades são a Ouro Fino Biológicos, que produzirá vacinas, e a Ouro Fino Química, que produzirá defensivos agrícolas para sanidade vegetal a partir de 2010.

A unidade Ouro Fino Saúde Animal é responsável pela maior parte do faturamento (Quadro 10.1) e ocupa a 7ª posição no *ranking* brasileiro das empresas do segmento. Essa unidade de negócios atende o segmento do mercado veterinário conhecido como grandes animais (bovinos, equinos, ovinos, caprinos, aves e suínos). A linha de grandes animais contém 73 produtos em 116 diferentes apresentações. Sua linha de produtos atende a diferentes classes terapêuticas.

Quadro 10.1 Principais produtos em termos de faturamento (2006-2008)

Produto	Indicação
Master LP® (2006)*	Bovinos. Endectocida (tecnologia de liberação programada), nematódeos, bernecida, sarnecida, piolhecida e carrapaticida
Colosso Pour On® (2003)*	Combate ectoparasitas que acometem bovinos (carrapatos, berne, moscas, piolhos, sarnas) e suínos (sarna, moscas)
Mastifin® (1998)*	Indicado no tratamento das mastites agudas ou crônicas dos bovinos, causadas por agentes Gram-positivos e Gram-negativos sensíveis à gentamicina
Colosso Pulverização® (2003)*	Combate ectoparasitas que acometem bovinos (carrapatos, berne, moscas, piolhos, sarnas), suínos (sarna, moscas) e aviários (cascudinho e piolhos)
Ractosuin® (2006)*	Indicado para uso exclusivo em suínos em fase de terminação, para o aumento da massa muscular e para a redução da deposição de gordura na carne

* Ano de licenciamento do produto farmacêutico veterinário.
Fonte: Departamento de PDI da empresa Ouro Fino Agronegócios.

10.3 Inovação Tecnológica

A Ouro Fino Agronegócios investe 5% do total de seu faturamento em pesquisa, desenvolvimento e inovação. Conta com uma estrutura multidisciplinar de profissionais e possui convênios e parcerias com renomadas empresas de tecnologia farmacêutica e veterinária, institutos de pesquisa, e universidades como a Universidade de São Paulo (USP), Universidade Federal de Minas Gerais (UFMG), Universidade Estadual Paulista (Unesp), Universidade Estadual de Campinas (Unicamp), Universidade de Brasília (UnB), Universidade Católica de Brasília (UCB), Universidade Federal de Viçosa (UFV), Universidade Federal de Uberlândia (UFU), Universidade de Ribeirão Preto (Unaerp), Universidade de Uberaba (Uniube), Instituto de Pesquisas Tecnológicas (IPT), Empresa Brasileira de Pesquisa Agropecuária (Embrapa) e Instituto Butantã.

Recebe o fomento de algumas importantes instituições como o Conselho Nacional de Desenvolvimento Científico e Tecnológico (CNPq) e da Fundação de Amparo à Pesquisa do Estado de São Paulo (Fapesp). Tais parcerias de cooperação tecnológica renderam o desenvolvimento, lançamento e, atualmente, a fabricação de novos produtos. Conta também com o apoio da Financiadora de Estudos e Projetos (Finep). Esse investimento e essa estrutura de pesquisa permitem à empresa obter novas moléculas, tecnologias e produtos diferenciados no mercado veterinário. Entre os anos de 2001 e 2004, a empresa desenvolveu em média 15 novos produtos e gerou 15 patentes. Esse resultado possibilitou à empresa ganhar o Prêmio Finep de Inovação Tecnológica em 2005. Em 2007, a BNDS Participações S.A. – BNDS Par, subsidiária do Banco Nacional de Desenvolvimento Econômico e Social (BNDES) –, adquiriu 20% de participação societária da empresa.

Em 2009, a Ouro Fino Agronegócio recebeu o Selo Anpei de Empresa Inovadora, concedido pela Associação Nacional de Pesquisa, Desenvolvimento e Engenharia das Empresas Inovadoras (Anpei) a companhias que investem em pesquisas para o desenvolvimento de produtos inovadores. O selo foi criado para reconhecer as empresas que valorizam e se importam com a inovação tecnológica no Brasil.

A empresa possui laboratórios próprios para pesquisa e desenvolvimento (P&D) desde 1997 e, desde 2003, com uma visão mais ampla de futuro, passou a investir em parcerias e realizar prospecção tecnológica. A partir daquele momento, o P&D se tornou PD&I – Pesquisa, Desenvolvimento e Inovação –, com busca constante por inovações e tecnologia. O PD&I conta com uma equipe multidisciplinar de 45 profissionais, incluindo 5 doutores, 6 mestres, 24 graduados e 10 especialistas. Possui laboratórios próprios de tecnologia químico-farmacêutica, desenvolvimento analítico, microbiologia e biotecnologia. O departamento é responsável pelo desenvolvimento, testes e ensaios necessários para registro e lançamento de novos produtos. Entre os principais projetos encontra-se a vacina para a febre aftosa, artigo com uma demanda cada vez maior em razão das crescentes exportações brasileiras de carnes bovina e suína (Brandão et al., 2006). Outros projetos de importância relevante são carrapaticidas para uso em bovinos, antimicrobianos que não deixam resíduos para várias espécies animais, anti-inflamatórios para equinos de alta *performance*, endectocidas e anti-helmínticos para grandes animais e antimastíticos para gado leiteiro.

Além de desenvolver projetos internos, a empresa mantém um setor de prospecção tecnológica para monitorar os trabalhos em desenvolvimento nas instituições de pesquisa que possam ter aplicação prática. Um exemplo é a parceria firmada com a Universidade de Franca, na qual pesquisadores trabalhavam, há sete anos, em um projeto relacionado às propriedades medicinais de derivados da cubebina, uma substância extraída da semente seca de uma pimenta asiática. Os ensaios realizados com animais mostraram a eficácia da substância como anti-inflamatório e antimicrobiano. O acordo firmado prevê a realização de novos testes, agora visando à criação de um medicamento capaz de combater a mastite – inflamação nas glândulas mamárias no gado leiteiro –, além de parasitoses em bovinos, equinos e suínos (Brandão et al., 2006). Uma parceria firmada com a UCB na área de biotecnologia, desde 2004, teve como objetivo a obtenção de novos antibióticos com aplicação veterinária, elaborados por meio de pesquisas com DNA de micro-organismos coletados em amostra de solo. A técnica utilizada é de metagenoma, ou seja, sequenciamento, purificação e isolamento direto de DNA de micro-organismos. Existem também projetos em parceria com a Unaerp nas áreas de fitoterápicos e biotecnologia desde 2005. Esta estrutura interna de PD&I, somada às parcerias externas resultaram no lançamento de 41 produtos e geraram nove patentes, entre 2006 e 2009.

10.4 Desenvolvimento de Produtos Farmacêuticos Veterinários

A industrialização de produtos veterinários está sujeita ao cumprimento de uma série de normas internacionais de certificação que procuram garantir a qualidade de seus processos – Good Manufacturing Practices (GMP), Food and Drug Administration (FDA), International Organization for Standardization (ISO) e European Union Drug Regulatory Authorities (Eudra). A Ouro Fino Agronegócios cumpre as normas regulatórias internacionais e também as normas brasileiras do Ministério da Agricultura, Pecuária e Abastecimento (Mapa). O desenvolvimento de produtos obedece a critérios rigorosos de forma a adequar-se às principais normas mundiais.

Atualmente, o custo da pesquisa básica é muito elevado e a descoberta de novas moléculas é algo difícil; portanto, a pesquisa e o desenvolvimento de novos produtos baseiam-se, principalmente, em inovação incremental pelo uso de associações de ingredientes ativos para aumento da eficácia, ou ainda para desenvolver novas formas ou vias de aplicação. Todo esse aparato tecnológico visa facilitar a dosagem do produto, incrementar os efeitos benéficos, minimizar efeitos colaterais e otimizar a relação custo/benefício para os produtores de proteína animal.

Nos últimos 5 anos, foram mantidos, em média, cerca de 80 projetos de pesquisa e desenvolvimento de produtos. Destes, 50% são produtos com inovações incrementais, 10% são radicais e 20%, produtos com nível de inovação intermediário. O desenvolvimento de um produto dotado de inovação radical na empresa leva em média 2 a 5 anos para ser introduzido no mercado, e produtos baseados em inovações incrementais passam seis meses em testes e 18 meses em vias regulatórias de aprovação resultando em dois anos desde seu desenvolvimento até seu lançamento.

O processo de desenvolvimento de produtos farmacêuticos veterinário na Ouro Fino Agronegócios possui cinco fases principais:

1. Fase de levantamento da demanda/oportunidades do projeto;
2. Fase de análise de viabilidade comercial;
3. Fase de análise de viabilidade técnica;
4. Testes oficiais;
5. Fase legal.

A título de ilustração será apresentado o processo de desenvolvimento de um produto farmacêutico veterinário, desenvolvido pela Ouro Fino Agronegócios, indicado para o combate de ectoparasitas que acometem principalmente bovinos. Sucintamente, será apresentada uma descrição desse tipo de produto, antes do processo de desenvolvimento do produto propriamente dito.

10.5 Característica de um Produto para o Combate de Ectoparasitas

As ectoparasitoses são causadas pela infestação dos animais por parasitas externos, principalmente carrapatos, bernes, moscas, piolhos, pulgas e sarnas. O prejuízo mundial decorrente do parasitismo por carrapatos foi estimado em US$ 7,5 bilhões/ano. Os principais fatores que favorecem a ocorrência dos ectoparasitas em bovinos são: tipos de vegetação nas pastagens, condições climáticas, geografia da propriedade, natureza dos antiparasitários utilizados, modos e frequência de aplicação, e raça dos animais (bovinos). A umidade elevada e o calor favorecem o ciclo evolutivo dos carrapatos, que é de 21 dias. Estudos realizados em vários países (Estados Unidos, Argentina e Brasil) confirmam que a infestação por carrapatos não controlada acarreta perdas na produção do gado de corte e leiteiro. Eliminar os ectoparasitos possibilita: melhor *performance* no ganho de peso, maiores níveis de fertilidade, maior produção de leite, melhor qualidade do couro, racionalização do uso dos antiparasitários, redução dos gastos com os produtos, maior segurança da mão de obra e resistência do rebanho.

As possibilidades ou tratamentos para o rebanho bovino para controle do carrapato são: banho de imersão, pulverização, sistema tópico *pour on* e uso de endectocidas injetáveis.

10.6 Produto Desenvolvido: Colosso®

Os produtos para saúde animal apresentam um ciclo de vida com duração média de 8 a 12 anos. Após esse período, os produtos, já em fase de declínio, são substituídos por novos para que os níveis de eficácia voltem a patamares elevados, debelando os parasitas ou as enfermidades causadas.

Em 1998, o Cypermil Pour On® estava no topo do seu ciclo de vida e era o principal produto de vendas da Ouro Fino Agronegócio (Unidade Ouro Fino Saúde Animal). Esse produto era indicado para uso dorsal sobre a pele do animal no combate de ectoparasitas, assim como repelente de insetos que parasitam bovinos e suínos. O Cypermil Pour On® não era um produto inovador, mas sim um produto similar a outro presente no mercado. Atendia o segmento de grandes animais e era utilizado por pequenos e grandes pecuaristas. O preço do produto era menor que o produto referência, porém, em alguns casos, maior que o de outros concorrentes.

Ao verificar a demanda e o atual ciclo de vida do Cypermil Pour On®, a empresa começou a pensar em um produto substituto. Seria um produto com um ativo diferente dos existentes no mercado e também de uso da empresa ou com uma nova formulação?

A ideia de um produto novo com ativo diferente foi descartada logo no início, pois, na época, a empresa não dispunha de recursos suficientes para investir em síntese química e novas moléculas estavam protegidas por patentes. Muito difícil também era a possibilidade de se encontrar parceiros para o desenvolvimento ou empresas com patentes para licenciamento, ou seja, para entrega de um produto pronto. Com a montagem de um laboratório de entomologia e de uma cepoteca de carrapatos (laboratório para armazenar cepa de carrapatos coletados das diversas regiões brasileiras), foi possível desenvolver uma nova associação com perfil de eficácia adequado à expectativa de mercado. A opção foi desenvolver uma nova formulação com moléculas associadas. O novo produto a ser desenvolvido deveria atender ao critério de usar associações de ativos existentes de alta segurança (baixa toxicidade), facilitando a aplicação do produto e otimizando a relação custo/benefício.

Como seria esta nova formulação? Quais os principais requisitos que deveria atender?

Com informações adquiridas, principalmente da equipe técnica de pesquisa de campo junto às cooperativas agropecuárias, com os balconistas de estabelecimentos que vendem produtos agropecuários, com os usuários diretos no manejo dos animais (capatazes e peões), com os veterinários e os proprietários dos animais, a equipe de desenvolvimento de produtos determinou que o novo produto deveria atender às seguintes especificações do mercado:

- Ser eficaz ao eliminar carrapatos, bernes, moscas, piolhos e sarnas.
- Ser seguro e ter baixa toxicidade.
- Ser capaz de acabar com a resistência dos parasitas externos.
- Ser rentável, permitindo empregar menor quantidade do produto em maior número de animais.
- Ser versátil, podendo ser utilizado em pulverização e em banhos de imersão.
- Ser de fácil aplicação.
- Ser de fácil manuseio.
- Ser indicado para uso em bovinos e suínos.
- Ter efeito repelente de insetos.

- Não ser metabolizado pelo animal.

Assim, após uma análise quanto à viabilidade comercial e financeira realizada por uma equipe multidisciplinar com componentes da diretoria, do departamento comercial, do departamento de pesquisa e desenvolvimento e da equipe técnica de pesquisa de campo, o projeto do novo produto foi aprovado e encaminhado para a etapa seguinte de viabilidade técnica.

Nessa fase foram analisadas várias associações de princípios ativos por meio de *screening in vitro*, ou seja, testes com cepas de campo. As melhores associações foram detectadas e um novo *screening* desta vez, *in vivo*, foi conduzido. As associações de princípios ativos com diferentes mecanismos de ação resultaram no desenvolvimento de formulações que foram testadas em diversas espécies e cepas de carrapatos para identificar qual seria a formulação mais eficaz para inibir o ciclo de reprodução do carrapato e quais seriam as doses ideais.

Após essa escolha, foi iniciado um pré-teste para a análise de estabilidade, assim como os pré-clínicos com algumas fórmulas predefinidas. Foram feitos vários lotes experimentais em diversas concentrações e os testes em campo iniciaram-se em 2000.

A fase de testes oficiais compreende os testes iniciados no produto após os lotes piloto ou experimentais e os testes clínicos realizados para comprovar a eficácia e segurança do produto. Os testes clínicos foram feitos por uma equipe de veterinários que usaram protocolos oficiais para a execução dos testes, bem como por universidades para os relatórios oficiais. A maior parte dos testes clínicos foi realizada em Mato Grosso, Minas Gerais, São Paulo e Santa Catarina, em fazendas comerciais de bovinos que apresentavam altos fatores de resistência a carrapatos em razão do uso de outros ectoparasitários. Os resultados dos testes mostraram que o novo produto atendia às exigências dos órgãos de regulamentação e do interesse público sobre a segurança alimentar (baixos índices de toxicidade, obtidos com a associação de ativos de alta segurança e pelo fato de os ativos não serem metabolizado pelo animal). Com os resultados dos testes e de todos os ensaios e estudos realizados nos lotes piloto, foi elaborado um dossiê, que foi enviado para o Ministério da Agricultura para avaliação legal e emissão de licença.

O novo produto seria um carrapaticida, bernicida, mosquicida, piolhicida, sarnicida e repelente para aplicação em bovinos e suínos. O produto poderia ser usado para os tratamentos por meio de pulverização e banho de imersão. De maneira geral, os tratamentos de pulverização e banhos de imersão devem ser aplicados na época de maior ocorrência do carrapato, ou seja, antes das chuvas, como profilaxia, e durante as chuvas, como tratamento. Na preparação (diluição) e aplicação do produto, é imprescindível o manejo adequado pelo usuário (capataz e peões) para se evitar a contaminação das mãos e demais partes expostas do corpo, do solo, dos rios e cursos de água, dos peixes, das abelhas e dos pássaros. Esse tipo de tratamento deve ser repetido várias vezes, podendo chegar a mais de doze vezes durante o ano, o que pode aumentar o estresse para os animais e, consequentemente, acarreta a perda de peso. Esse tipo de tratamento é muito empregado nos estados da região sul do Brasil.

Em 2002, foi registrado o produto denominado Colosso® Pulverização, que é uma inovação incremental, pois se destina à aplicação nos animais de grande porte. O produto agregou alguns diferenciais em relação ao Cypermil®, tais como tratamento mais efetivo de bernes e melhoria no processo de repelência de moscas do chifre. Com estes diferenciais, o produto foi lançado com maior valor agregado, atendendo o mesmo segmento do Cypermil® (grandes e pequenos proprietários). Em relação aos concorrentes, na época do seu lançamento, este era mais dispendioso. Hoje, existem produtos até mais caros e também outros mais baratos, além de cópias do Colosso®.

Na época do lançamento do produto, as pesquisas realizadas pela equipe técnica de campo revelaram que os usuários (proprietários) estavam satisfeitos com os resultados alcançados referentes ao aumento da produtividade e da fertilidade, ganho de peso e baixos níveis de toxicidade. Outra satisfação destacada pelos usuários (veterinários) era que a aplicação do produto era menor, somente oito vezes ao ano, reduzindo o estresse do animal. A equipe técnica de campo percebeu, ao trocar informações sobre a aplicação dos medicamentos veterinários com os usuários (capatazes e peões), que tinham a necessidade de utilizar o produto com o animal em campo, em qualquer lugar em que estivesse pastando. Tais usuários, ao transmitirem suas experiências diárias com o manejo dos animais e com os produtos farmacêuticos, mencionaram algumas ideias sobre a forma de apresentação que os produtos para tratamento de carrapatos deveriam ter. Para eles, as embalagens deveriam ser mais leves e menores do que as que estavam acostumados a usar. Os frascos plásticos para aplicação dorsal em animais possuíam características indesejáveis, como vazamento do produto; o produto escorria na mão do aplicador, podendo levar a intoxicações; dificuldade de adaptação na mão do operador, exigindo muita força; dificuldade de dosagem no copo dosador etc. Do ponto de vista dos usuários, algumas mudanças facilitariam a utilização e aplicação do produto no campo, afinal, as idas e vindas dos animais os deixavam debilitados, exaustos, estressados, contribuindo para a redução do peso.

Com estas novas informações, a equipe de desenvolvimento de produto identificou que o produto Colosso® poderia ter outra forma de apresentação para o tratamento dos ectoparasitários. Ele deveria compreender outras características além daquelas que o Colosso® Pulverização apresentava, como: ser mais seguro, diminuindo ainda mais a toxicidade; ser de fácil aplicação; eliminar a necessidade de ser diluído; ser prático e fácil de manusear; e possibilitar o tratamento sem estressar o animal. A nova forma de apresentação escolhida foi a *pour on*, que são formulações líquidas prontas, em geral na forma de solução, aplicadas no dorso do animal. Para ser efetivo, deve ter boa espalhabilidade e aderência na pele, sem, contudo, permitir absorção sistêmica. Ao mesmo tempo, a formulação deve aderir ao pelo para evitar a remoção do fármaco em condições ambientais adversas tais como chuva. Um dos pontos fortes é a facilidade de aplicação, podendo ser utilizada em qualquer lugar onde esteja o animal. Novamente, a empresa analisou o produto quanto à viabilidade técnica e os testes oficiais foram realizados. Em 2003, a empresa registrou o Colosso® na apresentação *pour on*.

Seu grande diferencial ao ser introduzido no mercado, além da própria formulação, estava na embalagem. A formulação desenvolvida compreendia, na associação de outra classe terapêutica, a classe de ativos do Cypermil® (piretroides). Essa formulação teve por premissa atingir os carrapatos resistentes presentes no campo, aumentar o poder de repelência e bernicida. Nessa época, a classe de ativos do Cypermil® (piretroides) sozinha já não possuía mais eficácia para muitas espécies de carrapato.

A Ouro Fino Agronegócios desenvolveu uma embalagem que permitia aos usuários (capatazes e peões) realizarem o tratamento em qualquer lugar em que o animal estivesse (Figura 10.4). A embalagem desenvolvida (patenteada) era um frasco plástico anatômico, translúcido e graduado, na apresentação de 1L (Figura 10.5). Estas características da apresentação do produto facilitam o manuseio e a aplicação do mesmo no dorso do animal.

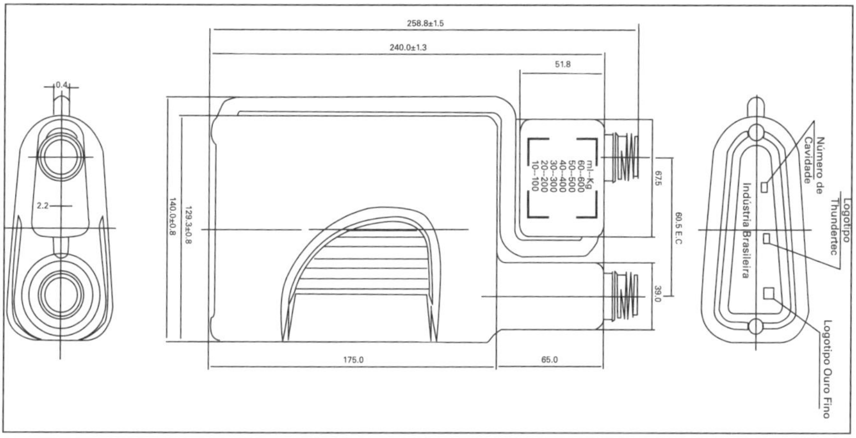

FIGURA 10.4 Desenho detalhado do frasco do Colosso® *Pour On*.
Fonte: Departamento de PDI da empresa Ouro Fino Agronegócios.

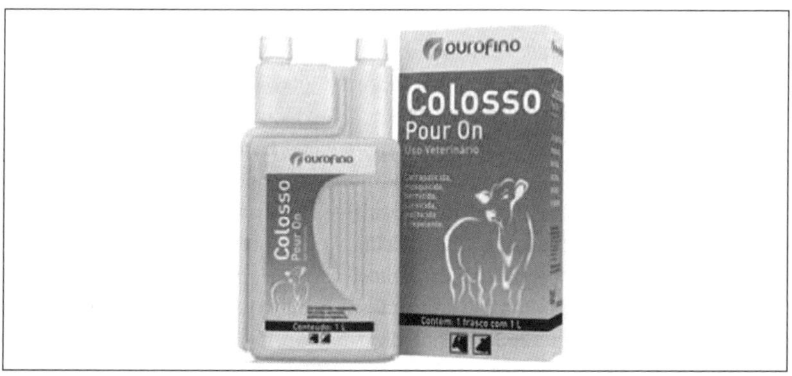

FIGURA 10.5 Foto da embalagem Colosso® *Pour On*.
Fonte: Departamento de PDI da empresa Ouro Fino Agronegócios.

Os usuários que utilizam principalmente cavalo para manejar o animal (bovino) no campo podem transportar vários frascos ao mesmo tempo. Assim, o número de animais tratados e sem estresse é maior em um menor período de tempo.

Apesar do sucesso do produto Colosso® *Pour On* e de ser um dos principais produtos em termos de faturamento, a Ouro Fino Agronegócios está em fase de pesquisa intensa para substituí-lo futuramente. Dois projetos de desenvolvimento de novos produtos estão correndo paralelamente. Um para uma inovação incremental e outro radical. Para a empresa, o principal desafio no novo produto está em contemplar eficácia, custo e benefícios. Atualmente, além do desenvolvimento de novos produtos, a empresa está desenvolvendo um novo projeto de frasco com lançamento para o próximo ano. Inovação em ritmo acelerado sempre.

Questões para Discussão

1. O produto Colosso® contempla as características de um produto que foi desenvolvido num contexto de inovação disruptiva? Por quê?
2. O produto Colosso® é uma inovação de valor? Explique.
3. Qual é o modelo de negócio relacionado ao desenvolvimento do Colosso®? Explique.

Referências

ANIMAL PHARM REPORTS 2006a. *Animal pharm's top 20: 2006 edition*. Disponível em: http://www.animalpharmnews.com/magnoliaPublic/ap/reports/2006/chapter1/animal-pharm-top-20.html. Acesso em: 11/6/2008.

______. 2006b. *World animal health markets*. Disponível em: http://www.animalpharmnews.com/magnoliaPublic/ap/reports/2006/chapter1/world-animal-health-markets.html. Acesso em: 28/4/2008.

______. 2007a. *Animal health and safe food production: market evaluation and future trends*. Disponível em: http://www.animalpharmnews.com/magnoliaPublic/ap/reports/2007/chapter1/SR261-animal-health-safe-food-production-market-evaluation-future-trends. Acesso em: 11/6/2008.

ANIMAL PHARM REPORTS 2007b. *Animal pharm's top tier companies: 2007 edition*. Disponível em: http://www.animalpharmnews.com/magnoliaPublic/ap/reports/2007/chapter1/SR263-animal-pharms-top-tier-companies-2007-edition. Acesso em: 10/6/2008.

______. 2007c. *The OTC animal health global market opportunity*. Disponível em: http://www.animalpharmnews.com/magnoliaPublic/ap/reports/2007/chapter1/SR255-otc-animal-health-global-market-opportunity. Acesso em: 11/6/2008.

______. 2008. *Animal pharm directory 2008*. Disponível em: http://publishing.yudu.com/A6ott/APDir08. Acesso em: 4/3/2008.

BRANDÃO, V. et al. *Brasil inovador: o desafio empreendedor: 40 histórias de sucesso de empresas que investem em inovação*. Brasília: IEL/NC, 2006, p.164.

CAPANEMA, L.X.L. et al. Panorama da indústria farmacêutica veterinária. *BNDES Setorial*, Rio de Janeiro, n.25, mar. 2007, p.157-74.

PROTEC. *Merck e Sanofi criam nova líder de saúde animal*. Disponível em: http://www.protec.org.br/notícias_inovacao_tecnologia_farmacos_medicamentos. Acesso em: 29/3/2010.

ROPPA, F. Promotores naturais de crescimento. *Ave World*, p. 3-7, São Paulo, mai. 2005, p.3-7.

[SINDAN] SINDICATO NACIONAL DA INDÚSTRIA DE PRODUTOS PARA SAÚDE AMBIENTAL. Consulta a home page. Disponível em: http://www.sindan.org.br/sd/sindan/index.html. Acesso em: 23/3/2010.

Capítulo 11

Helleva®: Uma Disrupção Nacional Desenvolvida por meio da Orquestração

Sérgio Takahashi
Vania Passarini Takahashi

11.1 Introdução

Dez anos atrás, uma indústria farmacêutica multinacional, a Pfizer, começava a vender o primeiro medicamento contra impotência sexual, o Viagra®, descoberto por pesquisadores ingleses e, inicialmente, imaginado como alternativa para tratar doenças do coração. Tratava-se de uma inovação radical/sustentadora no setor. As pílulas azuis chegavam com a iminência de lucros rápidos e um mecanismo de ação já esclarecido, que permitiu a duas outras representantes da *big pharma*, a Bayer e a Lilly Icós, lançarem, nos anos seguintes, moléculas similares com o mesmo efeito.

No ano de 2008, uma empresa nacional, o laboratório paulista Cristália, lançou um produto similar, reproduzindo em outra molécula o mesmo mecanismo de ação do Viagra®.

O desenvolvimento desse fármaco é o primeiro a percorrer no Brasil o trajeto completo de desenvolvimento de novos medicamentos: a concepção, os testes em modelos animais e em seres humanos e a aprovação nos órgãos regulatórios.

As moléculas desse tipo, chamadas de *me-toos*, por conterem inovações menores ou incrementais, nascidas a partir de um medicamento com inovações radicais, sugerem que seguir caminhos já abertos pode ser uma forma de ganhar fôlego e experiência e levar a projetos mais longos, caros e realmente originais. Podem, ainda, representar uma nova estratégia de ação para a indústria farmacêutica nacional, que sobreviveu da cópia livre de medicamentos até 1997, quando a lei de patentes começou a vigorar também para fármacos e, desde 1999, vem enfatizando a produção de genéricos.

Os *me-toos* representam um caminho rápido e de custos relativamente baixos. A cópia criativa do Viagra®, que ganhou o nome comercial de Helleva®, consumiu sete anos de trabalho e um investimento em reais não divulgado. Mas certamente menos que os 15 a 20 anos e os US$ 800 milhões que as empresas farmacêuticas consideram como o mínimo atualmente necessário para descobrir, testar e aprovar um novo remédio.

Fazer moléculas não exatamente iguais, mas estruturalmente muito semelhantes a outras já conhecidas, não é, porém, tão simples, principalmente para quem as faz pela primeira vez. Implica capacidade de planejamento, habilidade para encontrar brechas nas patentes das moléculas originais e muito suor para identificar e reunir pesquisadores, médicos e estatísticos aptos a fazer todos os testes que a autoridade regulatória – no Brasil, a Agência Nacional de Vigilância Sanitária (Anvisa) – exige para liberar para venda.

"Algumas indústrias e grupos de pesquisa querem fazer moléculas revolucionárias, mas não dá", diz o farmacologista Gilberto De Nucci, professor da Universidade de São Paulo (USP) e da Estadual de Campinas (Unicamp), que selecionou a molécula brasileira que mais se assemelhava ao Viagra®. "Temos de aprender a fazer *me-toos* antes de fazer compostos efetivamente novos", acredita. Essas moléculas oferecem poucos riscos de fracasso ao tomar forma a partir de mecanismo de ação já comprovado e entram em mercados já formados. "Os *me-toos* chegam com *pedigree*, porque já foram selecionados."

A expressão *me-too* ("eu também") carrega uma conotação negativa, embora as moléculas desse gênero possam também incentivar a competição e fazer os preços caírem, como se passou com o Ciallis®, da Lilly, e o Levitra®, da Bayer, que derrubaram as vendas do Viagra® à metade, depois de terem atingido US$ 1 bilhão entre 1999 e 2001.

Ogari Pacheco, presidente do conselho de administração da Cristália, discorda do conceito de *me-toos*, diz que não chamaria o Ciallis® e o Levitra® de *me-toos*, por serem moléculas originais, mas concorda que seguir a estrutura de um composto mais conhecido é "o caminho mais fácil, mais rápido e mais lógico" para a indústria farmacêutica nacional criar reservas financeiras e investir em coisas realmente novas. "É impossível para qualquer laboratório ter só produtos inovadores", afirma. Ele sabia que nem tudo seria tão fácil e rápido ao decidir, em 2001, "mimetizar o efeito da droga-mãe", como diz. Era a primeira vez na história da empresa que ajudou a criar em 1974 que ele se dispunha a seguir todas as etapas do desenvolvimento de um fármaco – concepção, testes pré-clínicos e clínicos, patenteamento e aprovação pelos órgãos regulatórios.

Pacheco e sua equipe de desenvolvimento tiveram de aprender as regras do jogo e encontrar especialistas para fazer os testes que demonstrassem que a molécula sintetizada por eles era segura e eficaz contra disfunção erétil.

"Enfrentamos muitos preconceitos", conta Jorge Afiune, diretor médico da Cristália. "Durante boa parte do desenvolvimento fomos vistos como uma versão tupiniquim de um laboratório que se pretende capaz de fazer alguma coisa nova."

Em 2001, no mesmo ano em que farmacologistas da Cristália e da USP selecionaram o carbonato de lodenafila como a molécula que mais se assemelhava ao sidenafil do Viagra®, começaram os testes em camundongos, ratos e cães, que mostraram que o novo composto apresentava uma toxicidade aceitável, além das propriedades farmacológicas desejadas. Uma das lições aprendidas dessa fase inicial: "Nem tudo precisa ser feito no Brasil", diz De Nucci, que coordenou parte desses estudos, feitos parcialmente na França.

Em outubro de 2004, começou uma etapa mais difícil, a dos testes clínicos (em seres humanos), carente de profissionais experientes. Marco Antonio Zago, professor da USP e presidente do Conselho Nacional de Desenvolvimento Científico e Tecnológico (CNPq), defendia, já em 2004, em um artigo publicado na revista *Ciência & Saúde Coletiva*, o fortalecimento da pesquisa clínica no Brasil, por meio da criação, expansão ou recuperação de centros de pesquisa médica. "Certamente as instituições médicas e universitárias precisam reavaliar suas relações com a indústria, no sentido de atender ao interesse público", comentou.

Foi De Nucci quem coordenou a primeira fase dos testes com o espelho brasileiro do Viagra® em 33 voluntários saudáveis. A etapa seguinte, que avaliou a eficácia do composto em 72 homens com disfunção erétil, ocorreu em três hospitais públicos, sendo dois deles universitários, sob a coordenação da equipe do laboratório Cristália. Para conquistar os médicos que haviam avaliado medicamentos criados em outros países e poderiam também participar desse novo teste, Afiune podia agora argumentar, não apenas pedir ou contratar os serviços, mostrando os resultados dos testes que já haviam sido feitos com a molécula que inibia a mesma enzima, a fosfodiesterase-5, sobre a qual o Viagra® atua. O equivalente nacional começava a acumular credibilidade científica. Já os testes da fase seguinte, com 350 portadores de disfunção erétil atendidos em doze centros médicos, sob a coordenação de uma empresa brasileira especializada em testes clínicos, terminaram em dezembro de 2006 com resultados positivos. Mostraram que a molécula nacional tinha os mesmos efeitos colaterais que o Viagra® e seus equivalentes, com vermelhidão na face e leve obstrução nasal.

11.2 Competências

Os testes clínicos também deixaram lições. A primeira e mais óbvia é que existem competências dispersas nos centros de pesquisa nacionais, embora seja necessário "mais rigor documental", como sugere Afiune: "Diferentemente de uma pesquisa puramente acadêmica, a pesquisa clínica de um candidato a medicamento precisa ser muito bem documentada, deve ter uma rastreabilidade absoluta". Mais uma lição? Planejar os testes em conjunto com todos os profissionais envolvidos ajuda a evitar erros. Por fim: para não colher dados a mais ou a menos e prejudicar as análises, "é muito importante ter um estatístico ao lado desde a concepção do protocolo".

Durante a etapa final, a análise e aprovação do novo medicamento na Anvisa, Pacheco conta que notou o "descompasso entre a demanda e a capacidade de resolução de problemas" ao longo de um processo que fez a empresa enviar 70 kg de documentos à agência. "É despreparo da agência regulatória em julgar esse tipo de processo, não creio que seja má-fé", observa De Nucci. "Tem pouca gente qualificada para avaliar medicamento novo no Brasil." Pacheco recebeu, em 2006, a patente do novo fármaco nos Estados Unidos; em 2007, os da Europa e continua à espera da brasileira, solicitada em 2003, como a dos Estados Unidos. O laboratório paulista pretende agora disputar a preferência do 1,7 milhão de homens que tomam medicamentos contra disfunção erétil com um medicamento nacional que deverá custar 30% menos (a versão indiana do Viagra® custa 10% a menos que a original). Não há, porém, garantia de lucros fáceis.

Em um estudo publicado em 2001 na *Research Policy*, Basil Achilladelis e Nicholas Antonakis, da Universidade de Atenas, Grécia, estudaram a origem e o resultado comercial de 1.736 novos medicamentos lançados de 1800 a 1990. Verificaram que 65% das inovações radicais são um sucesso comercial, as inovações intermediárias (*me-better*, algo como "cópia melhorada") apresentam um desempenho também intermediário e que a maioria das inovações incrementais (*me-toos*) fracassa comercialmente por não conseguir espaços próprios em mercados competitivos. As reais inovações analisadas nesse trabalho concentravam-se em cinco países (Estados Unidos, Alemanha, Suíça, Reino Unido e França), que respondem por 80% das novidades que fazem a diferença.

Outro ganho da empresa ao fazer o Helleva® é o fato de, agora, se tornar modelo para si própria. "O que aprendemos poderá ser usado em outros projetos", diz Afiune. Segundo ele, a empresa trabalha no desenvolvimento de 26 novas moléculas, das quais 14 são incrementais ou *me-better*, com melhorias em relação à original, e doze radicais, incluindo uma contra enfarte. "O pessoal de pesquisa da Cristália gosta de desafios, porque veio da universidade", afirma a farmacologista Regina Scivoletto, professora aposentada da USP e presidente do conselho científico da companhia. No início de 2010, a empresa sediada em Itapira (SP) foi uma das ganhadoras do Prêmio Finep de Inovação Tecnológica. As lições podem servir para outras empresas criarem *me-toos* e ganharem fôlego para tentar moléculas originais, afirma Henry Suzuki, diretor técnico da Incrementha, laboratório que reúne os esforços de pesquisa e desenvolvimento de duas empresas nacionais, a Biolab e a Eurofarma. "Existe agora um esforço para desenvolver um portfólio próprio, com pesquisa e desenvolvimento mais consistentes e titularidade da propriedade intelectual", diz. Poderia também ser uma estratégia para desenvolver medicamentos contra doenças negligenciadas, como malária, tuberculose, leishmaniose e hanseníase, cuja incidência ainda é elevada no Brasil. "Se houver garantia de escoamento", diz Pacheco, "posso produzir, sem problemas".

Em dados divulgados em 2009, em 2008 a Cristália faturou R$ 555 milhões, possuindo cerca de 7% no mercado de medicamentos da disfunção erétil. A líder é a empresa americana Lilly Icós, com o Cialis®, que detém 40% de participação, seguido pelo Viagra® (Pfizer), Levitra® (Bayer), Helleva® (Cristália) e Vivanza® (Bayer). Resultado altamente expressivo em um setor composto de *players* de expressão, com capacidade de investimento muito maior.

Como exemplo comparativo, a empresa reinvestiu cerca de 90% dos lucros (cerca de R$ 50 milhões), em 2008, para patrocinar pesquisas gerenciadas por um time de 105 especialistas contratados. Isso corresponde a 0,4% dos US$ 7,5 bilhões que a Pfizer, a líder mundial, investiu em pesquisa no ano passado.

"O projeto Helleva foi um divisor de águas para a Cristália", diz o fundador e presidente do conselho de administração. "Hoje sabemos que é possível inovar e disputar os grandes mercados".

Em 2009, os pedidos de patentes de medicamentos inovadores praticamente triplicaram em relação a 2008. Em 2007, o número de patentes era de dez; em 2008, ficou em nove; e, em 2009, saltou para 28.

Nos últimos dois anos, o número de pesquisadores ampliou de 80 para 105, e o número de parcerias aumentou de 14 para 23, com universidades e centros de pesquisa. Assim, o número de projetos de desenvolvimento de medicamentos aumentou de 18 para 28.

Em setembro de 2009, a Cristália inaugurou um centro de inovação, com investimento de R$ 30 milhões, que proporciona a produção de fármacos em escala para testes; até então a empresa paralisava a indústria para produzir pilotos.

A empresa criou um conselho científico composto por 12 pessoas, pesquisadores da empresa, de universidades e instituições de pesquisa. Eles se reúnem para analisar até três propostas de parcerias. Em média, 75% são descartadas no início.

Lançamentos de inovações previstas: medicamento para prevenir enfarte e medicamento para tratamento da Aids.

Questões

1. Discuta as estratégias de inovação e o modelo de negócio detalhado adotado pela Cristália para o desenvolvimento do Helleva®.
2. Discuta como essa experiência da Cristália poderia ser adaptada para outros setores de negócios no Brasil.

Referências

FIORAVANTI, C. Cópias criativas: elaborar moléculas que mimetizam outras poderia facilitar a procura por fármacos realmente originais. *Revista Pesquisa Fapesp*, São Paulo, v.152, 28 out. 2008.

FOGAÇA, G. A saga do viagra brasileiro. *Exame*, 5 dez. 2007.

Capítulo 12

Caso Element, da Honda: Uma Inovação de Mercado e o seu Desenvolvimento

Sérgio Takahashi

12.1 Introdução

A empresa Honda sempre se notabilizou pela excelência de seus produtos pelo mundo. Globalmente, 55% de suas receitas foram originadas da venda de automóveis, motocicletas e produtos de força. Em 2006, as suas vendas excederam os US$ 94 bilhões.

Apesar de inovações de ruptura fazerem parte da cultura da Honda, este exemplo apresenta o desenvolvimento de um veículo de sucesso, o Element, uma inovação de mercado.

No seu portfólio de produtos, a Honda possui vários SUV (veículos utilitários esportivos), como CR-V, Pilot SUV, a minivan Odyssey. Entretanto, o Element é uma inovação disruptiva de novo mercado, uma inovação de valor.

O Element foi desenvolvido para o segmento de mercado de homens jovens (geração Y, de 19 a 29 anos) que estão comprando o seu primeiro carro. A Honda já possuía produtos para mulheres jovens e famílias, mas nada focado para homens jovens.

12.2 Desenvolvimento da Inovação (do Conceito)

O time para o desenvolvimento de conceito do Element foi formado em 1998.

Entender os valores e crenças essenciais do novo e desconhecido segmento de homens jovens foi o grande desafio e um dos mais interessantes aspectos do projeto.

O time escolheu o método de observação direta com base na etnografia para aprender com o mercado. O local escolhido foi onde acontecem os X games, que promovem competições em esqui, snowboarding, corridas de motocicletas e outros esportes radicais. O time foi equipado com câmeras e filmadoras, e in locus observou os jogos, e o que os jovens faziam antes, durante e depois das competições.

Vários aspectos importantes foram identificados: eles demonstram coletivamente forte identificação de grupo, alto comportamento social, e apoiam as causas sociais e ambientais. Muitos jovens desse segmento também foram bem-educados, mas não direcionados a viver para trabalhar, mas sim, a trabalhar para viver.

As atitudes e o estilo do segmento estudado foram: autenticidade, credibilidade e universalidade.

Como resultado da observação deste contexto, uma visão foi desenvolvida: o verão eterno.

Dessa forma, o time chegou à conclusão que os usuários deste segmento de mercado necessitavam de um veículo altamente flexível capaz de carregar equipamentos esportivos, com móveis de dormitório; assim, os amigos poderiam ter espaço para dormirem nos finais de semana de excursões.

Os outros SUV da família Honda possuíam os seguintes posicionamentos:

- CR-V: segmento de solteiros ou pequenas famílias com estilo de vida estável.
- Pilot: segmento de famílias grandes.
- Odyssey: segmento para famílias com estilo de vida estável.

Nesse contexto, um posicionamento claro e distinto foi desenvolvido para o Element, que está relacionado a uma lacuna no mercado: os solteiros com estilo de vida extremo e não convencional.

O time concebeu quatro temas-chave para o projeto:

- Adaptabilidade e modularidade;
- Credibilidade e autenticidade;
- Pragmático e orientado à função;
- Atitude e expressão.

Foram acrescentados outros três temas que são comuns aos produtos da Honda: desempenho no dirigir, segurança e valor.

Assim, sete temas são o foco para os engenheiros e designers desenvolverem uma solução específica.

Novos conceitos foram criados para cada tema e depois traduzidos em subsistemas chaves. Alguns subsistemas já são existentes no arsenal de tecnologias da Honda. Por exemplo: o motor já está sob desenvolvimento da área de P&D de motores.

Outras soluções técnicas poderiam ser adaptadas de outros produtos.

Muitas versões do veículo foram criadas, primeiro como esboço, e depois como protótipo físico com um arrojado conceito inovador de estilo exterior e cores. O arrojo não é muito utilizado na indústria de automóveis, pois o alto custo de desenvolvimento de um novo veículo induz a tomadas de decisões seguras.

Paralelamente, engenheiros da equipe de desenvolvimento de conceito alinhavaram outros temas chaves de design. Por exemplo, a adaptabilidade e a modularidade foram traduzidas no desenvolvimento de assentos dobráveis flexíveis. Isto possibilita uma capacidade substancial e espaço para dormir. Assim, várias inovações em subsistemas foram incorporadas ao veículo.

No final dessa etapa, o time de desenvolvimento estava satisfeito com o resultado. Mas os consumidores-alvo estariam? Assim, para responder a essa questão, os membros do time de desenvolvimento realizaram um teste apresentando os desenhos para estudantes de faculdades em diferentes partes do Estados Unidos, nas universidades de Washington, Southern California, Syracuse, Texas e Colorado. Os lugares mais visitados foram as moradias estudantis e os lugares de encontro. Os engenheiros e profissionais de marketing apresentavam os desenhos, recebiam o retorno e faziam rápidos melhoramentos. Esse método consiste no desenvolvimento centrado no usuário (seção).

Em paralelo, o caso de negócio estava sendo formulado com as seguintes justificativas:

- A geração Y representa a segunda maior população em expansão nos Estados Unidos. O número de indivíduos entre 15 e 25 anos cresceu cerca de 719% de 1995 a 2002. Já para 2010, a estimativa era que mais de 70 milhões dos indivíduos da geração Y dirigiram veículo naquele país.
- A geração Y representa mais da metade de todas as primeiras compras de carro (52%).
- Metade dos indivíduos da geração Y são homens.
- Outros veículos SUV aparecem diretamente na faixa de US$ 20 mil.

Os argumentos justificando a inovação de mercado no segmento da geração Y masculina eram muito fortes, mas, com certeza, informações demográficas não eram suficientes para fazer um caso de negócio. Assim, foi desenvolvido um plano de negócios com previsões de receitas, custos de manufatura e necessidades de investimentos. Os orçamentos para o desenvolvimento da inovação foram elaborados com analogias de experiências passadas, utilizando-se projetos como benchmark e tendo a certeza de que os orçamentos têm peso para acomodar problemas não antecipados.

Com relação à previsão de vendas, a Honda tinha a experiência com as outras SUV e caminhonetes. A analogia mais adequada foi a CR-V que a Honda produziu a uma taxa de 100 mil a cada ano no mercado americano. Entretanto, esse veículo tem como alvo uma população maior, assim, o Element teria que ter uma taxa de vendas menor, pois tratava-se de uma inovação de mercado. Desta forma, para o primeiro ano foi feita uma previsão de 50 mil unidades.

Depois da elaboração do plano de negócios, o time de desenvolvimento sabia que necessitava do apoio da alta gerência para a aprovação do plano. Mas será que entenderiam os valores e comportamentos de um segmento de mercado que estava muito distante do dia a dia desses executivos? E não existia nenhum estudo prévio, pois tratava-se de uma inovação de mercado. Assim, os executivos foram convidados a uma excursão de acampamento na praia de surfe San Onofre, na Califórnia, junto com os garotos da geração Y. Lá conversaram sobre suas paixões a respeito do desempenho ao dirigir, o estilo de vida único desse público e sobre o que essas duas questões significavam para o Element e para o negócio Honda. A importância de ter tomadores de decisões com valores do tipo viver a vida em um novo mercado-alvo não pode ser subvalorizada.

O projeto foi aprovado pelas lideranças corporativas. Decisões-chave em recursos humanos foram tomadas, capital de investimento foi alocado, um espaço selecionado, e o lançamento foi marcado para dezembro de 2003.

12.3 Desenvolvimento do Projeto

A arquitetura de um produto define os subsistemas necessários e como se conectam e operam juntos.

Uma das razões do sucesso da Honda está na sua habilidade em alavancar subsistemas comuns por meio de diferentes linhas de produtos e fazer isso de forma que se criem estilos diferenciados com aspectos que sensibilizem diferentes usuários.

O equilíbrio no uso de subsistemas comuns é muito importante. Quando os subsistemas não são comuns nos produtos de linha, o lucro evapora. Quando todos eles são comuns, os veículos ficam parecidos e o interesse do consumidor desaparece.

Outra questão importante na definição da arquitetura é a excelência do subsistema no design e no desempenho: devem ser classe mundial.

Assim, a combinação entre equilíbrio e o uso de subsistemas existentes e novos, e a excelência destes é que produz uma combinação vencedora que agrada a ambos (partes envolvidas e consumidores).

No caso da Honda, o time de desenvolvimento trabalhou em quatro subsistemas chaves: o exterior, o interior, a suspensão e o conjunto de força.

12.4 O Exterior

É o maior subsistema, composto por chassi, carroceria (lataria), para-choques, para-brisa, teto solar e tampa de porta-malas.

Muitos desses subsistemas foram desenhados exclusivamente para as necessidades da geração Y masculina.

As portas laterais, que abrem para as laterais externas do veículo (imitando o abrir de asas), não possuem batente, facilitando o uso de entrada e saída para cargas.

O sistema "concha" da tampa do porta-malas proporciona uma grande abertura.

O teto solar fica localizado mais para a parte traseira e pode ser removido para que o usuário possa carregar uma estante de livros verticalmente de um lugar para o outro.

12.5 O Interior

Embora os assentos comuns do SUV se estendam ou possam ser rebaixados para o assoalho, os assentos do Element podem ser dobrados contra as laterais internas, aumentando o espaço, ou removidos por completo. Ambas as opções propiciam uma área ampla para se guardar bicicletas, móveis e outros objetos grandes.

O próprio assoalho é de material recoberto de uretano com canais de drenagem. Tal modelo permite que os usuários varram areia de praia ou limpem lama usando uma escova ou esponja umedecida.

Peças eletrônicas críticas estão localizadas acima do assoalho e aquelas que ficam abaixo do mesmo são protegidas por envoltórios à prova d'água. O material de que são feitos os assentos também é à prova d'água.

12.6 A Suspensão

A suspensão deve ser altamente manobrável, estável e de divertido passeio, assim, deve ser traduzida em maior firmeza e esportividade do que a suspensão do atual CR-V.

Dessa forma, o Element utilizou o mesmo chassis básico do CR-V, mas 0,44 metros maior e a 0,25 metros do chão. O sistema de direção também foi o mesmo do CR-V, Pilot e MDX. Os pneus são de 16 polegadas.

12.7 Conjunto de Força

Na Honda, os engenheiros dizem que "constroem carros para dirigir os motores". A empresa é uma das líderes, senão a líder, em motores no planeta.

Todo e qualquer novo motor da Honda é desenvolvido no centro de P&D em Tochigi, no Japão. No caso do Element, não foi autorizado o desenvolvimento de um motor novo, assim, foi utilizado aquele lançado em 2002, no CR-V e no Acura RSX.

Esse motor proporciona um máximo de 160 hps a 5.500 rpm's, tem baixos níveis de emissão, além de ser econômico (26 milhas por galão).

12.8 Lançamento

A pré-produção iniciou-se no verão de 2003, quando algumas unidades foram entregues para a força de vendas com o propósito de treinamento. Outras foram enviados para testes.

Uma inovação de mercado necessita de uma inovação no marketing. O próprio nome Element foi escolhido entre uma lista testada por potenciais compradores. A comunicação e divulgação foram realizadas por meio de promoções não tradicionais face às características do novo segmento. Assim, o foco concentrou-se em comunidades da geração Y, auto shows, campus de universidades, praias, e eventos esportivos. Um rápido comercial apresentava quatro rapazes fazendo uma viagem para a praia e depois para uma festa, com muita diversão, e o Element fazia parte disso.

12.9 Pós-lançamento (quem está comprando o Element?)

No final de 2004, tinham sido produzidos 75 mil unidades, 50% mais do que a projeção inicial.

O interessante foi a composição dos compradores: 20% geração Y, 40% geração X (por volta dos 30 anos) e 40% composto pela geração dos 40 anos. E os compradores não foram exclusivamente homens.

Os consumidores mais velhos, com frequência, respondiam que gostavam do produto pelo fato de ser direcionado a pessoas jovens.

Assim, concluiu-se que, para o Element, a visão verão eterno era a correta.

A característica de flexibilidade do Element proporcionava também um uso adequado para um profissional liberal, pois podia acomodar sua máquina, caixas e equipamentos melhor do que em outros veículos.

Foi um aprendizado para o time de desenvolvimento: o Element não estava relacionado ao segmento por idade, mas sim por atitude, psicografia e necessidades de utilitário. Focados na geração Y, o time desenvolveu um automóvel para usuários de atitudes, expectativas e necessidades similares.

Outra conclusão: é possível vender um carro com características do segmento jovem para pessoas mais velhas, mas nunca se deve tentar vender um carro de pessoas mais velhas para os jovens.

Questão

1. Em dezembro de 2010, a montadora Honda anunciou o encerramento da fabricação do Element® para 2011. Segundo a empresa, o mercado está preferindo outros utilitários como o CR-V (Folha de São Paulo, 2010). Analise o setor pertencente ao Element® e descreva as possíveis causas do seu encerramento.

Referências

MEYER, M.H. Perspective: how Honda innovates? *The Journal of Product Innovation Management*, v.25. p.261-71. 2008.

Considerações Finais

Sérgio Takahashi

No momento em que finalizamos este livro, o país vivia um período de oportunidades únicas: negócios com base na sustentabilidade, Jogos Olímpicos, Copa do Mundo, fontes de energia (pré-sal, álcool e biodiesel) etc.

Mas temos competências? Sim, algumas. Entretanto, outras vamos ter de desenvolver e aprender. E para isso, temos de criar visão de futuro (quais competências não temos, quais deveremos desenvolver no futuro e qual o potencial uso dessas competências), estabelecer estratégias (como vamos obter ou desenvolver competências), gerir (alinhar e selecionar desenvolvimentos e alocar recursos), bem como desenvolvê-las e implementá-las (atingindo objetivos com custos responsáveis).

As oportunidades existem, mas a educação (em várias áreas) é o que irá alavancar o desenvolvimento de competências e, assim, as oportunidades se transformarão em realidade, em projetos bem-sucedidos.

Sem uma priorização em educação, seremos o eterno e literal país das oportunidades, somente de oportunidades. Ainda assim, com exceção de poucos setores empresariais competitivos, o país tem índices sociais e de desigualdade alarmantes. Sem educação, seremos sempre reativos às oportunidades, mas não visionários e empreendedores objetivando um desenvolvimento viável mais amplo. Nesse sentido as políticas públicas integradas (educação, desenvolvimento, inovação, meio ambiente) são essenciais, mas as ações visionárias e empreendedoras são reais alavancadoras, originadas tanto do setor público como do privado.

No contexto das inovações e projetos, no passado, um bom engenheiro podia assumir um cargo gerencial em função de sua competência técnica exercida como desenvolvedor, pelo seu bom-senso e pela sua inteligência. Hoje, isso não é mais suficiente; a complexidade da inovação impõe-lhe necessidade de uma educação continuada de qualidade.

Este livro tem como objetivo proporcionar elementos para a educação em gestão estratégica de inovação. Para isso, apresentou, descreveu e detalhou uma estrutura sistêmica com base na experiência do nosso centro de competência, o Gecin, da USP.

Um ponto muito discutido que impede a adoação de inovações é o risco. Entretanto, ele é inerente à inovação e às mudanças. Assim, novas competências devem ser desenvolvidas para lidar com essa realidade. A visão, a estratégia, a gestão de portfólio e a gestão de projetos têm como objetivo minimizar os riscos. Uma visão antecipada e suposições de como podem ser os seus desdobramentos auxiliam sobremaneira a análise das incertezas inerentes. O estabelecimento de estratégias viáveis e compatíveis com o contexto em que a empresa atua também faz diminuir riscos (a disrupção como alternativa). A gestão de portfólio, de programas e de projetos suportam todo um equacionamento de como gerir o risco.

É necessário aprender com as melhores práticas em inovação, mas é essencial criar as próprias soluções, e que cada empresa desenvolva os seus próprios caminhos para inovação.

Índice Remissivo

M

N

O

P

Q

Sobre os Organizadores

Sérgio Takahashi

Engenheiro mecânico pela Escola de Engenharia de São Carlos da Universidade de São Paulo (EESC-USP) com especialização em projetos de produtos e processos (1987). Mestre e doutor em Engenharia (ênfase em Engenharia de Produção) pela EESC-USP. Pós-doutorado e professor visitante pela Carleton University no Canadá em Administração de Negócios, onde desenvolveu trabalhos em Gestão de Inovação e de Conhecimento, nos Centros de Inovação de Empresas Canadenses.

Possui experiência de mais de vinte anos nas áreas de Gestão de Inovação, Gestão de Projetos e Estratégia Empresarial, Educação Executiva. Docente e pesquisador nessas áreas no departamento de Administração da Faculdade de Economia, Administração e Contabilidade de Ribeirão Preto da USP no programa de graduação e pós-graduação *stricto sensu*.

Prestou consultorias e ministrou cursos em diversas empresas entre elas: Symentics/IBM, Prominas Brasil, Ceterp, Assobrav, Grupo Santa Emília, Secretaria da Saúde do Estado de São Paulo, Associação de Engenharia Automotiva (AEA), Prefeitura de Guará, Cocam, Coopercitrus, Usina Nova América, Cory Alimentos, Volkswagen do Brasil e AutoUni (Alemanha).

Coordenador do Centro de Competência Gestão Estratégica de Conhecimento e Inovação da Universidade de São Paulo (Gecin-USP e CNPq).

Criou e coordena os cursos de MBA Gestão Estratégica de Inovação e de MBA Gestão de Projetos Inovadores da USP e Fundace.

Tem cerca de setenta publicações de trabalhos completos em revistas internacionais e nacionais, congressos internacionais e nacionais. Tem trabalhos publicados nos EUA, Canadá, França, Suécia, Holanda, Egito, Chile, Irlanda, Porto Rico, México, Espanha, Índia. Premiado com um Highly Commended Award pela Emerald em 2008, no Encontro Internacional sobre Gestão Empresarial e Meio Ambiente em 2007 e no Knowledge Management Brasil em 2002.

Foi engenheiro-chefe da Zamprogna S.A., fundador e diretor de projetos da Fundace e posteriormente diretor-presidente e diretor científico da Associação Brasileira de Gerenciamento de Projetos.

Vania Passarini Takahashi

Engenheira de Produção pela UFScar, e mestre e doutora em Engenharia (concentração em Engenharia de Produção) na EESC-USP.

Professora e pesquisadora de Gestão de Inovação e Projetos Farmacêuticos/Cosméticos na Universidade de São Paulo há 17 anos; coordenadora do Centro de Competência de Gestão Estratégica de Conhecimento e Inovação da Universidade de São Paulo (Gecin-USP e CNPq), em que é líder do programa CRIAFarma financiado pela Fapesp.

Docente da Faculdade de Ciências Farmacêuticas de Ribeirão Preto da Universidade de São Paulo (FCFRP-USP) nos cursos de graduação e pos-graduação *stricto sensu*.

Desenvolveu o seu trabalho de doutorado na Escola de Negócios da Carleton University no Canadá onde executou trabalhos em Gestão de Projetos de Transferência de Tecnologia em Empresas Canadenses.

Tem trabalhos publicados nos mais importantes congressos no Brasil e no mundo e em periódicos da área.

Prestou várias consultorias para empresas e foi diretora executiva da GEIN Consulting e diretora administrativa-financeira da Fundefarp.

Sobre os Colaboradores

Darci Prado

Engenheiro, com pós-graduação em Engenharia Econômica e doutorando em Engenharia pela Unicamp. Consultor-sócio do Instituto de Desenvolvimento Gerencial (INDG), pelo qual prestou treinamento e consultoria a centenas de organizações brasileiras.Trabalhou na IBM durante 25 anos e foi professor da Escola de Engenharia da UFMG por 32 anos. Pelo INDG prestou consultoria a dezenas de organizações brasileiras e treinou acima de 3.000 profissionais em Gerenciamento de Projetos. Participou da fundação dos capítulos do PMI em Minas Gerais e Paraná e foi membro da Diretoria do PMI-MG entre 1998 e 2002, e do Conselho Consultivo entre 2003 e 2009. Participou da fundação e foi presidente da representação da IPMA em MG entre 2006-2008. Foi membro da diretoria da Sucesu-MG entre 2000-2002. Está conduzindo a pesquisa sobre Maturidade em Gerenciamento de Projetos, juntamente com Russell Archibald, no Brasil, Itália, Espanha e Portugal. É autor de sete livros sobre gerenciamento de projetos, da metodologia MEPCP e do modelo de maturidade MMGP. Dentre seus livros, dois foram publicados no exterior.

Fernando Ladeira Fernandes

Mestre em Engenharia de Produção, especialista em Gestão Estratégica de Negócios e engenheiro mecânico pela UFMG.

Consultor-sócio do Instituto de Desenvolvimento Gerencial (INDG), onde atua há mais de 10 anos como consultor especialista e instrutor em Gerenciamento de Projetos. Já participou de mais de trinta projetos em empresas privadas e estatais, órgãos governamentais e no exterior (Canadá e China). Foi professor do curso de Gestão de Fundações e Apoio às Universidades pela UFMG em 2007. É membro do grupo da Pesquisa MPCM de Maturidade em Gerenciamento de Projetos liderado por Darci Prado e por Russel Archibald.

Possui certificação Project Management Professional (PMP) e atuou durante um ano como gerente executivo do Projeto Copa das Confederações de 2013 e Copa do Mundo 2014, pelo Governo de Minas Gerais.

Lucimara Toso Bertolini

Graduada em Farmácia Industrial pela Faculdade de Ciências Farmacêuticas da USP. Possui mestrado em Biotecnologia Animal e Vegetal pela Universidade de Ribeirão Preto.

Implantou e gerenciou o setor de P&DI desde 1997, foi responsável pela área de tecnologia farmacêutica, desenvolvimento e validação analítica, biotecnologia aplicada a medicamentos de uso animal, biorremediação e obtenção de insumos de origem biotecnológica para aplicações ambientais. Responsável direta pelo lançamento de mais de 120 novos produtos da linha veterinária para todas as espécies animais, além de produtos domissanitários. Desde 2004 é responsável direta pelos processos de Inovação Aberta no Grupo Ourofino na área de sanidade animal.

Coordenadora de equipe técnica e de registros de novos produtos junto ao Ministério da Agricultura e Pecuária e junto a órgãos regulatórios internacionais como FDA e Emea.

Gerente da área de Controle de Qualidade (1993-1997), de processos físico-químicos e microbiológicos da área farmacêutico-veterinária.

Wagner José Quirici

Engenheiro eletrônico pelo Instituto Tecnológico de Aeronáutica (ITA); mestre em Administração *stricto sensu* pela Faculdade de Economia e Administração da Universidade de São Paulo (FEA-USP). Especializações: Estratégia e Gestão Empresarial pela Harvard Business School; Marketing pela FGV; Redes de Computadores pela PUC; Ciência da Computação pelo CNET, França e pela Bell Canadá; Engenharia de Telecomunicações pela AEG, Alemanha.

Consultor de empresas de base tecnológicas. Foi diretor-presidente das empresas Serpro S.A. do Ministério da Fazenda, Engeredes S.A. do Grupo Algar, Eletropaulo Telecom S.A. do Grupo AES, Ceterp S.A. da Prefeitura de Ribeirão Preto e diretor-geral da Divisão Data Center da Brasil Telecom e da Divisão Celular da Alcatel S.A.